LES MILLORS OBRES DE LA LITERATURA CATALANA

73

Director de la col·lecció
Joaquim Molas
Redacció
Carme Arnau

NOVEL·LES AMOROSES I MORALS

A cura d'Arseni Pacheco
i August Bover i Font

Edicions 62, Barcelona

Aquesta col·lecció és una iniciativa conjunta
d'EDICIONS 62, s|a., i de la CAIXA DE PENSIONS
PER A LA VELLESA I D'ESTALVIS
DE CATALUNYA I BALEARS, "la Caixa".

Primera edició: gener de 1982.

Disseny d'Enric Mir.
Drets exclusius d'aquesta edició:
Edicions 62, s|a., Provença 278, Barcelona-8.
Imprès a Gràfiques Instar, s|a., Constitució 19, Barcelona-14.
Fotocomposició: Dorda, passatge de la Mercè 3, Barcelona-11.
Dipòsit legal: B. 36.874-1981.
ISBN: 84-297-1816-8.

Pròleg

Amb els textos recollits en aquest volum pretenem de donar una mostra coherent i significativa de la prosa narrativa catalana des de la fi del segle XIV fins al segon terç del XVIII. Amb aquest propòsit hem limitat la nostra selecció a aquells textos que podem qualificar de novel·letes o novel·les curtes, donant, però, al concepte de novel·la curta un sentit ampli que permet la inclusió d'obres altrament de difícil classificació; ens hem exigit la publicació íntegra de les obres escollides —perquè creiem que el sentit i el valor literari d'un text narratiu depenen sempre de la seva estructura global—, i hem procurat donar al nostre recull un caràcter, si no exhaustiu, comprensiu i eclèctic, tot tenint en compte que algunes obres importants, com la *Tragèdia de Caldesa,* ja han estat publicades en aquesta mateixa col·lecció i d'altres, com el *Jacob Xalabin,* són a l'abast del públic en edicions recents.

Així, la tria abraça el període de consolidació de la burguesia i els difícils segles de la decadència política i econòmica del país. L'impacte d'aquests fenòmens en la vida social i cultural catalana és perceptible en aquestes narracions, tot i que en les més antigues hi predominen encara l'ambient i els ideals cavallerescos, propis de l'aristocràcia medieval. L'atenció als aspectes econòmics de la vida, l'interès en detalls de la realitat concreta i immediata, i una certa tendència a defugir els arquetipus i individualitzar els personatges són indicis prou suggeridors. Aquestes característiques fan que hi trobem escenes i expressions d'un realisme més propi de la novel·la moderna que de la narració medieval.

El caràcter innovador dels textos més antics es mostra en el fet mateix d'ésser escrits en prosa, car cal recordar que el vehicle propi de la narració en el segle XV era encara el vers de les *noves rimades* i de les *codolades;* l'*Espill* de Jaume Roig n'és testimoni. Els prosistes d'aquest temps, però, no parteixen d'un buit; Ramon Llull ja havia creat una prosa lliscant y precisa, els cronistes havien demostrat que hom pot traslladar al text escrit les experiències de la realitat històrica, i els humanistes i alguns models italians —sobretot Boccaccio— obrien en aquell moment camins nous i temptadors. En diversa mesura hi trobarem el record de tots aquests mestres, la qual cosa no nega l'originalitat dels nostres autors, ni disminueix llur importància en el desenvolupament de la prosa i, més en concret, de les tècniques narratives.

Hem procurat d'agrupar els textos tenint en compte llurs afinitats temàtiques i genèriques, sempre que això no demanés alterar violentament el criteri cronològic. Aquesta ordenació pretén de reforçar la coherència interna del recull i facilitar-ne la lectura, sense renunciar al seu valor objectiu i documental per a l'historiador del gènere.

Història, món cavalleresc i novel·la

La narració que obre l'antologia és un relat fabulós, però arrelat al mateix temps en una realitat històrica molt concreta, la qual, transformada en substància novel·lesca, dóna versemblança a l'acció i suggereix una sorprenent tendència vers el realisme, fenomen molt significatiu en la literatura narrativa catalana del segle XV. El lector apreciarà millor aquesta tendència si té present que els ideals cavallerescos o la creença en la realitat física de l'altre món són, de fet, uns factors objectivament funcionals dins la realitat històrica d'aquell temps.

El *Viatge del vescomte Ramon de Perellós i de Roda fet al Purgatori nomenat de Sant Patrici* tanca literalment les lletres catalanes del segle XIV. És una obra arrelada en el món medieval, de l'esperit del qual hom no sap ben bé si l'autor se n'aprofita, o si realment hi participa. Probablement totes dues coses són veritat. Per a comprendre el sentit i l'abast d'aquesta obra és necessari de conèixer els fets que la motivaren.

El 19 de maig de 1396 el rei Joan va morir sobtadament en circumstàncies que feien sospitar un complot assassí, i Ramon de Perellós fou un dels nobles acusats d'haver-hi pres part. Exonerats pels tribunals d'aquesta acusació, aquests nobles encara hagueren de fer front al rumor popular que els considerava culpables d'un altre crim pitjor: la condemnació eterna del rei, puix que aquest havia mort sense tenir temps per a confessar els seus pecats. Ramon de Perellós i un altre dels acusats, Bernat Metge, van voler desmentir el rumor i demostrar que el rei no era a l'Infern, sinó al Purgatori i en camí de la salvació eterna. En 1399 Bernat Metge va escriure, amb aquest propòsit, *Lo Somni,* on diu haver tingut una visió en la qual l'esperit del rei mort l'assabentà de la seva estada al Purgatori. Dos anys abans, el 1397, Ramon de Perellós, més crèdul, havia realment anat al famós Purgatori de Sant Patrici a comprovar-ho. El relat del seu viatge a Irlanda, de la veritat del qual no cal dubtar —n'existeixen proves documentals— ocupa un terç del seu llibre i és una mostra excel·lent dels seus dots d'observació i de la seva habilitat com a narrador. La resta de l'obra dóna notícia de l'estada de Perellós dins la cova del Purgatori, on, naturalment, diu haver vist el rei Joan i parlat amb ell i altres personatges coneguts dels seus lectors. Aquesta part del text pertany a la literatura escatològica tradicional i és inspirada en una versió del *Tractatus de Purgatorio Sancti Patricii* d'Huc (o Henry) de Saltrey, la qual recull la llegenda de l'estada del cavaller Owein al famós indret. Perellós segueix amb sospitosa fidelitat aquest text, tot atribuint-se a si mateix les experiències del cavaller irlandès. L'obra de Perellós, plena de provençalismes en les còpies que ens n'han pervingut, és escrita en un estil viu que fa la lectura agradosa i obliga a oblidar el probable plagi. Dins la seva ingenuïtat té un gran interès documental i literari, i la seva influència en la difusió de la llegenda fou extraordinària.

En el segle XV l'anàlisi de la passió amorosa pren, com a tema literari, una nova dimensió, assenyala la fi del concepte trobadoresc de l'amor i augura la sensibilitat eròtica dels segles posteriors. Alguns textos d'aquest recull són un comentari personal d'homes que tractaven de comprendre i de racionalitzar les idees noves sobre l'amor, sense haver aconseguit encara abandonar els conceptes tradicionals.

Significativament, és freqüent de trobar aquest tipus de literatura associat a la prosa humanística, i un bell exemple d'això és la *Història de Valter e Griselda,* darrera novel·la del *Decameron* de Boccaccio, que fou traduïda al llatí per Petrarca, i que del llatí traduí Bernat Metge al català, probablement l'any 1388. El tema d'aquesta obra és el d'un autèntic *exemplum* medieval, la fidelitat i l'amor conjugal, però el miracle d'una prosa elegant i precisa, que Bernat Metge sabé recrear amb honors d'original, dóna a aquesta narració una insospitada modernitat. L'experiment estilístic i l'admiració que Bernat Metge mostra en aquesta obra vers el Petrarca humanista fan d'aquesta traducció símbol d'una actitud vital nova, i model formal indiscutible de la novel·la sentimental.

Una obra de transició del món medieval a les noves actituds pre-renaixentistes, molt diferent quant a la seva concepció formal, és la *Història de l'amat Frondino e de Brisona,* relat anònim de principis del segle XV, o potser de les derreries del XIV. La seva part pròpiament narrativa és escrita en *noves rimades* i és plena de provençalismes, cosa corrent en els textos versificats de l'època i que indica la fidelitat de l'autor a la tradició. Aquesta part, però, alterna amb una sèrie de lletres amoroses en prosa i escrites en un català molt pur i elegant, les quals permeten al lector de penetrar en el món psicològic dels protagonistes. La narració s'enriqueix amb unes cançons franceses adients a l'estat d'ànim dels personatges, i que són potser un indici de l'ambient on s'inspirà l'autor. La simplicitat de l'argument contrasta amb la profunditat de l'anàlisi psicològica, que fa d'aquest text un antecedent interessant de la novel·la eròtica dels segles posteriors.

Assaigs d'aquest tipus de narracions són també una sèrie de textos recollits en un manuscrit que porta el curiós títol de *Jardinet d'Orats*. Aquest títol vol dir probablement *Jardinet d'Enamorats* i es refereix al novè esglaó del jardí de Venus descrit en la *Faula de Neptuno i Diana,* que és, quant a la seva estructura i argument, una de les obres més reeixides d'aquella col·lecció.

La *Faula de les amors de Neptuno i Diana* és probablement una obra en clau i vagament autobiogràfica, en la qual l'anònim autor sembla voler prendre venjança d'una dama que l'abandonà per interès, i en la qual, sota els noms de déus mitològics, semblen amagar-s'hi personatges reals, avui no identificables. L'autor atribueix la *Faula* al poeta llatí Claudià, hàbil mistificació, puix que la fama de Claudià com a mestre de l'al·legoria i el caràcter al·legòric d'aquest text fan versemblant la falsa atribució i donen a la narració un cert interès i autoritat literària. La faula ofereix una versió nova i original d'un tema popular entre els segles XIII i XVI: l'enemistat entre Venus i Diana com a personificacions de l'Amor i de la Castedat, o de la Passió i de la Raó. L'autor de la *Faula* coneix molt bé els mites i llur sentit, però els transforma i adapta als propòsits de la seva narració, i sobretot humanitza els personatges mitològics i els converteix en personatges de novel·la. El domini de la llengua, la sintaxi complicada i llatinitzant i el caràcter de l'obra suggereixen la formació humanística del seu creador.

L'autor de *Lo despropriament d'Amor* ha estat darrerament identificat com Romeu Llull i Tàrrega, personatge barceloní que morí l'any 1496 i que formava part del Consell de Cent de la ciutat els anys 1483 i 1484. Llull, que va viure a Nàpols algun temps, deixà una trentena de poesies en català, italià i castellà, unes lletres d'amor en prosa catalana molt interessants i l'obra que comentem; totes elles conservades en el *Jardinet d'Orats*. La seva poesia, considerada epígon de la trobadoresca, reflecteix també la influència d'Ausiàs March i el coneixement d'Alain Chartier, dos autors que cal tenir molt en compte per a comprendre l'evolució de les concepcions eròtiques durant aquells anys.

Lo despropriament d'Amor, escrit en un català de sintaxi difícil i en un estil artificiós, presenta, no massa disfressat, un retall de l'autobiografia sentimental de l'autor. Més que una narració és un assaig escenificat, escrit en primera persona i concebut amb el propòsit de blasmar l'amor cortès i de defensar l'amor conjugal. Pren la forma d'una senzilla al·legoria, amb el Temple d'Amor com a teló de fons, i presenta una entusiasta descripció de la religió d'Amor d'acord amb els principis més purs de l'amor trobadoresc; a la fi, però, Llull, desdient-se de la confessada fe, proposa i defensa com alternativa la solució burgesa de la "santa religió del matrimoni". Probablement destinat a un cercle d'amics, el *Despropriament* és molt representatiu de l'esperit i l'ambient que reflecteixen tots els textos del *Jardinet d'Orats*.

Entre els autors del *Jardinet* es troba també Francesc Alegre, mercader, que fou conseller del Consell de Cent de Barcelona entre els anys 1480 i 1486, i que abans havia viscut alguns anys a Sicília. Francesc Alegre és conegut com a humanista i traductor de Leonardo Bruni i de les *Metamorfosis* d'Ovidi, que publicà acompanyades d'uns comentaris inspirats en l'obra llatina de Boccaccio. La seva obra original conservada es redueix a quatre narracions al·legòrico-sentimentals molt breus, una de les quals recollim ací. Amb un gran sentit professional Francesc Alegre s'esforça en el domini de la llengua i de les tècniques literàries, però el seu esforç es tradueix en una sintaxi complexa i calcada de les fórmules llatines i en un retoricisme excessiu que fan difícil la lectura dels seus textos. Això no obstant, cal remarcar el valor d'aquestes novel·letes com a experiment literari, en el qual l'autor tracta d'harmonitzar idees cortesanes i trobadoresques de caràcter molt conservador amb les formes i estructures narratives pròpies de la novel·la humanística. Encara que amb dificultat i sense haver arribat a comprendre'n l'estructura i les característiques essencials, Francesc Alegre incorpora als seus textos la tècnica del diàleg clàssic, i val a dir que ho fa amb prou agilitat intel·lectual i enginy en el joc verbal dels interlocutors per a permetre de veure-hi un antecedent del col·loqui renaixentista.

Una nova dimensió per a l'anàlisi amorosa

L'anàlisi de la passió amorosa pren una dimensió filosòfica nova i suggeridora en *L'ànima d'Oliver,* un text breu però dens i ambiciós, per a comprendre el qual caldria potser considerar l'impacte del neoplatonisme florentí en alguns escriptors catalans del segle XV. L'autor d'aquesta novel·leta és Francesc Moner (1463-1492), militar, cortesà i religiós franciscà, prosista i poeta en castellà i català, i dóna proves en les seves obres d'una aguda percepció dels corrents intel·lectuals i espirituals de la seva època. *L'ànima d'Oliver* és un assaig d'introspecció psicològica projectat en un marc al·legòric sorprenent i fa pensar en la sensibilitat pròpia d'un escriptor romàntic: el diàleg de l'autor amb l'ànima del poeta Oliver, personatge històric que se suïcidà per amor i poeta conegut com a traductor de *La belle dame sans merci* d'Alain Chartier. L'ambientació de l'obra, fidel fins a un cert punt a altres "visions" i "inferns d'enamorats", ofereix la novetat de situar l'acció en un marc geogràfic familiar, la Vall d'Hebron; això i el to personal i confidencial de la prosa donen a aquest text un caràcter singular i colpidor.

Una sensibilitat i unes preocupacions molt similars les trobem en la *Regoneixença i moral consideració contra les persuasions, vicis i forces de amor,* obra potser més ambiciosa i d'una més gran complexitat, on temes i problemes característicament medievals són enfocats des d'un punt de vista plenament renaixentista. La influència del pensament florentí, i particularment de Dante, és palesa en aquesta obra, poc coneguda i tanmateix document interessant per a comprendre la importància que les noves idees filosòfiques van tenir en el desenvolupament de les concepcions eròtiques del segle XV. Com en totes aquestes obres, més que una acció novel·lesca trobem una anàlisi introspectiva de la pròpia passió, projectada en un marc al·legòric que permet d'objectivar el diàleg interior i els concepts abstractes. L'autor d'aquest text és el cavaller valencià Francesc Carros Pardo de la Casta, contemporani de Moner, i, com aquell, escriptor bilingüe del qual s'han conservat cinc poesies en castellà, una de les quals és una versió lliure de la *Regoneixença*.

La novel·la i l'al·legoria al servei de l'espiritualitat religiosa

La prosa del segle XVI és representada en aquest recull per un text poc conegut dels lectors moderns, l'*Espill de la vida religiosa.* Publicada sense nom d'autor a Barcelona l'any 1515, l'obra ha estat atribuïda al monjo jerònim del convent de la Vall d'Hebron fra Miquel de Comalada; aquesta atribució, però, és rebutjada per algun crític que es decanta a creure-la escrita per un frare franciscà. L'*Espill* fou traduït molt aviat al castellà i, poc després, es publicà en italià, alemany, llatí, polonès, holandès, anglès, irlandès, danès, portuguès i francès; algunes edicions de la versió castellana —n'existeixen no menys de dotze entre 1535 i 1588— prenen el títol del nom del protagonista, Desitjós, i en realitat el text fou arreu més conegut com *El Deseoso* que pel seu títol original. L'*Espill de la vida religiosa,* o *El Desitjós,* es un tractat d'espiritualitat, la primera part del qual descriu el procés ascètic a través de les tres vies que duen a l'experiència mística, qüestió tractada en la segona part, que porta el títol de *Psaltiri* o *Libre d'Amor.* L'aventura espiritual, però, és objectivada mitjançant un joc de símbols i una trama al·legòrica que donen al tractat l'estructura i la forma pròpies d'una narració novel·lesca molt semblant al *Blanquerna* lul·lià. Llull fou sens dubte el model de l'autor, i el record del seu estil, el simbolisme i l'al·legoria donen a l'*Espill* un saborós regust medieval i una encisadora ingenuïtat que emmascaren la veritable naturalesa s'aquest text. De fet, l'*Espill* és una obra molt allunyada de l'esperit medieval i és potser la més reeixida mostra de la *devotio moderna* i de la influència de l'erasmisme i de l'Església reformada en l'espiritualitat catalana d'aquell temps; aquesta fou probablement la raó de la seva popularitat. Cal remarcar que l'estructura de l'obra suggereix també la possibilitat de veure-hi un assaig primerenc del tipus de novel·les que més tard farien del pelegrinatge, real o psicològic, l'eix de la narració.

La tradició popular i la novel·la

Els textos que tanquen l'antologia són una prova de com la tradició popular va mantenir latents les possibilitats literàries de la llengua i d'un gènere durant els segles de la decadència política i econòmica. El *Cas raro d'un home anomenat Pere Portes, de la vila de Tordera, que vivint entrà i eixí de l'Infern* data probablement de l'any 1611; quant al tema, és un relat semblant al de Ramon de Perellós i s'insereix dins la tradició escatològica medieval, de la qual recull molts motius evidentment vius en la tradició oral de l'època. L'autor anònim reelabora aquests materials en el context d'una trama ambiciosa i ben estructurada, ambientada en un món camperol i familiar al públic a qui l'obra és destinada. Una hàbil caracterització dels personatges i l'acurada disposició de l'acció duen el lector a un final sorprenent i de gran efecte dramàtic. El diàleg viu, l'estil senzill i el to col·loquial contribueixen a fer d'aquesta obra un text divertit i fàcil de llegir.

La *Rondalla de rondalles,* publicada l'any 1776 per Carles Ros, és fruit de l'interès del seu autor, el frare dominicà Lluís Galiana (1740-1771), per la llengua i la literatura paremiològica de la seva terra, el País Valencià. Inspirada en la tècnica literària i l'estil de Quevedo, segons confessa el mateix autor, aquesta obra és realment un exercici lingüístic estructurat al voltant d'un argument molt feble. Lluís Galiana, però, fa de la narració un marc adient per al joc i l'enginy verbal, i aconsegueix el seu propòsit de divertir el lector i d'oferir al mateix temps una mostra del valencià col·loquial i dels proverbis i les expressions més pintorescos. L'estil i la llengua tenen un valor documental en la història de la prosa catalana.

ARSENI PACHECO

Els escrits que formen l'antologia [illegible] una part de [illegible] tots les [illegible] de la llengua [illegible] de la [illegible] política [illegible] de Ramon [illegible] dins la [illegible] de la qual [illegible] d'una [illegible] l'obra és destinada. [illegible] personatges i l'acció [illegible] de llegir.

La [illegible] publicada l'any [illegible] Lluís Galiana (1740-1771) [illegible] Lluís Galiana [illegible] de la narració [illegible] valencià col·loquial [illegible] en la [illegible] de la prosa catalana.

[illegible]

NOTA SOBRE L'EDICIÓ

Per establir els textos que presentem, hem tingut en compte les edicions prínceps i/o les modernes més solvents. Hem regularitzat l'ortografia: simplificació de les consonants dobles; regularització de *ll* en posició inicial; canvi de *ph* per *f;* eliminació o restitució de la *h* inicial, intervocàlica o final, segons els casos; desenvolupament de la *s* líquida; regularització de *b* i *v* i de *t* i *d, c* i *g, p* i *b* en posició final; canvi de *x* per *ix* quan es representa el so fricatiu; canvi de *y* per *i* o *ï*, segons els casos; regularització de *s, ss, sc, c* i *ç;* canvi de *j* i *g* per *tj* i *tg* quan transcriuen el so africat palatal sonor; regularització del vocalisme àton; addició de *h* a la *o* exclamativa.

Hem desenrotllat les abreviatures i les elisions. Hem regularitzat l'ús del guionet i de l'apòstrof, si bé hem conservat la forma femenina de l'article definit davant l'indefinit *un*. Els mots afegits van entre claudàtors.

AUGUST BOVER I FONT
MARIA JOSEPA GALLOFRÉ

NOVEL·LES AMOROSES I MORALS

Ramon de Perellós

VIATGE DEL VESCOMTE RAMON DE PERELLÓS I DE RODA FET AL PURGATORI NOMENAT DE SANT PATRICI

In nomine sancte et individue Trinitatis. Amen. En l'any de la nativitat de Nostre Senyor Jesu Crist mil CCC-XCVIII, les vespres de Nostra Dona de septembre, obtenguda la benedicció del papa Benet, io partí de la ciutat d'Avinyó, io Ramon, per la gràcia de Déu vescomte de Perellós e de Rodes, senyor de la baronia de Ceret, per anar a Purgatori de Sant Patrici.

Per tal que tots les homes d'aquest món desitgen de saber coses estranyes e meravelloses, cum sien pus plasents naturalment que aquelles que hom pot saber per oir dir, per aquesta raó, io, qui en mon jovent fui noirit ab lo rei Carles, rei de França, ab lo qual mossènyer mon pare me lleixà, lo qual era son admirall e cambrer, en aquella cort ab tots los escuders e cavallers de son realme e d'altres realmes crestians, sí volia io ésser informat de les coses meravelloses e estranyes que són per lo món; car aquí ne venien de moltes parts, e haguí lo cor molt elevat a saber per vista ço que havia oït dir-hi a diverses cavallers e a altres gents. E de fet io me metí a seguir les aventures del món per totes les terres de crestians d'enfeels, tant de sarraïns com d'altres de diverses sectes que són en lo món, on rasonablement hom pot anar; en tant que, per la gràcia de Déu, la major partida de les coses que io havia oïdes dir estranyes e meravelloses io he vistes tant en terra quant en mar, e d'aquelles que he vistes puc fer vertadera fe. E he sostenguts grans perills, despens e treballs, tant en terra com en mar, e he preses e sofertes en terres d'enfeels e de crestians, les quals recitar no pens, cum no es faça a la matèria que seguir vull tocant lo viatge de Sant Patrici, que és en les encontrades d'Ibèrnia; lo qual viatge, ab l'ajuda de Déu, he fet e complit aitant com home jamai n'hage fet depuis de la mort de Sant Patrici.

E açò contaré entirament en quatre maneres: primerament, per què Sant Patrici ordenà lo purgatori; segonament, per qual raó io me metí en lo cor d'intrar en lo dit purgatori; terçament, en qual partida és; quartament, les coses que io he vistes ni trobades en lo dit purgatori, e aquelles que revelar-se poden, car coses hi ha que no són plasents pas a Déu que per mi sien revelades, car no és expedient ni a Déu plasent, ni no ho vol per lo perill que se'n poria seguir a mi ni en aquells que serien revelades, la qual cosa seria irreparable.

En lo temps que Sant Patrici predicava lo Sant Evangeli en Ibèrnia, la qual nós apellam Irlanda, e com ell fermàs sa predicació per meravelloses miracles de nostre Senyor, Sant Patrici trobà la gent d'aquella terra així dura e salvatge com si fossen bèsties, e mès-hi molt gran treball e pena a les endoctrinar e ensenyar-les e convertir a la fe de nostre Senyor Déu Jesu Crist; e sovint los parlava de les penes d'infern e de la glòria de paradís, per retornar-los de les lus misèries e de los pecats e confirmar-los en bona vida; mes tot açò no lus valia res, car ells deïen que no en creurien res, sinó que alcuns d'ells ho veessen, ço és, a saber, la glòria dels bons e la dolor dels mals, ni no se'n volien tenir per a manament de Sant Patrici, lo qual havia la intenció devers Déu.

E per ço lo bon prohom començà a dejunar e a vellar e a fer oracions a Déu molt devotament, e molt d'altres béns per la salut de les ànimes del poble. E nostre Senyor li aparé així com d'altres vegades havia feit, e li donà lo llibre dels Evangelis e un bastó, que l'apellen lo bastó de Jesús, per ço que ell lo donà a son servidor, e en la sua vida mateixa ne fa testimoni com aquell bastó e aquell llibre és senyal que ell és apòstol d'Ibèrnia. E aprés nostre Senyor lo menà en un desert e li mostrà una fossa fort escura, e nostre Senyor li dix que qui intraria dedins confès e penedent e pur de coratge seria quiti lo jorn natural de tots sos pecats e veguera los turments dels malvats e los goigs e la glòria dels bons. E açò dix nostre Senyor a Sant

Patrici, e puis nostre Senyor se despartí e lo prohom fu fort alegre de ço que nostre Senyor li hagué dit quan li hagué mostrada la fossa perquè ell pogués convertir les gents.

E despuis ell fé començar una església ben prop d'aquell lloc, e mès-hi una canongia regular, e fé a la fossa bones portes, e tota l'illa és closa d'aigües d'un gran estany ben pregon entorn la fossa, e fé-hi fer un cementeri, e fé-hi fer la porta e tancar ab clau, per tal que negun no hi intràs sens llicència, e fé fer devers orient bons murs, e la clau comanà a gardar al prior de l'església. E moltes gents intraren en la fossa en lo temps de Sant Patrici per fer penitència de llurs pecats, e deïen, quan eren tornats, que havien vist infern e havien passats grans turments e doloroses, e sí havien vistes molts grans glòries e molts goigs.

E Sant Patrici faïa metre los reports en escrit dedins l'església, e aprés ell recomanà al poble e lus contà totes les coses que havien vistes, per los testimonis d'aquells que hi eren intrats, totes aquestes coses meravelloses; e per ço és apellada la fossa de Sant Patrici e de purgatori, per ço que hom hi purgue sos pecats. E per ço que fo mostrada primierament a Sant Patrici per nostre Senyor, s'apella aitambé lo purgatori de Sant Patrici. E d'aquesta religió ha diversos monestirs en la dita terra d'Ibèrnia, grans e solemnes, majors que aquells de purgatori.

E lo primier prior que fo de la dita església, que era molt prohom e de bona vida, se fes fer una habitació de prop lo dormidor on dormien los canonges, car ell era molt vell e no havia sinó una dent sola, e no volia pas que los joves l'haguessen en despit per ço de sa vellesa, e que no li fessen negun enuig; car Sant Gregori diu que no ostan lo vell, ont que no sia malalt, si és ell tot jorn enferm per sa vellesa; e dels joves dellà ins lo visitaven sovint e li deïen per plaer:

— Paire, quan volríeu vós estar en aquest món?

E ell los responia:

— Mos fills, io amaria més, si plaïa a Déu, de partir d'aquest món que estar-hi llongament, car no hi haguí jamés sinó dolor e misèria, e en l'altre món no trobaré sinó que glòria.

E aquells que lo li demanaven sovint havien oït cantar

los àngels en l'habitació del prohom, e les cançons eren e deïen aital: "Tu és beneït e beneïta sia la tua boca, d'on que no toca vianda delicada." Car lo prohom no menjava sinó pa sec, aital com se fa en aquella terra, que se fa de civada; e d'aquest pa no mengen sinó deu o dotze vegades mes no pas continuadament, ni menjaven pa ni beuen vi, ans viuen tan solament de carn de bou e beuen aigua. E los grans senyors beuen llet segons que pus ample vos en contaré en son lloc. E en açò, lo prohom bevia aigua freda, e a la fi ell passà d'aquesta vida, e anà a nostre Senyor així com tot jorn havia desitjat.

Al temps de Sant Patrici, e aprés, ell faïa metre en escrit tot ço que ell havia vist d'aquells que hi eren intrats en aquella fossa, car alcuns hi anaven que no tornaven; e per ço eren perduts: per ço que no eren estats ferms en la fe.

La costuma és tala que negú no hi pot intrar sinó per purgar sos pecats e ab llicència del bisbe o arquebisbe. E aquell és en la diòcesa en la qual és lo purgatori; e quan d'aquell que hi vol intrar se'n va allà, un d'aquells ha parlat e lus ha dita sa voluntat, primierament los aconsellen que per res no hi vullen intrar e los dien que molts n'hi són intrats que no són tornats; e si l'home no se'n vol lleixar d'hi entrar, ells li donen ses lletres e l'envien al prior de l'església; e quan lo prior ha llegides les lletres, e ell li diu sa voluntat, e li devoca molt la intrada e molt l'aconsellen que no hi entre e que elegisca altra penitència, car tants d'altres hi són entrats que jamés no són tornats ans hi són perits. Enaixí lo prior los amonesta, e si veu que no los pusca moure de son prepòsit, ell los fa intrar en l'església e los fa estar per cert temps en penitència e en oracions; e a cap de temps ell ajusta tots los clercs d'aquella terra que s'hi poden ajustar ni trobar, cantar una missa bon matí en la dita església; e l'home que vol intrar dedins la fossa recep lo cos de nostre Senyor Jesu Crist e de l'aigua senyada, així cum Sant Patrici ha establit e ordenat. E aprés lo prior lo mena ab tots los clercs a la porta del purgatori, ab gran processió cantant les lletanies; e llavores lo prior obrís la porta e li diu los perills que hi són lla ont ell vol intrar, e cum los malignes esperits li ixiran e lo combatran, e cum d'altres en gran quantitat hi són perduts; e si hom no vol estar per açò, que no se moga de son prepòsit. E llavores ell lo senya e lo beneís, e tots aquells que aquí són, e ell se recomana a lus oracions, e los senya, e pren comiat, e se n'intra dedins la fossa. E lo prior tanca la porta, e aprés ell ab processió se'n torna. E l'endemà maití tornen tots los clercs a la porta de la fossa, e lo prior l'obrís, e si l'home és trobat aquí, ells lo menen ab gran processió a l'església, e està aquí lo temps que li plau; e si no és trobat en aquella hora mateixa que hi és intrat lo jorn d'avant, ells saben certament que ell és perdut en cos e en ànima. E lo prior tanca la porta e torna-se'n.

Aprés que lo rei Carles fo mort, que era rei de França, io era estat per llong temps en son servici; e puis fui en lo servici del rei Joan d'Aragó, del qual io fui son primier cavaller, e ell que era mon senyor natural; e fui per gran temps privat e amat d'ell, tant com servidor pot ésser de son senyor; e haguí coneixença que lo dit senyor me mostrava en gran amor, e açò trobé en ell e l'amava aitant com servidor pogués amar son senyor, en tant que no em fóra al món tant possible que fer pogués que io no ho fes per ell. E partí-me del dit senyor ab sa llicència del regne de València, e venguí al lloc de Millàs, que és de mon patrimoni del vescomtat de Perellós. E enseguí's la mort del papa Clement, qui era del llinatge del Comte de Guiaina; e en pocs dies aprés fo feita elecció en papa dels cardenals lo cadenal de Luna, que és apellat Beneït XIII.

E cum io en algun viatge me só trobat en les parts d'Itàlia, en la qual part io era ab tres galeres armades bé, e defora mar, s'endevenc que foren al servici del papa Clement e de son col·legi; e haguí grans coneixences ab sos cardenals, los quals ixiren d'Itàlia ab les mies galeres e dos del senescal de Provença, que havia nom Folcant d'Aguolt, venguen vers mi lo primier any de la cisma que tant ha durat; e aturà a Roma lo bisbe de Bar, ab lo papa, que s'apellà Urbà. E havia io gran coneixença ab los cardenals, en especial ab aquell de Luna que era estat novellament elegit, e lo dit papa Beneït me trameté missatge manant-me anàs servir per devers ell. E enaixí ho fi, e lo serví ab llicència de mon dit senyor lo rei.

Endevenc-se que io estava ab lo papa dessús dit que lo rei, mon senyor, mort; e de la mort, otra lo voler de Déu, io fui molt dolorós e trist, tant cum negun servidor pot ésser de la mort de son senyor; e io me meté en lo cor, en aquella hora, que io anàs al Purgatori de Sant Patrici, per saber, si fer-se podia, de trobar mon senyor en purgatori e les penes que sofria. Enaixí imaginé les coses dessús dites, per les raons que havia oïdes dir del fet de purgatori.

E en aprés alguns dies d'aquesta voluntat que io havia d'anar e d'intrar en purgatori, e açò per via de confessió, io parlé ab lo papa, dient-li tota ma intenció, lo qual fort m'esquivà e m'espantà molt fort amonestant-me que per res no ho fes; e ultra ço que me dix, me fé dir per alguns cardenals sos privats, e en especial a dos: la un era titulat de Tarassona, que era del llinatge que lo sobrenom s'apella Galniello; l'altre cardenal s'apellava Jofre de Santa Elena. E present un frare meu, apellat mossèn Ponç de Perellós, e lo papa fort m'amonestà de no anar, en tant que així fort me retengueren que a penes los poguera escapar.

E aprés alcuns jorns, estrenguí-me ab lo papa, dient-li que per res del món no lleixaria aquest viatge; e, obtenguda sa benedicció, partí-me d'ell lo jorn de nostra Dona de septembre, l'any dessús dit; e fei mon camí per França, fins a la cort del rei a París, del qual io era antic servidor; e son pare, que havia nom Carles, m'havia noirit d'edat fort jove, e així mateix me fé son cambrer. E del rei de França e de sos oncles frares del duc de Berri e de Borgonya io haguí lletres de recomandacions al rei d'Anglaterra, que era son gendre, e d'altres senyors d'Anglaterra; començant lo matrimoni, havien feites treves per trenta anys. Partí de París, per mes jornades venguí a Caluis on me metí en mar per passar en Anglaterra.

Lo jorn de Tots Sants partí d'aquí, faet la vida de Londres, passant a Sant Tomàs de Conturberi. E a Londres haguí novelles que lo rei d'Anglaterra era en un gran parc clos, com a lo bosc de Vinçaina pres de París, apellat Got, pres de Tersom vuit milles, on ha gran estudi, lo qual lloc los angleses apellen Estavafort; lo qual parc és fort bell, e hi ha lo rei molt bell estar, e l'hostal és fort bell en què ha molts estatges e edificis. E per les lletres del rei de França que io portava, io fui fortment bé recollit e me feren molt gran honor, e me feren guiar e tenir segur per tot son regne, lo qual travessí tot sens aturar-me enlloc, ver és que ab lo rei aturí deu dies.

Partí de la cort, ané tant per mes jornades que entrí en una encontrada apellada Esteper, que és en la marca de Gal·les, fins a la ciutat de Sixte; e aquí io llogué una nau per passar en Irlanda, en la qual io monté, e costejant la costa de Gal·les fui en un lloc apellat Oliet; e d'aquí partiguí e travessí lo gofle ab bell vent, tenent la via d'Irlanda. Despalaguí en l'illa d'Armant, que fo del rei de cent cavallers en lo temps del rei Artús e avui és ben poblada e és del rei d'Anglaterra; e aquí tostemps travessí ab bon temps, e arribí en Irlanda, e a cap d'alguns jorns davallí a la ciutat.

E aquí trobé lo comte de la Marca, que era cosí del rei Ricard d'Anglaterra, lo qual me recollí molt noblement per les lletres de recomandacions del rei d'Anglaterra e de la regina, al qual io diguí ma intenció del viatge que io volia fer. E lo dit senyor me desconsellà fort, dient que per dues raons io no devia fer lo dit viatge: l'una era que io devia passar llocs estranys en què habitaven gents salvatges, los quals no han negun regiment en què negú se deia fiar; l'altra raó, que la intrada de purgatori és molt perillosa cosa e molts bons cavallers s'hi eren perduts que no eren tornats; enaixí que per res no hi volgués intrar dedins ni enganàs mi mateix. En contrastar a ma anada, lo dit comte fé son poder, e quan vi que io era així inclinat, ell me donà de sos rossins e de ses joies, e me donà dos escuders, la un apellat Joan Diuri, lo qual me menà per la terra que lo rei d'Anglaterra té en Irlanda, e tant com nós cavalgàrem no nos lleixà res despendre, ans nos faïa los despens a mon desplaer; e l'altre apellat Joan Talabot, que sabia la llengua d'Irlanda. Aquell era mon torchimant.

E aquests dos havien manament de menar-me a l'arquebisbe de Darmant; e enaixí ho férem, lo qual és lo pus alt en l'illa dels Irises, e ells lo tenen com a papa. Lo qual trobem en la vila de Drudan, la qual vila és així gran com a Puigcerdà o Tarragona. E los dits escuders me presentaren a l'arquebisbe, al qual io doní lletres del rei e de la regina d'Anglaterra e del comte de la Marca, e lo dit arquebisbe me recebé molt graciosament e me fé molt gran honor; lo qual, aprés que ha sabuda ma voluntat, m'escomet fort mon viatge, e m'amonestà fort de no hi anar, dient que, ultra lo perill que era en la intrada de purgatori, ell ni negú no lo poiria fer segur per la terra del rei Irnel ni d'altres senyors per les terres de les quals me convenia passar abans que io fos al purgatori; si ell no es volia perdre per la terra, que per res no m'hi assajàs. E aprés ell me mès al revestiari de la gran església, on fort m'amonestà e me pregà que per res no hi volgués intrar en lo purgatori, dient-me molts de perills e d'escàndols que són endevenguts a diversos dedins lo purgatori, que eren perduts; encara més me deïa tots los perills que se'n podien seguir ni hi són, als quals io responguí com a Déu m'havia administrat, e fermé que jamés no el lleixaria ni no estaria de fer mon camí. E quan ell vi que de mon prepòsit no em podia moure, ell me donà tot l'endreçament que poc, e donà-me llicència d'anar, e me confessé, e prenguí de sa mà nostre Senyor fort secretament, e dix-me que dins la sepmana ell seria en una vila apellada Dondela, e enaixí ho fé.

E io de present partí d'ell, e me n'ané en la dita vila, e d'aquí tramès al rei Irnel, que era en la ciutat d'Armas. Lo qual de fet me tramès salcònduit e un de sos cavallers e un missatger per conduir-me fins que fos a ells. E lo dit arquebisbe vengué al dit-jorn e menava bé ab si cent homes d'armes armats a llur manera per acompanyar-me, e lleixà-me un torchimant, cosí germà de Joan Talabot; e ab los cent homes d'armes io entré en la terra dels Irises, ça on lo rei Irnel senyorejava. E quan haguí cavalgat qualques cinc milles en avant, los dits homes a cavall no gosaren passar avant, car tots són grans enemics; mes que se restaren en un puig, e io prenguí comiat d'ells e aní avant.

E aprés que haguí anada calque mitja llegua, trobé lo conestable del rei Isuel bé ab cent homes cavallers, així mateix a la llur manera armats, ab lo qual io parlí. E partí-me d'ell entrò que fui al rei, lo qual m'ha recollit bé, segons llur manera, e me tramès present de menjar, ço és carn de bou, car ells no mengen pa ni beuen vi, car no n'han; mes beuen aigua, e los grans senyors beuen per noblesa llet, e d'alguns lo brou de la carn.

Per tal que llurs costumes e maneres són a nosaltres fort estranyes, per lo pus curt que io poré, vos contaré algunes coses de llurs condicions e maneres, de ço que io ne vi ab lo rei, ab lo qual a mon retorn tenguí la festa de Nadal, no obstant que al passar, quan primerament fui ab ell, ho hagués prou vist.

És veritat que lo rei ve per successió, e ha diverses reis en aquella illa, la qual és així gran com l'illa d'Anglaterra; emperò, aquest Isuel és lo major rei, e tots los altres són de son llinatge venguts. E aquest ha bé cent quaranta hòmens a cavall sens sella, ab un coixí e porten mantes entretallades, que porta cascun segons son poder; e s'armen de cota de malla, e porten-les sens cintes ab gorjarets de malla, e capells de fer rodons, a manera dels moros o de sarracins; e havia-ne a manera de bernes ab espases e coltells e llances fort llongues e primes, a la manera de les llances altres antigues són de does brasses; les espases són aitals com les dels sarracins, que nosaltres apellam genoeses; lo pom e la crou són d'altra manera, que és quasi com una mà estesa; los coltells són llongs e estrets, com lo dit menuell, e són fort tallants. Aquesta és llur manera d'armar, e alguns s'ajuden d'arcs, que són així petits com mieg arc d'Anglaterra; e sí fan així gran colp com los angleses; e són ardits e ha llong temps que guerregen ab los angleses, e lo rei d'Anglaterra no en pot venir a son desig. Convé que ell haja hagudes ab ells diverses batalles, e llur manera de guerrejar és semblant an aquella dels sarracins, e enaixí criden. E van vestits los grans senyors ab una cota sens dobladura fins als ginolls, fort escollatats, com les dones, e porten grans caparons que duren entrò a la cinta tots vestits; la corneta estreta com lo dit, e no porten causses, ni sabates, ni bragues, mes se caussen los esperons sobre los talons nuus.

En aquell estat era lo rei lo jorn de Nadal, e tots sos clercs e cavallers e bisbes e abats e altres grans senyors. Los comuns van així com a poden, mal vestits; mas la major partida porten mantell de frisa, e mostren totes les parts vergonyoses sens tota vergonya, homes e femnes. Pobres gens van nues, mes totes porten d'aquells mantells, àvols o bons, e més les dones. La regina e sa filla e sa sor eren vestides e lligades de verd, més que eren descalces; les damisel·les de la regina, les quals eren ben vint, eren vestides com a vós he dit dessús, e mostraven lus partides immondes ab tan poca de vergonya com deçà mostren la cara.

E ab lo rei havia entorn de tres mília rossins, e més moltes pobres gens, als quals vi que lo rei los faïa almoines grans fer, de carn de bou.

E sí són ells dels pus bells homes e pus belles femnes que io hagués vistes en lo món. E sí no sembraven jamés negun blat, ni han ges de vi, mes tan solament llur vida és de carn, e los grans senyors beuen llet per noblesa, e los altres del brou de la carn, e aigua; mas que han prou mantega, car tots llurs carns són bous e vaques e de bells rossins.

Lo jorn de Nadal, segons que deïa mon torchaman e alguns altres que sabien parlar llatí, lo rei té sa gran cort; sa taula no era sinó que d'una gran quantitat de junc estès per terra, e de prop li metien herba la pus delicada que trobaven per torcar la boca, e portaven la vianda sobre dos bastons, així com hom porta les semals; podeu pensar que los escuders eren mal vestits. Les bèsties no en menjaven sinó que herba; en lloc de civada, fulla de grèvol, la qual torren un poc per les espines que hi són. E això baste quant a les costumes, car pus no en vull parlar.

Lo rei me recollit fort e me tramès un bou. En tota sa cort no havia ni pa ni vi per menjar ni per beure, mes per gran present me tramès dos fogassets atant tènues com a neules, e plegaven-se com a pasta crusa, fets de civada e semblants a terra, e tan negres com a carbó, mas eren bé saboroses. E pus lo rei me donà un salconduit per passar per tota sa terra e per ses gents a peu o a cavall. E parlà molt, e fort e ab gran diligència me demanà dels reis de crestians, en especial del rei de França, e d'Aragó, e de Castella, e de lus costumes e maneres de viure; e segons que aparia per ses paraules, ells tenen lus costumes millors e pus perfeites del món.

Lus hostals, comunament, són en la major partida prop dels bous; e ab los bous fan llurs hostals; e un dia, com los herbatges se'n van, així se muden a la manera de les aurenetes de Barbaria e de la terra del soldà; així fan ells en mudant llur vila, e van tots ensems.

De la cort d'aquell rei me'n partí e fé mon camí per diverses jornades, car lo camí és llong, entrò que fui en una de llurs viles apellada de Processió. E apellen-la enaixí car aquí no faran mal a neguna persona, per lo semblant han gran devoció a Sant Patrici, e és bona entre lo realme; e los reis tenen aquella vila segura, e los pelegrins que hi van és força de lleixar aquí lus bèsties, car no n'hi poiren passar les muntanyes ni les aigües rossins ni altres bèsties. Així que, d'aquí partent, ané-me'n a peu a la vila ont és lo priorat; e en lo dit priorat és lo purgatori, e ha-hi un gran llac pregon, ont és la dita illa; e l'aigua és bona a beure, e dedins lo llac ha diverses altres illes. Les aigües són tan grans per l'illa que sobre les pus altes muntanyes a penes hi pot hom passar, per les aigües que hi són intrar d'aquí a la fi, així que a peu hi ha gran pena de passar, e a cavall major.

Partent-me de la Processió, lo senyor del lloc, que és gran senyor, e son frare que havia gran devoció a mossenyor Sant Patrici, ells m'ajudaven molt a endreçar, e a tots los pelegrins; e ell volc anar ab mi, e m'acompanyà fins al monestir, on hi fui recebut molt bé. E passem lo llac ab una barca d'un fust cavat, car altra barca no hi havia. Lo senyor de la Processió e lo prior que aquí era se meteren en una altra.

De present que io fui al monestir, me demanaren si io volia intrar a purgatori, e io responguí que sí; e adoncs ells me feren fort amonestar que per res no hi volgués intrar ni temptar Déu, cum tan solament no hi hagués perill del cos, mes de l'ànima, que muntava més; dient e mostrant-me los perills e la força d'aquells que morts hi eren. Mas quan ells vegueren mon fort prepòsit, ells me digueren, e per especial lo prior, que convenia que io fes segons lus ordenances del monestir, així com Sant Patrici havia ordenat e sos predecessors del prior, segons que és en lo capítol que parla de Sant Patrici. E enaixí io fi, segons llur ordenança, on cové fer, ab gran devoció, tot ço que fan aquests hòmens que per malaltia o per altres perills esperen la mort. E tot açò feit, ab gran processió ells acostumen de menar a l'església, e an aquell que intre tostemps amonesten fort que per res no hi vullen intrar; e me digueren que renunciàs ma intrada per purgar mos pecats, e que me volgués metre en alguna religió per servir los frares religioses o ésser religiós, e no me volgués metre en tan gran perill.

E feites totes les ordinacions en l'església, com dessús és dit que Sant Patrici ordenà, tot açò feit, ells ab tots los clercs que haver-se pogueren d'aquella encontrada, tan gran maití com poguérem, cantem una missa de rèquiem an aquell que intra dedins. E tot ço que s'apertenia ells feren.

E io estant a l'església, io parlí ab un nebot meu, fill de ma sor, lo qual era del llinatge de Centelles, e era doctor, lo qual havia nom mossèn Bernat de Centelles; e ab dos fills meus, dels quals lo major havia nom Lluís, e l'altre Ramon; e ab ma companya e servidors. Ells així ordenaven de llur retorn, al cas que Déu fes sa voluntat de mi. E doní a mossèn Bernat Centelles, mon nebot, mon testament, lo qual era sacristà de Mallorca.

E tot açò feit, lo prior e los frares e lo senyor de la Processió me demanaren que, al cas que morís, ont volia ésser sosterrat; e io responguí que la terra era lo sepulcre dels morts, e que io ho remetia a ells. E ab la processió ells me menaren a la porta del purgatori, e io feí aquí quatre cavallers, dels quals los dos foren mos fills, e los altres dos foren un anglès, apellat mossèn Tomàs Agut, e altre mossèn Pere de Maça, del regne de València. E aprés cantaren les lletanies e me donaren d'aigua senyada, e lo prior obrí la porta e dix-me aitals paraules davant tots aquells que aquí eren:

— Veu-vos ací lo lloc ont voleu intrar e anar, mes si vós me volíeu creure mi e mon consell, vós vos en tornareu arrere, e emendareu en alcuna altra manera vostra vida en aquest món, car molts homes hi són intrats que jamés no en tornaren, e són tots perits en cos e en ànima, per ço que no han haüda ferma creença en Jesu Crist, e per ço ells no poden sofrir los turments que de la part d'allà són. Emperò, si vós hi voleu intrar, io vos diré ço que vós hi trobareu.

E io llavores li vaig dir que, ab l'ajuda de Déu, io hi intraria per purgar mos pecats; e adoncs ell me dix:

— Del feit de la fossa no vos vull res dir, car vos la veeu e ho trobareu; mas en un altre lloc Déu vos enviarà sos missatgers, que vos ensenyaran tot ço que vós deureu fer; e tantost se n'iran e vos lleixaran tot sol, e enaixí és estat feit a tots aquells que hi són intrats davant vós.

E llavores io prenguí comiat de tots aquells que aquí eren, e los besí en la boca, e me recomané a Déu, e intré dedins; e darrer mi entrà un cavaller, apellat mossèn Guillem, senyor de Corsí, lo qual era nominat d'ésser lo major home e sa muller la major dona que fos en lo realme d'Anglaterra, e que és filla del rei de França. E havia feit tot ço que s'apertenia per la dita intrada, e fo a mi així mateix amonestat per los dits frares; e nos amonestaren fort que no parlàssem gens la un ab l'altre, e que les paraules e los perills que tant n'eren estats dits dels diverses turments per los quals aquells que hi eren intrats perien e hi eren estats perduts; e per ço me meteren en feit dubtes en mon cor e en l'enteniment, mas la gran voluntat que io havia de saber en qual estament era lo rei, mon senyor, e enaixí mateix de purgar mos pecats, me faïa oblidar tot ço que devia tenir. En recomanant-me a les bones oracions dels bons prohomes, e garní-me de fe e de creença lo millor que jo poguí, e vaig-me senyar del senyal de la creu, e me recomané a Déu, e intré dedins lo purgatori, e mon companyó aprés. E lo prior en continent tancà la porta e se'n tornà ab sos clercs a l'església.

Quan io fui dedins la fossa, tantost trobé lo cap, e no ha de llong sinó que qualques does canes de Montpeller; e al cap de la fossa és un poc torta a la mà esquerra. E de present que io fui al cap, io assaig ab les mans si trobaria traüc ni lloc per ont io pogués anar, mas no en trobé. Veritat és que anant avant io sentí lo cap de la fossa fort flaca, e aparia que si hom se sostengués que se n'intraria. E llavores io me posí a seure lo pus bell que io poguí, e estiguí en aquell estament pus d'una hora que no pensava que altra cosa hi hagués; bé és veritat que me pres una susor e angoixosa gran de cor, així com si la mar me fes mal o que navigués. E a cap de peça, casi d'enuig, m'adormí per la gran angoixa que havia haüda; enaprés venc un tro així gran que tots aquells que eren al monestir, tant los canonges com los altres que eren venguts am mi, lo sentiren així com si fos dels trons de septembre; e era lo cel clar, que tots aquells de fora hagueren açò per a grans meravelles. E en aquella hora io caiguí de calque dues canes d'alt; emperò, per l'angoixa que havia haüda que era tot dormillós, io fui un poc envaït, e per lo gran tro que així era estat terrible que quasi m'havia eixordat. E a cap d'un poc io gemeguí, e diguí les paraules que lo prior m'havia ensenyades, les quals són aquestes: "Criste filii Dei vivi, miserere mei peccatori." E llavores io vi la fossa oberta, per la qual io aní llongament, e perdé mon companyó, que no el viguí ni sabia què s'era feit.

En açò, tot sol per aquella fossa ané, que tant pus anava avant, tant pus la trobava cava en escuretat, tant que perdia de tot la claretat de tot llum. E quan haguí un poc anat, io entré en un lloc que m'aparé lo cap, e aquí io trobé una sala, segons que lo prior m'havia dit, e no hi havia altra claretat sinó així com hom diu en lo món entre jorn e nit, en los jorns d'hivern. Aquesta sala no era gens closa entorn, mas era am piles ab arcs de volta, així com claustre de monges. E quan haguí prou anat amon e avall per aquella sala, io fui tot meravellat de la forma e tan delicada manera quan io vi aquella sala; e intré dedins e vaig-me seure. E fui fort meravellat de la gran beltat e pulcritud que era en aquella sala tan deliciosa, e així mateix de l'estranya forma e manera, car, a mon semblant, no vi tan bella sala en part on jamés io fos estat.

E quan haguí segut una gran peça, vengueren a mi dotze homes, que tots semblaven de religió e tots eren vestits de robes blanques, e tots intraren dedins la sala, e a llur venir saludaren-me fort humilment. Alcuns d'ells me semblava ésser major, quasi com un prior, e aquell parlà ab mi per tots los altres, e fort me confortà, e me dix:

— Beneït sia Déu, que totes coses té en poder, e que en ton cor ha mes lo bon prepòsit, e perfecció en tu lo bé que has començat; e per ço tu és vengut en aquest purgatori per tos pecats, sàpies que ell te covè fer ab gran ànimo en aquest fet, e si no ho faïes, tu perdries lo cos e l'ànima per ta malvestat. Car tantost com nós serem ixits d'aquesta sala, ella serà tota plena de diables, que tots comunament te turmentaran e t'amenaçaran, e encara més fort, que te prometran de te'n tornar arrera sa e salve e
 sens ningun perill fins a la porta per ont hi és entrat, si tu

los vols creure, e així t'assaliran per te decebre. E si tu conscentes a ells per tant de mal que te facen de turments, ni de paors ni d'amenaces que te faran, tu periràs en cos e en ànima. E si tu creus fermament e metes tota cura e ta creença en Déu, tu seràs quiti de tots los pecats que has fets, e veuràs los turments que són aparellats als pecadors per los pecats purgar, e lo repòs on los justs reposaran e se delectaran. E garda-te bé que hages Déu tot jorn en ta membrança; e quan los diables te turmentaran, invoca tot jorn lo nom de Nostre Senyor Déu Jesu Crist, car per aquell seràs tostemps delliurat de tots los turments on seràs mes. E ab tant nós te recomanam a Déu, car nós no podem pus ací aturar.

E puis cascú me donà la benedicció e anaren-se'n.

E io restí aquí tot sol, vestit d'una vestidura de la fe de Jesu Crist, e armat de tot mon poder e de gran esperança d'haver victòria, havent gran contricció en mon cor de tots los pecats que me podia recordar que havia fets, e havent fermament tota ma memòria e esperança en Déu, suplicant-li humilment e piadosa que en aquest pas així d'estret e perillós no em volgués desemparar, e així mateix pregant e suplicant li diguí que em donàs força e poder contra los enemics, per la sua pietat la qual jamai no defallí a home que en ell hagués esperança.

E enaixí com io estava assetjat tot sol a la sala, esperant la gran batalla dels malignes esperits, io oí sobtament un bran brogit, com si tot lo món hi fos ajustat per fer un gran tabust; e cascú cridava en alta veu de son poder, no crec que major bruig se pogués fer, e si la virtut del cel no m'hagués gardat e los prohomes no m'haguessen ensenyat, io fora eixit del mon sen.

Aprés aquest bruig venc la visió dels diables, horribles dimonis, que per totes les parts d'aquella tan deliciosa e plasent sala eren tan espesses que negun no els poguera comptar. E io los veïa en diverses e lletges figures e formes, e ells me saludaren e me regardaren, e digueren-me com per un llagot e retreit:

— Los altres hòmens del món que savis són no vénen pas fins que són morts; e per ço nós te devem saber bon grat e redre-te pus gran gràcies e mercès que als altres que no tornen; pus ab gran diligència tu has molt bé servit, tu venesací sofrir turment per los pecats que tu has fets e perpetrats, per los quals tu hauràs ab nós turments e dolors grans. Mes per ço que nos has ben servits, si tu vols creure nostre consell e te'n vols tornar, nós te lleixarem encara viure en lo món gran temps ab gran goig e plaer; e si no, tu perdràs totes les coses que et puiran ajudar a ésser bones e dolces al cor e a l'ànima.

E açò ells me van dir per me decebre e per menaces e per mentides; més Déus me fé metre cor que io los ho menyspresava tot, e de totes llurs menaces no curava, ni jamés no fóra eixit per neguna cosa ni per altra, ans me tenguí tot segur e ninguna cosa io los responguí. E quan los dimonis vegueren que io los menyspresava de tot, ells me començaren les dents a cruixir sobres mi, e encontinent ells feren un gran foc al mig de la sala, e lligaren-me fort los braços, los peus e les mans, e aprés me gitaren al foc. E rossegaven-me ab crocs de ferr per los braços, e cridaven e bramaven per fer-me major paor e per més m'espaventar. Mes Déu, que d'esperança m'havia proveït e fortificat, que no em lleixà oblidar lo seu sant nom, ni ço que los bons prohomes m'havien ensenyat, que io apellàs lo nom de Déu; en aquesta manera me defendí de llur temptació. E quan m'hagueren gitat al foc, e tantost com io nomenàs lo nom de Jesu Crist, tantost fui guarit e lo foc escantit, que no hi restà una sola belluga. E quan io vi açò, io vaig recobrar cor e fui molt pus ardit que davant, e fermé en mon cor que jamés pus no en los dubtaria, pus que anomenant lo nom de Déu los haguí vençuts.

E adoncs los dimonis feren gran bruig e remor, e ixiren de la sala, e se partiren en moltes parts; mas més prou ne restaren per a mi, et aquells me menaren en una terra gasta molt llongament. E aquella terra era molt negra e tenebrosa, ni no hi vi sinó malignes espirits que me rossegaven per lo mig d'aquella terra, e hi faïa tan gran vent e fort suau, que a penes hom lo podia oir; mes ell me semblava que aquell vent me passava e m'atraversava tot lo cos, e tant me grevava que pus no podia.

E d'aquí avant m'emmenaren aquells dimonis devers orient, lla ont lo solell se lleva als pus grans jorns de l'estiu. E quan hagueren un petit anat, me tornaren lla ont lo solell se llevava en los pus curts jorns de l'any en hivern, i venguérem quasi a la fi del món. E aquí oí plorar, cridar e gemir e plànyer moltes persones dolorosament e durament, que me semblava que grans gents de totes terres hi fossen ajustades per fer dol; e quan vinguem pus avant, pus fort oíem e enteníem llur gran dolor. E d'aquí vinguem en un gran camp ple de dolor e de captivitat, e no podia veure la fi perquè era tan llong. E aquí havia homes e femnes de diverses maneres e estats, que jaïen en terra tots nus e tots estesos, los ventres dejús; e estaven ab clavells clavellats en terra, tots ardents; e jaïen sobre ells dragons ardents, e ells eren clavellats per los peus e per les mans, e los dragons los mordien e ficaven les dents dedins lus cossos per la carn, com a si los deguessen menjar. E de la gran pena que aquelles gents sofrien, mordien la terra moltes de vegades e cridaven per lo mig d'ells, e de part dessús los turmentaven e los batien molt vilanament.

E adoncs los dimonis m'amenaçaren d'aquell turment, e digueren-me:

— Tal turment tu hauràs, si no en deslliberes creure nostre consell; e no demanam altra cosa més que lleixes ço que has pres e començat e has a fer, e que te'n retornes, car nós te metrem defora la porta per ont tu és intrat, e te n'iràs sens mal sofrir.

E io no los digné d'oir ni les volguí respondre, mes me semblet com nostre Senyor m'havia delliurat dels altres turments que per lo semblant ho faria d'aquell. E quan ells vegueren açò, ells me gitaren contra terra per metre los clavells contra les mans e per los peus; e jo apellí lo nom de Jesu Crist fill de Déu viu, per lo qual los dimonis no em poguen mal fer en deguna manera, ans fui delliure d'aquell turment que era en aquell camp.

E puis ells me menaren en un altre camp, on havia més de dolors que al primer; lo qual era ple de diverses gents de diverses estats, e aquelles gents eren ab clavells clavellades, com les altres, mas ab altra diferència e manera, que aquests havien serpents que lus mordien les venes e les artèries del coll, e per lo cos metien los caps dessús los pits, e per lo pitz plantaven agulles; e n'hi havia d'altres que sobre lur havien calàpets e lluerts cremants ab lo morre llong e agut los trencaven per lo mig lo pitz e los traïen lo cor del ventre. E aquestes gents faïen lo major dol que podien, lo qual era molt terrible. E los dimonis corrien per lo mig d'ells, que los batien e los turmentaven asprament. E aquell camp era tan llong que hom no en podia veure la fi, més l'ample del camp vi, e aprés me digueren los dimonis:

— Aquest turment sofriràs tu si no te'n tornes.

E io no en diguí mot, e quan io no volguí res fer, ells me volgueren turmentar e forçar; mes no pogueren, per lo nom de Jesu Crist que io diguí, e fui delliure d'aquest perill encontinent.

Mas los dimonis me menaren encara en un altre camp, on havia d'aquells que io ne podia haver gran dol e gran congoixa e pietat en mon cor, car tantes de gents hi havia que hom no en les poguera comptar. Les gents jaïen en terra, sobre menuts clavells, tots ardents, que los trancaven per tot lo cos talament que tot lo cos del cap entrò als peus hom no hi trobara lloc on hom pogués metre lo cap del dit petit que tot no fos traucat. E aquells se planyien com a gents que fossen prop de la mort, e ab gran pena podien formar lus veus enaixí com los altres. E un vent ventava tan fort, que los turmentava tots quan los tocava; e los turments e los dimonis que eren aquí, e los batien fort e turmentaven tan cruelment, que home vivent no ho poria veure aitals turments. Puis me digueren los dimonis:

— Aquest turment sofriràs tu si no te'n vols tornar.

Mes io no hi volguí consentir, e llavores me gitaren en terra, e volgueren-me turmentar com les altres; mes no pogueren, car io apellí lo nom de Jesu Crist, e enaixí escapí.

E puis s'esforçaven de grevar-me, en aquest terç camp, lo qual era tot ple de foc. È puis me menaren en un altre camp, lo qual era tot ple de foc en què havia totes maneres de foc e de turments fort espaventables e ferotges e greus, ont havia tanta de gent que era sens nombre: los uns penjaven per los peus ab cadenes de fer cremats; los altres per les mans; los altres per los braços, e los altres per les cames. E lo camp on ells penjaven cremava dejús en flama de foc de solpre, e los rostien sobre grans gresilles de fer cremants. Los altres rostien ab grans asts de fer sobre lo foc, e faïen degotar sobre ells per enllardar gotes de diversos metalls totes ardents, que los dimonis fonien sobre ells. En açò los turmentaven los dimonis ab diversos turments e no seria negun en deguna manera que pogués imaginar ni pensar los turments que aquí eren. E aquí io vi bell colp de mos companyons, que io conoixia, e de mos parents e parentes; e lo rei don Joan d'Aragó; e frare Francès, de l'orde de Girona, dels frares menors del dit convent; e Na Dolça de Carles, que era ma neboda, la qual no era morta quan io partí de la terra, ni io no sabia de sa mort.

Tots aquests eren en via de salvació, mes per los pecats eren aquí en aquella pena. E la pena major que ma neboda havia era per les pinctures e emblanquiments que havia feits en sa cara quan vivia. E frare Francès, ab lo qual io parlí, sofria la major pena per una monja que traguí d'un monestir; e fóra estat damnat si no fos per la gran contricció que hac de son pecat, e penedença que fé en sa vida.

Enaprés parlí molt ab lo rei, mon senyor, lo qual, per la gràcia de Déu, era en via de salvació. La raó per què sofria les penes no la volgué dir, e dic que los reis e prínceps que són en lo món se deuen sobre totes coses gardar de fer injustícia per fer plaer ni favor a negú ni a neguna ni a d'altres pus prop del llinatge, sien hòmens o femnes, d'ont són ixits ni venguts.

No en cur pus de parlar d'açò, mas que regracie a Déu car aquells són en via de salvació. Plàcia-li a Déu que aital sien tots, e sien en aquell nombre, si millor no podien. Mas si en aquest segle hom sabia cum los pecats són punits, abans se lleixaria hom per petits bocins o peces menudes tallar que hom volgués pecar, ni olesa neguna ni malvestat neguna pensar; car ningú no poiria ni imaginar ni contar los crits ni los brams ni les vilanies que lus fan, ni los turments que sofiren. E los dimonis tot jorn los turmenten, e menen tan gran bruig que major no pot ésser. Cada un d'aquells me volgueren turmentar, mes io apellí lo nom de Déu, per lo qual ells no em pogueren fer mal.

Aprés açò me menaren los dimonis en una gran vall on hi havia una gran roda de foc ardent, d'on los rodets e les branques eren totes plenes de crocs de ferro cremants; e en cascun croc penjava una ànima. E aquella roda penjava tota dreta, la mitat en bas, e l'altra contra la terra, on havia foc negre com de solfre, e cremaven aquells que hi penjaven en aquella roda. E adoncs me digueren los dimonis:

— Aquesta pena sofriràs tu, mes nós te mostrarem abans quin turment és açò.

E llavores anaren los dimonis d'una part e d'altra, e la roda posaren-la contra los altres, e feren ixir grans flames per lo mig e entorn la roda, e feren-la tan solament rodar e anar, que la un no podia veure l'altre d'aquells que penjaven en la roda, ans semblava, per ço que rodava així fort, que no hi hagués sinó foc. E aquells que penjaven en aquella roda se planyien molt dolorosament. E llavores los dimonis me prenguen, e gitaren-me sobre la roda, en rodant io apellí lo nom de Jesu Crist, e tantost io isquí de la roda, e fui delliurat d'aquell perill e d'aquell turment.

D'aquest tan gran turment me menaren en un altre turment, on hi havia una gran casa tota fumant, com un forn o una fornal; e era tan llonga que io no podia veure lo cap. Enaixí com los demonis me rossegaven per aquella part, que quan io fui un poc avant volguí aturar-me un poc, car io sentia tan gran calor que no podia pus anar. E los dimonis me manaren:

— Per què atures? Que açò és una cosa per banyar tu, vulles o no, ab aquells que s'hi banyaven.

E quan vi pus prop, io oí gents plànyer e ploraven molt dolorosament; e quan io entrí en la dita casa, io vi que era tota plena de fosses redones, que eren tan prop l'una de l'autra que hom no hi podia trobar camí negun. E cada una d'aquestes fosses eren plenes dedins de metalls tot fusos e ardents, e aquí cabussaven gents en plom fus; e los altres ab cuire bullent; e los altres ab ferr; que per força de foc e de gran ardor semblava que fos vi vermell; e los altres en argent tan cald e tan bullent, que semblava que fos aigua clara; e los altres en or tan cald e tot fus, tan clar com si fos lo solell.

Enaixí eren en grans turments e moltes maneres de gents de diverses estats, que eren tots nuus; e tot ço que io havia vist de turments no em semblaren res a regard d'aquell, car tots aquells que aquí eren semblaven que se sostenguessen sobre los artells dels peus, e regardaven tots vers un vent, a mon semblant apellat tramuntana, e semblava que esperassen la mort, e tremolaven molt estretament e estranya. E llavors io estiguí molt meravellat, e un dels dimonis me dix:

— Tu te meravelles per què aquest poble ha tan gran paor, què és açò que esperen; mas si tu no te'n tornes, tu ho sabràs molt tost.

E a penes lo dimoni hac açò dit que venc una mutació de vent, que em portà los dimonis, e així mateix mi e tota aquesta gent en un fluvi fred e pudent e molt bas, vers l'autra part de la muntanya. Ploraven moltes gents e se planyien molt dolorosament de fred e de pudor, e quan s'esforçaven d'ixir defora, los dimonis los cabussaven pus fort. E io, estan dubtós dels grans turments, comencí de reclamar nostre Senyor Jesu Crist, e enaixí me trobí tantost fora del perill d'aquell turment.

Aprés los dimonis s'apropiaren de mi e me menaren devers orient, e io mirí davant mi, e vi una gran flama pudent com solfre. E aquella flama muntava tan alt, segons que me semblava, e havia-hi hòmens e femnes de diverses estats tots ardents, que volaven en l'aire tan alt com io podia regardar, enaixí com les bellugues del foc fan. E quan la flama s'hi abissava e se flacava, caïen les gents dedins lo foc. E així cum vinguem prop, ell me semblà que açò fos infern, un pou d'on la flama ixia. E llavores los dimonis me digueren:

— Aquest pou que tu vees és la boca d'infern on és nostra habitació; e per ço que tu nos has servits fins ací, tu hi intraràs estar ab nós tostemps, e açò és lo lloguer d'aquells que nos serveixen. E sàpies que ací intraràs tu, e hi periràs en cos e en ànima; e si tu nos vols creure nostre consell que te'n vulles tornar, nós te menarem a la porta de fora, sens fer mal, per ont tu és intrat.

Mes tostemps io haguí sobirana e gran fiança en nostre Senyor, e haguí en molt gran despit la promesa. E quan ells hagueren vist açò, me prengueren e me gitaren al pou, e tant quant pus lo davallava, tant lo trobava pus ample, e pus gran pena hi sentí e treball e moltes angoixes, que quasi io pensí defallir en tant que pensí lo nom de Déu oblidar; e vaig-lo reclamar Jesu Crist e tota sa ajuda per la molt gran angoixa que io hi sentia e per la gran dolor e turment ni eren ni hi són. Enaixí com a Déu plau e per la sua gràcia no em volc desemparar, en lo nom de Jesu Crist nomené, e de present la força de la flama me gità fora del pou ab lo vent, e ab l'aire e ab los altres davallí de costa lo pou, e esté aquí una gran peça que no sabia on era ni en qual part degués anar, e fui tot sol, que io no sabí on eren anats los dimonis ni què s'eren feits aquells que aquí m'havien menat.

E llavores vengueren altres dimonis que ixiren del pou tot dret a mi, e digueren-me:

— Què fas tuací? Nostres companyons t'han dit que açò era lo pou d'infern, e han mentit; que nostra costuma és de tot jorn mentir, per ço que nós decebem volenters, per mentir; en veritat, tots aquells que nós podem, nós decebem. Mes aquest no és pas lo pou d'infern, mes nós t'hi menarem e te metrem.

E gran tempesta me faïen, e deïen açò me menaren lluny. E d'aquí venguem en un fluvi molt llong e ample e pudent; e semblà-me que tot fos de foc e de flama de solfre embrasat, e era tot ple de dimonis. E aquells que m'havien amenat me digueren:

— Ell te cové anar e passar per aquest pont; tantost com tu ixiràs, lo vent que és dedins lo fluvi te bufarà e te gitarà dedins aquest fluvi, e nostres companyons que hi són te pendran e te cabussaran dedins lo pus pregon. Mes ell te cové passar e regardar davant quina via ha lo pont.

E aquell havia en si tres coses que molt fan dubtar. La primera que era glaçat e estret; e posat per cas que fos ample prou, a penes s'hi poguera hom tenir dessús. La segona, era tan alt que era molt a dubtar e era terrible cosa a regardar la terra. La terça era que lo vent hi corria tan fort que nengun no ho poria pensar lo bruig que aquí se faïa. Puis me digueren que:

— Si tu nos vols creure, tu escaparàs d'aquest turment, car açò és lo darrer que trobaràs.

E io me pensí llavores que nostre Senyor m'havia gardat e defensat, e io monti ab fort gran coratge dessobre lo pont. D'on pus ané dessús avant, lo trobi pus ample e pus segurament ané, car lo pont s'amplava d'una part e d'altra, enaixí que hi pogueren bé anar dues bèsties carregades. E los dimonis que aquí m'havien menat se restaren a la riba del fluvi, e quan ells anaren veure que io me n'anava així segurament sobre lo pont, feren molt gran dol e molt horrible e tan espaventable, que pus m'espavantaren e me féu més de paor l'horrebletat de llur crit, que no havia fet lo dubte dels turments que io havia vists ni oïts ni passats. E io passí fora lo pont així com si degú no el me defenés. E quan io fui bé avant e regardí lo fluvi e lo pont que io havia passat, e los dimonis que m'hagueren lleixat, que pus no em pogueren fer mal.

Mes totes coses vi en aquell purgatori, coses les quals me foren devedades de dir en pena de mort, ni Déu no ho vulla que per ma boca sien revelades; que pensaria los dolors ni los turments que hi són, ell los hauria tot jorn en memòria en son cor; los treballs e les penes d'aquest món, ni les altres malauties ni pobretats no los grevaria res, car tots los turments d'aquest món no són sinó dolces rosades de tots los mals que hi són al regard d'aquells, ni nengun non se delectaria carnalment en deguns delits d'aquest món. E qui bé pensa d'aquestes que són religioses e són en afliccions, deuen pensar com són grans los turments e les penes d'infern e les penes e les penes e turments de purgatori, car prou és pus lleugera cosa sofrir les penes en aquest món, al cos ensems ab l'ànima, que quan cové sofrir e anar a tants de mals e de dolors en purgatori e pus en infern.

Totes vegades preguem a nostre Senyor que per la sua santa misericòrdia e per la sua gran dolçor nos do e nos faça passar les penes de purgatori e venir a la glòria de paradís en lo goig e en lo bé que jamai nos fallirà. E preguem nostre Senyor per nostres pares e mares e per tots nostros bons amics que són passats d'aquest món en altre e són en aquells turments que Jesu Crist, per la sua gràcia e misericòrdia, los ne vulla gitar. E tots aquells que en pregaran ni faran almoines ni altres béns per aquells o per aquelles que són en aquelles penes, sien beneïts de Déu e davant la sua faç, car açò és la pus gran necessitat que pusca ésser, ni haver pietat d'aquells que aquí són, car açò és la pus gran caritat que pusca ésser. E açò és una cosa per la qual aquells són turmentats en purgatori per què sien alleujats dels turments e delliurats, no pas per aquells que hi intraran per la boca d'infern. Ara entenga-se cascú a fer bé e no pas mal e guarde-se que no es faça per què no el covenga anar en infern, car açò és sens retorn e sens fi. E aquell Senyor que ha totes coses en son poder nos garde de mal tots e totes. Amén.

E quan io fui passat, doní llaors e gràcies a Déu de les gràcies que ell m'havia feites, que així m'havia delliurat de tants forts cruells perills. E vi davant mi un gran mur molt alt de meravellosa manera e fort estranya, en lo qual havia una porta que tota lluïa pus que d'or ornada e de peres precioses tota closa; e quan io fui prop d'ella, a dos milles o més, ella s'obric, e de dins isqué així gran odor com si per tot lo món hom tostés o rostís espècies o fos ple d'altres coses ben odorants. E aquesta odor sobremuntava totes les altres, tant era suau e dolça e plasent a mon semblant. E aquí recobrí tota ma força e ma sanitat, e me semblà que io no hagués sofert nengun mal, sinó tot bé, sens pena e sens angoixa, e oblidí tots los mals entirament que davant habia haüts.

Sí mirí davant la porta, e vi una terra molt gran; e era pus clara que la claretat del sol, e io haguí molt gran desig de venir dedins. E abans que io hi intrés, me vingué una gran processió davant tan gran e meravellosa que jamés tala no havia vista. E portaven croses e ciris ardents e grans robes de palmes, que semblaven ésser d'or; en què venguen hòmens de grans estats, on havia papa e cardenals e arquebisbes, monges e capellans e gran colp d'altres clercs, així com són ordenats al servici de Déu, tant quant en lo món són estats, e moltes d'altres; e les gents que eren d'altra semblança, cascun segons son estat en què eren en aquesta vida mortal; e així mateix molt bella companya de dones ab les quals io fui recebut ab molt gran honor e ab molt gran goig. E menaren-me'n ab ells dedins la porta, e cantaren molt dolçament una manera de cançó que io a ma vida no havia oïda. E quan hagueren gran temps cantat, vengueren dos arquebisbes, a mon semblant, e me prenguen en llur habitació e en llur companya, e me menaren per lo mig d'aquella intrada deportant e per veure e regardant les meravelles que hi eren. E davant ells parlaren ad mi, e lloaren e beneïren Déu, que així m'havia confirmat mon coratge e bona e vertadera fe, per la qual havia vençuts los dimonis e era escapat de tants turments. E adoncs me menaren per tota aquella terra e me mostraren tants d'alegries, de dolçors e de plasers, que io no ho poria demostrar ni divisar ni dir, tant era la terra bella, e me semblava que tot açò fos com lo sol quan ha morta la llum d'una part e d'altra quan és en la llanterna per la sua gran claredat; enaixí hi fo lo sol ab menys poca claror per la claretat que io hi havia tan dolça e molt suau e deliciosa.

E aquella terra e aquella encontrada era tan ampla, que hom no podia veure lo cap de neguna part, e era plena de prats fort verds e delicades herbes ab molt gran mesura ordenats, ple de flors almeltats de les diverses colors d'aquelles tan suaus e aconsolables, e d'arbres ple odorants e delectables, e de fruiters de tota semblança e de tan gran beltat, e molt gran quantitat e abundància que me semblava que per tots temps hom hi poguera ben viure sens morir.

E estant dedins hom no hi pot sofrir neguna pena ni enuig, car la claretat ve pura del sol d'aquell hi relluís molt fort tots temps. Mas la gran multitud de les gents que io vi era tan gran que io no havia vist tan en lo món; e estaven en semblança de persones de religió com estan en los convents dels religioses, cascú en son ordre, e anaven e venien a tota llur voluntat los un ab los altres e deportant e prenent plaer e faent festa ab gran alegria, lloant e glorificant lo creator. E enaixí com una estela és pus clara que l'altra, enaixí eren ells; e eren vestits de robes d'or, e de verd, e los altres de blanc, e los altres de vermell, en tal forma com ells havien en aquest món a Déu servit. E io coneguí les semblances de les robes dels ordres, car enaixí com eren en diverses colors en el món, així eren ells en diverses claredats. E açò que sembla tot color d'or e les diverses colors de robes eren colors de diverses glòries e claretats; e aquí ne havia que eren coronats com reis. E molt haguí gran plaer en los regardar e en oir los dolços cants que ells faïen en totes parts e hi havíem tanta de dolçor e tan gran odor que persona humana no ho poria pensar en sentint aquella glòria, car no havia sinó goig e alegries, car cascú s'alegrava de si mateix e dels altres. E tots aquells que me regardaren, lloaven e beneïen Déu, e faïen novelles alegries per mi així com si io hagués a un cascú de lus frares restaurats de mort.

E en aquell lloc no ha cald ni fred, ni altra cosa que pusca noure ni fer enuig ni dar pena a cos d'home; e molt és aquell lloc plasent e delectable, car no ni ha sinó que goig e alegries e deliciositat.

E puis io vi de novelles coses que io no podia saber ni dir en aquest món. E aprés que io haguí oït los dolces cants e melodies, adoncs los dos arcebisbes que m'havien menat dedins me tiraren a part e van-me dir:

— Nostre car frare, ara has vist una partida de ço que tu has desitjat, ço és, lo goig e alegries dels justs e lo turment dels pecadors. Beneït sia Déu que totes coses ha feites, e nos ha resemuts de son preciós sang, lo qual t'ha donat aquell bon prepòsit que sies passat per los turments que has vist. E per ço que per sa virtut e per sa gran gràcia és vengut a nós, nós te diem que açò que tu has vist en aquesta terra sàpies que aquesta terra és paradís terrenal, d'on Adam, lo primer pare, fo gitat per son pecat; e d'açò venc la dolor del món. E d'ací ell veïa Déu e parlava ab ell e ab la companya dels àngels estaven amb ell; e per çò car ell no gardà los comanaments de Déu, perdé lo gran plaer celestial d'aquest lloc e la gràcia que Déu li havia donada, entrò que lo fill de Déu per sa bondat ha presa carn humana e ha feita nostra redempció, per aquella fe que nos reebem al baptisme on creem que no hi altra vida que aquella on nosaltres fórem nats, e per sa amor e esperança, així com Adam, e per ço que, aprés nostre baptisme, fórem lleixats en lo món e hi havem feits molts de pecats, per ço nos covè a venir en purgatori e passar per lo mig d'aquelles penes que tu has vistes en aquell purgatori ont tu has passat, e les penitències que nós reebem davant la mort nos tenen lloc en purgatori e la resta hi compleis hom en lo dit purgatori sofrint aquells turments segons ço que hom ha feit. E nós tots, que som ací, som estats en purgatori per nostres pecats, e tots aquells que has vist als turments per on tu és passat, quan ells seran purgats, vindran al repòs ont nós hem. E
 quan vénen altres covè que anem a l'encontre d'ells,

enaixí com havem a tu, e los menam així. E d'aquells que són purgats en purgatori los uns hi estan pus que los altres e los altres menys, e nengú d'ells no en pot saber l'hora quan ell n'ixirà. Mes per les misses que hom canta, e per les pregàries e oracions e almoines que hom faça per ells, ixen del turment o en partides són alleviats fins per tant que són tots delliures, car nengú no pot saber de si tot açò, com ells sofriren los turments per los pecats; e per açò nós en aquesta manera havem espaci d'hi estar segons los béns que havem feits; e pausant que nós siam delliures del foc de purgatori, no som pas dignes d'intrar en paradís, encara més nós som així ab gran goig e ab gran repòs, com tu vees; e quan plaurà a Déu, nós irem en paradís. E nostra companya creis e mirva cascun dia, així com aquells de purgatori vénen a nós quan són purgats, e enaixí se'n van alguns de nós de paradís terrenal en paradís celestial.

E quan ells hagueren ab mi parlat així llongament, me menaren en una gran muntanya, e digueren-me que regardàs en aut e en avant, vers lo cel, e io hi vaig regardar, e van-me demanar de quina color era ni cum me semblava ni ont era io. E io lus vaig respondre que a mi me semblava color d'or e d'argent de la fornal ixit. E llavores ells me van dir:

— Sàpies que ço que tu vees és la porta de paradís, e tot ço que davalla del cel a nós davalla, e enaixí se'n va hom en paradís. E cascun jorn tant cum nós hem ací nos envia nostre Senyor de la magnà del cel, e tu sabràs quina vianda és.

E a penes hagueren açò dit, que una gran claredat davallà del cel, així com una gran flama de foc, e semblàme que aquella gran claredat cobria tota aquella terra, e aquella claredat davallà per raigs sobre aquells que eren aquí, enaixí mateix sobre mon cap, e no hi esté gaire que aquells raigs no s'intraren dedins lo cos. E adoncs me semblà que io sentís dedins mi tan gran dolçor en mon coratge e en mon cor que per lo gran plaer que haguí no sabí si era mort o viu. E adoncs me digueren dos arquebisbes:

— Açò és la vianda de paradís que és aparellada sens fi en aquells que d'ací muntaran al cel.

Aquí fóra io volenterament aturat si hagués pogut, mes, aprés aquestes coses que a mi foren plenes de dolçor e de goig, me van dir los arquebisbes unes novelles d'on io fui molt dolent e ia molt més trist:

— Ara has tu vist una partida de ço que tu demanaves ni desitjaves a veure, sí és lo turment dels pecadors e la glòria dels salvats; e sí te'n cové d'anar e tornar per lo camí d'on és vengut. Segons ço que faràs ni estaràs al món, si tu viues pus segons Déu, tu sies segur que tu vendràs a nós quan tu traspassaràs al món mortal; e si tu menes mala vida, d'on Déu te'n defena, tu has bé vist quins són los turments que te serien aparellats. E te'n tornant tu no dubtaràs res dels turments que hi has vists al venir, no te poran nolre ni gosaran apropiar de tu ni fer negun mal, ni los turments non te grevaran en manera ninguna.

E oïdes les paraules, io, veent que m'havia d'aquí e de llur companya a partir e tornar-me per lo camí e per los turments que havia passats, no me poguí tenir de plorar e de llagremejar quan vi que me calia tornar, e adoncs los vaig dir, tot en plorant:

— D'ací no em partiré pas io, car io dubte fort si me'n torn que faça cosa al món que em lleixe devenir ací.

E llavores ells me digueren que:

— Açò no serà pas a ta voluntat, mes al plaer d'aquell que nos has feits tu e més nós.

E adoncs me'n torné a la porta en plorant, e ells ab mi. E io me n'ixí defores, mes açò fo ultra ma voluntat. E ells tanquen la porta aprés mi e torné-me'n per la via que era vengut, entrò a la sala, e quan los dimonis m'encontraven ells se fugien davant mi així com si me dubtassen fortment. E los turments no me pogueren noure ni no me feren negun mal, tan entrò que io fui a la sala d'on io era passat primerament, e vengueren-me a l'encontre los dotze hòmens que havien parlat ab mi a l'anar, los quals lloaren nostre Senyor molt fort que en aquell fort e sant coratge m'havia confirmat e tengut. E aquí venc mon companyó que io no l'havia vist despuis que hi era entrat, lo qual per lo mal que havia passat era fort debilitat, el qual, per la gràcia de Déu, ajudé a ixir.

 Adoncs ells me digueren:

—Tu és quiti de tots los pecats que has feits, e te convé a tornar a l'alba del jorn en ta terra, car si lo prior no te trobava o aquells que hi estan per te venir a cercar a la porta, e car ells dubtarien de ton retorn e se'n tornarien arrere.

E adoncs nos senyàrem, e nos beneïren, e nosaltres nos cuitàrem lo pus tost que poguérem, e venguérem prou avant que no trobàvem cap ni no sabíem ont érem. Per què io e mon companyó fórem fort espaventats e torbats, pensant que fóssem encloses. E adoncs nosaltres nos posem a pregar Déu devotament, e que de tans grans perills nos havia gitats e delliurats, que nos volgués gitar e delliurar d'aquest e que no períssem. Enaixí estant assetjats e per l'oració e lo treball que havíem passat, ab l'angoixa que cascú pot pensar nosaltres nos condormíen; e estant així adormits, venc un tro fort gran, mas non pas tan gran com lo primer, e de feit nos revellem, e io e mon companyó haguérem gran paor, e trobem-nos a la porta per ont nós érem intrats a la primera fossa. E estant aquí dubtant-nos ont eren aquells que nos havien meses dedins e nos devien venir cercar del monestir, e fórem a la porta, e de present que l'hagueren oberta, ells nos veeren venir e ixir d'aquí. E fórem recebuts ab molt goig, e de feit nos meteren a l'església, on férem nostres oracions e gràcies a Déu, segons que ell nos havia amonstrat.

E partent d'aquí tornem-nos-ne per lo camí al rei Isuel, que molt bé nos recollic e hac gran goig. E tenguí la festa del jorn de Nadal, on ell tenia gran cort segons llur manera, la qual a nós de part de ça nos és molt estranya per estat de rei, cum bé que aquell hagués així gran gent. E partí d'allí e torné'm a la terra dels angleses, que tenen en aquella illa d'Irlanda, és lo cap d'Anglaterra; e fórem ab la comtessa de la Marca en un castell seu, la qual molt honorablement nos recollic, e nos donà de joells competentment. E pertot on passàvem nos faïen gran honor, semblant que nos mostrant gran devoció quan siam delliurats d'aquells tans grans perills. E si io hagués volgut respondre, molt fui enterrogat dedins l'illa que no fui despuis.

Lo comte de la Marca era anat en Anglaterra; e partim d'aquí arribem e davallem les muntanyes, ont nos metérem en mar per passar en Anglaterra. E fui en aquella ciutat molt notablement recollit per los gentils hòmens e per los religioses. E d'aquí enfores passí la mar, e arribem en Gal·les davant un pont que s'apella Oliet e d'aquí per més jornades arribem en Anglaterra, on trobí lo rei en una villa apellada lo Quisiel, ont ha fort bella abadia de monges negres, ont lo rei pausava, e així mateix la regina hi era, ont fui notablement recollit. E d'aquí per mes jornades traversí l'illa d'Anglaterra, passant a Londres, arribí al port de Davre, on vi lo cap de Galvany, car aquí morí e així mateix la cota mal tallada car així s'apellava aquell cavaller que la portava. E gardaven açò dins lo castell per bona cavalleria d'ells. E aquí me metí en mar e traversí a Calís; e aquí per mes jornades fi mon camí per Picardia a la cort del rei de França, lo qual trobí a París on me recollí molt noblement per ço que io era son servidor e cambrer, e fui de son pare que me noirí; e aquí esté bé quatre meses per manament del papa, e fui ab ell a les justes que fé l'emperador d'Alemanya, que era aleshores lo rei de Bohèmia, e aquí fo lo rei de Navarra e diverses dux e grans senyors. E quan lo rei fo tornat a París, io me'n partí e me'n torní en Avinyó al papa, lo qual notablement me recollí.

Ara preguem nostre Senyor, que totes coses ha en poder, que per la sua santa gràcia e misericòrdia nos lleix en tal manera viure en aquest món que nós puscam en tal manera purgar nostres pecats, que en la fi, en l'hora de la mort que puscam esquivar les penes e los turments que vós haveu oïts recontar; que puscam haver a la fi los béns que jamés no en falliran. Preguem a Déu que nos gard; e pregau per mi, si vos plau, aquells qui llegireu aquest llibre escript de ma pròpria mà.

Explicit liber beati Patrici de penis purgatorii. Deo gratias.

Bernat Metge

VALTER E GRISELDA

A la molt honorable e honesta senyora madona Isabel de Guimerà, Bernat Metge, salut e reverència subjectiva.

A mi, encercant entre los llibres dels filòsofs e poetes alguna cosa ab la qual pogués complaure a les dones virtuoses, ocorrec l'altre dia una història la qual recita Petrarca, poeta laureat, en les obres del qual jo he singular afecció. E com la dita història sia fundada en virtuts de pasciència, obediència e amor conjugal, e a mi sia cert que, entre les altres virtuts, vós, senyora, siats dotada d'aquestes singularment, per ço he delliberat d'arromançar la dita història, e de trametre-la-us perquè vós e les altres dones virtuoses prenats eximpli de les coses en aquella contengudes (no per tant que jo em pens que vosaltres freiturets d'aquesta doctrina, car sens ella sóts assats pascients e virtuoses, mas per ço que oints la present història, siats pus ardents en seguir les dites virtuts, car diu lo mestre d'amor, Ovidi, en les obres del qual en temps que jo amava me solia molt adelitar, que al cavall lleuger quan corre no li nou si hom li dóna alguna esperonada), suplicant-vos que la present història vullats benignament oir, en les adversitats, les quals algú en aquesta present vida no pot esquivar, com lloc serà, ben remembrar d'aquella, per ço que mills e pus pascientment puixats aquelles soferir, de les quals Déu vos vulla preservar per sa mercè.

En Itàlia és una província ornada de molts notables castells e viles, apellada lo Marquesat de Saluça, de la qual era marquès un fort noble baró apellat Valter, jove, bell e molt graciós, no menys noble de costumes que de llinatge, e, finalment, en totes coses fort insigne; sinó que, content d'açò que fortuna li havia dat, no curava de l'esdevenidor e trobava tan gran pler en caçar que totes les altres coses que a fer havia ne menyspreava. E especialment no es curava de pendre muller, de la qual cosa los seus vassalls e sotsmesos eren fort dolents e despagats. Los quals, com molt ho haguessen soferit, anaren ensems al dit Valter, e la u d'ells, lo qual era de major auctoritat, o per bell parlar o per major privadesa que havia ab lo dit Valter, dix així:

— Molt noble marquès, la tua humanitat dóna a nós audàcia e gosar que, tota vegada que els fets ho requiren, ab devota confiança parlam ab tu, e que ara les voluntats que tots tenim secretes en los nostros coratges la mia veu notific a les tues orelles; no pas que jo haja algun interès singular en açò, mas per tal com tu, segons que per molts indicis e senyals has sovent provat, mostres e reputes que jo són a tu molt car denant tots los altres. Com, doncs, totes les tues coses plàcien e hagen a nós tostemps plagut, per ço que puixam jutjar que siam benaventurats com aital senyor havem, e serem molt pus benaventurats en l'esdevenidor que tots nostres veïns, suplicam-te humilment que vulles pendre muller, e que açò vulles fer espatxadament, car los jorns se'n van e volen fort lleugerament. E jatsia que tu sies en la flor de ton jovent, emperò la vellesa ensegueix aquesta flor; la mort és proïsma a tota edat: tothom egualment ha a morir, e l'hora és incerta. Plàcia't, doncs, que oges les pregàries d'aquells qui no menysprearien los teus manaments, e comana a nós l'elecció de la muller; car nós la't procurarem tal que ella serà digna d'acostar-se a tu, e de tal llinatge que tots porem estar ab bona esperança d'ella. Deslliura'ns, doncs, d'aquesta trista ànsia en què som, per ço que, si Déu disposava en altra manera de tu, no te n'anasses menys de lledesme successor e nós romanguéssem sens regidor algú.

Lladoncs, lo dit Valter, mogut per les piadoses pregàries dels seus, dix:

— Vosaltres, amics, me forçats de fer cosa que jamés no fo al meu cor. Jo m'adelitava que visqués en llibertat, la qual fort tard és en matrimoni. Per què, jo em sotmet de bon grat a la voluntat de vosaltres. E jatsia que jo confio de la vostra saviesa e fe, vull rellevar vosaltres del càrrec que volets pendre per mi, car jo mateix me'n vull haver l'afany de cercar-la'm, com jo sia cert que la noblesa de la u no ennobleix l'altre e que moltes vegades los fills són dessemblants als pares. Tot lo bé qui és en la persona no li ve d'altre sinó de Déu, al qual jo coman mi e tots mos afers, esperant que Ell m'hi trobarà cosa que serà expedient a repòs e salut mia. E pus vosaltres trobats pler que jo prena muller, promet-vos que jo compliré vostre desig en breu; però vull que em prometats que qualsevulla muller que jo prena, ab sobirana honor e reverència la tractets, e que entre vosaltres no haja algú qui en diga mal ne es clam de la mia elecció per mi faedora. Qualsevulla muller que jo pendré, aquella vull que sia vostra senyora, e sia així tractada per vosaltres com si era filla de l'emperador.

Lladoncs, tots e una veu, concordablement, li prometeren fort alegrement d'atendre e complir son manament, així com aquells qui per sobres de goig a penes cuidaven veure lo dia de les núpcies: ab tan gran goig e pler l'esperaven. Lo qual dia lo dit Valter los assignà que fossen aparellats a la celebració d'aquelles; e no-res-menys manà als seus domèstics e familiars que solemnement aparellassen les coses necessàries a la festa.

No molt lluny del palau del dit marquès era situada una vila petita, poblada d'alguns pagesos, fort pocs e pobres, entre els quals n'hi havia u pus pobre que tots apellat Janícola; e havia una filla apellada Griselda, assats bella de cors, e molt pus bella e noble de bones costumes e de virtut del coratge; la qual s'era nodrida en sobirana pobresa, ab vianda grossera, e, ignorant tot desig carnal, jamés no havia imaginat ne girat l'enteniment en folls ne en delicats pensaments, ans reposava en lo seu pits virginal coratge d'home vell e savi. E ab inestimable caritat servia diligentment son pare, e, pasturant algunes poques d'ovelles que havia, filava cascun jorn, e puis, tornant-se'n en casa, aparellava cols o espinacs o altres viandes convinents a la sua condició e feïa lo llit a son pare. E, finalment, tot son temps despenia en pietat e obediència filial.

E com Valter hagués acostumat de passar sovent per la casa de son pare e s'hagués pres esment moltes vegades de la virtut d'aquesta nina —la qual virtut no era manifestada a la gent, ne en parlava algú per ço com era de tan baix estament—, lo dit Valter se mès en cor de pendre aquesta per muller sobre totes les altres.

Lo dia de les núpcies s'acostava, e tothom se meravellava d'on vendria la nòvia, ne qui era. E lo dit Valter, entretant, feïa provesió d'anells d'aur e de corones e d'altres ornaments; e féu fer vestedures, calces e sabates a forma e a mesura d'altra donzella, la qual era d'estatura semblant a Griselda. Ab tant vénc lo dia assignat, e com algú no sabés noves de la nòvia, tothom estec fort meravellat, e majorment per ço com ja era hora de dinar e la vianda e la casa eren aparellades. Lladoncs Valter, així com si degués eixir a carrera a la sua esposa, isqué fora la sua casa, bé acompanyat de molts nobles hòmens e dones, dreçant son camí vers la vileta dessús dita.

E Griselda, ignorant les coses qui per ella eren aparelllades, e portant aiga ab un cànter en lo seu cap, entràse'n en la casa de son pare per ço que espatxàs ço que a fer havia e que anàs ab les altres nines a veure l'esposada de son senyor. E dementre que Valter anava pensiu entre si mateix acostant-se vers la casa de Janícola, cridà Griselda per son nom, interrogant-la on era son pare. E aquella, reverentment e ab gran humilitat, respòs-li que en casa era; a la qual dix Valter:

— Mana-li que venga a mi.

E com lo pare de la dita Griselda fos vengut, lo dit Valter, prenent-lo per la mà, dix ab veu baixa per ço que negú no ho oís:

— Janícola, jo sé que tu ames molt a mi, e tostemps he conegut tu per bo, feel e lleial, e les coses que a mi plaen jo em pens que tu les hages per agradables. Emperò una cosa singularment vull saber: si vols haver per gendre mi, qui son ton senyor.

Lladoncs Janícola, espaordit per les paraules dites, dix:

— Jo no dec voler ne avorrir sinó així com plaurà a tu, qui est mon senyor.

 — Entrem-nos-en, doncs —dix Valter—, tots sols,

per ço que en presència tua jo puixa enterrogar d'algunes coses ta filla.

E aprés que foren entrats dins la casa de Janícola, esperant defora e meravellant-se tot lo poble, trobaren Griselda fort meravellada e espaordida de l'aveniment de tan gran hoste. A la qual dix Valter:

— A ton pare e a mi plau que tu sies ma muller, e pens-me que semblant plàcia a tu. Però una cosa te vull demanar: si véns acordada que aprés que lo nostre matrimoni serà acabat e complit, lo teu coratge se convenga de bon grat ab lo meu, així que en nenguna cosa jamés se desconvenga ab la mia voluntat, e que tot ço que jo volré fer te plàcia, e que no mi contrastaràs ne em faràs mala cara jamés.

Al qual la dita Griselda, tremolant per la novitat d'aquest fet, respòs:

— Senyor meu, jo no son digna de tan gran honor; però si la tua voluntat és, e fortuna mia, que així sia com has dit, jo et promet que no tan solament faré ço que tu manaràs, ans encara et dic que jamés no pensaré res que sia contra ton voler, ne tu poràs fer alguna cosa, posat que em manasses matar, la qual sia desplasent a mi.

— Assats me basta —dix Valter. E mostrant aquella públicament al poble, dix:

— Aquesta és ma muller; aquesta, vostra senyora. Aquesta amats e honrats, e, si mi havets car, hajats aquesta molt per pus cara.

E per ço que ella no portàs res de la fortuna vella en la novella casa, féu-la despullar tota nua a les honrades dones qui eren aquí, e dels peus fins al cap la féu vestir de vestedures noves. La qual, aprés que fo vestida, pentinada e bé arreada, a penes la conec lo poble. E encontinent Valter l'esposà e li donà un fort bell anell; e faent-la cavalcar en un cavall blanc, féu-la menar ab gran alegria, present e acompanyant tot lo poble, al seu palau.

En aquesta manera foren celebrades les noces fort solemnement. E Nostre Senyor Déu féu tanta de gràcia a la dita Griselda, que algú no pogué jutjar que fos nodrida en casa de pastor, sinó en algun palau imperial: tant era cara e venerable envers tots. E a penes coneguera hom qui la conegués de nativitat que fos filla de Janícola; tanta era l'honestat de la sua vida e la noblesa de les sues costumes e la dolçor de les sues paraules, ab les quals se tirava los coratges de les gents. E no tan solament dins los termes de la sua terra la lloaven, ans encara per moltes altres províncies era escampada la sua virtuosa fama; així que molta gent ab gran afecció e pler venia per mirar aquella.

En aquesta manera Valter, ennobleït d'insigne e benaventurat matrimoni, vivia ab sobirana pau en casa, e fora sa casa ab sobirana amor de ses gents. E era tengut fort pus savi, com tan gran virtut, amagada dejús tan gran pobresa e fretura havia acostada a si mateix. E no solament Griselda exercia negocis femenils e domèstics, ans encara, com ops hi era, d'oficis públics, e en absència de son marit llevava de carrera los plets e qüestions de la terra, e metia pau entre los discordants ab tan bones e sàvies paraules e maneres, e ab tanta maturitat e egualtat de juí, que tothom deïa que Déu los havia tramesa aquesta dona del cel.

E no passà molt temps que Griselda s'emprenyà, per la qual raó tots los seus sotmesos estigueren ab congoixosa esperança. Aprés, ella parí una filla molt bella; e jatsia que sos vassalls haguessen més amat fill, emperò no tan solament son marit, ans encara tota la gent n'hac fort gran pler.

E aprés un temps que la filla fo deslletada, jatsia que Valter hagués assats provada la fe de sa muller, emperò volc-la provar e assajar més avant. E estant sols en una cambra, cridà-la, e ab cara trista dix-li així:

— Bé saps tu, Griselda, e no em pens que per la present fortuna te sia oblidat, l'estament del temps passat; bé saps tu, encara, en qual manera vinguist en esta casa e com es assats cara e molt amada a mi. Mas no es així cara als nobles hòmens de ma terra, majorment depuis que comencest haver infants, car tenen-se fort per injuriats que sien sotmesos a dona qui sia filla de pagès, així com tu est. E és de gran necessitat a mi qui desig haver pau ab ells, que de ta filla faça, no ço que volria, mas ço que a ells plaurà. E convendrà'm a fer cosa qui em serà la pus trista e dolorosa que jo pogués fer; però no ho volria fer que tu no ho sabesses, perquè vull que hi consentes e que hi hages aquella pasciència la qual me prometist en lo començament de nostre matrimoni.

Lladoncs Griselda, oïdes aquestes paraules, sens mudament de color e de paraula, dix:

— Tu es nostre senyor, e jo e aquesta filla tua som tues; fe de les tues coses així com te plaurà, car res no et pot a tu plaure que a mi desplàcia. Car jo no deig haver res, ne he paor de perdre alguna cosa en aquest món sinó tu. Jo he ficades aquestes coses al mig del meu cor, les quals jamés no eixiran per passament de llong temps ne per mort. Totes coses impossibles se porien abans fer, que lo meu coratge no es mudaria.

Lladoncs Valter, fort alegre per la dita resposta, mas dissimulant-ho com mills pusqué, se partí denant ella demostrant que era fort trist.

E aprés un poc tramès-li un dels seus algutzirs, en lo qual ell se fiava molt, certificat emperò de sa intenció e d'açò que ell entenia a fer; lo qual, vinent a ella gran hora de nit, li dix:

— Senyora mia, perdona'm e plàcia't que no em tingues a mal ço que jo forçadament he a fer. La tua saviesa sap quina cosa és qui ha a fer ab senyol al qual hom no pot contrastar per dura cosa e cruel que man ésser feta. Mon senyor m'ha manat que jo prenga aquesta infanta, e que aquella...

E ab paraula estroncada lleixà's de parlar e de dir lo cruel ministeri que devia exercir. Sospitosa era la fama de l'algutzir, sospitosa era la cara, sospitosa era l'hora, sospitoses eren les paraules, ab les quals, jatsesia clarament entenés que aquell devia anar matar la sua dolça filla cara, emperò no gità alguna petita llàgrema ne sospirà gens; la qual cosa no solament fóra estada molt dura en mare, ans ho fóra semblantment en nodrissa. Puis, ab bona cara, prenent la infanta guardà-la un petit, e besant aquella, beneí-la e féu-li lo senyal de la creu en lo front, e donà-la a l'algutzir dient-li:

— Vé-te'n e met en execució ço que mon senyor t'ha manat. Mas prec-te d'una cosa: que et guards que bèsties feres ne ocells no la devoren ne mengen aquest petit cors, ab tal condició, però, que per mon senyor no et sia manat lo contrari.

E aprés, com lo dit algutzir se'n fo tornat a son senyor e li hagués recitat ço que per ella era estat dit e ço que per ella era estat respost, e li hagués donada sa filla, amor e pietat paternal mogueren fort lo dit Valter. Però ell no lleixà son propòsit, ans la lliurà a l'algutzir embolcada en draps e mesa dins una gran canasta; e posà-la sobre una bèstia que la portàs suaument. E féu-la portar ab gran diligència a Bolunya, a sa germana, qui era muller del comte de Pànico, que la nodrís e la instruís ab maternal estudi de bones costumes, e que la faés nodrir e que la tingués tan secretament com pusqués, que hom en lo món no pogués saber de qui era filla. E lo dit algutzir complí ab gran diligència ço que li era manat.

Aprés Valter, considerant sovent les paraules e la cara de sa muller, jamés no pogué conèixer ne haver senyal que el coratge de sa muller se fos mudat; car egual alegria, diligència e cura, acostumat servei e amor semblant li demostrava de fet que d'abans havia acostumat; e jamés no li demostrà tristor ne li féu menció de sa filla, ne jamés delliberadament ne incident lo nom d'aquella no li eixí de la boca, que algú ho oís.

Aprés d'aquestes coses que foren passats quatre anys, Griselda s'emprenyà e parí un fort bell fill, del qual hagueren gran goig e alegria son pare e tots sos amics. E a cap de dos anys que fo deslletat, Valter, tornant en l'acostumada curiositat, dix a sa muller aitals paraules:

— Bé creu que hages oït dir com lo meu poble ha gran despler e no porta pascientment lo nostre matrimoni, majorment despuis que tu comencest haver infants. Però jamés no els sabé tant greu com féu despuis que tu haguist fill, car dien entre ells (e jo qui moltes vegades ho he oït dir) que: "aprés la mort de Valter, lo nét de Janícola senyorejarà a nós"; e a aquells és fort greu que tan noble terra sia sotsmesa a aital senyor. Cascun dia entre lo poble se dien aquestes paraules, per les quals jo, qui són fort desitjós de repòs e, a la veritat, me tem de perill de ma persona, me somoc moltes vegades que d'aquest infant faça ço que he fet de sa germana. Mas denuncii-t'ho abans, per ço que sobtosa e inopinable dolor no et torbàs.

E Griselda respòs:

— Senyor, ja t'ho he dit, e ara ho repetesc, que jo no puix res fer ne vull ne no vull, sinó ço que a tu plau; car jo en aquests fills no he àls sinó los treballs. Tu és senyor
 de mi e d'ells; per què, fe a ta guisa d'açò del teu, e no hi

demans mon consentiment; car així com en l'entrament que fiu de la tua casa me despullí les vestidures, així em despullí les mies voluntats e desigs e vestí'm los teus. Per què, en qualsevulla manera tu vulles alguna cosa, jo semblantment vull aquella. Car si jo fos certa de la tua voluntat, ja haguera començat a voler e desitjar ço que tu desitges; mas, pus lo teu coratge no puix prevenir, de bon grat seguiré aquell. E si tu trobes pler que jo muira, tantost morré volenterosament; car alguna cosa, finalment, ne la mort, serà egual a la nostra amor.

Lladoncs Valter, meravellant-se de la constància e fermetat de la fembra, partí's ab trista cara davant ella. E encontinent tramès-li l'algutzir que ja altra vegada li havia tramès; lo qual, aprés que ab gran instància hac demanant perdó si li feïa res desplasent, així com si hagués a fer un gran crim, demanà l'infant. E Griselda, ab la cara e coratge dessús dits, pres entre els braços son fill, bell e fort graciós, no solament amat per ella, mas per tots aquells qui l'havien vist e oït nomenar, e faent-li lo senyal de la creu al front e beneint-lo així com havia fet de la filla, e guardant-lo gran estona e besant aquell sens gitar llàgrema ne sospir, donà'l a l'algutzir dessús dit, dient-li.

— Vet ací mon fill. Fe d'ell ço que t'és manat; mas d'una cosa et prec: que, si fer-se pot, no jaquesques menjar a bèsties salvatges ne a ocells los delicats membres d'aquest tan noble infant.

Aprés l'algutzir se'n tornà ab l'infant a son senyor, dient-li les coses dessús dites. Lo qual se meravellà molt e tan fort, que si no com ell era cert de la gran amor que Griselda havia a sos fills, per poc haguera haguda sospita que aquesta fortalesa femenil no proceís d'enorme crueltat. E aprés tramès lo dit infant per l'algutzir a Bolunya, així com havia fet de la filla.

Tots los dessús dits experiments de benvolença e fe conjugal pogueren haver bastat a Valter; mas molts hòmens són qui no es saben abstenir de la cosa pus que l'han començada, ans, continuant aquella, perseveren a llur propòsit. Aprés, Valter contínuament contemplava e guardava sa muller si es mudava per ço que li havia fet, e null temps pogué conèixer en ella alguna mutació, mas de dia en dia la trobava pus feel e ab major afecció envers ell. Així abdosos semblaven d'un coratge, car la muller, així com damunt és dit, no volia ne avorria alguna cosa, sinó així com a son marit plaïa.

Poc a poc se començà escampar mala fama de Valter, ço és a saber, que ab crueltat e durícia inhumana, per ço com se penedia del baix e humil matrimoni que havia fet ab Griselda, que havia manat matar sos fills, car algú no podia veure sos infants ne sabia hom on eren. Per la qual cosa Valter, qui solia ésser tengut per savi hom e noble, e solia ésser molt car als sotsmesos, fo reputat a les gents per infamis e odiós. E gens per açò lo seu cruel coratge no es mudava ne s'inclinava, ans proceïa continuadament ab sospitosa severitat en l'experiència que havia començada.

E com aprés la nativitat de la filla fossen passats dotze anys, ell tramès missatgers a Roma qui faessen semblant, o fenyessen que portassen lletres del Papa, ab les quals fos mesa fama entre el poble que a ell era donada llicència, per lo dit Papa, que per repòs e pau d'ell e de ses gents, separat lo primer matrimoni, pogués pendre altra muller. La qual fama, com fos pervenguda a notícia de Griselda, jo em pens que la desconsolà e li donà gran tristor; mas ella no se'n mogué gens, ans estec ferma així com aquella qui de si mateixa e de ço del seu havia ja una vegada ordenat e dispost, esperant què manaria ésser fet d'ella per Valter, al qual ella sa persona e les sues coses havia subjugades e sotmeses. Valter havia ja tramès a Bolunya, a son cunyat, pregant-lo que li amenàs sos fills; e la fama s'escampava que aquella donzella que li amenaven que fos sa muller. La qual cosa son cunyat feelment exequí, e, amenant-li la donzella, que ja era d'edat de maridar, bella e excel·lent e de bells ornaments arreada, e amenant son germà semblantment, qui era d'edat de set anys, ab gran companya de nobles hòmens e cavallers, cert dia per ell ordenat començà son camí.

E entretant Valter, per ço que temptàs sa muller així com havia acostumat, a major dolor e vergonya d'ella, féu-la venir públicament denant gran partida del poble, e dix-li:

— Jo m'adelitava assats en ton matrimoni, no gordant lo llinatge d'on véns, mas les tues costumes; e ara, segons

 veig, tota gran fortuna és gran servitud e gran subjugació; car a mi no és llegut de fer ço qui seria llegut de fer a un llaurador. Los meus vassalls me forcen, e lo Papa hi consent, que jo haja altra muller, la qual ja ve, e sens dubte hic serà en breu. Per què, està ab fort cor e dóna lloc an aquella, e aportant-te'n ab tu lo dot que hic aportest, torna-te'n a casa de ton pare. No és fortuna al món qui dur perpetualment a la persona.

Lladoncs Griselda respòs:

— Senyor meu, tostemps me tinguí per dit que entre la tua magnitat e la mia humilitat no hi ha alguna proporció, e tots temps fui certa que no tan solament era indigna d'ésser ta muller, ans encara d'ésser serventa tua. E jur-te per Déu que en aquesta casa, de què tu m'has feta senyora, tostemps son estada serventa tua dins mon coratge. Per què d'aquest temps que he perseverat ab tu ab molta honor, e més que jo no mereixia, faç moltes gràcies a Déu e a tu. Al sobrepús te responc que son aparellada, ab bon cor e alegre, de tornar-me'n a la casa de mon pare, e lla on me nodrí en ma puerícia finir ma vellesa e morir benaventurada e honorable vídua, la qual són estada muller de tan noble hom com tu est. Jo de bon grat do lloc a la segona muller, la qual plàcia a Déu que en bon punt hic vinga; e pus a tu plau, jo em partesc d'ací alegrement. Mas, com me manes que me'n port lo meu dot, bé veig jo quin és, e bé em membra com jo fui despullada de les mies vestedures en lo llindar de la porta de mon pare; e aprés que fui vestida de les tues, vinguí a tu, e lo meu dot no és estat altre sinó fe e nuditat. Doncs, jo em despull aquesta vestidura e restituesc-te l'anell ab què m'esposist. Los altres anells, vestedures e arreaments, los quals m'havies donats, en la tua cambra són. Nua isquí de la casa de mon pare, e nua hi tornaré; sinó que em par que no sia digna cosa que aquest ventre, en lo qual los meus fills que tu engendrist han estat, aparega nu al poble; per què, si a tu plau, e no en altra manera, te suplic carament que en preu de la mia virginitat, la qual aporté ací e la qual no me n'aport, me vulles lleixar una camisa d'aquelles que jo solia vestir com estava ab tu, ab la qual jo puixa cobrir lo meu ventre, qui solia ésser ta muller.

Dels ulls de Valter eixiren espesses llàgremes e no es podia abstenir de plorar; e girant la cara detràs, dix ab paraules tremolants:

— Plau-me que hages una camisa.

E plorant partí's, denant ella. Lladoncs Griselda se despullà les vestidures e romàs solament en camisa; e, ab lo cap a peus nus, eixí de la sua casa, acompanyant-la molta gent que li ploraven detràs e deïen mal de la sua fortuna. La dita Griselda, sens plors, sospirs e dir alguna mala paraula, se'n tornà a casa son pare Janícola, qui tostemps les dites núpcies havia hagudes per sospitoses e de les quals jamés no havia esperat algun bé, ans moltes vegades havia imaginat que Valter no es tindria per arreat d'haver muller de tan baix estament, e que aquella qualque dia, com ne seria ujat, la gitaria de casa. Havia estotjat en un lloc de la casa desat la gonella aspra, grossa, esquinçada e arnada que sa filla solia portar; e, oït lo brogit que la gent feïa acompanyant Griselda, la qual sens dir alguna paraula se'n tornava, eixí-li a carrera en lo llindar de la porta, e cobrí aquella, mig nua, de la vestedura antiga.

Per alguns dies Griselda estec ab son pare ab meravellosa humilitat, així que en ella no podia hom conèixer algun senyal de tristor, ne que ella enyoràs ne desitjàs la fortuna pròspera que havia perduda, com tostemps, estant en sa prosperitat, hagués viscut pobra d'esperit e humil.

Lo comte de Pànico s'acostava ja ab la dita donzella, e gran fama anava per la terra de les novelles núpcies; e moltes companyes del comte dessús dit eren ja a Saluça, qui havien dit al marquès lo jorn que el comte seria aquí. E Valter manà venir Griselda al palau; a la qual, aprés que devotament fo venguda denant ell, li dix:

— Jo he gran desig que aquesta donzella qui hic serà demà a dinar sia resebuda honorablement, e los hòmens e les dones qui ab ells vénen, e semblantment los meus qui seran en lo convit; així que sia feta honor a cascú de lloc e de paraula, segons sa dignitat. E jo en ma casa no he fembres qui sien aptes en fer açò; per què tu, jatsia que no sies bé vestida, qui saps les mies costumes e maneres, pendràs càrrec de rebre e col·locar los hostes segons que fer-se deu.

Lladoncs Griselda respòs:

— No tan solament faré de bon grat, mas ab gran desig, açò e totes aquelles coses que jo sabré que a tu vindran a pler. Dementre que jo visca no seré ujada ne m'enutjaré de fer ço que tu manaràs.

E encontinent, a manera d'una serventa, començà a endreçar la casa e de parar les taules e los llits, e d'amonestar les altres companyes que li ajudassen.

Lo dia següent a hora de tèrcia, lo comte de Pànico vénc; e tota la gent se meravellava de la bellesa e bones costumes de la donzella e de l'infant, son germà. E eren molts aquí los quals deïen que Valter sàviament e benaventurada havia canviat, e que ara hauria pus jove e pus noble muller que d'abans, e que hauria fort bell cunyat.

E dementre que el convit s'aparellava, Griselda fo contínuament aquí present e, sens que no es donà confusió ne vergonya de la desaventura qui li era esdevinguda ne de la vestedura esquinçada que vestia, eixí a carrera ab alegre cara a la donzella, dient-li:

— Senyora mia, bé siats vós venguda!

E puis acollí tots los convidats ab plasents e gracioses paraules; e ordonava la casa meravellosament e en tal manera que tothom, especialment los estrangers, se meravellaven, com tan gran saviesa e majestat de bones costumes s'amagaven dins aital hàbit, e ella no es pogués sadollar de lloar en diverses maneres la dita donzella e l'infant, son germà. Valter, com tothom se devia asseure a taula, girà's envers Griselda, e ab clara veu, denant tots, quaix traent-se escarn d'ella, dix:

— Què et par d'aquesta mia esposa? ¿És assats bella e honesta?

— Cert, hoc —dix aquella—, que jo no pens que al món se pogués trobar pus bella ne pus honesta. E si ab aquesta no has pau e tranquil·litat e vida benaventurada, no pens que ab altra al món la poguesses haver. E plàcia a Déu que així sia, que ab aquella visques en pau llongament. Mas d'una cosa et prec e t'amonest: que aquesta no vulles tractar així com has tractada l'altra, car aquesta és pus jove e nodrida pus delicadament, e no em pens que ho pogués soferir així.

E Valter, esgordant l'alegria e constància de Griselda, la qual tantes vegades cruelment havia ofesa sens raó, havent pietat de la indigna fortuna que li havia feta soferir, no ho pogué pus sostenir, e dix:

— Oh Griselda! ¡Assats és coneguda a mi e esprovada

la tua amor e feeltat, e no em pens que dejús lo cel sia algú qui tan grans experiències haja hagudes d'amor conjugal.

E dient aquestes paraules, fort alegrement e ab gran cupiditat abraçà la sua cara muller, la qual per la novitat d'aquest fet estava vergonyosa e així com si fos llevada de dormir e hagués somniat alguna cosa desplasent, e dix-li:

— Tu es solament ma muller. Altra no n'he haguda ne n'hauré. Sàpies que aquesta que tu penses que sia ma esposada és ta filla, e aquest que et penses que sia mon cunyat és ton fill. Ara has cobrat ensems totes les coses que en diverses partides cuidaves haver perdudes. Jo vull que sàpien tots aquells qui creen lo contrari, que jo no et son estat impiadós ne cruel, ne t'he volgut matar mos fills, mas amagar aquells.

E Griselda, oint aquestes paraules, de gran goig tornà mig morta, e per sobres de pietat així quaix fora de son seny. E ab alegres llàgremes lleixà's anar sobre sos fills, e abraçant aquells e fatigant-los ab besaments espessos, banyava'ls llurs cares ab piadosos gemegaments e sospirs.

E encontinent les altres dones qui aquí eren despullaren Griselda alegrement aquelles pobres vestidures que vestia, e arrearen-la de les sues vestidures acostumades, e l'ornaren fort altament e meravellosa.

Aquí hac tota la gent gran goig e alegria, e en aquell jorn fo feta major festa e pus solemne celebració que no lo dia de les noces.

E puis per molts anys visqueren abdosos en gran pau e concòrdia. E Valter féu venir a casa sua Janícola, sogre seu fort pobre, al qual ell no havia dat semblant que el preàs res per ço que no fos fet empatxament a l'experiència que ell volia fer a sa muller; e féu-li gran honor e molt de bé. Puis col·locà sa filla en magnífic e honest matrimoni, e, aprés sos dies, lleixà son fill senyor e successor de la sua terra.

La present història, senyora molt graciosa, he arromançada com pus pla he poscut e sabut; la qual, en esgordament del llatí en què Petrarca la posà, és fort grossera. Mas jo, imaginant que complauria a vós, no he recusat de demostrar la mia grossera ineptitud e atreviment gran que he haüt com he gosat parlar aprés tan solemne poeta com aquell és, lo qual viurà perpetualment en lo món per fama e per los insignes llibres que ha fets a nostra instrucció, suplicant-vos, senyora, que la dita història vullats creure així com és posada, car així fo allà com dessús és dit, jatsia que alguns menyscreents e viciosos diguen que impossible és que dona del món pogués haver la pasciència e constància que de Griselda és escrita. Als quals hom poria ben respondre que ells tenen aquella opinió per ço com imaginen que açò qui a ells és difícil sia als altres impossible. Car moltes dones són estades qui han haüda meravellosa pasciència, constància e amor conjugal, així com fo Pòrcia, filla de Cató, qui es matà com sabé que Varró, marit seu, era mort, e Hipsicratea, regina, qui volc anar per lo món així com exellada ab Mitridates, marit seu, e moltes altres coses les quals de present no em cur de recitar.

Suplic-vos, encara, senyora, que mi, per envejosos contra justícia maltractat, vullats haver per recomanat en vostres devotes oracions; car Nostre Senyor ha mes en vós tant de bé, e vós que en sabets tan virtuosament usar, que no em pens que denant Ell poguéssets trobar repulsa de res que li demanàssets.

Anònim

HISTÒRIA DE L'AMAT FRONDINO E DE BRISONA

HISTÒRIA DE L'AMAT FRONDINO E DE BRISONA, ON SE CONTENEN QUATRE LLETRES D'AMORS AB ALGUNES CANÇONS EN FRANCÈS

Car és plasers d'ausir,
vos vull comptar e dir
mant bon dictat noell
d'un aimador isnell
e d'una dona gaia
que ab fina amor veraia
s'àmon trop llialments;
qui per fals jutjaments
dels malvats envejós
que fai los amadors
per mantes vets doler
hàgron mant desplaser
e mants cruels destrets,
si com aprés veirets
en llurs dictats gentils.
Usatges e estils
és d'amors e serà
que ella es met lai on ha
cor franc a lui servir,
e no el pot contradir
estaments ni rictats
ne sens ne paubretats
ne saubers que el món sia,
ans ha tal senyoria

que plus aut senyoreja
e els plus saubents garreja
e met en ses presós,
e els paubres sofretxós
fai en ric lloc amar;
ez així volc mostrar
en aicest que us dirai.

Entan, al mes de mai,
fui en un gai país
on fonc per amor pris
uns escuders valents
nomnats per mo[u]tes gents
Frondino, bon amant
ab cor gai e presant
ez ab paitit haver,
mai sap gint mantener
bontat e gentilea;
ez ha sa amor tant mesa
en una dona pros,
d'aut estat e ricós
a cui dízon Brisona,
que el cor e la persona
e tota sa entendença
met ab gran diligença
en lui servir de grat
ab ferma lleialtat,
si co és tany d'amant fi;
ez ella sens null si
l'am així carament
que, per llong estament
que Dieus li puixés dar,
crei que autra amant pus car
no el semblaria ge[n]s.
E car l'amar qui és
d'aital domna volguts
és pus apercebuts
de far ço que amor vol,
Frondino, qui no es dol
si no cant bé no fai,
hac talent que da lai
contra los Turcs anés,

però que en demandés
Brisona si el plairà.
Per què tantost anà
e dix així a Brisona:

— Senyora prous e bona,
gentils, valents e gaia
que eu am de amor veraia,
mai que la mia vida,
honor me vol e em crida
ez amors me consella
que per vós, qui parella
no n'havets en valor,
e per la vostra amor
faça en breu un viatge
per veser lo carnatge
que es farà lai dels Turcs,
on pro castells e burgs
crei que veurai abatre
per alguns qui combatre
se'n van ab llor breument.
Per què us prec humilment
me façats tal valença
que ab vostra llicença
eu puixa lai passar,
per honor conquistar
e per far ço qui és tany
d'aicel qui tan presant
dóna com vos serveix.
E si bé no mereix
mon cor haver tal grat
de vostra auta rictat
que vós lo governets,
ne el tingats ne l'amets,
ab vostra amistat pura,
hajats de mi tal cura
que no m'oblidets ja;
car si mon cors se'n va,
a vós llaix tot mon cor,
que m'enviu lo tresor
de joi e d'ardiment
que el vostre ris plazent

li darà tota via,
la qual serà ma guia
totes vets, on que eu vaia,
car fina amors veraia
me farà sovenir,
sens jamai departir,
de sa douçor pensar
e de vós reclamar
tostemps e tota hora.

Aiçò dits, la tezora
de cruel desconhort
Brisona pres tan fort
e enaixí la tailet
que res no el respondet,
ans coget pel cor fendre

. . . .

sus Frondino l'amat,
ez ell tenc abraçat
son gai cors douçament
Brisona mout plasent,
e demanda-li'n do
que es donés confort bo
e que no s'esmarrís.
Mas cascús tenc son vis
esfalbit, esperdut
e el cor escomogut
per greu dolor que els pren,
ez ab gran marriment
mescleron llur esgard,
tan trist que crei que part
no n'hac en tot llur cors
que dedins e defors
no sentís dolor gran.
E Brisona plorant,
ab vis mout dolorós,
fec un plant angoixós
e respòs enaixí:

— Amics douç, pus de mi
te vols així llonyar

per honor gasanyar
en país tan llondà,
dic-te que mon cor n'ha
dolorós marriment
qui, plorant e planyent,
m'aucirà de tristor.
Amics, tu has ma amor,
no sai que et vas cercant,
que eu tenc per tan presant
lo tieu cors, per ma fe,
que no volgra per me
féssets aital assai;
mas pus vei que a tu plai
tal honor conquerer
Dieu prec te'n lleix haver
tot ço que ton cor vol.
Mas, lassa, tant me dol,
amics, esta partida,
que cascun jorn marrida
viurai tro que eu te veia,
e no crei ja que enveia
de veer null hom me prenda,
ans te farai de renda
mil sospirs cascun jorn,
tro veia el teu retorn,
le quals prec Dieu que sia
breument, si com volria
ton cor e el meu desira.
Mas, per tal que de l'ira
e del greu desconhort
que enaixí mon cor mort
e met en amargor,*
e per tal que el gran plor
on per tu eu viurai
no em meten en esmai,
prec-te que em vulles far
sagrament de servar
tostemps lleialtat ferma,
car eu te jur que ferma
te serai sens cor vari.

E pres un breviari
on, així com dit ha,
juret, pausant la mà.
E Frondino aprés,
fet així com adés,
Brisona l'hac requist.
Puis dix ab semblant trist
Brisona: — Açò faràs:
amics, tu portaràs
le neir e el verd per mi
Ez eu tot atressí.
Frondino dix: — Que em plats
açò, e quant vullats,
senyora, ben complir.
És ab mant greu sospir
ella el det un joiell
gentil, ricós e bell,
que per sa amor portés;
ez ell me par que el des
un joliu anell d'aur.
Mas li seu cabell saur
que semblàvon daurat
éron tan escampat
e tirat e malmès
sobre el seu vis, qui és
mai pur que nulla flor,
que la pus gran dolor
del món me pres del veure,
car no poríets creure
la pietat que s'era.
Puis, ab douça manera,
cascun pres son comiat,
l'un ab l'autra abraçat,
mas res no es pogren dir,
car li coral sospir
e el gran dol que fasia
cascuns los ho tollia.
Mes enans que partís
del tot li hac tramís
Frondino cest comiat
per missatge cel·lat,
que el fait saubia tot:

Virelai:

La doleur gran que j'ay au departir
de vos veoyr, douce dame d'onour,
me fayt muer tota ma joya'n plor,
e le pooyr de mon las cors falir.

Las! je ne say quant reveoyr poray
vo gran biauté qui est toute ma joya
e vo dous vis trés amoros e gay
a cent foys plus que dire no savroye.

Ce me fara tous dis plaindre e gemir
e demorer en si dura langor;
mès je veuill plus par vos, trés douce flor,
avoyr tels mals que pour autre playsir.

E Brisona, qui mot
saubia ben dictar,
aiçò li fet portar
per lo dit missatgier,
escrit sus neir papier
ab color de blau fi.

Rondeu:

A Dieu mon dous amis e ma perfeta amour,
Lasseta! je ne ssay quant sera le retorn!
Vostre suy e seray, mès j'ay el cuer dolour,
Car vostre departie fayt de ma joye plour,
Tant que, jusque vos voye, ja n'avray bon sejorn.

E tantost se partí
Frondino, ez anec
contra els Turcs, on mostret
que era fis amorós.
Ez aprés dels ans dos
tornet en son país
mout desirós que vis
cella que aimava tant,
que estava desirant

cascun jorn sa venguda.
Mas car fasia ajuda
a un seu gran amic,
esdevenc-li destric
que no pot anar lai
on la domna ab cors gai
fasia son estar.
Mai gent, que en mal parlar
tostemps troba sabor,
difamec ab error
la prous domna Brisona,
disent quez ella dóna
s'amor az un gai noble,
e quaix trestot lo poble
li déron mala fama;
d'on Frondino qui l'ama
fonc dolents e marrits
e per tristor llanguits
mai que dir no us poria,
tant que la nuit e el dia
vivia en treball greu.
E ço d'on ell pus lleu
donet en aiçò fe
és car de costa se
trobec un jorn escrita
una lletra petita
quez al dit noble anava
. . . .
fos per Brisona faita,
d'on entrec en tal gaita
Frondino en tal pena
quez, així com remena
l'auta mars ab fort onda
l'esquifet e la gronda
o la pauca tarida,
així, sens nulla mida,
remenec son coratge
tristors, que ab gran damnatge
de son cors lo tenia.
E car mai no podia
sofrir son crusel mal,

si com cells cui no val
conhort que puixa haver
escric ab desplaser
a na Brisona així
con trobarets ací:

Lletra que Frondino tramès a Brisona complanyent-se d'ella, creent que per altra l'haja oblidat.

La mia mà escriu ab gran dolor a tu, e prec-te que si m'has oblidat, no vulles almenys, membrant-te de la mia amor, oblidar de llegir esta lletra, la qual te tramet per dues raons: la primera raó és per ço com hi dubte que amor qui lliga les llengues dels ferms amadors e la voluntat d'aquells quan són denant llurs amadores, no lligàs ma llengua e mon voler, en tant que jo, veent tu e no podent dir les coses que he acordades, hagués après pus dura pena d'aquesta que sofir; la segona raó és que certificant-te pus clarament de ço per què són en la pena, me sia dat algun remei, si a tu aparrà just. Jo, servidor teu, lo qual amor enllaçà per la tua bellea en la mia tendra e pueril edat, e tal, las! que despuis que jo així per amor enllaçat me doné a tu, segons que tu saps, no volent ne podent eixir d'aquell, mas ab ferm voler servint e amant tu, que jo creu ésser noble, no solament per natura mas encara per bellea e per moltes altres coses a perfeta noblea pertanyents, he soferts per tu amar tots aquells treballs que amador pot soferir, e són per tu amar en greu pena, de la qual me planc a tu, pregant-te que, si d'aquella per amor no em vols ajudar, membrant-te de la tua noblea, me vulles ajudar. Car noble cor no deu soferir de fer morir a pena lo seu pres, molt menys lo seu servidor lleial.

Pena és a mi dolorosa oir de la tua noblea que oblidant los sagraments ab tanta fervor d'amor entre nós fets, e havent en menyspreu mi, lleial servidor teu, e la tua honorable fama per nobles obres al present conservada, has en cor de servar en amar la manera de les falses amadores qui, gloriejant-se en llurs falses maneres, enllacen ab llurs folls semblants, molts hòmens en llur amor, detinent aquells en folla vida, a dan e derrisió llur.

E pena és a mi sobresdura, creent jo per aquesta manera ésser oblidat de tu e perdre tanta glòria d'amor com havia, cuidant ésser amat de tu.

E pena és a mi, imaginant que la tua noble persona escarnida per algun enganador, faent-te semblant d'amor, sia en greu difamació esdevenguda. Totes estes penes ensems unides me tenen en dura e cruel pena.

Oh, las!, quantes vegades he jo sospirat per esta pena!, e quant he tu planguda de tan greu dan, lo qual no és a mi menor que aquell que sostenc en la mia persona, ço és que la tua fama sia enlletgida per veus o paraules de gents o per colpa tua. Oh, quantes vegades he desitjat que em vengués dir lo meu cor, lo qual jo lleixé a tu al nostre dolorós departiment, que podia ésser de tu e de les paraules que jo he oïdes e d'alguns senyals d'aquelles qui m'han tengut llongament en angoixosa e dolorosa sospita! E quantes vegades és fugida sobtosament de mos ulls la voluntat del dormir! E tantes vegades m'ha esvetllat ab dolor l'angoixosa e dolorosa memòria d'aquestes coses, ab tants amargoses sospirs m'ha feta mesclar la vianda en les hores de mon menjar! E tantes vegades m'han fet anar solitari e pensiu en diverses llocs les dolors que jo he per aquesta raó!

Ai las!, bé creu que si les mies dolors se pusquessen convertir en llàgremes, e jo pusqués molt plorar, gran alleujament fóra estat a mi, o si em pusqués plànyer algun qui em sabés dar consell o remei. Mas no és costuma de ferm amador gosar dir sos mals, o si els dixés no fóra per açò dat alleujament a les mies dolors.

Tu sola, de qui jo són lleial e ferm servidor, pots mi garir, si a tu plau, e alleujar de tantes penes, faent-me cert si la fermetat qui es pertany en nostre sagrament és per tu en alguna cosa lesa o del tot preterida. E si ho és, ço que no creu de la tua noblea, has a mi retut indigne gardó del meu lleial servici e treball e de la ferma e immutable amor que jo he a tu; car no ha abellit als meus ulls ne al meu voler alguna bellea de fembra ne alguna graciositat, riquea, amor o privadea, e tota altra, sinó tu, haüda en oblit e en menyspreu. E açò per la contínua memòria que he de la tua perfeta figura e de les tues agradables e amoroses maneres, les quals, ab los ulls de ma pensa, me fa sovent lleial amor veser e remirar.

On dic: aprés d'aquesta dolça e amorosa visió e la imatge de perfeta dolçor, ¡oh vida e benanança mia! ¿quan trauràs tu, dolça esperança e confort meu la mia lassa pensa d'estes dolors? E ¿quan me trauràs d'esta mortal pena per la qual oblit viure? E ¿quan me tornaràs en ma benanança e confort, demostrant-me si jo són encara teu?

Sia, doncs, si a tu plau, clarament certificat de la tua voluntat, e si ver és que m'hages oblidat, vulles-me tornar lo meu cor. Car bé que jo no em pusqués d'aquell en altre amar servir, no em par lo em degues pus retenir, si aquell has rebutjat contra la primera empresa entre nós feta de les dues colors. E faràs justa cosa en ton poder res de què no t'assauts.

E jo, lleixant l'una de les dites colors, retendré'm l'altra, ço és lo negre, ferm e trist sens esperança, e menarà ma trista e dolorosa vida, segons que permetrà cruel fortuna, la qual pot a tu dar amador pus honorable, mas no pus lleial, e pot a tu dar altre servidor, mas no pus ferm; e pot a mi donar tot compliment d'angoixosa dolor e de pena, mas no plaser d'amor, car la mia amor e los meus plers en tu feniran, en mà de la qual Déus posà ma tribulació e ma benanança.

Rondeyll:

Tristes suy en tel desconfort,
que si ge n'ay aligement,
certes, bone, beyle, playsent,
par vos pendray briefment la mort.
Las! je n'ay solas ne deport,
fors can je voy vo corps le gent,
mès cant si gran biauté recort
e poynt amé je ne me sent,
pleindre me fayt si durament
que morir de bon gré m'acort.

Brisona, qui saubia
que Frondino venia
que ab gran joi esperava,
en pauc no es desperava

quan hac sa letra vista;
d'on fec, ab pensa trista,
a Frondino resposta,
qui de son cap li costa
pro d'aiga d'amargura;
car pensant, l'amor pura
e lleial que l'havia,
claraments coneixia
que a tort era jutjada,
mas car lo seu cor nada
tostemps en lleialtat,
fec-li aital dictat
con aicí vos he escrit,
de lleialtat guarnit.

Resposta de Brisona a la dita lletra de Frondino, ab la qual s'excusa haver fallit en amor.

Tant és de majors penes lo cor de l'innocent afligit con és injustament de majors falliments incolpat. D'on jo, innocent de les colpes a mi per tu, senyor, posades, són dins mon cor aitant pus afligida com la mia lleialtat és més per grans falliments no justament blasmada o incolpada. Car fort és a mi dura cosa oir que per tu, senyor, sia cregut e a mi posat e per les tues lletres demostrat que la mia lleial e ferma amor sia vert tu variable. O lleixant e oblidant los primers lleials començaments de la ferma amistat que jo he a tu, sia per greu crim de desconeixença en alguna manera enlletgida o diminuïda, la qual és per fermetat purament conservada e per lleialtat contínuament multiplicada e conformada.

Encara és a mi aflicció e pena que sàpies tu, senyor, que per ocasió pròspera ne adversa jo haja delenquit en alguna part de lleialtat e d'amor ferma vert tu; e tu, posant mutació al propri nom d'on jo, en temps de nostra amorosa conversació, jo solia per tu ésser apellada, me vulles nomnar en altra manera a mi estranya, dient-me falsa e desconeixent amadora, e volent ésser en la congregació e manera de les falses, folles e variables amadores, e dient que he meses en oblit los sagraments entre nós fets, los quals he tan purament servats que, si sabies quanta és la mia memòria ferma en aquelles e en sovenir de tu, e com habita sovint dins la cèl·lula de la mia memòria la tua imatge, en la qual són a mi representats los teus lloables fets e dits e les tues nobles, agradables e insignes condicions e maneres, e com és sovint mon cors desirós que jo pusqués vert tu anar, e com és la mia voluntat inclinada a demanar e encercar noves de la tua noble persona, per les quals se pusqués alegrar la mia ànima de la tua absència trista, no diries tu, senyor, que jo són aquella qui meresc haver nom de falsa e desconeixent amadora, ans, mudant esta manera, seria d'escriure a mi agradable e volenterós, en tal forma que fos per les tues lletres confortada, jo lleial e ferma amiga tua, per la tua sinestra intenció desolada e afligida, qui, esperant lo teu graciós aveniment, desir tu servir ab ferma benvolença, la qual encara, aprés la mia mort, serà per tu ab la mia ànima perdurablement trobada.

Lleixa, doncs, senyor, tota vana e sospitosa rancor que hages contra mi haüda, e no vulles pus ab aquelles cruels armes e doloroses turments de sospitosa manera afligir ne turmentar mi, amiga tua, ne rompre ne divisir les mies entràmenes ab tan amargosos dits qui són mortal coltell per departir aquelles. E restituint-me a la tua gràcia e amor, conforta'm ab les tues acostumades e gracioses lletres, manant-me ço que et serà agradable qui per mi puixa ésser fet al teu pler e honor.

Ne penses pas que vous oblie,
mes dous amis, car voyrament
tous dis vos suy loyaus amie.
Seur moy avés le seignourie
e avrés trestout mon vivent.

Mon cuer, mon voloir e ma vie
seront a vo comandement
sans fauser, de ce vos afie.

Frondino, quan hac llesta
esta resposta presta
que Brisona el tramès,
fonc en tan gran joi mes
que ab sobres de dolçor
. . . .

de joi cogec morir;
e pus no poc tenir
Brisona en tal sospita,
ans cresec que ella habita
ab lleialtat mout fina.
Mas car amors afina
tot cor lleial e clar,
tant que li fai mostrar
lo desir e el voler,
quez auçò que veser
desira ne que vol,
fec pausar tot lo dol
a na Brisona a part,
e com cella que s'art
per Frondino l'amat
tantost l'hac enviat
a dir ço que ausirets,
si esta lletra lligets.

Lletra de Brisona a Frondino reprenent-lo com tant tarda de fer-li saber son estament.

Si la llonga distància qui és del lloc on tu, senyor, habites, tro en aquell on jo són, departeix l'amor de nostres coratges, no sens raó has mi mesa del teu departiment ençà en oblit. Car despuis no m'és per les tues lletres o missatges estat donat confort o consolació alguna, mas com per semblant distància o divisió de llocs bona ne ferma amor no creu que puixa ésser departida ne divisida, tant que, defallent la visitació corporal, aquella mental per lletres o missatges demostrada no particip entre los ferms amadors, creu jo, senyor, que sia poca amor que tu has a mi o necligència que el teu cor ha en haver pensament o memòria de la ferma benvolença que jo he a tu; e per la dita raó ha cessat entre nós la visitació deguda. Però, posant jo a part la rancor e treball en què mon cor és, e que sofer per lo teu falliment, no esperant que em sia per tu, senyor, demanat lo meu estament, certific-te d'aquell.

Sàpies, senyor, que per l'amor que em destreny, estant així en absència de la tua graciosa presència, vaig cercant llocs separats on, departida de totes companyies o persones, pusca segurament perseverar a l'amorosa contemplació qui delita lo meu cor pensant en la tua bellea. Mas, jatsia que durant aquella a mi sia delitable lo temps e el pensament quan mon cor excitat me fa gardar per totes parts a veure si atrobaria tu lo qual ma imaginació me mostra així com a present, no podent-te veure ne trobar, romanc sobtosament desolada e trista, en tant que, tot homenal repòs per mi lleixat e oblidat, lo meu cors és portat a dolor e llanguiment, desirant-te veure o almenys haver, en defalliment de la tua present visitació, e de les tues gracioses lletres ab les quals pusqués passar algun temps lleument lo treball en què son per tu, senyor amar.

Doncs, no havent en menyspreu, mi, lleial e ferma amiga tua, prec-te, senyor, que ab aquells remeis que amor mana fer en semblant cars, me vulles ajudar e valer, sabent que si per tu los dits remeis me seran denegats, lo meu cors vendrà a mortal fi e conclusió, la qual a mi, senyor, no serà lleu de portar ne a tu honorable de soferir.

D'on prec Amor que ab semblant lligam qui té a mi presa per les tues voluntats obeir, vulla tu lligar e tenir en tal manera que la pena egualment partida sia per tu sentida, així com per mi. Pregant-te, senyor, que si a la tua molt noble, bella e graciosa presència pot ésser agradable res que jo puixa fer, per aquella me'n vulla certificar, sabent que per sos manaments complir no em trobarà negligent.

Rondeyll:

Penser me font loyaus amours tous dis
en vos, amis, e la douce pensée
regoïr pas ne me puet ne m'agrée.
Pus que veoir ne puys vo playsant vis
joya ne sent, eins me tient le cuer pris
tristece grant par dure destinée.
Voloyr, pooyr e cor ay tous pensis,
raysons, espoyrs dou tout m'ont obliée,
car avec moy ne font plus demourée;
ayés pitié de moy, dous biaus amis.

Adoncs le joi doblec
a Frondino que estec
lligent e relligent
esta lletra plasent
de na Brisona cara,
e desirs qui s'empara
de Frondino del tot
fec-li desirar mot
quez ell vege Brisona,
e con cell qui tençona
ab llur de son desir
tramet-li clar a dir
per esta lletra seva
desirs com fort lo greva.

Lletra que Frondino tramès a Brisona, on li fa saber son estament e lo gran desir que ha de veser ella, excusant-se de la triga de son escriure.

Oh molt graciosa e cara sor, prec-te que si la mia tardiva lletra ha fallit tard a visitar la tua molt amorosa presència, que perdonant a mi e a ella vulles aquella gardar ab lo teu benigne esgard, no encolpant ella, ne mi de la sua triga, car ella desirant venir denant la tua dolça faç, ha esperat llongament feel portador, ab lo qual segurament pusqués venir a ésser llegida per la tua voluntat, lo qual portador atrobat, s'és molt alegrada, e molt curosament e contínua ha mi request d'ésser juasosament tramesa, prometent-me portar de tu amorosa consolació e bones novelles ab les quals pusque un poc espirar lo meu trist cor angoixós e quaix enfogat per greu destrenyiment d'amorós desir que el té contínuament ocupat, qui, així com se solia delitar en plaser e goig de tota dolçor complit, se dol ab trists plants e sospirs, los quals, algunes vegades per mi retenguts, per cobrir mos mals a les persones a mi presents, me cuiden fer per diverses parts del cor esclatar e fendre, d'on poden sentir aquells qui són prop de mi en aquelles hores los greus trencaments en crits de les mies entràmenes cruixents així con ondes de tempestosa mar esclafants en la riba de la terra.

Eh las! e quan ha que a mi dura esta pena e aquest angoixós treball! Certes dir puix que aitant ha com jo he estat lluny de pendre ab los meus ulls de tu aquella dolça manera e amorosa vianda que solia pendre, mirant la tua bellea ab la qual vianda sostenia mi e mon cors en gran esforç e virtut de bona esperança. Eh las! ara mon cor e jo són tan llanguit per la gran fam e llonga endura de tu veure que a penes jo puix ell sostenir ne ell mi, ans quan me vull esforçar a pendre algun confort, fall a mi la virtut e força de mos membres així com al malalt llanguit per llonga malaltia a qui fallen los braces, no podent alçar aquells quan vol metre la vianda a la sua boca, jo, moltes vegades, volent menjar e estant en taula, per força del gran llanguiment e desir destret, perd la força de mos braces e l'apetit de mon menjar, e remembrant les tues beutats estrenyen-se les mies barres e són fets a mi los greus sospirs de mon cor vianda amargosa qui passa per mes estretes dents ab algunes sordes e tristes veus planyents. Eh las! d'aquest aital menjar e d'aquesta vianda no poria mon cors haver llongament sosteniment de vida ne esforçar mon cor, ne jo poria ja més, si així molt estava, aconseguir viu denant tu, si per Amor e per tu no m'és donat algun remei e confort, los quals a mi, durant la tua absència, no poden ésser dats sinó solament per la desirada e agradable consolació de les tues dolces paraules a mi per la tua lletra representades.

Aquelles seran a mi confort e salut e sosteniment de vida, aquelles seran algun alleujament a la dolorosa pena e trista angoixa de mon cor, e ab la dolçor d'aquelles reposarà un poc lo meu cap dolorós, qui per llongues vigílies va.

Doncs, molt dolça sor, havent compassió e pietat del teu las e afligit frare, no posant en oblit les sues angoixes e doloroses penes a tu per la present mostrades, sia per ta mercè en ta gran necessitat acorregut, e de present ab la tua graciosa lletra per lo portador d'aquesta confortat.

Le grant desir que j'ay puise veoyr
ma douce dame,
si duramant mon doulant cuer afame
que nuyt e jour me fayt plaindre e gemir;
sans null sejour tous diz me fayt languir
le corps e l'arme,

E cant je suy si lony de li, si l'ame,
don pri a Diex le puyse revoyr
briefment, sans blame
de son honour, car l'envejos difame
les amoureus c'amours fayt rejoyr.

Quan Brison hac saubut
que així estava esperdut
Frondino per son mal
qui-per amor lleial
de lui vengut li és,
de continent se pres
en esta lletra far,
on dis que sens tardar
hi vaja lleu, si vol
que ella no muira ab dol.

Lletra que Brisona tramès a Frondino, pregant-lo que anàs a ella.

Frondino, prec-te que moltes vegades lliges aquestes lletres. Jo he dubte que a tu no oblit sovent de mi, e oblidant-te de mi, l'angoixa de ton desir passa, e no has cura de venir. E si aquesta lligs, molt creu que despertarà lo teu voler adormit en la tua triga. Les tues lletres són a mi pler e consolació, car me demostren la tua benvolença e ferma amor.

E sàpies que per un gran temps aprés que les he rebudes, són a mi així com a vianda de molt plasent sabor qui em dóna gran confort e ab aquelles me faç així apartar moltes hores en lo dia, posant sobre elles los meus ulls qui no es sadollen d'aquelles veure. E llegint-les moltes vegades, encara semblen a mi a cascuna hora novelles, no per tal que no em vaja lo cor a açò que he llest en aquelles, mas lo plaer que n'he m'és novell aitantes hores com les gard.

E sàpies que no les puix lleixar, ans per molts dies port aquelles amagadament sobre mi. E quan no he lloc on les pusca llegir, si les vull veser o tenir entre les mies mans; però moltes veus, quan les he llegides, me donen gran dolor, car sé que tu vius trist ab desir de mi, e les dolors que tu m'escrius me fan doblar les mies.

Quan jo esgard l'anell que tu m'has dat, a mi fa gran goig, pensant com la tua mà lo mes al dit on lo port; mas puis són molt trista quan pens que ha molt que tu lo m'has dat, e no t'he vist. Gardant aquell apell tu, així com si eres ab mi, e faç sobre aquell les complantes mies de tu, e quan me son molt complanta, la dolor que he me fa oblidar on son, e recorde-me en mon cor moltes vegades, e dubte que no haja perdut lo seny, e torn en por entre mos servidors e entre les mies companyes, gardant e escoltant aquelles si em coneixen lo meu mal, o si és ver ço que em pens de mi.

Sovent puig en los pus alts llocs de mon castell, gardant tots los camins si et veuria venir, e així estant me fa estremir lo cor sovent quan veig eixir en alguns llocs dels camins alguns caminants; e quan són pres, e no em par que hi sies tu, tramet los meus missatges a saber quins gents passen.

Oh Frondino!, si tu comptaves així los dies e les hores con jo he del temps ençà que tu est partit, puis llong te semblaria lo temps. En totes aquelles festes on jo t'he vist o tu has parlat ab mi, he membrança de les coses que ens havem dits; mas les festes qui despuis són passades no em semblen aitals con eren aquelles, totes me son tristes, car pus tu no veig no em puix de res alegrar. En aquelles festes les pus àvols vestedures que he me plaen més. E per ço que puixa portar aquelles, estic en ma cambra així com a freturosa de salut; bé em defall salut sovent ab los meus angoixoses treballs. Car més vegades me git en mon llit per lo gran lassament que em sent que per talent de dormir, mas bé és poc lo repòs que jo he en aquell jaure, car si los membres han algun repòs, lo meu cor ha llavors major treball per diverses e trists pensaments que jo he per tu.

Pens e pens, e quan he prou pensat, tots mos pensaments trop enemics de mi, car tots fan contra ma salut. E negun d'ells no em dóna confort, quan me pens ésser tan lluny de tu. Frondino, car senyor, fort has lleixada esvetllada la mia pensa, car despuis que tu est partit de mi, pensament disseca mon cors e gasta mos membres, així com la forts llima d'acer gasta lo ferre moll. En les hores que hom deu reposar e dormir, lo meu pensament no reposa ne lleixa a mi reposar. Tot lo jorn e tota la nit és enemic de repòs lo meu pensament, així m'ha turmentada de greu treball que vans ha lleixats tots mos membres, e sens algun esforç. Lo meu son és tan breu que no conec si he dormit. Les vigílies que fan los meus ulls lassen tots mos servidors. Va trop lo meu cap quan vaig dormir, e pus va quan me'n lleu. Si per ventura dorm algun poc espai, faç trists somnis de tu qui m'esvetllen ab gran dolor, d'on trop moltes vegades lo coixí on pos lo cap banyat de les amares llàgremes que els ploroses somnis fan gitar als meus ulls. Tota la nit estic ab esperança d'haver goig en lo dia següent, despuis pens que tu vingues, e on més esper, més creix ma dolor, car acostant-se lo dia a la sua fi, s'acosta la dolor a mon cor, e defall en l'hora on jo cuidava a tu veure, defall a mi l'esperança que jo havia en aquell jorn.

Si algun temps he atrobat pler en fer algunes obres de les mies mans per fugir a ociós enuig o despler, ara no en puix fer neguna, car la gran cura del meu pensament qui em té contínuament ocupada me toll tota manera d'obrar e ha fetes les mies mans grosseres e pereroses a començar obra. Lo meu pensament ha lligats tots mos membres e sentiments e tots han mi obligada per seguir ell.

En aquest mes de mai, quan sol hom haver algun goig e plaer per la dolçor que porta mostrant fulles e flors novelles e melodioses cants dels ocells qui entre les espessures dels arbres de mon verger solien venir a cantar, a mi dobla ma dolor, car jo em solia alegrar de tu en aquell temps, e solia collir fulles e flors que et dava algunes vegades. E quan pens que tu est tan lluny de mi, no vull entrar en aquell ne res collir, car no em fa res goig qui en ell sia, ne los deports que jo solia pendre en ell quan tu hi venies ara no em plaen.

Ai! Frondino!, molts són los meus mals, e tots aquells qui em veen los coneixen per majors. E per ço dien molts a mi tot jorn per què no cerc ajuda de metges, estimants que medecines pusquessen a mi garir. E majorment dien a mi sovint açò aquells qui em serveixen a mon menjar, car tots dien que la substància que reep la mia boca no em porà sostenir a vida. Bé sé que la substància que jo reep no em sosté, mas l'esperança que jo he en la tua ferma amor e de la tua vista. Poca és la vianda que jo puix rebre, car desir m'estreny lo coll e em fastija mon estómac, tant, que tota vianda li és odiosa. La mia boca ha prou que fer a donar passament als grans sospirs que mon cor hi tramet.

Frondino, molt car senyor meu, los mals que jo he passats e pas per tu són infinits. E bé que te n'haja dits molts, encara te'n volria dir més, sinó que em vull gardar que no t'enutjàs la llonguea de mon escriure, per què no t'escriuré ara pus; mas sàpies que volria que les tues lletres demonstrassen per obra ço que dien per escrit, car elles dien que tu has gran desir de mi, e que m'ames molt. Prec-te, doncs, que no ams més ço que et reté aquí, car a mi apar que més ames aqueix amic ab qui est que mi; e jo no am res sinó tu, e iria a tu, que no t'esperaria, si tan lleu cosa era a la femenil vergonya lo meu anar com és a tu lo venir; e a mi vine, doncs, senyor, desir de mon cors e consolació de la mia ànima. No vulles pus tardar, car si ho fas, ja és vengut en açò mon cors que pus no porà soferir lo treball en què ha tant viscut; jo, senyor, cobraré salut e goig e vida, car ara quaix no visc, ans muir lo jorn més de cent vegades. Garda, senyor, quant és açò dura cosa que així em faces estar.

Prec-te, doncs, que no em trametes res a dir per lletres, mas ço que em deuries escriure vine-m'ho dir ab ta boca, car fort la desir veure parlar, e les mies orelles desiren oir la tua veu, en la qual troben major sentiment de dolçor que en alguna melodia que pusquessen fer tots los estruments de música. E prec-te, quan vendràs denant mi, no vingues tro a la nit, per tal que en la mia cara no coneguen los senyals d'amor aquells qui seran pres de nós.

Frondino, si lo dictat d'aquesta lletra no et sembla meu, per tal com no he gardada en dictar alguna manera de retòrica, segons que he acostumat, creure pots que sí és, mas la gran cuita ab què et volia escriure mos treballs m'ha feita venir en plor qui m'ha torbat lo cap, tant que no he gardada ciència a fer ma lletra. E si la trobes tort escrita o pus mal que no solia escriure, no te'n meravelles, car la multitud de l'aiga qui m'eixia plorant dels ulls me torbava la vista e anul·lava lo paper, perquè la tinta s'hi estenia massa, mas bons me seran aitals plors, ab què et veia.

Doncs, vine, senyor. E si res poré fer a tu agradable,

mana'm, car desirosa son molt de tu servir e tostemps ab ferm voler e vertadera amor, la qual te mostra que no t'he fallit ne faré.

Frondino de present,
saubut lo marriment
en què Brisona estava,
l'amic ab cui anava
per guardar sa honor
laisec ab valedor
que ell hi hac en son lloc,
és així prest com pot
az ella se n'anec,
que ja mai no pausec
entrò que pres li fo;
e si null amant fo
l'u per l'autre joiós,
dic-vos que entre ells abdós
hac de joi compliment,
ez ha vui de present
ez haurà tostemps mai.
Ve-us tot llur procés gai
e els amorós dictats
complits ez acabats
on podets veser bé
l'engeny quez han ab sé,
e la maneira bona
ca fina amors los dóna
de gaiament dictar
e gentilment pausar
mots amorosament.
E podets-hi tal sen
apendre, si us volets,
que us mostra co us devets
guardar, si ets amats,
que lleuement no cresats
lo mal que molts diran
de cella d'on, amant,
esperats ben haver
e d'on havets plaser.

Explicit. Deo gracias.

Anònim

FAULA DE LES AMORS DE NEPTUNO I DIANA

FAULA DE LES AMORS DE NEPTUNO I DIANA, AB LA TRANSFORMACIÓ D'AQUELLA EN ROCA PER LA IRA DE CUPIDO, FETA PER CLAUDIANO POETA I TRANSLLADADA EN VULGAR DE CATALANA LLENGUA

Cansat de sostenir los continuus treballs que sota lo jou d'amor m'ha fet tant conèixer la llarga experiència, ja tenia en oi les falses esperances, i les folles creences ja menys no m'enllaçaven que si en algun temps no haguessen pascut lo meu lleuger entendre, ni les tristes absències en res m'ofenien, ni menys sentia los cels plens de sospites; e, per no allargar, tan quiti me trobava de la cremor passada, que, com a pestilència, avorria lo nom de qui, per lo passat, ab plaer seguit havia.

E per més refermar-me en semblant delliber, un dia, passejant per lo meu pensament, e revoltant los passos de la mia memòria en les coses passades, no sé si mos ulls reportant cosa vera, o si la fantasia, moguda del pensar, faent aparer en acte ço que ella alterada havia fabricat, me causaren tal vista, que de nou me parec ser en un gran prat, per lo mig de qui passava un riu, ab suaus ones regants les tendres herbes d'aquella planura; d'on, aquelles criaven flors de tantes natures, que, ab diversitat de tantes olors i colors, als dos senys tan veïns plenament satisfeien.

Seguí les sues ribes per a veure lo començ del nàixer

de tal aiga e, en tot aquell pla, solament algunes murteres defensaven lo sol, i de les flors les roses mostraven major nombre, i entre veus de molts altres aucells, murmurar los coloms, qui en gran multitud per aquell pla criaven, era sovint sentit.

On, detengut de vista tan plaent, viu per lo riu amunt nedar dos cignes grans, molt blancs en la color, qui, girant-se vers mi mostrant que m'esperaven, me feren oblidar tot altre pensament per seguir llur nedar. Ja sospitant, per los coloms i cignes, per los murters i roses, que en tal prat tenia senyoria l'enamorada reina de l'illa de Xipre, mare del gran Cupido, i tal pensar no enganant, m'aportà, seguint aquells dos cignes, al peu d'una gran torre de qui lo riu eixia, on los ocells entraren e jo, seguint aquells.

Dins lo pati primer d'aquella gran torre, lo qual, segons lo títol que viu en una taula, era nomenat Ocí, una escala molt gran s'amostrava, feta de nou graons, per la qual uns pujaven e altres davallaven. Per bé que poc curí de mirar-los les cares, ni compendre qui eren, ocupat en mirar los títols dels graons, representant per orde los noms ab los efectes ab qui, de grau en grau, pugen los que sotmeten llur franca voluntat a la fort passió que anomenam amor, jo en aquella hora tenguí bé en record com, pujant, los havia altra volta passats, sentint los llurs efectes, sens mirar en los títols; e per ço ara, quiti de semblant frenesia, pugí llegint aquells; dels quals lo primer s'anomenava Vista, qui és lo primer acte que ens porta en amar, reportant la gentilesa que los ulls han apresa, fins en la fantasia, on, sobre lo fantasma que resta d'aquella, lo pensar s'endreça; e per ço lo segon pren nom de Pensament, qui, perquè a tard dura si no s'hi pren Delit, lo delitar movent lo tercer pas, dóna nom al tercer. Lo quart és Esperança, sobre qui lo cinquè, que és nomenat Amor, pren lo seu fonament, perquè no pot sens esperar criar-se ni durar. E, fins ací, lo qui puja, ab los ulls embenats, passa rient ab pler, sens saber a on entra; mes, en posar lo peu en lo sisè, que s'anomena Temor, comença a sentir dels endrets los enversos, tements tots temps que en res de ses obres no puixa fer ofensa a la que més estima; e lo setè, qui és dit Gelosia, va creixent

 l'enuig, de manera que lo vuitè nos porta en Oblit de tota

altra cosa; e lo novè, qui és dit Oradura, nos fa disposts a cridar i respondre al nom d'enamorats.

Aquest fou lo darrer que pugí e llegí, entrant en una sala, on viu, de totes lleis e llengües, a tants hòmens i dones singulars i tengudes en preu per los del mortal segle, que recitar-los públics seria obra vana, i als secrets seria fer ofensa, que desitge esquivar per no incórrer blasme de tenir mala llengua, no callant una cosa: que moltes avançades viu en la Cort de Venus, a qui lo món, enganat per fals creure, fa honra com a verges; e molts dels més hipòcrits caber en los consells més estrets de la Reina, qui, com a tudriu de son fill, en lo Regne dels qui han bandejada la raó de ses obres, tenia audiència a tots dins la gran sala. No desllibere per ara recitar diversitat de tantes causes com allí viu tractar, totes ab mil clamors de no respondre a les fins los principis; mes descriuré un acte molt estrany que seguí durant aquella tresca, d'on totes s'arremoren.

Entrà l'infant Cupido ab les ales caigudes i ab l'arc descollat, e qui no el conegués, veent lo gest de la mare, l'estimara fill fugint de algun mal tracte; de què, ab tals paraules, fet silenci per tots, reté certs los oints:

— No us mulleu vostres galtes de piadoses llàgrimes a la clamor del fill, que l'ofensa mia, mare més excel·lent, ans demana venjança que femenil complanta. Despertau l'astúcia del vostre antic saber, i moga's la potència del meu adormit braç al consell d'aquell, en reparar la falta del dan que he rebut, mesclat ab tal vergonya, que lo parlar m'empatxa.

E, desfogat del passat cansament, cobrant alè, seguí ab tals paraules:

— No sé si refermant lo dir d'aquells antics qui posaren, passada la revolució de tant nombre de segles per mil·lenars, tornar a un cert e fer les coses ja passades, seria en lo món tornada, per confondre i delir de la terra lo nom de la nostra Cort, l'envejosa Diana, treballant, per exemple de sos freds vots i aspres castedats, amortitzar e apagar lo foc que, per l'obra nostra, acostuma encendre lo tendre cor de les gentils donzelles. No és més gentil que es mostra aquella en lo temps que vivia, i, com ella, ab vot segueix virginitat. Açò devia bastar en fer-me avisat de no lluitar ab ella; mes, enganat per la pràtica sua, veent-la delitar en ésser festejada, i pendre pler de mirar i ser vista, he assajat cosa d'on reste confús. E perquè tard penedir no em pogués inculpar de no haver usat totes mes forces, vull que sentau que no he perdonat a estament o grau de persones reals, nobles i de menys títol, prelats i altres hòmens avançats en l'església, qui, tots per mi empesos, han senyalat tal gana de servir-la, i provada per obra, que ab molt menors actes he vist en lo secret de vostres plaers entrar altres de vida més honesta; ja port l'aljava buida de les mies daurades fletxes, entre les que, ferint, tenen los cors nafrats de tants hòmens notables, i les que espuntades resten, sens fer-li dan, en lo seu dur escut. I mire vostra altesa a quant basten ses arts, que a tots té contents sens dar alguna paga, i, cosa a tard vista, que ensems la festegen e viuen sens contesa. Açò m'ha enganat, com l'ombra a Narciso, que, enutjada ab ells, ensems s'amostrava alegre si alegres los veïa. Mes, volent-la estrènyer, quant més s'hi acostaven la trobaven més lluny; si li donaven prenia, e les llaors ab molt plaer acceptava de tots; d'on han proceït mil clamors de nosaltres e tanta desestima, que per tota Europa on ella habita, és ja públic proverbi, que pot més honestat, que les flames de Venus ni l'arc de Cupido.

"Ara pensau, senyora, en oir tals raons, com envergonyit restí, forçat a menysprear tant més lo meu poder quant major coneixença tinc de la força sua; e per ço venc a vós per un de dos partits: o que, per reparar tan imminent injúria, amostreu quant sabeu; o que, ensems confusos, retregam nostra vida en l'ombrosa silva de l'alt munt de Parnasso, i no siam més vists per los ulls dels qui viuen.

E callà.

Dissimulà la mare, per confortar lo fill, lo greuge que sentia d'oir tals raons; i, ab veu reposada interrogant aquell, començà semblants noves:

— Per millor proveir al dan que tots sentim, oja de vós, fill car, de ses condicions las, per qui més pensau dega ésser vençuda. Dieu, és molt entesa?

— Sí, mes no tant com pensa —respòs l'indignat—, ans la presumpció en tant alt grau abraça, que pensa no poder de res que s'aposenta en lo seu deslliber, ésser d'algú represa; i ab açò té tanta vanitat, e fa tan gran estima d'aquella falsa glòria que sent en ser lloada, que a tota llaor acala les orelles, i més pren la cobdícia tan gran lloc en son cor, que fa emprès de prescriure aquella llei antiga, qui los prenents obliga a satisfacció. Estes condicions ab lo saber i tractes dels qui l'han seguida, me daven esperança de veure-la vençuda; mes, en tot ha fallit ma juvenil astúcia.

E ab tal relació fundà lo seu consell la molt sàvia Reina, en la forma següent:

— No és gran meravella, si tals condicions, en dona festejada per tants hòmens de preu, l'han tant conservada, perquè creixia tots jorns en presumir; e la glòria vana que rebia sens descans, fins ací l'ha tenguda de satisfer algú, majorment satisfent ab tots a sa cobdícia, més que no fera, per molt que li donàs, la u d'aquells a soles.

"Ací és necessari usar nova cautela; ab altres tantes fletxes d'aquells de plom, qui causen malvolença, i ab l'aigua del riu qui aporta oblit, mon fill, fareu dos coses, ço és, que desenamorats se deixen de seguir-la los qui l'han seguida, i oblidats del que més estimaven, menys se recorden d'ella que si en algun temps no l'haguessen vista. I en açò posada, perquè volen les vanes no sol hòmens honrats, mes difamats d'altres estimades, cercareu a Neptuno, que és potent en la mar e ric per moltes preses que en ella ha fetes, dispost a trastejar lo seu estat movible d'unes ribes en altres; e més, que en tots los déus, algú no té més fama d'haver aportades tantes de les esquives a seguir l'estendard de la nostra conquesta; aquest vencé Medusa, Malenca i Eleida, Bisalpida i Ceres, per molt que presumissen de no dar lloc a la casta Diana; e si, vivint aquella, hi haguéssem pensat, aquest, ab lo seu poder i tractes, l'haguera conduïda a son pler i a nostre domini; com esper que farà, a la presumptuosa qui ens ha tan mal tractat.

Mou les lleugeres ales, per mil colors distinctes, lo potent fill de Venus, oïdes tals raons de la sàvia mare; e per camí contrari, com la llança d'Aquil·les, sanà ab lo seu arc les nafres que poc ans ab ell havia fetes; e, donat orde, com begueren de l'aigua del primer riu d'Infern, tots los enamorats en tal oblit vengueren d'aquella senyora, que no bastaren manyes, missatges, ne públics o parencers senyals de voluntat encesa, tornar algú a conduir a més voler seguir-la; altres, de nou enllaçats, se trobaren en la gran bonaresca que tenia parada als que eren de passada, mes, escollit l'engan, e oïda la fama e l'exemple dels altres, molt prest se refredaren; de manera que, el presumir mancant, ja l'alta fantasia de la glòria vana estava per a caure, cessant lo sacrifici del fum de llaor falsa, e sola la cobdícia estava fabricant camins de reparar al mancament de les ofertes e immolacions que en son altar cessaven.

Quan, per obra del principal ofès, la fama murmurant portà a les orelles del potent en les ones, invictíssim Neptuno, los actes d'aquesta, creixent la quantitat de la sua bellesa i la glòria que, vencent-la, esperava d'aquella; qui, deixant lo servei del valent rei d'Ausònia, en les ribes d'Hespèria dreçà son navegar, per veure si la fama veritat reportava d'aquesta tan gentil. E ja plegant les veles, del viatge cansat, en la noble ciutat que fundà el fill de Júpiter, lo tro de les bombardes e el so de les trompetes avisaren Diana de la sua venguda.

E de tot açò era jo avisat, estant dins la gran sala mirant un clar espill que enmig d'ella penjava, on se representaven de les parts del món los actes que obraven tots los enamorats; i les veus s'hi oïen si era fet silenci. Ja s'eren vists Neptuno i Diana, i ja lo foc de Cupido creixia en tots la gana de tornar-se a veure, gran, la qui ans esquiva no tractable als altres se mostrava, començà a sentir amollir lo seu cor, i, en nou pensar entrada, en les nits poc dormia; ans, aquell temps que la son ocupava en parlar despenent, raons de tal manera oïm que explicava; tots callant, per oir-la:

— Trista! ¿què és açò que tants no han pogut, e aquest basta en fer-me sentir pena? ¿pot ésser que jo ame, ne senta passió, qui tant me só burlada? Si bé, pus he trobat qui satisfà a quant ma condició vol. ¿E qui me n'assegura? La sua bona cara i les clares raons, no tals com he oïdes fictes i colorades de altres parencers. D'aquest seré honrada e tenguda secret, qui és home callat, e pot sobrar ab do divers a la mia cobdícia; mes sé que ama tantes, que ma part valrà menys per lo que vol les altres, i a tard, los que ab perills com aquest han gonyat lo que tenen en mar, se troben liberals. ¿Com gosaré mirar los altres en la cara,
 qui tant m'han seguida, si satisfaç aquest de la primera

vista? I si rest enganada ¿ab quins ulls gosaré mirar jo a les altres dames qui són d'algun preu, que totes me reputen com a llur principal? Vage-se'n en bona hora, i reste jo honrada en la mia estima, i dels qui jutjaran lo secret de mos actes.

Ab tals i semblants contraris pensaments explicats per la llengua, passà la nit Diana, sens acollir lo son; quan traspuntà lo dia, viu entrar per la cambra lo seu fael sacerdot, digne ministre de sos secrets i misteris, anomenat Dion, qui prevengut venia i pagat de Neptuno, parlant en tal manera:

— ¿En què pensau, Senyora? Ara venc de la mar, on he trobat Neptuno, qui m'ha parlat de vós i fetes grans ofertes, per la gana que té de servir i complaure-us.

— No me'n parleu, de gràcia —respòs la desdenyosa—, que mala nit m'ha dada.

— Com! —dix l'antic Dion—. I és estat ací?

— Estat! —respòs cridant—. Déu me guard de tant mal! ¿I tendríeu-me'n vós per bé aconsellada, que l'acollís així?

— No só per aconsellar-vos —li digué responent—, mes, per lo bé que us vull, jo pense en moltes coses; i deuríeu pensar ¿què us resta de tantes festes vanes com fins ací de molts haveu rebudes, i de tant com tots vos han donat? I, ab açò, posat aquest no valer menys que valien aquells, i que basta en dar-vos tant com haveu mester, i que és acostumat així tractar les altres de qui és complagut, que lo nombre de moltes no fa menor la quantitat del donar a quiscuna; i, si teníeu vergonya que es diga que tan prest l'hajau satisfet, podeu assegurar-vos en aquesta manera: que ell jur ab sagrament no dir-ho de gran temps, i no deixe mostrar la gana de servir que us ha assenyalada.

E tals raons acabava lo sacerdot, quan respòs la senyora:

— Àngel sou per a mi, que, en quant més dubtava, haveu dat tal remei, que fora de tots dubtes estic dellliberada de fer tot quant dieu, i en res no partir-me del savi consell vostre. Vós veeu lo meu temple quanta pompa aporta en l'honrar de l'altar i parets, i dels llums qui acompanyen les solemnitats mies, en les quals faç gran gast; e si no proveïa ab què pogués mantenir tal despesa, hauria a mancar, que em seria vergonya e perdria l'estima en què vui só tenguda.

Jo viu en aquell punt envergonyir Cupido, que lo pes dels diners tengué major poder en la voluntat d'ella, que les raons d'hòmens avisats ni del mateix Neptuno, no desacompanyades de gest e voluntat bastants per a causar grat e qualsevol altra, no havien; e fon en punt de deixar l'empresa. Però tan gran desig tengué de derrocar la presumpció sua, que no curà sinó d'atiar lo foc de la cobdícia.

E viu la nit següent Neptuno, transformat en aigua d'or, fins entrar dins lo retret on ella reposava, com lo fill de Saturno entrà, en temps passat, a la filla d'Acrisio, ab esta diferència: que aquell ploent entrà per la teulada, i, com a braç d'aigua pujant d'una font, Neptuno viu pujar i entrar per lo lloc on ella palsigava. Mes, voler cercar de què s'alegrà més l'avariciosa, o de veure lo riu d'or entrar per son retret, o de mirar aquell aprés tornat en forma que podia sentir e fer sentir delit, és cosa excusada; perquè quiscú pot creure que més s'alegrà del que més satisfaïa a la sua cobdícia; però, veent lo galant, no excusà l'encontre, ni hagué molt treball de mostrar alegria com la que sap molt bé dissimular ses ganes.

E no desllibere, per ara, recitar lo secret de les noves que entre ells passaren, perquè la fi de totes i de l'obrar dels dos fou: d'ella l'oferir, i d'ell l'acceptar la femenil vergonya, portant aquella per col·locar entre les sues òpimes en lo lloc on tenia reservat les insígnies de les altres victòries. E per la mina que l'or havia feta, continuà la secreta entrada l'enamorat Neptuno, salvant lo jurament de tenir-ho secret que ans havia fet.

D'on venc en major erra la presumpció de la folla Diana, que, desitjant cobrir esta culpa secreta, de què molts sospitaven, treballà ab les antigues arts tornar a conduir molts dels qui en passat l'havien enseguida, a més voler seguir-la. I les que no pogueren res acabar ab aquells escaminats, bastaren fer baixar de l'alt munt d'Olimpo lo gran tronador Júpiter, e calar la dignitat del reial ceptre, a raonar amor, assegut en la falda de la dissimulada. Lo que veent Triton, fael heraut de Neptuno, recità per menut a son noble senyor; qui, indignat d'oir tals raons de la que més amava, estava per jurar i pendre en testimoni del vot irrevocable l'aigua d'Estígia, paluda infernal dels déus no coneguda, de jamés acostar-se al lloc on fos Diana; quan arribà Dion, molt destre sarzidor d'enamorats esquinços i tant ab ses raons i precs pogué ab lo déu de les ones, que tornà afrontar los que romputs estaven.

A on, ¿qui bastarà a dignament descriure les llàgrimes fingides, los estroncats sospirs, les jures espantables que ella proferia davant l'enamorat? Tantes foren, per cert, que fou mesa en oblit per aquell qui oïa precs de tan gran instància, qualsevulla ofensa que d'ella hagués rebuda; ab tal condició, que el simulat deixat, públicament hagués a confessar lo que entre ells passava. I en açò mostrà major força la negra avarícia, que, per no perdre lo que tenia en cert, derrocà la presumpció sua; i ja aconhortada de la ficta vergonya que havia mostrat un temps tant estimar, a palès preposava que amava Neptuno. Mes, quan lo mariner, ensems ab lo perill, s'oblidà del vot, encara amb alguns usà lo dissimular.

Però, deixant açò —de què tots estimàvem, quants érem en la sala, dever eixir una de dues fins: o que apercebint-se de la pràtica sua la deixara Neptuno, o que ella, vencent la discreció sua, li fera comportar encara majors coses—, diré lo que féu Júpiter, per ella desdenyat. Qui, aprés d'haver ab si debatut sobre la pena que mereixia lo cuidar d'aquella, ab la grandesa de l'ànimo reial vencent la ira que havia concebuda, delliberà lo punir de tal crim remetre a l'ús del Fat. E recordant-se que havia llegit en les antigues taules, qui no temen rasura per lo discurs del temps, los mals que esperaven a la tan mal fadada en paga de ses obres, sols volgué que d'aquells li fos donat avís. E per ço, fet cridar lo seu fill, nat de Maiafel, denunciador de son secret voler, tramès aquell a l'antiga sala a on les tres germanes, qui, per no perdonar a la vida d'algú, són nomenades Parques, disponen dels estats, dels regnes e províncies, e ab llei indelible promulguen lo discurs de la vida dels hòmens, perquè mogués aquelles, ab lo seu manament, nunciar lo fat a la presumptuosa, qui estava pensant de fermar son estat fundat sobre arena.

E mentre treballava en cosa impossible, guiades de Mercuri viu entrar per la cambra les tres germanes dites, de què restà torbada en la primera vista; e més en oir la dolçor de la veu que, en temps passat, havia adormit los cent ulls qui cenyien la redonesa del prudent cap d'Argo, ab so de tals paraules.

— Deixa, presumptuosa, ja los vans pensaments, e perquè més t'enutgen ab lo temps que els tembràs, los mals, ans que no et venguen, escolta d'aquells, per manament de Júpiter, lo determenar cert en boca d'aquelles qui disponen lo fat.

A tals raons acabava Mercuri, quan Cloto, la primera de les que diuen Fades, proferí en estrams una cruel sentència de la tenor següent:

— Caiga del cel —foc cremant ta persona;
Obrint-se prest —la terra t'absorbesca;
Cercar repòs —sia lo teu ofici,
Tant quant viuràs —en la mundana espera;
Aprés la mort, —los Inferns no t'acullen,
Nada per mal, —confusió de bones,
Car has confús —d'amor la vera regla,
Ab preu venent —ço que per grat se compra

E dat algun espai a la sentència dada, de pesar les paraules que havia oïdes, Lactesis, la segona, denunciant com, en juí acusada, comparrien ab ella les liberals qui, usat lo contrari del que usat havia, darien clamor de la sua cobdícia, ab lo mateix estil seguí semblants paraules:

— Ab tu vendran —en juí a comparèixer
La liberal —filla del rei Hoetes
I la gentil —Cil·la, filla de Niso,
Qui, per fer rics —los que més estimaven,
No han dubtat —buidar los reials còfrens,
E donar mort —a germà i a pare;
E, ab clamor —de ta negra cobdícia,
Faran palès —ton crim abominable.

No deixà Antropos, la tercera de les germanes dites, lo compàs de les altres, denunciant com, en juí condemnada, restarien per eterna memòria al peu de l'escala, la pedra de son nom, e el record de sos actes:

— Creixerà el foc —de la tua gran ira,
Quan te veuràs —en lo juí condemnada;
E transformat —ton cors en negra roca,
Restarà baix, —al peu de la escala,
Per no haver —endrat per dreta senda
En la gran Cort —on té Venus lo ceptre;
E dirà el mot, —escrit sobre la pedra:
Perquè vené —ab preu ço que el grat compra.

Volia replicar al dir de les tres nimfes, quan viu, ensems aquelles ab lo qui les guiava, llunyades de sa vista; e tirada del fat que fugir no podia, entrà dins lo gran prat qui m'havia portat en la torre de Venus, d'on mirava tals coses: la terra on posava los peus restava seca, sens més criar herba ni suau flor; los murtres li alçaven les branques, si les mans allargava a pendre de llurs brots; les roses se cloïen, si los girava l'ull a mirar-ne alguna; e los coloms, ab gran remor d'ales, giraven de sa vista com d'algun caçador. E, si no estigués tan fora de bon juí, ab açò poguera clar conèixer com, per ira de Venus, los arbres i les flors, ab los ocells consagrats a aquella, la tenien en oi; mes, ab los ulls cegats, seguia lo camí de sa trista ventura, e, no guiats dels cignes los seus passos errats, guiaren son camí fins en lo primer pati d'aquella gran torre, qui és nomenat Oci; a on, per no saber lo camí de la sala, ni ésser mai passada per aquells nou graons, qui són dret camí d'excusar les erres que fem sobrats d'amor, estava passejant per lo clos d'aquell, sens saber a on era, ni recelava del seu mal tan veí. Quan arribà Cupido, ab veus de molt gran cuita, sol·licitant la mare per eixir a cloure lo procés d'aquella acusada, i oir les clamors de Medea i Cil·la volien proposar contra la sua vida.

Isqué la noble Reina, per complaure lo fill, fins al cap de l'escala; e tots seguint a ella per veure què faria, Medea a la dreta e Cil·la a l'esquerra, ab l'aflicta Diana al mig, se presentaren al peu de l'escala. E oí la primera començar en tal forma:

— Aquesta presumint ha comesa tal erra, que, desdenyant les armes de Cupido, ha abraçat les riqueses de Pluto; i no ha conegut, la folla, la parada de quin lloc li venia, ni ha pensat que és oncle del fill vostre lo déu de les riqueses, i que és tan bé sotmès al poder del seu arc; però bé ho sentí Ceres quan li furtà Proserpina.

"Simulada hipòcrita!, maleita sies tu de quantes per amor han mai sentida pena!, oh pública infàmia del femenil estat! Ja no fosses tu nada per fer-nos tal vergonya, que la tua avarícia passà la de Eurífile, muller de Amfiarao, qui, per haver lo collar d'Herimona, que tenia Argia, descobrí son marit e procurà per on morí en lo siti de Tebas; car aquella mès a sort la vida del marit, per haver una joia tenguda en gran preu, i tu, en cert, has morta la fama per qui dura eternalment la vida, per nombre de diners qui als ulls no amostren.

"Jo só tenguda en lo món per cruel, per haver dada mort a mon petit germà i robat a mon pare; mes en la Cort de Venus se fa de mi gran festa, d'on tu est bandejada, i del món avorrida, per la tua cobdícia; resta confusió de quantes cerquen honra, ací en aquest pati, on mai no se'n troba; e tots quants entraran, improperant-te diguen la següent lletania: 'Maleita sies tu de les xiques infantes, pus que per ton exemple a mal són convidades; maleita de les vèrgens, perquè un temps ab hàbit simulat has tacat llur col·legi; maleita de casades, torbant a sos marits; maleita de les viudes, usurpant los delits que són més propris d'elles; maleita de les monges qui a Déu bé serveixen, perquè has servit infern; maleita d'aquelles que amen en públic, perquè has pervertit l'ordre de les festes; maleita de les altres qui usen la cautela per a salvar l'honra perquè l'has usada per procurar diners'."

E tals raons acabava Medea, quan Cil·la començà:

— ¿Què puc més dir d'aquesta, maleita de l'ample cel qui liberal dispensa per ús dels vius les fruites de la terra, ni què es pot més ajustar a sa pena?

"Jo fiu més que Medea, tant com és més donar mort a son pare, a subjugar a l'inimic la pàtria, que, fugint d'aquella, matar lo xic germà; e tot açò gosí, empesa per lo grat que tenia de Minos.

"E per ço, alta Reina, més que ella avançada me trobe en vostra Cort, on, per lo lloc que hi tinc, vos demane en gràcia que, refermant tot quant ha dit Medea, rest transformat en roca negra lo cors de l'avariciosa, com fou lo
 d'Aglaures per obra de Mercuri, pus que les dos, tenint

un concorde parer, ans delliberaren acceptar los diners que admetre los precs dels apassionats.

E ja per obra de Cupido ans de semblants raons s'eren apartades de l'ànimo de Venus pietat e clemència, e per ço la rigor de la pura justícia condemnà l'acusada d'haver estar al peu de l'escala, transformada en roca negra, per testimoni de la sua malícia.

E com volgués Diana, indignada d'oir tals raons a què de gran senyora no volgué mai respondre, tornar-se'n per lo lloc per on era venguda, no es pogué moure; perquè les parts del seu cors, que ans movia a son pler, eren fetes immobles, e les junctures dels genolls endurides, no seguien en res lo moviment dels peus; ans, lo fred que en les ungles mostrà el primer senyal, s'era tan estès, que, descolorides aparien les venes, perduda la llur sang, de manera que, a poc a poc, la fredor i durícia tota l'ocuparen, tancant a sos freds polsos camí de més polsar ni dar senyal de vida.

No volgué mai parlar, ne, com hagués volgut, tenia ja camí per a traure la veu: ja era tota roca, e no blanca, que lo verí que en son cor s'era tan tancat, escampant-se defora, l'havia feta negra; e, perquè no mancàs alguna part del dir de les tres Fades, un títol novament esculpit de mostra de gòtigues, per l'orla d'aquella nova pedra, a on tots quants entraven llegien tals paraules:

"Perquè vené ab preu ço que el grat compra";

denunciant a tots la causa de son mal.

E, acabat la susdita lletania que ordenà Medea, isquí d'aquella Cort, molt refermat en lo primer propòsit de no tornar hic pus, per tants desordes com havia vists.

Romeu Llull

LO DESPROPRIAMENT D'AMOR

PROSA FETA PER ROMEU LLULL INTITULADA LO DESPROPRIAMENT D'AMOR

Comuna opinió és, no solament dels naturals, mes encara dels teòlegs doctors, que tota racional e humana creatura en la creació sua és inclinada a certa natural inclinació, la qual, més que tota altra, en ella domina, e a seguir e obeir és voluntàriament forçada. E com aquella massa (o embrió per més propri parlar), de la qual complits aquells determenats dies, e organizat lo meu cors fos apte e dispost a amar, en un instant infusa en aquell l'ànima, l'amar per natural instint li fou anneix. De què, seguint-se lo principi, que fou la mia creació, seguint lo medi, se seguí aprés lo fi, ço és, la mia nativitat; en la qual, en un moment Natura, voluntària e ab summa sol·licitud, cura e diligència, recordant-se per la molta aptitud de l'amable instint, per ella a mi a principi donat, les primeres insínies d'Amor me vestí, disponent en mi que lo temps de ma vida, servint Amor, la religió d'aquell servàs.

Nodrit d'infantesa d'aquell nodriment del qual los infants ésser nodrits solen, no-res-menys Amor en los espirits de continuu tal refecció me dava, que en tot lo que tal edat me consentia e atorgava amable era. Vengut, per natural discurs, en la puerícia e part de l'adolescència, sempre los vestigis d'Amor abundonadament seguint, e per contínua assiduïtat e freqüentació de mon viure en tal edat ja quasi expert com aquell servir se vol, mereix e deu, llonga, aprovada e certa experiència de mos serveis feta —per bé que, per causa de la poca edat, algun tant inhàbil me mostràs—, vist quant ma voluntat en servir-lo abundonada tenia, de gràcia volc, promès e manà, sens més ne altre examen voler de mi, per hàbil pres e per la voluntat guiat, dret camí, segons aprés viu, davant lo gran temple d'Amor portat fos.

Era lo lloc una gran e plana praderia, ab moltes verdes herbes e diverses flors, ab fonts e aigües suaus que en aquelles nodriment daven. E poc avant, per ten delitosa vista, e per un ample e molt batut camí sol caminant, en vista d'un gran e bell palau arribí; lo portal del qual, per ésser d'herbes e flors delicadament entrelliçat e aptament compost, e gran suavitat de fragància llançant, algun tant aturat me tenc. Però, puis en lo portal portes no viu, ne persona alguna que l'entrada m'obstàs ne contradís, gosadament e ab ànimo gran per aquell me n'entrí.

Entrat que fui dins, aturat si algú veure poria que jo, com estranger en aquell lloc, per guia pendre pogués; mirant quant la vista m'acompanyava, e vist aquell d'alts e forts murs circuït, e lo terreny ésser tot altre del que defora vist havia, de tornar atràs, per l'aspresa e solitud del lloc alquant temptat, si lo gran portal per on entrat era veure pogués me voltí. E no veent aquell, en instant penedit e pres esforç, ab l'ànimo del sol amorós desig imprès acompanyat, sen trobar ne veure camí algú, per aquell lloc desert, tot pensós e fatigat, ab los ulls baixos errant anava.

No haguí molt caminat, que promptament al davant m'aparec una bella dama, de verd molt oscur e rodona vestida; e en lo cap un xipellet d'orfebreria, molt galant e delicat, sobre los rossos cabells portava. La qual, acostant-se a mi, ab gest molt graciós e afable esguard, lo cap e lo cors ab senyal de saluts enclinat, me féu tal parlar:

— Jo só aquella Esperança en la qual tu has tant e tan ferm esperat, e qui ab més delicades viandes lo teu amable voler fins ací he nodrit. E negú en va en mi espera: per ço vinc a tu, com a desviat, sies per mi guiat on ton desig se termena.

E acabat que hagué tals paraules, sens esperar que de tant e tal benefici dignes gràcies li'n retés, tirà son camí.

De què jo, oïda sa oferta, no ab peresós ni suau pas, presa per la falda la seguí.

Caminant per tal guisa per bon espai, los dos sempre en terra mirant (e com fa lo cec que per altri és guiat per no desviar-se), alçant los ulls viu érem arribats davant un gran e bell edifici, segons defora se mostrava: lo portal del qual era tan petit, estret e baix, e tal que, atès la noblesa del lloc, a la vista desproporcionat e molt diforme me semblava. Arribats a la porta, empesa la mia guia aquella ab treball, ensems dins entrats, per la vista d'un infant nuu —ab los ulls velats, ab dos ales, e l'arc en les mans fletxat, e lo carcaix al costat cint— qui per tribunal defront segut estava, al primer pas, seguint jo la mia guia, los dos ab molta reverència nos prostam. Alçats de peus, ab altra e altra reverència, al peu del tàlem arribam a on innumerable gent, hòmens e dames e de tots estaments, a l'entorn estaven; quasi tots mirant a mi, com a estranger e nou en aquella llur noble companyia. De què, per tots allí presents fet general silenci, la mia guia ab alta veu, tenint-me per la mà, així parlar començà:

— Molt alt, poderós e triümfant Senyor: jo só aquella tua serventa Esperança, com no ignores, que acostum a tots aquells qui a tu servir desitgen e en mi ferm e constant esperen, no solament conservar-los en lo teu servici, mes encara nodrint e paixent-los sovint dels meus pasts, de tot confort plens abundonadament, sinó sols la catívada voluntat s'aturen, e vui en lo món quasi per déu t'adoren. E, per tant, conegut e per llonga experiència feta certa, de nativitat aquest teu servidor Romeu Llull quant a tu afectat devot e proprici és estat, tot altre desig al teu servei post posant, e sempre sens en res jamés prevericar, en mi ferm esperant; veent-lo errant, al teu noble temple per complir son desitjat fi, molt desitjós en aquell entrar, a port salvo fins ací l'he guiat. Per què et suplic de gràcia que, com aquell que ab tanta fermetat e ten llongament la tua religió ha observada, encara que la sua edat algun tant hi contraste, te plàcia per mercè voler dispensar que l'hàbit d'aquella vestit li sia; e conega per obra, lo que jo en fe tua promès li tinc, atorgat li sia. E així a tu des d'ara l'ofir en aquest teu temple, que com a devot d'aquell en lo nombre dels teus devots religiosos sia per tu de grat admès.

Oïda aquell gran Cupido, déu d'Amor, la preposta e demanda que la mia guia en favor de mi feta li havia, en breus paraules així li respòs:

— Ja gran temps era, ell no ignorava jo ésser escrit e continuat en lo capbreu d'amor; e que molts bons e fels reports, per ella e per altri, de mi haguts n'havia.

E manà als ministres que açò exprés càrrec tenien, ab totes les degudes cerimònies tal hàbit vestit me fos.

Sens tarda alguna, per obeir son manament, quatre, de dos en dos, vers mi que agenollat estava, venir viu: les dos primeres, Temor e Gelosia; les altres, Treball e Fermetat. E tots ensems, despullant-me les vestidures fins a la nua carn que vestides portava, Temor primer una camisa de drap de llana, molt gros e de diverses colors, en lloc de salici me vestí; aprés Gelosia me vestí una roba llonga restrant de drap blau oscur, e per lo mig, un cinyell, de groc e vermell divisat, me cenyí; Treball aprés me vestí sobre aquella lo manto de burell, al davant e a totes parts clos; e Fermetat una barreta negra al cap me posà.

Fet açò, perquè la mia professió compliment hagués, la mia guia jamés de mon costat partida, de peus llevada, una estola de drap verd dels pits se tragué: en lo mig de la qual quatre lletres, ab lo mateix drap ensems teixides, separadament se mostraven; la qual estola d'empresa sobre lo musclo esquerre me llançà, e en lo costat fortment estreta me lligà. Eren les quatre lletres T.G.T.F., ço és, Temor, Gelosia, Treball e Fermetat; a significança que l'hàbit de la religió d'Amor és fundat sobre aquestes quatre passions, de les quals esperança de galardó és lo sol govern d'aquelles.

E per aquesta forma, en edat de setze anys hagut la mia professió tot degut compliment, llevat jo de peus, abraçant-me la mia guia e de mi comiat pres, a tota aquella noble companyia m'acomanà, fent-me promesa que a nenguna necessitat mia tota volta a mi favorable se mostraria; e de mi se partí.

Molta alegria mostraren los devots e devotes religioses d'Amor per la mia venguda e professió en la llur congregació; dient-me, alguns antics en la religió, que gran prerrogativa era estada la mia que en tal edat fos estat profès, com encara, fins en aquell temps, de negú vist ho haguessen, e que mèritament per ells en aquell temple d'Amor venerat ésser mereixia; e no sol de paraula, mes ab amigables e amorosos gests, honra me procuraven.

Fet açó, com aquell desitjós si per la vista per los passats treballs algun descans pendre pogués, per lo temple sol passejar me delliberí; de què, encontrant-me ab moltes belles dames —les quals, qui ab companyia de galants e qui a soles, se passejaven—, entre les altres, una als meus ulls tal se presentà, la qual, a mon grat, de galant gest, molta gràcia e d'íntegra bellesa, de quantes vistes n'havia, era més complida. Per la qual vist, per los sentits incitat, acompanyant aquells lo grat, e consentint-hi la voluntat, executant aquella dels tres lo tal delliber, a la dama que sola passejava, humilment e reverent saludada, presa-la per lo braç, a ella m'acostí.

La dama, mostrant tal acte haver de grat pres, lo semblant graciosament me reté; però no així prest li comencí a parlar quan servir-la desitjava, que, o fos perquè novici era les degudes pràtiques de vertader amor ignorant e poc servant, o força per lo meu demesiat gosar refrenar, o per qualsevol altra causa fos lo seu arc lo gran Cupido desfletxat, en lo cor d'una daurada sageta sentint-me de mort nafrat, tan gran crit e no ab sorda veu llancí, que, si no per la presta ajuda de la dama, sobrat de no poc dolor en terra caigut seria. Ne per lo meu dolorós crit, que a quants oït m'haguessen espant donàs cregut tenia, molts galants e dames que prop m'estaven de no pendre llur acostumat solaç s'estigueren; ans, alguns d'aquells, mirant-me en la cara: "Amic, tal fom nosaltres qual ara vos sou", ab un sotris e quasi burlant, me digueren. Pur, la dama del meu no poc dolre la causa d'aquell saber desitjosa se mostrava. De què, per lo parlar e demanda de la qual algun tant refrigerat, pres ànimo (no, però, ab aquell ten llibert gosar que primer tenia, mes ab baixa e temerosa veu), així parlar li comencí:

— Senyora de la vida mia: tant és lo grat que del molt que mereixeu en la primera vista de vós he pres, que, units en mi los sentiments, donant-hi raó son decret, tots concordablament, que de la mia vida vos faça oferta llarga e bastant, procura a la llengua han feta; la qual vos soplic des d'ara accepteu, e de grat per vostra tingau, com sol servir-vos lo terme e fi de mon desitjat desig serà, e dir lo vostre nom me façau digne.

La dama, oït mon parlar, ab serena cara e molt alegre, féu tal resposta:

— Galant enamorat: ans de totes coses, vos dic mon nom és Serena; e si lo vostre parlar ver raona, segons creença me persuadeix, de molt vos reste obligada haja tan bastant lo grat que de mi teniu, que feta en vós ten gran impressió, així abundonadament amar me delliberau. Si bé de vosaltres los primers moviments solen sempre ésser tals per fer-nos de lleuger e fàcilment creure lo que experimentat no tenim, fent-vos cert que ans que de mi promesa alguna hajau, que lo temps ensems ab l'experiència ne sia mestre, delliberat tinc.

E no així predites hagué tals paraules, que encara lo darrer accent d'aquelles en les orelles me sonaven, que ab cuita de mi partida ensems e perduda de vista, sol dolorós me lleixà.

No fou res lo dolor que primer sentí al que per causa de la sua absència me procurà; ne per bé que sobrat de molta passió fos, no restí que de continent no partís seguint-la si trobar-la pogués, guiat de nova passió, creent lo camí fos tot altre del que trobí, car per llocs aspres, oscurs e tenebrosos caminant, sovint caent e llevant, de tots treballs, perills e fadigues oblidat, sol lo desig de trobar e veure la mia dolça enemiga present tenia.

Eixit de tantes tenebres e arribat en lloc on algun tant de claror se mostrava, ab lo gest e vestidures la coneguí, que al davant no molt lluny de mi sola caminava; la qual, ab cuitat pas suplicant que esperàs, per son nom la cridí; e aquella, al meu apassionat crit ab cara e esguard graciós e afable voltant-se, me mirà; en tant que, en poc instant ten prop d'ella arribat que per la falda pendre la volia, estesa la mà per pendre aquella, ab ten irada e furiosa cara vers mi se voltà, e ab tan ingrat gest e horribles sutris me mirà, que, fred e quasi exanimat aturat, la vista per gran espai perdí; e ab molta més passió que la primera e segona volta estat no era restí.

Moltes e infinides voltes d'aquest amorgós past fui pascut lo qual ab dents e sabor d'amor e paciència menjava, pur per atènyer al desitjat fi. Durat per llong temps en lo servei d'aquesta Senyora la semblant vida, sens altre galardó jamés haver, sinó a tard algun breu mirar, de no pocs desdenys, desconeixences e ingratituds acompanyat, recordant-me ésser cristià e en les obres de mon viure idolatrar, e de tants e tan grans beneficis del Creador rebuts d'aquells del tot oblidat, de la divina voluntat inspirat l'enteniment que per lo mal e viciós viure ofuscat tenia, per procurador pres la memòria de tota virtut oblidada, e la raó malalta per advocats, e la consciència per jutge; tornat cascú en lo primer e virtuós estat, aconsellat per ells e ordenada una suplicació, la tenor de la qual fou que de tots los béns de vana amor, per dar repòs a ma vida me despropriàs.

Feta tal dellliberació, d'aquests, present lo pèrfido, cruel e ingrat Senyor, acompanyat me n'aní. Al qual, fetes mes justes clamors e justificada ma querella, lo que ab incomutable voluntat dellliberat havia, la suplicació li presentí. Molt se meravellà aquell Senyor que ab tant gosar e arrogants paraules així li parlàs; e feta pendre ma suplicació, remetent-la a justícia, irat manà a Grat, com a secretari seu, aquella públicament llegís.

La qual llegida e mesa en disputa si de justícia proveïda ésser devia, fui de mos advocats, jutge e procurador així bé raonat e defès, que fon sentenciat ma suplicació fos proveïda e decretada. Haguda tal favorable sentència e publicada aquella, de continent Desdeny, com a notari major del temple, per inventari pendre dels béns dels quals despropriar m'havia, ab ploma e paper en mà vers mi vingué; e foren aquells los que per orde així se segueixen:

Primerament, vàries cogitacions, vanes esperances, folls pensaments, viciosos desigs, ingrats serveis, penosos delits, e d'altres semblants passions: nombre infinit. E a la conclusió, temps perdut e vida damnada.

Desdeny, tal inventari pres, ja fou aquí prop mi Ingratitud, que les vestidures les quals vint-i-quatre anys, set mesos e nou dies guardades m'havia, e aquelles me vestí.

Hagut complit fi lo meu despropriament, trobant-me llibert e fora lo coll d'aquell penós e penat jou de foll amor, aconsellat per la sana raó, e executant-ho la vera voluntat, en aquell lo metí, del qual parla l'Evangelista sant Lluc en boca de Déu: *"Iugum enim meum suave est et onus meum leve."* E així, entrant en la Sancta religió del matrimoni, pres aquell honrat e gloriós hàbit de virtuosa amor, acompanyat de companyia tal, que un sí e un no units nos té, e segons per Déu és dit: *"Et erunt duo in carne una"*, tot altre foll pensament a part llançat, d'honests desigs, honrats delits, grats plers, e de temprats enuigs no freturós, lo restant de ma vida ab propòsit ferm en aquest virtuós estament llongament, plasent a Déu, desig viure.

Adoncs, qui a ten infortunat, miserable e viciós estat, com és foll amor servir, fugir volrà, llegint aquest meu despropriament, de mi, com experimentat en aquell, exemplar prenga, a fi que lo més saludable parer a despeses mies delliberar puga.

Francesc Alegre

SOMNI DE FRANCESC ALEGRE RECITANT LO PROCÉS D'UNA QÜESTIÓ ENAMORADA

SOMNI DE FRANCESC ALEGRE RECITANT LO PROCÉS D'UNA QÜESTIÓ ENAMORADA

Vengut lo jorn, qui em fa record d'aquell quan vós singular me cativàs, pensant ab continuats serveis, ferm amor, execució de perills e durada de temps no poder vinclar vostra cruesa —les quals coses basten, no sols a persona mortal, mas als infernals esperits de tots béns separats gonyar la voluntat—, en extrem m'enutge. Sobre que, havent pensat qual, seguir o deixar, fóra per mi més bo, trobé tantes ésser les singularitats, qui tenir, no deixar, ans ab major treball seguir-vos m'obliguen, posat mal tractat sia. Tants de la part altra desdenys i pràtiques, destruïdores de ma esperança, abandonar i desfiar de tot vostre concert m'obliguen, que entre dos extrems no sé a qual declinar; per on, combatut d'ànsia mon congoixat pensament, cansat de tal pensar, acostant-se l'hora que a l'un dia fi i a l'altre començ dóna, cloent los ulls ab son, pensí repòs atènyer los membres tots, qui no més del corporal que del mental treball agreujats resten. Mes lo contrari provant tant de treball, qui desitjant repòs ell elegir me feia, com ha de venir sol que molt pensar se causa en la fantasia continuu record de l'imaginat, parec-me ésser en un lloc tan plasent que, tot altre oblidat, digne se mostrava de ver avantatge ser mencionat.

No lo noble Ilion del gran és ver lo jardí fabricat, no teatre romà, ni casa de Minerva, de bellesa s'eren gosats contendre: qui velat era d'un porpre ordit dels treballs preseint a l'amor i reblit dels delits de satisfacció —e tant, així estant, millor se mostrava quant val més lo posseir del que al treball s'ateny, que aquell, si es vol gran bé, de qui sens afany s'ha possessió—, circuït de draps presentant los actes grans dels Romans Cèsar Octavià, Proteselau, Aquil·les, Pompeu, Eneas lo troià, a qui seguien Creusa, Dido i Lavina. Ab los dos babilònics qui començat finaren condemnats, aparien Teseu, Jason, lo fill del gran profeta qui en un punt ama i desama, com exellats del gran col·legi dels servidors d'Amor.

Lo païment d'aquella noble plaça era d'un porfís bell, designant la firmesa dels qui llealment amen; tanta, que ans lo sol aturat estaria en lo Tàrtic pol no consentint a nosaltres ser dia, que ells de llur amor dubte encorreguessen. En lo cap de la casa viu allogat un siti, qual tenir acostumava lo Papa en Consistori, e bancs entorn qui em senyalaven d'alguna gran cosa haver-s'hi a tractar.

Dubtava no fos reprès, volguí-me'n partir, mes ab portes tancades dins enclòs me trobí. Assegurava'm l'aparat aquí noble gent dever venir; dubtava, entre los quals devenga, me faria digna la bona intenció qui no per mal en tal lloc me guiava.

Així dubtant, viu, les portes obertes, entrar flota de gent, ab processos en mà, a qui seguia un forn, sobre un carro, on de continuu a dues parts obraven e acabaven una sort de sagetes, part fetes d'or, e part fetes de ferro aspre e mal llimat; anant-li pres aquell famós toscà qui fins a nostre temps honrat renom conserva, fadigant, sens ésser escoltat, dar entenent al mestre de la fabra una sageta qual ferí al gran Centauro, mostrant-li'n una altra espuntada e lo cor qui a ell governava, perquè, de la primera seguint lo valer i d'altra esquivant lo defalt, ne acabàs una ab compliment, dant fi al treball quaranta anys ja durat.

No poc content restí, pus viu aquell ésser present qui mon viure guiava, Francisco Petrarca, companyia plasent en les prosperitats e sol refugi en les adversitats; coneguí'l, no perquè vist l'hagués jamés, mes per les passions que raonava recitant la peleia d'Amor i de Laura, de què era informat per lo primer triümfo dels cinc seus excel·lents. Acostant-m'hi, doncs, comencí'l a requerir d'ajuda, dient:

— Oh laureat poeta! si veres són les llaors que de vós la fama escampa, prenent, no testimonis estranys, mes les obres que a vós sobreviuen, socorreu-me declarant què és açò que, mos ulls ocupant, mon cor en dubte té, no sabent descernir per on, ni on arribat sia.

E sí pensau la sentida alegria com per l'antic toscà fos informat de l'ésser de l'Amor; i d'ells que a ell seguien no tardaren respondre al demanat. No tenien mos serveis merescut tan digna resposta com d'açò; mes pus son de mals no ignorant, als afligits socórrer nunca cessé:

— És aquest lloc on d'Amor se dicisseixen causes, e per ço van primers los advocats, jutges i escrivans a pendre lloc en la gran audiència, aprés d'aquest carro portant lo forn, on s'obren estralles per qui lo sentenciat s'executa, tirant ab l'arc que porta aquell patge; e si de daurades los dos ferits se troben, parament amant i satisfent-se entrecanviadament llurs voluntats, benaventurada vida passen. Aquest, emperò, així potent senyor qui, nat d'oci, se cria desplasents pensaments, no d'esperança buits ans prometent tot concert en breu portar a fi, crescut és fet senyor, com sé jo sentir dins. Si veritat és e raons assenyalen, ne tan en son servei amples te trobes com tinc cregut. Plau experimentar molts qui, de la daurada ferits, ço és ab algun graciós esguard detenguts, ab vista brava són mirats d'aquells ulls qui voler los mostraven: e és açò la ferra sageta, causant als tals vida no reposada. Si no m'engan, lo mal que a tu enutge al meu servei; quan amant satisfent te desitges, atens a tal desig escassa esperança; e per ço, quan en la gran cadira veuràs assegurat lo rei, d'ajuda llàgremes dels primers suplicaràs, requerint ser citada la qui tan mal te tracta; davant aquí vinguda, fundaràs ta querella, i sentenciant donarà fi a ton debat; per la qual si ajudat seràs, estimaràs haver-la seguida, e los passats afanys sinó contentació te portaran; e si a ton desig contrària se mostra, seguint lo camí d'oblidar, darrer remei per a sempre, tos cansaments descansaran.

Retent-li gràcies del bon consell que em donà, lo preguí servés ell de mi l'empar, qui acabà responent acceptar ma demanda, quan entrava per la Sala un noble rei de molta gent acompanyat (d'aquells qui en los draps historiats estaven) mostrant-se ab continença noble dignes de gran renom que en lo món conserven.

— Mestre —diguí girant-me en aquell llum de saber, en qui se recolzava mon ignorant enteniment—, si aquest és aquell potent Senyor qui a vós se mostrà en lo triümfal carro Infant ornat sol de dos ales, portant arc i sagetes, ¿com està ara no jove, ans ab son continent senyalant gravitat, no porta ales, ans mostra que és cansat, e ja abandonades les ofensives armes, és fet de raó, no llunyat de justícia, porta ceptre, qui a tant escarn del desigual, egualtat en les amors no guarda?

E callí; per on no tardà la resposta:

— Acostuma l'Amor en diverses maneres mostrar, i açò assenyalen varietat de colors en les ales: si bé et recorda, quan a ma vista se presentà, venia per fer armes contra aquella que de mi és govern, e no malla ni escut cobrien sa persona com a no tement res, mas, arc en mà, fletxes per ofendre als mirants amostrava; ara no per ofendre mas per jutjar arriba, mostrant-se a tal acte conforme.

E ja asseguts eren, quan per escrits ma resposta formí de la tenor següent:

Suplicació presentada en l'audiència d'Amor.

"Senyor molt excel·lent:

"A vostra majestat venir me força la cruesa d'una en qui mon bé termena, de tanta bellesa, avisament i gràcia, que basta los molt grans a sentir e oblidar. Con sent per lo que en mi ha pogut, ne d'amar-la me penediria, si lo principi lo mig trobava concertat; car no ab més cuita ma voluntat raonar-li comencí, que ella tenir desig mostrava fos satisfet; e continuant, refermant ma esperança, tan avant m'ha portat, que atràs voler tornar no m'és possible; e veent-me en tal estat, ultratjosa, ab continença brava, lo passat oblidant, tant l'he trobada cruel e enemiga, quant de primer singular estimava Senyora.

"Moltes vegades he temptat si, oblidant e llunyant de mi tal pensar, remei atenyeria; mes ella, ab astúcia, l'apartar no em consent, no dant-me d'algú dels dos fir-

 mesa: esperar, o deixar; e així, havent gran temps passat

no trobant en lo segle Jutge qui a nostre debat fos bastant posar fi, oïda la fama de vostra noble Cort (on com a sola se troba multitud de gent no de consell freturant per llonga experiència) i confiant de l'acostumat i vertader Judici de vostra altesa, mi e ma salut en vostra mà depose; qui proveint fareu mi e mos cansats pensaments reposats. *Et licet* etc. *Altíssimus* etc."

E per grat de la gran Cort conseller fou referida ma suplicació al noble rei, sobre lo qual hagut col·loqui, en escrits tal provisió manà:

"Nós, Cupido, rei del col·legi d'Amor per dret hereditari de nostra mare Venus, atenent expedir justícia, no consentint raó ésser determenat inoïda la part, volent de justícia seguir la pura regla, manam la suplicació intimat ésser a la qui és absent, contra qui, si comparer recusarà, serà sentenciat, ab provisió de nostre gran consell."

No tardé, pus li fou intimat arribar, e entrant per la sala, més mirada estec que lo fort Hèrcules tornant dels escurs regnes on aquella sola força on ell restava acabada. Acompanyada venia de Laura, de qui sola dubtava emparada no fos; e dant-li lloc digne d'ella, lo rei a tots dir començà:

Parla lo gran rei Cupido:

— ¿Qui de vostra gran empresa no es meravellara, prometent sentenciar entre los dos, com Petrarca i Laura d'ells sien advocats, qui quaranta anys fan durar qüestió sens res determenar? E per ço, no més d'un replicar puga cascú d'ells fer, e ab lo parer dels més serà sentenciat. Per ço, n'Alegre, fundau vostra demanda, i sereu desempatxat.

Jo, obeint sens tarda, ab breus paraules la justificació de ma demanda exposant, diguí:

— Il·lustríssim Senyor, vull mon desig ser satisfet, com promès ha, o tret d'esperança.

Ella respòs:

— Si veritat ses raons afermaven, no dubte de vostra Cort, més que tot altre a mi plaent, condemnada haver partir; mas veig no té oblidades les ficcions, senyalants tants mals que del menor Samsó sobrat seria, los quals amaga lo fibló ab què pica, quan veu avinentesa; no sol li plau lo ver gloriejar, ans ab aquell bé sovint lo fals mesclant, tant triümfo de moltes, qui son desorde complaure no volent, són per ell difamades. Si doncs, justíssim Senyor, tanta gràcia puc en vós haver trobada, que em façau quítia d'encórrer tal blasme, sentenciau de ses raons sia jo deslliurada.

E féu fi aquí ab humilitat, bastant tot altre placar; responguí:

— ¿Qual irada passió subverteix vostre juí —qui ab veritat concertat sempre estava— no entenent mos serveis, on era estat jo diligent en lo que sé us pot plaure, content a mi desplaure, pus a vós fos en plaer; de vostra fama zelador parcial, no mal dient? ¿De què imposau culpa? Si lo comun usar de nostra Ciutat tal nom gonyat me té, vida solitària no dubtaré elegir, posat mal parlat sia; ordonau, doncs, de mi, i no em trobareu tal com ara estimau. Si voleu no us seguesca, senyalau no voler-me, i en cars que la mort s'atenga, me llunyaré de vós; mes si per tan llarg experiment de la firmesa de mon amor sou certa, no serà satisfeta ma voluntat. Creuré no poc no em sia favorable aquest nostre ajust.

E acabant aitals raons, Petrarca començà:

Francisco Petrarca:

— Atorg vostra justícia, Senyor, no pacient, ans contra los rebel·les de vostra Senyoria cruelment: exequint a aquest lo demanat, no consentint la presumptuosa cuidar d'una flaca dona contra vós prevaler, qui tanta gent senyorejau. E si Laura de grat excusada haveu, satisfent a la dignitat de vostra noblesa, no s'atrevesca algun altre mortal contra ella pugnar qui de tal presumir no castigat romanga; conega lo braç fort de vostra virtut, e sia espant a tots los venints als segles. Aquest, no descomplaent-la de res, ans tots temps obeint, ella adés mostra li plau ésser seguida, ara desdenyosa de si l'aparta. Volent ocupar ceptre a negú consentint qual de tants parts ignora, contra vostre fort arc res no poder durar; si femenils raons han de ser escoltades, no dubte enutjats d'ací partirem. Sien per ço, excel·lent príncep, opremuts los superbos, e ab llaor exalçats los humils, sentenciant ser aquest complagut, qui sol per la humilitat ara mostrada mereix lo premi de satisfacció.

E, acabant ell, Laura començà:

Laura:

— Meravellara'm de tan afectat raonar, si de vós, Francisco, no tingués llevat judici vertader, qui per la vostra molta bondat pensau ésser tots tals, ignorant canviada la pràtica ésser vui en los vivints; tots, de parenceries acompanyats, ne en altre que contra bona fama llurs treballs tots endrecen; aquells empeny lo mal universal, trobant qui llurs desordes complau, per ésser satisfets d'una altra jornada. E vinguen a vostre record, clementíssim Senyor, quantes per tals ficcions enganades se clamen vui de vós; que si a les fictes raons dels inhumans Teseu i Jason no haguessen cregut Ariadna i Medea, no peregrinants ni en estranyes terres per amor portades foren, qui, ab moltes altres, de continuu se clamen; e perquè és llur cas irreparable, desitgen, mostrant la gentilesa de llur ànimo, a tals mals obviar, ensems ab mi suplicant vostra altesa no sien admeses d'aquest les raons falses, tallant la via de tal presumir als qui vindran.

Acallà a ella responent Petrarca en tal manera:

Petrarca:

— Si per raó, com acostuma, és governada aquesta noble Cort, no devem per la culpa de pocs tan justs condemnats ésser, ni és de nou entre molts reprovats ésser trobat un just; perquè no fa al fet al·legar los més hòmens a mal dir inclinats, si ab evidents raons no s'és amostrat ésser aquest del nombre llur, ans tan llunyat se troba quant de l'alt cel la terra; ne vós, Laura, sobre totes entesa, tingau a meravella si vui los hòmens a mal dir s'empenyen, com los ne sia dada bastant ocasió; ne cregau altre ne faça aquest retret sinó les virtuts de la que ame, que tantes són, que del record li lleven les culpes de les altres. Per ço, cessant de dar-li culpa de crim no perpetrar, no sien forts davant vostre entendre, molt alt Senyor, les excuses posades, qui no contra aquest, mes contra vós són fetes; la qual sola presumpció mereix, condemnant, ser punida.

Aparellava's per a respondre l'exemple de virtut, quan a tots fou posat silenci per lo noble Senyor, manant sobre l'altercat votassen tots los que eren presents. Dels quals primer s'adreçà aquell gran Patriarca de qui pren lo nom lo poble de Israel; e rompent lo callament, presa del Rei llicència, raonar començà:

Jacob:

— No vol raó més privilegiada ser una flaca dona, que jo, pare de tants, qui ferit ab vostre potent arc, i enflamat en l'amor de Ratxel, no dubtí, enganat per mon sogre Laban, de nou tornar lo ja passat treball, parent-me poc segons lo que amava; perquè só de parer que ella condemnada i ell satisfet resten en vostra Cort.

No poca contentació m'aportà lo dir d'aquest gran pare, tan a mi parcial, a qui seguí aquell humil David abondonant lo joalm.

David:

— Per lo molt que en mi han pogut vostres forces, Senyor potent, fent-me no sol de mon Déu apartar, mas en dos greus pecats empès, estime nengú contra vós prevaler, si de beniplàcit consentint no els serà; la qual gràcia no mereix l'ultratjós desdeny ab què parlar ha gosat la per Laura emparada; protesta, doncs, d'ací sia condemnada.

Aprés parlà aquell sobre tots savi rei:

Salamó:

— Aquella noble fama que per llong temps havia conservada, tu, Amor, la'm llevist en la fi de mos dies; e tu est causa que en lo món no ha certesa de ma salvació; per què, no de tu, contra qui res no puc, mes d'aquelles ab qui pecar m'has fet, venja desig. Per on crec, quan aquesta raona, sabuda d'elles la sua malícia, que lo que volen fan més valer que or, desestimant la vàlua del sol, pus no els venga en plaer, e qui els consent un poc, ne prenen molt. E per ço, si sobre tu no vols haver senyor, condamna d'aquesta l'error començada, ans que vinint a més sia aniquilada la tua gran potència.

Acabà, seguint a ell lo fort Samsó, qui dix ab cara brava:

Samsó:

—Tants mil·lenars de filisteus no m'han pogut vèncer, ne les portes tancades a mon eixir contrastaren, ne brau lleó desvià mon camí, e tu Senyor est sol estat lo vencedor. ¿Doncs què serà algú més fort de mi, que a tu contradiga?

E ple d'ira e de desdeny, callà, dant fi als vots de la judaica nació. E atorgat lloc de parlar als servidors d'ídoles, començà aquell astròleg Febo, qui molts han estimat ser lo gran planeta il·luminant lo món, raons que tal formà:

Febo:

—Vol Natura, de nostra vida infal·lible govern, seguint orde degut, que les coses menors sien dedicades al servir llur major; e per ço, com aprés del diluvi, feta la humana reparació per Daucalione e Pirra, dels hòmens de ma edat m'estimàs major, ensuperbit per la mort de Fiton, gran serpent per mi vençut, creia, seguint a mi la dita regla, totes coses a mi dever ser subdites. E tal cuidar m'empès en despresar lo vostre potent arc, del qual no molt aprés ferit, fui forçat seguir la inhumana e damnada, no volent-me mirar, per on sé quin és lo mal del qui sens ésser amat a algú ama. Si doncs aquelles llàgrimes que escampí en lo temps que amava me fan digne que sia complagut, e sia sentenciat en favor de qui ama.

E si haurà dubte la contrària part de ser enganada, pus altre no la té, atorg-li vostra justícia algun espai de temps qui, ab continuats experiments, del contrari certa la faça.

Dreçà's lo gran troià, cap de la gent romana, seguint lo so de les sues paraules:

Eneas:

—Natural justícia força a cada u voler per altre lo que per si pendria, e per ço atorgar no puc a aquest lo que vol, recordant-me que ans consentí morir a la regina Dido, que permetés a ella fer estatge; e pens tant pler haurà l'acusada quant d'ell pus acost no li plau se veure apartada, com prenguí jo, abondonada Dido, anant a lleu ab qui, com a més volent, finar volia lo restant de ma vida.

Així parlava quan en peus viu aquell insigne grec qui sol Hèctor sobrà, començant a parlar:

Aquil·les:

—Lo raonat davant vostra altesa me fa record de la mal vista Troia, a on ne Hèctor, ne multitud de cavallers armats sobre mi res pogueren; ans, al desitjat ma mort, sobreseguint, fui vençut per Policena, noble donzella filla del rei Príam.

"Treves eren fermades per espai de dos mesos, quan, no més per desig de veure que de ser vist, entrí en la ciutat, ab companyia d'altres grecs i troians arribant al temple d'Apol·lo, on dones i donzelles se dolien igualment de la mort del gran Hèctor, en triümfo posat al mig del temple, sota lo qual agenollades estaven Hècuba e Policena; no tan prest los ulls per a mirar alcí, quan me tenc encès en amor aquesta; paregué a vós, noble Senyor, disposta avinentesa per triümfar de mon superbo ergull. Partint doncs, del gran Ilion, tornant en ma tenda, variats pensaments m'assaltaren tota la vinent nit, dels quals lo deslliber seguint, un missatge tramesí a la regina Hècuba, qui estesament li raonàs a quant la bellesa de sa filla obligat
 me tenia; prometent-li, si per muller la m'atorgàs, cosa a

mi no possible, ço és: los grecs del siti fer llevar, ab tan diferents afanys i escampament de sang nou anys continuant. No cruelment, com d'ella per ser ma enemiga esperava, fou rebut mon missatge, ans ab benigna resposta; pus per mi lo promès fos atès, se mostrà voluntària complaure mon voler. E fou per mi sens acabar, començat los grecs a partir; per on, de tot concert desfiat, passava en ma tenda ma vida no reposada, no volent contra los troians batallar per amor d'aquella qui, ab astúcia i malícia, me tramès a demanar prometent mon desig satisfer; e jo sens dubte, en la ciutat intrant, fui mort per Paris, cosa per ella concertada. I si per venja no fos reintegrat, més enutjat seria, ne em basta ella de sang haver mon vas regat; ans contra aquelles qui tenen tal ira vull sempre imaginar, e com ne sia aquesta una, qui senyalant voler ser amada maltracta a qui l'ama, só de parer que per vostra justícia sia forçada complaure a aquest.

Vota aprés l'ingrat Demòfon:

Demòfon:

— Senyor molt excel·lent: força'm lo propri interès no atorgar a aquest lo que vol, recordant-me de Fil·le. De mi, pus restí satisfet, nunca curí, ans a les humils raons de ses lletres s'enduria mon cruel; perquè no serà meravella si aquesta no complau a qui no lo hi mereix; ne contraste a vostra dignitat lo seu parlar qui de ser amada no l'excusa; mes aquest no li plau, assaig vostra Senyoria si voldrà amar altre, dant-li elecció; i com elegir no vulla, vol la raó que sia condemnada.

E ja havien compliment los vots del segon banc, quan fou atorgat lloc als cristians enamorats per a votar; dels quals primer se llevà Lançolot, aquell noble errant, qui començà a dir:

Lançolot:

Oh, com presumptuosa estime la vida dels hòmens, qui pensen que per sol raonar llur vot han d'ésser satisfets! Venint-me a record los perills grans e escampaments de sang sostenguts per alcançar Ginebre, de qui, si desdenyat me sentia, no ab citació ne ab plena audiència requeria esmena, mes ab propris serveis recomptava la benvolença sua. ¿I és aquest camí de gonyar voluntats, pledejar, acusar i malmenar per llengua? No cert, ans mitjà de perdre les gonyades.

E callà; aquí respòs lo noble rei En Pere Segon en Aragó, i de son nom primer, dient:

Lo rei Pere primer d'Aragó:

— Lancelot, si pensant aquest, a la defensió del qual m'empeny naturalesa, com és ací arribat, cessareu dar-li culpa; que no per propri moviment, mes per Amor tirat contra qui res fort no pot durar, ací portant se troba; de què ella no tant com vós se troba enutjada, ans si bé parlar he entès, senyala més que tot altre plaure-li aquesta Cort. Si doncs, vostres desordes privança porten de la per vós tan amada Ginebre, e cercau altre camí, sense culpar aquest, perquè repòs atenga vostre soberg enuig.

"Ne vós, dona gentil, siau vers ell estranya, qui per llong experiment tan merescut vos té; e venguen a vostre record quantes coses desestimades, no essent tals d'ací, han parit noble fruit, com per mi ne tinc certesa, qui de la menys presada dona de Montpeller fiu néixer aquell Jancme, no menor d'Aleixandre en grandesa d'ànimo, qui conquistà València, e l'illa de Mallorques; e si penedir hagués bastat satisfer a la dita dona lo que té merescut, reposta estigra; no crec del Purgatori hagués sentit lo foc, sinó per la ingratitud ab ella practicada.

"E per ço pregue complagau a qui us ama; conformat se digna qui per exemple d'altre obvia a sos mals. La qual cosa, si voluntària recusareu obrar, só de parer que condemnada siau per lo molt alt Príncep, i jamés complaguda per lo qui ara us pregue; ans com aterrada conquesta tractada, siau espant a tots los vivints qui de tal presumir perdran l'esperança.

Acabava lo noble rei així parlar, quan començà lo francès Paris dreçar a mi la fi de ses raons:

Paris:

— No em meravell si tant en satisfer s'atura l'acusada dona, ne si de mal dient vos inculpa, car de continuu veig treballen en refermar son començat propòsit, publicant, no sols als qui vius són, mes a nosaltres qui ho ignoram, vostre desorde que anomenau amor.

"Jo, quan Viana comencí amar, no tal camí seguia, mes ab tal cautelosa manera son amor prevenguí, que ans los conquistats joiells ma voluntat li palesaren que ma llengua prengués atreviment davant ella parlar. Just Senyor, ¿tals desordes impunits restaran?

E féu fi; dreçant-se, per a parlar darrer, aquell lleal Macías, qui per firmesa lleal és d'Espanya llum, dient:

Macías:

— Vós, Paris, com a francès estàveu aturat en raonar a la noble Viana, no perquè de secret volguésseu gonyar fama, mes fallint-vos raons de què los nostres espanyols no freturen. Enculpau aquest de mal dient de qui no teniu conegut la pràtica, e no sabeu que cada u deu llevar judici de l'altre estimant si mateix, e que és vici gran, sens nota de culpa precedent, judicar d'algú; car no puc jo, per lo molt que só amat, pensar algun menys de mi amar puga. Perquè só de parer que, aprés mes experiments del ja passat, sia forçada l'acusada satisfer a qui l'ame.

Fi de la present obra endreçant-la a Antoni Vidal, e demanant-li consell:

Complits los vots en la gran audiència, mostrant los més ser-me favorables, tanta alegria per l'esperada sentència a mon cor assoltà, que de l'alt son rompent los nuus meus, me despertí, retenint vestigis qui cosa certa, no somni, ésser estat dubtava'm; e així enutjat resté, dubtant desplaure a la que ame per lo començat plet. Per ço hauré a molta gràcia de vós, Antoni Vidal, com de persona avisada e de qui en tal cas se deu fer compte, me sente ajudat, consellant ab vostres escrits, quin camí seguint, atènyer puga aquella part de voluntat sua que més serveis de continuu demane; e que no mon merèixer vos obligue, mes vostra virtut, qui als opresos nunca socors denega.

Resposta i consell d'Antoni Vidal:

— Lo difícil contrastar a les forces de Venus, Francesc Alegre, e ordonat temps de l'edat vostra, me par que no l'excusa d'aquell delit en qui lo bé de vós a terme voler tenir desitja: qui ofert al vostre mèrit complaure-us acostuma, no cruel obliga mes atènyer lo promès.

"D'Amor, per los tants mals en lo món per mostra deixats, consellant a tals empreses, a les intrades resistir diria. Per millor esmerçar lo temps vostre, per molts útils mitjans no impossibles, d'amar, vos aparteu, si del lloc on posat sou, lo passar més que el retraure vos das treball, e la qui tinga los vostres mals, vençuda, sens acabar vostre desig, restar pogués. Mes mirant que el dolor turmenta aquell ànimo qui, de si gentil, per fallir d'esforç se torna del començat; e quan de si es detent, poc s'estima lo qui, sotmès de cosa flaca, passa confús, son vèncer satisfent al qui tant desitja.

"Seguint Amor, qui en lo mig de tants mals sovint los ja sobtils aprima per l'exercici de cosa treballada, me sembla que d'un punir, que els és servir, subjugar poreu la qui pres vos creu tenir. Perquè d'aquella força qui a vostre desig esperar tardant és feta, un no vist foc en elles tan excel·lent se cria, que, mitigant aquella durícia que sens mercè es fa ésser, dispon una part per un los servicis sens nombre, lo desig de molts, mes lo tant vos amar, la culpa sua del fals creure en lo mal dir, en la veritat vostra lo continuu pensar qui del somni fou causa, lo desplaure a vós per fer-la contenta, lo celar de sa fama a qui vida deserta vos fa atenir, e tals altres actes qui d'Amor lo cet donen en los qui no es cansen, presents al voler fan que del durar de aquestes obres haver a consentir se causa.

"Qui per grat s'endreça al plaure (que l'Infant hereter de Venus diem) ab benigne comport, tirant lo seu arc de daurades tretes, per aquell seu braç de tant esforç se veu, que les primeres inhumanes, esquives i temoroses, no tractables, deixats los recels i totes temences, al nou delliber dilitoses vies e aspres deserts troben. E perquè açò com he raonat e los que viuen segueix volenter mon desig (sovint qui té mal esguard llevar-vos la pena) que los precs que feu mostrant vostre mal, desig és ajudar-vos, repòs com comporten; i açò no per mitjà com diem, mas per vostre virtut tan complida, vull dir-vos com ne per on aquest amar sostendreu.

"E veig per lo causat, l'imaginar de la fantasia dormint en somni passa en molts delicats passos i de gran sentència; l'escriure vostre mostra que no de cert amor aquesta senyora té lo seu tento. Diré de les ficcions, senyalant tants mals, que del menor lo pus fort dels qui per fama viuen mogut seria; dient que, del ver i fals gloriar desitjant, alguns són causa del mal, no em sé les qui bé primer amen. Per apartar-vos ço qui de son record damnar-vos pot, me semble camí tenir deveu que lo dit sentiment, vostres raons veritat afermant, tal repòs pratica que l'enutjat de vós, lo dubte qui lo delit vos deté senta, amant sol lo que veritat experimenta; aprés conega que desitjant honra sua, més que d'ella, que cosa que estimeu, vos recordau, raonant les especials causes qui a tal extrem d'amar vos aporten; apartant-vos los qui mal dients són creguts ésser; avorrint llur desorde lloau tota virtut on que sia; assenyalant honest viure, perquè comprèn de tots fets usar discret; mostrant d'aquell l'honor vostra voleu visca, exercitau tot acte qui honrar-vos pot; siau valent, si d'algun cars honor gosar vos presenta; liberalitats quan són mester o digna excusa en ella tal emprar vergonya no esperant; de la cosa a què basteu del poder vostre, dubte atenga res de son plaure a vós no és difícil; no li recordeu lo que fet haveu per ella, perquè no crega esperança de satisfacció haver-vos empès al servici; vege amor sol ésser lo moviment qui vostre voler li dóna; teniu desig tots temps voler-la veure; parlau sovint ab los qui la pratiquen, i més ab aquells qui penseu vostre dir li retrauen. Jamés digau seguir no la vullau, per molt que us do gran pena, perquè no és mal, en l'esguard de qui el sofer, aquell quin major bé d'ell s'espera, com tota dolor, com més gran és estada, deix pus content repòs al suportant lo pes d'ella.

"E per consellador de ço que tristícia fer-vos pot, quan veureu aquell enutjós desdeny qui tanta enyorança dóna, contra ço que el voler vos inclina, seguiu la voluntat sua, mostrant-li l'adolorit continent del que dins vós s'estima; e en cars, en molts passos, plors desesper vos vegen. No sia jamés sol lo pensament qui la dolor vos porta; posau tantost en companyia sua lo voler per qui lo treball sosteniu ésser tal, que de gentils condicions abundada, pietat pus fàcilment se pren en tota part més noble; recitau lo que dormint vos seguí, cridant congoixat la parcial defensió de Petrarca, e mostrant los vots dels qui per Cupido de les daurades totes tocats, justament en favor de vós parlaren; no mencioneu los que foren contraris, perquè fallits d'aquelles coses que es demanen a tal servir, fora de bon juí votaren.

"Lo restant del que en vós per molts esguards de virtuts fos bon indici, ab la pena qui a plànyer me'n feu, manifest li sia; com tota tal senyora, volent lo que complau, de tant posseir digna sia.

"Quant pus acostat a ses virtuts sereu, amor acceptant sou conforme, tant més fiat i de vertader amar tenint-vos, no Justícia sentenciant, mes sola veritat difinit, tinc en acert un servici de sos delits, entre els bons per lo millor a vós elegirà. E açò lo que en trobe, dins aquella voluntat qui per judici no us comporta; ab un desig: que tal sia lo respondre que a vostre demanar ne faç, que pagat per mi lo deute i vós de la fi satisfet, restant recordant de ma benvolença.

Francesc de Moner

L'ÀNIMA D'OLIVER

Molt magnífic senyor i cosí, mossèn Francesc de Blanes:

Vostre merèixer i la voluntat mia me fan ésser tard del que us prometí. Vostra virtut i la dificultat de recordar-se de tantes coses me sia excusa. Ara us ho tramet. Feu-me mercè que no ho veja ningú, perquè de vós me plau i d'altres no. I resta vostre, com tota volta.

Lo darrer divendres d'agost, l'hora que el sol se posta, los mals que dins mi tenen posada certa començaren a voltar-se, com solen. No podia sofrir-los ni llançar-los; estava per a morir-me com vingué l'amic qui els coneix. Comencí plànyer-me, a ell, de qui els m'ha enviats, i de la demesia d'ells; i, en lloc de conhortar-me, digué'm tants enuigs que ho deixí, i ab fúria drecí los passos a la vall vesina de Sant Jerònim d'Hebron per oir aquell so nomenat ècon, de qui era cert que, si em respongués, diguera lo que io, i, sens fer-me contrari, ensems ab mi se dolguera.

Fon fet nit escura, molt queda. Jo treballava en eixir del camí perquè ningú m'oís, mas lo que dins mi sentia no em deixà elegir lloc, ni que més esperàs, sinó que es rompé lo cor, i ab una veu destemplada, molt alta, diguí semblants paraules:

— ¿Per què no em responeu, amiga mia tan enemiga? ¿Per què m'haveu condemnat sens culpa i sens oir-me? ¿He-us pogut fallir io, que per vostre servei só fet, io que nunca sabí ni volguí ofendre-us? Si ara que m'haveu fet peces vos adora, ¿en quin temps vos he pogut errar?

Si dels mals que m'haveu fets no us penediu, mostraume de què tinc io penedir-me, que, si us só culpable, no em meravellaré de cosa que per mi passe, perquè presumir d'ofendre-us és pecat irremissible.

Mes ¿per què us deman cosa que no podeu donar-me? Si Déu no sap que io us tinga culpa, si doncs só tan quiti, ¿què haveu cregut de mi que lo que aprés haveu vist no us haja fet segura del contrari?

Socorrien grosses llàgrimes i redoblats sospirs, perquè mos mals, d'estrangers, faltaven de vocables. Volia més alt cridar, pus alre no sabia, con una veu ronca i baixa m'entroncà lo pensament, dient tals paraules:

— Flac és lo cor que a si mateix no pot vèncer.

Espantat restí d'oir parlar qui no veïa. Mes, ans d'haver fet juí què podia ésser, la mateixa veu continuà parlar, i em digué:

— Aconhorta't, home va, dels mals voluntaris que forçats estimes. Esmena't, no tardes. Deixa l'amor cruel que t'embena. Mira lo fi que t'espera. No vulles ab dolor comprar l'infern, que menys ha costat lo paradís als màrtirs.

I féu silenci. Demaní-li qui era; respongué ab un sospir tan empès de dolor, que em féu enveja perquè io no el llançava; i digué:

— ¿Has mai oït dir d'aquell Oliver que a si mateix matà per la comtessa de Luna? L'ànima só d'aquell que en aquest lloc passa pena.

Passà per mi lo temor com lo vent per la brasa, per molt que sia fred, en oir qui em parlava. Ab lo cor inflat i endolcit, i ab esperança d'esfogar, li diguí:

— Si l'ànima est del qui dius, meravell-me que em reprengues, perquè la tua fi més par a las mies obres que no a tes paraules; que, pus per amor matares la vida al cors, per justícia la culpa ha mort a tu. Si eres, doncs, morta i comdemnada, per què em castigues? ¿És mudada la llei en l'infern, o tens tu sola llicència de procurar-me al servei de Déu, de qui est enemiga?

Respongué:

— Si hagueres dit que la causa de la mort del meu cors par en les tues obres, acertares, que per amor desordenat se seguí. Mes que parega a la mia fi, no ho cregues, perquè a la misericòrdia de Déu plagué donar-me temps, i gran, ab què poguí penedir-me, i em perdonà la culpa; la justícia del qual ordenà en aquest lloc sia mon purgatori, fins arribe lo terme per què fui creada. No só condemnada, morta, ni de Déu enemiga, sinó creatura sua, remuda, indigna. Així, que no et meravells si et reprenc, que raonablement me toca per la llei i naturalesa dels dos, i perquè la via que et desvia ia l'he experimentada, i sé io lo que tu saps i lo que ignores.

Mes, pus creus bé en Jesucrist, Déu i senyor nostre, ama'l per si mateix, que sens caritat les obres virtuoses són mortes. I si per a tant no abastes, aprèn almanco de tembre'l, que si tu sabies l'ànima solta, deixat lo temor d'infern, quant estima la privació de veure Déu sempre, tremolaries. ¡Quant més, com entén les penes terribles, eternes, que justament esperen los condemnats! No penses que en lo càrcer del cors, la tua ànima ho mire, que la que més veu és orba.

Mes una cosa crec: que si no t'esmenes, punir t'han, com als altres, de dolor cruel. Pren lo temps en la via i vida, mentre tens franc arbitre, que si en l'altra traspasses, no poràs merèixer sinó penedir, sens esmenar-te.

I callà.

Llavons li responguí:

— Oh bonaventurada vós, de Déu predestinada, eleta, dels llaços d'aquest món deslliure, de l'infern segura! Lleugera és vostra pena, pus és l'esperança certa d'ésser salva. Mas ¿què faré io, de la gràcia de Déu indigne, de les gents avorrit, de mi mateix avorrit, cec, desheretat, de tots los mals enclusa? ¿Què faré, que no ignore lo que dien? La conciència m'acusa, la raó m'aconsella, l'esperança m'avisa, i no puc desenamorar lo cor d'aquesta que em desama, avorreix i maltracta, que més que a mi mateix he amat. Mai li he feta cosa que meresca ofensa, i no cessa d'ultratjar-me.

Lo que parle, obre i escolte, tot se'm torna metzines. Ni puc sofrir-me, ni puc comportar l'amic si em fa contrari, per raonable que sia; que els desigs que l'ànimo de l'home jove empeny, tornen sobre mi pesats i enutjosos, perquè l'enemiga fortuna los ha fets muts. De la voluntat que tinc, no puc ni vull presar-me, perquè és vana i secreta; ninguna esperança me promet. Tots los camins me desvien, que en mos mals no troba ningun bé, així perquè són mena de perills sens honra, públic disfavor, perdició mia clara i descoberta, i, per a mi, liberinto escur i espantable.

La bellesa i altres gràcies ia no deurien cevar-me, perquè a mi les amaga ab vel negre d'ultratges, de manera que, a ma voluntat, no li troba altra cosa per què ama, sinó sols perquè vol, i ab tanta fúria, que quant puc dir és una sola centilla en comparació de la secreta flama que debaix del callar se cobra.

Oh vida de falles, carestia de remeis, si no cars, plens de temor! No serà meravella si de vós me canse, pus no em sé valer ni puc dolre'm. La mort me vull donar, i fer a vós companyia, ànima devota, esdevenidora sancta; i si no en só digne, sia de mi què es vulla. Fort cosa serà que en aquest món i en l'altre haja de soferir mals. ¿No trobaré io mercè en la creatura ni en lo Creador?

Mas què parle desvaris? Quin engan prenc? Só lo major pecador, lo més cegat idòlatra, ¿i tinc presumpció que Déu me perdonarà? Desesperació és lo terme que em termena. ¡Maleït fon lo dia que mai vos viu, bellesa encastada en cor més dur que el negre marbre! ¡I més maleït fon aquell en què publicàs la cruel, injusta, mala sentència que el meu refusat cor, i fael, me romp i parteix i esquinça!—

Respongué'm lo que es segueix:

— Pietat me fa lo seu estament, perquè conec lo poder que t'assalta; però no tinguera tanta fúria si tu mateix, desemparada la barrera, no li haguesses oberta la porta. Qui de lleuger creu lo report dels ulls, poria emmalaltir cada hora; però la salut és incerta, i la cura, tarda i costosa.

Gran és la vanitat dels més hòmens, que, pus que tenen alguns béns de gràcia, natura o fortuna, creen merèixer ésser volguts de les dones; i ab aquesta fiança no dubten acollir pensaments vans, faent del desig esperança, enganant-se de les ombres. Cobdicien la bellesa femenil, sens mèrits, i par-los que si els miren, que són amats. D'una petita festa fan grans arguments, castells en l'aire, ab prosperitats fengides. I si els desdeixen, clamen-se ab tantes querelles com si era llei que per ells desitjar, haguessen ésser desitjats. Aquestos tals, tots són maldients, e per ço no és menester haver-los pietat.

Mas dels pocs que són tals com tu, és de dolre, perquè tots són idòlatres, com tu confesses. Aquests no enganen ningú sinó a ells mateixos. La vida d'aquestos té tres estaments: lo primer és d'aquells que no tenen en poder lo que amen; lo segon, d'aquells que posseeixen; lo terç i darrer és d'aquells que han posseït i aprés ho perden.

Los primers, si entenguessen com és amarg lo dolç error que els engana, fugirien del que segueixen. Lo que senten aquestos no és menester enquerir, perquè conec passen per tu dolorosos i aguts punyiments, segons te clames tu sens raó; però l'error no el veus tal com és, perquè tens l'ànima malalta. Per ço t'amarga la raó del que et reprèn, més que no fa lo que et dol, perquè, per molt que et penen, en alguna manera te delites.

Tu dius que no hi trobes ningun bé. Acertes, que, de verdader, ningú n'hi ha per a tu. Però lo que ta voluntat ama és sots color de bé, que si així no fos, no amaries; i pus ames, te delites, perquè no és possible a ningú amar sens delit, en los sentiments extrínsecs o intrínsecs.

Però costa car en l'esdevenidor, com io sé, i en lo present és tan mesclat de congoixes, com tu mateix experimentes, tantes i tan greus que lo que més se delita li'n pren com a l'home esforçat nafrat de mil ferides, que, com se recorda que les rebé a honra sua, ama l'ocasió d'elles, per molt que li dolguen. Així ama l'enamorat d'aquest estament: no la sua pena, mas la causa, en l'estima de la qual se delita.

Però tu saps què monta. ¡Quantes llàgrimes has llançades, quants destemplats sospirs, quantes desesperacions has dites, quants secrets de dolor t'han restats que no has pogut traure defora! Quants juraments i vots trencats! ¡Quants desconcerts has fets en perjuí de la juvenil vergonya, fent-te judicar per foll! I al teu juí, los qui et reprenen són més folls; que és ia major error: follejar i presumir de savi.

Tot açò no feres si algun delit no sentisses, com és cert que sents, tal com t'he dit; lo qual fa lleuger lo pes de tos mals en la falsa estima de l'entendre. Així, que si vols destruir-los, lo delit que els sosté destruu, fugint a la causa sua, que és mirar, pensar, parlar, present i absent, en lo valer de la que ames.

Si remediar-te vols, no metes a la balança les vàlues d'ella ab los teus dolors presents, que mai pesaran tant a ton juí; mes met-hi los que t'esperen si no et socorres. No hi metes la pena, mas la culpa. Fuig, i no devagar, que en aquesta guerra los que van avant són envergonyits i aminvats, i en vida miserable, bandeig de consell estrany i destruccions de seny, i en fi, en infern paga eterna i certa.

Lo del segon estament, la desitjada pausa converteix en guerra. Temor los assetja. Tenen los enemics dins i defora: dintre, lo dubte d'ésser volguts, i temor de perdre; defora, tots los que miren, parlen i passen, fins los amics, són dubtats. Contínuament se fatiguen pensant com se mantindran, què han de dir, què callar, què simular, què dissimular, i nunca s'asseguren. Així se congoixen d'una poqueta cosa com d'una gran.

I lo que els fa més mal són les treves del delit, que els desproveeix dels remeis que basten a ajudar. Aquestos, com temen, se nafren, i com s'asseguren, se maten. Aquesta és la malaltia que per salut se desitja, ont los aixarops, en lloc d'aprofitar, desconcerten les porgues. Aquest és lo daurat sepulcre on se tanquen les llibertats dels més hòmens, encantades per les veus de les serenes. Aquesta és la vida de sospites, de lleugeres creences, querelles secretes i paleses; vida de retrets, d'ànsies plena; treballada mar que no menys torba lo cap i ventrell que la passada fortuna; temor de fibló; esguard de negre núvol al mariner maldestre; Caribdis d'accidents ont pocs naveguen que no es perden.

Los del tercer estament són més dignes de reprensió, perquè són més ciegos quan deurien més veure. En aquestos, lo desig los fa mortal fam, i la privació, guerra contínua. La vetlla d'aquestos, als enemics s'adorm, i als amics que socorren, atalaia, i llança crits i defèn l'entrada. Les represions d'aquests és un despit de vida i de mort, camí de folles empreses, cobdícia de presó, multitud de penediments, experiència sens coneixença, i, en fi, injúria e vergonya de la raó (natural reina nostra), vida de desesperació, damnada, si Déu misericordiós no ho preserva.

Així, que mira lo naufraig de la llibertat quant nos danya en tots los tres estaments. Gran discreció és, doncs, ans de la fortuna, salvar-se en lo segur port de l'amor de Déu, pus a tots vents hi podem entrar, si volem, perquè sa Majestat immensa tostemps nos acull, si ajudam, ajudant-nos.

Aquest amor és segur, sens engan, que som certs que és Ell lo major bé, per qui totes les coses són bones; i que no el podem tant amar quant Ell nos ama. Ací és l'esperança certa de posseir, si hi treballam. Aquest bé vertader, ans d'alcançar-lo nos delita, perquè la virtut és tal; i, aprés, nos contenta de bastants dons de glòria, a ont ninguna cosa fall.

En aquesta amor no ha gelosies ni sospites. Amant a Ell, amam tots los que l'amen; i lo seu amor als altres no ens lleva res, ans nos dóna. Ni és gelós de nosaltres, ans li plau que vullam a tots bé, pus sia per amor d'Ell. D'aquesta amor som certs que en aquest món finit mai no passarà sinó a culpa nostra, i en l'etern no pot passar ni minvar, ni és menester créixer.

Així que, mentre lo temps dura, esforça't a guanyar aquesta milloria, que per ningú sinó per tu se destorba, perquè tots los viadors, en les eleccions, tenen la voluntat lliberta. Mira que és millor deixar-ho seguir, lo de què tu mateix te clames. Elegeix, que tu has de començar; i aprés, en l'obrar i constància, aquella gràcia sens la qual no et pots llevar, t'ajudarà i guiarà fins al terme, si sencerament la invoques.—

Dites aquestes paraules, callà per donar lloc a ma resposta. Io tenia més pensaments que raons prestes, però esforcí'm quant poguí, responent al que més me tocava, com se segueix:

— Sanctes paraules he oïdes, ànima devota. I per bé que io tinga flaca i esmortida la llum de l'entendre, no resta que no conega que ab veritat dieu mal del mal, i bé de la bondat. I ha'm paregut haveu feta la suma de ma vida, perquè en diversos temps i casos he experimentat lo que de vós he oït, combatut de tants infortunis i tan arravatadament, que bé no sé lo de què em record si mai és estat, ni sé si nunca tinguí lo que he perdut; però sé que és estat temps que he sentit lo despit de vida i de mort que haveu dit.

Mas vull deixar lo que és passat, per parlar del present, on és lo perill on me troba, del primer estament. Io crec lo franc arbitre que dieu que tinc, mas no l'entenc. Io us atorgue, senyor, que l'amor que em sotsjuga fa la vida plena d'infinides penes e tribulacions, i confessa les propietats i avantatges del digne amor de Déu. Mas, ¿com se farà que, com vinc per a traure'm de la fantasia les errors que conec i vós me repreneu, ha pres tan gran poder sobre mi aquesta de qui só, que ab furiós assot llança defora tot quant li fa contrari? Així em mana com si m'hagués fetes infinides mercès i fos mia com io só seu.

Quants penediments me fan sos mals tractes, tantes voltes los me revoca lo que ella val. Quantes vegades me vull recordar de ma idolatria, tantes me'n trau. Faç-ne oració expressa, i no m'aprofita. I d'aquest poder seu no es minven mos mals ni s'adolceixen, sinó que em té pres i estret, en ço que, per bé que la consciència m'acusa, a mi em par ésser forçat i sens culpa.

Però io sé que ningú ha consciència sinó de la cosa que estima ésser mala, que Déu no dóna pena sino als culpables; i sé que tots los qui per la creatura deixen lo Creador són en pecat mortal, per los quals és fet infern. Tot açò entenc, i l'amor que em té, també l'entenc. ¿Per què io em demude i altere per la bellesa que ame, i per les venes corren sentiments de flames enceses? I no voldria d'ella cosa en què perdés res ni li fos ofensa, ni en ma voluntat s'acull determenat desig de cosa deshonesta. Vull i no vull. Mai, tals contrarietats com les mies!

Una cosa sé: que no basten mals tractes, ni la coneixença de veure'm perdre, a fer-la'm desamar, i això perquè crec que, de les creatures que vui viuen, ninguna s'hi acompara. Per lo Creador la volria oblidar, mas per molt que m'esforce, no puc; i crec no li plau.

Lo perquè, deixe als secrets de sos juís; en va seria voler descobrir-los, si sols no puc bastar a entendre aquesta que tant vull. Que és altra contrarietat; no entendre-la i amar-la tant, i no conèixer-li les condicions. Que una volta em par que de mos mals se serveix, i altra que se'n burla, i altra que no se'n cura ni sols los se mira. No sé què li plau ni què li desplau. Crec, per mi, que si l'entengués, no l'amaria menys; mas sé que no poria amar-la més.

Què ès l'ocasió de tot açò, ànima devota?

No siau escassa de vostres paraules, pus són de Déu, i a mi necessàries.

Llavors me digué lo que es segueix:

— Io creïa haver-te aclarat lo cor i lo cap, i veig que el tens més escur, ple de porfia, i mets-te en dubtes, i disputes de franc arbitre. No et vull dar altra raó sinó que tingues per regla certa que, si no era en nostre poder elegir lo bé i deixar lo mal, i per lo contrari, seria voler desmotllar tot l'ordre de la divina Bondat; que ni seria menester doctrina, ni hi hauria raó d'infern ni purgatori, ni Déu seria just ni misericordiós, i seguir-se-n'hien altres infinits inconvenients, absurdes i abominables.

Mas, saps a tu què t'engana? Tu volries que, anant a veure la que tant vols, i parlant tota volta d'ella i ab ella, sens guardar-te d'avinenteses, que l'hora que la raó te dirà que peques, i la consciència t'acusa, que en aquell punt te prengués Déu del braç e que et portàs dret en paraís, e que altre treball no tinguesses, i que per dir una volta "Miserere mei, Deus", que tantost volasses als cels. I encara crec que volries que ella fos l'àngel que t'emportàs. Guarda que a paraís no s'hi va tan de lleuger, i de l'infern és ampla la carrera.

¿No saps tu que la virtut és regla, i que són més extrems que migs? En les coses difícils, se guanya lo mèrit resistint als fàcils errors ab ànimo viril i constant. Gran vergonya de l'home, que no es puga guardar de mirar, parlar, pensar en lo que sap que li vol i el porta a perdició.

Io et vull dir ara la principal causa ab què t'enganes. Universalment tu coneixs que peques, però en lo particular t'enganes d'aquesta manera: que judica l'enteniment que és pecat d'idolatria amar tant una dona, però la tua voluntat, moguda de les passions, ab lo seu imperi trau l'enteniment del juí universal i fa-li investigar en lo particular quant és bella i delectable. I ab açò te derroques; açò paren a tu contraris. Mas si en aquest assalt de l'entendre tu t'inforties, invocada la gràcia de Déu, i fugies les avinenteses, així com est vençut, venceries.

I a lo que dius que sents sentiments de flames enceses d'estímuls, i que no aculls pensaments que l'ofenen, ni desitges cosa deshonesta, dues coses ne són causa:

L'una, per ésser en tu calmada la mesura d'amor, perquè est en lo seu darrer efecte, que és transportació d'una voluntat en altra, en ço que no pories voler sinó lo que ella vol; i, perquè tu l'estimes com és virtuosa i honrada, par-te que tos desigs se paren a la ratlla que et mostra sa honestat a ont ella s'adarga, i ab aquest pensament te delites. Mas aquesta muralla és molt flaca, e perillosa de caure.

L'altra causa és lo diable, qui ab aqueixa color t'embarassa, donant-te entenent que l'amor que nos redreça de dret en dret al vici, que és virtuós, i fa compte que, pus aquí t'haja arribat, que si podia vèncer a ella, que prest vos hauria los dos en sa gàbia. Guarda que aqueixa fera bèstia sovint se dissimula i desfrassa moltes voltes, per portar a son molí, i entra de l'envés, fent-nos consciència d'algun gran crim, que ens fa molt detestar per fer-nos tenir en poc. Lo que prou basta per a damnarnos; però no pot fer tant que la consciència no acuse tota volta que guardaràs lo juí de la raó. Per què clar se pot veure que l'amor que serveix, te fa oblidar a Déu i a tu mateix.

Per què has de colre una dona, per perfeta que sia? Ni és raó sacrificar-li, com fas, lo seny, la vida, l'honor, i metre l'ànima en tan gran perill com és la desperació en què vius.

Llança de tu cosa tan errada com creure que est forçat, perquè no ho pots ésser; ni t'enganen los acusiments de la voluntat que dius que tens, que temptacions són del diable, com has oït.

Ni cregues que poguesses resistir al sensible, perquè l'ànima ab l'ànima, i lo cors ab lo cors, se delita; i van tan lligats, que si la u desviava, sí es faria l'altre; i, també, com acerten.

Si ta voluntat fos sana, no desitjaria lo que desitja, ab desordre, com desitja. I si vols dir que ho fa que debaten en tu la raó i la sensualitat, i que per no ésser determenat te congoixes, si fos veritat no haguera durat tant: ia fores guarit, o del tot malalt. Com est tan malaut, que et par que res no et poria gorir sinó que fosses tan volgut, que ella no et negàs cosa que li demanasses.

A lo que dius que res no basta a fer-la't oblidar, perquè és la millor de les creatures que vui viuen en lo món, io sé que és virtuosa i singular, però ni ella ni tu durareu tostemps.

Dius que per lo Creador la volries deixar i que no t'és possible, i que sents que a sa Majestat no li plau. Gira-ho de l'envés, i diràs veritat: que a tu no plau, i ell ho pot fer; i si no ho fa, és que tu no ho vols; i Ell no força a ningú d'ésser bo, com ni fa d'ésser mal. A tu te'n pren com a l'ase caigut en lo fang, que, com son senyor li ajuda, ell se llança de l'altre costat. Mai acabaries! Així, ajuda't, i seràs ajudat; que, com tu has dit, Déu no dóna pena sinó als culpables, ni tampoc glòria sinó als qui guanyen mèrit.

A lo que dius que no li coneixs la condició, ni saps què li plau, gran presumpció és la tua si penses que les dones se puguen entendre, perquè, dels qui les amen ni a penes de ningun són enteses. Aquell sol les entén qui se n'aparta, i no fa ningun fonament de llurs dits ni fets, que sa condició és tan diversa i mudable, que mai tal com és se descobre.

La creença d'elles és de contraris. Coneixeran que són amades i servides, i si els voleu assegurar, mai vos creuen, i volran mal mortal a qui les avise. A les voltes no creuen a negú de cosa que diga; altres hores creuran tota cosa de quisvulla.

Lo voler d'elles ningú sap quan s'escalfa, sinó quan les crema. I algunes vegades cremarà, i de súbito tornen fredes, gelades; lo que no pot fer ningun home. Avorreixen i tenen en oi tots quants les hauran plagut, i dissimulen-ho fins en algun punt ont tot se descobre ab mil inconvenients i fúries. Altres voltes se mostren braves, esquives, i terribles contra qui no poden desvoler.

I aquests aguaits ningun senyal los senyala, per les arts i cauteles que saben, i estan-nos peltrigant los vulls de l'ànima. Lo fi de l'estudi d'elles és experimentar lo poder i lo saber per quant basta. Lo que no tenen en voluntat de mai donar, prometen ab mil maneres de sofismes; i aprés ho neguen clar, i despuix s'embarassen per més embarassar-vos.

Les que són tals, als tals com tu no han menester sinó algun altre que se'n venge, perquè tu mai no pories, segons ames.

Seguia la vena d'aquestes raons i planys, i és en ço que mostrava tenir grans querelles i greuges d'alguna o de moltes. I tant com ell desfogava, io m'enutjava, perquè no és de ma condició ni de mon cars dir mal de qui ame. No esperí que acabàs de parlar, sinó que li diguí tals paraules:

— Bé mostrau, senyor, que dones vos han fets mals, però io no em puc estar de respondre, en aquest cars, per aquella de qui só.

I tant me toca son interès, que respondré ab desorde a vostres raons, satisfent primer al que darrerament haveu dit: que prometen lo que no han en voluntat de dar. Sens dir que d'allò és molt quítia, perquè en ningun temps ella em donà esperança, ni em mostrà voler-se servir de mi sinó en cosa que en un pèl de l'honra no la tocava. Ans me clame io perquè a tanta amor i serveis no he conegut mai senyals de voluntat. I si de mos mals s'és servida, de poc li seré en càrrec, perquè és estat atorgar lo que no em podia negar.

Tals raons li deïa, i estava per a satisfer al que més havia dit, quan m'estroncà, dient-me que més no em podia parlar, mas que tornàs la nit de sant Miquel en lo mateix lloc, que ella em diguera moltes altres coses, tals que, si no m'aprofitaven, me farien meravellar. Demaní-li què la destorbava. Fou la resposta un crit terrible, molt alt i piadós, d'aquestes soles paraules:

— Ai, Senyor! I quan serà l'hora?—

I al formar de la darrera síl·laba, paregué'm que es fon llunyada la veu molt gran distància. Io restí trist, mas no gens espantat; i, sens més, torní per on era vengut. Entrava per lo Portal de l'Àngel quan tocaven a matines.

Despuis hi só tornat la nit ja dita de sant Miquel, i ha'm molt bé tenguda la promesa. Lo que m'ha dit, per ara no ho deslliber escriure. Si em satisfarà, per avant ho sabreu.

Francesc Carròs Pardo
de la Casta

REGONEIXENÇA I MORAL CONSIDERACIÓ CONTRA LES PERSUASIONS, VICIS I FORCES D'AMOR

FON DEMANADA DIVERSES VOLTES PER UNA PERSONA DE GRAN ESTIMA A DON FRANCESC CARRÓS PARDO DE LA CASTA UNA SUA MORAL CONSIDERACIÓ, *LO QUAL TRAMÈS AQUELLA ENSEMS AB LA PRESENT LLETRA.*

Lo gran i elevat enginy coses altes e grans desitja e, com vostra senyoria sia de tanta perfecció que totes les parts de saber en ella reposen, és a mi de gran admiració de lloc tan alt davallar a demanar-me una simple obreta, que seguint lo moviment e contrast de les mies passions per mi confusament és estada continuada. E considerant que tota obra, per a tenir acabat compliment, és mester que lo seu edifici sia fabricat sobre fonaments de gran indústria e de perfecta sapiència, de les quals jo freture, rembria de grat que no fos demanada ni començada. E, si honestament la veritat se podia negar, jo negaria haver-la feta. Mas, veent de menys reprensió l'empresa de fer la que la colpa de la falsia, és forçat que per mia s'atorgue. I no estime vostra mercè que lo pensament ni la fi de les mies paraules en aquella fos cridar los oïdors a oir-la, e la vista de la multitud a veure-la; ans, per ésser nada en la planeta dels meus falsos delits, de la crueldat de les rebudes ofenses, e de mes afliccions, envergonyit del dan e més de la colpa, i recelant juí, lo meu propòsit era posar-hi silenci, fugir a la llum, i en les tenebres de la mia soledat sols per a mon descans, semblant al qui sospira, tenir-la per companyia. E així ab tota veritat per més de

deu e dos anys és estada coberta. Mas, si la importuna e grossera porfídia, mirant l'exemple del rústec ab Diògenes filòsof, moltes o les més voltes la fi desitjada sol e pot atènyer, ¡quant més l'estima i saber de tanta senyoria manant porà sobrar-me! E així vençuda la mia voluntat, perquè el nom de presumptuós no m'atenga, dient que sens força he volgut sobrar lo fort e pujar a més alt que no baste, ans de ser vista vull, en excusa mia, dir la causa de tal empresa, i fon aquesta: que regoneixent jo l'ésser de la mia vida, i en aquella tanta error e diversitat de vides, que recordar e contar-les seria tornar a sentir mil maneres de morts, e mogut per la natural compassió e dolor de la perdició comuna, jo emprenguí la mia obra. E si en lo principi d'aquella la dificultat de la sua fi me fóra presentada, ab la mia poqueta barca, guiada sens rems o govern de la discreció, no temptara jo navegar en la mar e fondura de tant saber quant per a tal empresa fóra necessari. Mas, tenint conegut que passar a la finor de les coses enteses és impossible sinó ab grandíssim treball i aconhortant-se de les errors e reprensions dels començos, com aquells qui d'algun art aprenen, que, en lloc de fer lo que volen, gasten i desadoben, jo així ordenant en lo secret de les mies passions, lluny de la desitjada perfecció, escrivint e borrant la mal forjada obra, a bé ans que a mal me deu ésser atribuït. I més perquè amor de virtut, desig de remei, e no cuidar ni presumir, foren la causa del piadós e honest exercici. E no puc pensar quina mala sort mia, o qual desastrada fortuna, sens mi han així descobert lo que sinó jo sols saber no podia. E per quant vostra mercè ab gran voluntat mostra que la desitja veure, així com si en ella algun estil o tresor de saber trobar-se pogués, està la mia pensa temerosa fatigada; perquè no sé que major ocasió de tembre venir-me poria, que les poquedats del meu enteniment davant la claredat de tant juí ésser portades. Si a la dreta raó jo miràs, e aquell just interès que cada u de voler per a si és tengut, jo seria lluny de dir-vos sí, i eligiria pus tost ab la fama, encara que falsa, restar bé en openió de vostra senyoria, que ab l'experiència de pròpria voluntat ofensar-me, tornant en somni lo bé que pensau de mi. Però vist que molt contradir seria cobrar nom de grosser enutjós, i fer lo
 que manau és mostrar les errors de la mia ceguedat, puix

és així que una mateixa pena dels dos extrems s'ateny, tinc per millor, obeint satifer al servei de vostra mercè. Jo la us presente de la mia temerosa mà per vostre manament escrita. No sia mirada ab creença que la veritat ni proprietat del que jo cercava pense haver trobat, mas com aquell que trobar la desitjava. E perquè sé que en ella seran vistes algunes coses fallides, algunes demesiades, altres no ben aplicades, altres fora de son lloc apropriades, deixe jo en les mans de tanta discreció, saber e virtut, davant los justs reprenedors, l'excusa, repar e comport de totes les mies ignoràncies.

REGONEIXENÇA E MORAL CONSIDERACIÓ CONTRA LES PERSUASIONS, VICIS E FORCES D'AMOR, FETA PER LO NOBLE DON FRANCESC CARRÓS PARDO DE LA CASTA.

Lo temps de la vana e perillosa joventut era ja de mi traspassat e, trobant-me jo prop de la fi més que del principi de la vida, l'edat per experiència de tantes errors turmentada, aterrada la pensa en los exemples de nostre miserable ésser, no sé de quin esperit mogut, mas estime que de raonable inspiració tocat, jo regoneguí lo gran abís de misèria en lo qual vivia. E viu que per lo vel de cega passió la notícia del lloc on era e la coneixença del bé i de la veritat contínuament al meu juí eren estades cobertes; tota confusió, tota desesperació, de la mia voluntat desalimitadament volguda. E, perquè lo mal conegut per la sua imperfecció és avorrible, diguí: fugiu, fugiu de mi, tenebres mies; fugiu, enganosa esperança per qui desespere; fugiu de mi, ignorància mia. Mas, perquè de la consuetud voler i no poder apartar-se és cosa contrària, tristor e gran desconsolació agreujaren la mia ànima; e la llengua e la vista, com a instruments de l'afecció, sedejant fer dolorosa complanta, e los ulls fartar-se d'amargues e abundoses llàgremes d'ésser així traspassats los meus dies en tanta pèrdua de temps, ceguedat e desventura, com los animals nocturnes qui en les cavernes habiten, me retraguí en hora ja tenebrosa en lo profunde secret e dolorós centre de les mies cogitacions, a fi que vista e consolació d'humana companyia no poguessen torbar-me. En la qual soledat no cessant de plantejar e de llàgremes abundar, argumentant en imaginació, ara ab la mia dolor e compassió, ara ab la cega afecció, ara ab la mia perdició, acostant-se ja l'hora matutina per qui les tenebres de la nit solen ésser espargides, sentí los remeis de la mia pietat confortar la flaca part de mi, afligit miserable. E la primera regoneixença que tostemps en mi perseverava, i perseverant, descobrint-se ja pus clarament l'engan e feredat dels perillosos passos que passat havia, pogué tant la terror e pena de la confusió, que no tan prest al centre la cosa pesada, ni va la vista així subita a son natural terme, com la llum de l'enteniment e forces de la voluntat foren a mi del tot restituïdes. E lo cor e lo pensament, que ab la guia de folles openions lluny de mi i de si peregrinant caminaven, tornaren a la perduda persona. De què súbitament se seguí que totes aquelles coses que jo tan afectadament volia e desitjava desviant e avorrint, aprés d'ésser del tot avorrides foren acabadament deixades. Així llibert de la captivitat dels passats e dolorosos pensaments, les ànsies de l'afecció posposades, la vida discorrent, d'un pensament en altre saltant, sobre les fatigues dels humans comencí a considerar; i, vent diversos que diversament cercant la fi benaventurada nostre propi repòs, per camins desviats e molt lluny del que desitgen en va tostemps treballen, de compassió jamés no sentida foren i són ferits los meus sentiments. Los uns en la glòria que naix de la fama, oblidats que el temps lo record dels més famosos traspassa, pensen que la benaventurança sia. Infinit nombre lo do de bellea i de fortalea corporal, desconeguts que són flors breus e caduques, sobirana felicitat estimen. I, los més, lo pus acostumat engan seguint, no recordant de l'avar Mida la novitat de la deguda pena, dien que les riquees són de tots los desigs compliment, los quals, ajustant ab treball, posseint ab temor i perdent ab dolor, tostemps famejant en la major abundància jamés se farten. Són altres qui en la subtilitat de l'enginy e arts llibertes, que de si ab una dolçor d'agudea, ab una enganosa aparència los ànimos detarden i detenen, tot lo seu bé, tota la sua fi encloen; lo que seria lloable si de tals principis, que són instruccions nostres e no obres, a la perfeta fi caminant tinguessen consideració. Mas, en aquelles detenint-se, ¿qual engan tan desconvenible, o més a la raó contrari, trobar-se poria, que los cients abusar del saber e ciència? ¿I de tal manera sentir la proprietat dels vocables, les històries molt elegants descriure, fengit en prosa o versos aquelles poètiques fantasies, a la fi ésser dels especials gramàtics, retòrics, oradors o poetes lo més singular, què satisfà? ¿Satisfà en cobrar la llibertat, trobant-se la vida de vil catiuveri sotsmesa? ¿Fa conèixer de si la natural e vera condició? Mostren d'on som portats, on devem anar? ¿Lo mal ésser d'avorrir, e lo bé desitjable? No pot algú mostrar portar, ni sens poder donar lo que no té ni sap. ¿Ni que la música, ni que l'arismètica, les menudes parts en un tot breument sumant, saber aprofita, i sentir lo so o consonància de diverses proporcions, si tu descomptes, si tu ab tu desacordes? Consonen tes obres, compta tos dies, acorden ab lo ben viure, fes que la u ab l'altre segueixca, no sien dispars, no discrepants; e així no solament liberal art sabràs, mas a tu de la multitud de tants vicis faràs lliberT. La geometria, que a les altures e baixos llocs, al compàs, llivell e mesura té consideració, si és bé llivellada, no damnosa l'estime. Mas tu, geomètric mesurador, essent home e mortal, ¿per què ab tanta desmesura en tan xic hàbit de cors i fet de terra vols que lo teu cap i estatura per gran elació tocant los cels se miren? ¡Oh quant seria millor considerar quant alta i dreta sia la verdadera virtut, quant profunda la humilitat, perpètua la sua glòria, i saber bé compassar e medir ab justa estimació de la pensa quant estret, baix e miserable sia l'estat de nostra vida!

Passem a l'astròleg: sent com les esteles e los signes, los planets tards o lleugers en hores e punts ab lo seu moviment, les esperes discorren; coneix de quina manera les sues influències en los cossos humans traspassen, e aquells transmuden; e atenent a la secreta disposició dels fats, del que naturalment és per venir, així com del passat e present, certificat se troba. I per cert jo mire ser difícil e de gran admiració la coneixença de coses tan altes e tan especulars atènyer. Però ¿qual d'aquestes la desenfrenada ira refrena? la cobdícia de vida culpable mitiga? qual amorteix les voluptats? ¿On és la llum que ab si porten, per la qual il·luminats los passos de nostra vida en aquesta terrestre espera, acompanyats d'aquella indivisible companyia de virtuts, contrastant als casos infortuïts, siam encaminats a la beatitud eterna?

E per no anar discorrent de tots les tantes e tan diverses openions e treballs, que seria molt llarga e sens fi història, dic que cada u segueix aquell bé o parer que, vençut de la passió, li par ésser millor elegit. Però venint al meu propòsit, entre tots jo trobe i veig una perduda gent, los quals ab tota la pensa, de tot enteniment, aquesta folla fantasia d'amor viciosa per un sols déu adoren e colen. E per quant en aquests sens comparació sé que són majors la trista captivitat, les misèries, los engans sens compte, los infinits perills contraris a la vida, de mi ab mi foren aquestes les mies paraules:

¡Oh trista sort, oh cega afecció, oh miserable cors, oh terra, en quanta necessitat e misèria poses l'ànima trista! E, vist que a la més calamitat e major desventura més compassió és deguda, de major dolor e pietat dels tals que dels primerament nomenats, així com aquell qui de tal plaga fui lo més plagat, sentí plagada la mia pensa. I en tan piadosa contemplació estant, lamentant per la mia la sua mísera fortuna, una veu súbita, no sé d'on, mas a mon semblant d'aquella part ressonava on les tenebres de la nit la claror del sol e dia solen ocupar; ni tampoc sé de qui, pero segons lo de què tractava pense que de falsa openió o de cega voluntat era moguda; la qual, en l'hora que als lassos e miserables cossos és donat lo repòs, per mi, que ab la tal ànsia penre la son ni reposar no podia, enterrompent la mia consideració, fon sentida dient així.

La veu

Oh tu, miserable considerador, qui per errada cogitació ab pensament e nom de virtut contra tu dellíberes, i no tenint poder de fer lo que vols, deslligant e lligant, sé que tornaràs a voler lo que deixes, oges a mi que la determenada veritat te porte. A tu en lo regne d'amor diverses habitacions agradables e delitoses on la tua ànima reposava te foren donades. Allí cortesia, comport e mesura per tu foren apreses e praticades. Allí de tota perfecció i novitat de coses mirables haguist complida notícia. I ara sens pus ¿així súbitament vols deixar la sua companyia? E si la fi de les coses empreses fos de cosa fàcil, o, encara que difícil, que perseverant se pogués atènyer, jo diria: ¡Si d'amor tan agreujat te trobes, què desamant avorrisses! Mas los hàbits engenrats en l'ànima nostra per diversitat de continuats actes ab lo nostre consentiment, guiant la natural inclinació, són de tal ésser que és impossible, encara que del tot se rompen, que despullar-se puguen. E si dius que la llibertat o senyoria del franc arbitre lo contrari defensa, responc-te: que aquella científica e venerable mare, antiga experiència de tants autenticada, ab innumerables obres obrades sens la voluntat d'aquells per qui s'obren, clarament ho demostra. E per ço atentament guarda, i no receles ni de tornar desesperes, per aquella poca tarda que en ofensa d'amor, d'amor i de tu t'est apartat. Que ab tot que lo teu desamar amor, i d'aquella reprovar e perseguir les sues delitoses passions, mereixerien tota cruel desfavor, recordant-me jo de l'antiga e delitosa criança que entre los enamorats, obeint los manaments de tan lloable servitud d'amor has hagúda, e de la gran afecció que sobre tots los altres en amar t'he conegut, no vull ab mal al mal satisfer. Ans, vent-te sens causa rebel·le de la vera senyoria, e així desterrat caminar per la dreta carrera de contrast e de mort, benigna piadosa só forçada per guiar-te, per aconsolar-te, si bé volràs atenre, girar la cara de la mia clemència a la tua cega desventura.

E per cert lo veure't en hàbit així transmudat, e ab tan desfigurada pensa, me porta que si no fos per la gran conversació de tan llong temps que del tot desconèixer no deixa, bastaria llevar-me de tu la verdadera coneixença. E mira quin estàs, que ab tal certenitat, encara estic en dubte si tu sies. E perquè sentes que devaneges, digues: ¿On és aquella tan encesa voluntat ab què tant volies e desitjaves plaure? On és aquella diligència de la tua ornada policia? On lo record de tan delitosos passos, de tan alegres hores e dies? Què s'és fet lo pensament d'aquelles vigílies enamorades? Què l'estimat preu d'aquelles agradables festes? Què s'és feta la deguda gratitud de tants e tants beneficis? Què has hagut? Quin regirament, o qual ocasió és aquella, que en l'escura nit on despert contemplant en amor delitar-te, o dormint reposar deuries, així desvariar te força? Deixa la mal satisfeta compassió, e no vulles més avant vençut de folla humanitat, a tu turmentant, a tu desfent, plànyer ni lamentar los mals estranys que béns estimaves. Car cert és que no són mals, sinó en ells no reposarien; e on ho fossen, lo que no és, nenguna passió volguda, ni de grat soferta, per greu que sia, com la voluntat faça lleugera tota cosa que vol, pot ésser dita mala ne damnosa.

I prec-te, per aquella obligació que tens a la jurada fidelitat, i per no encórrer en la furor de la sua irada potència, la qual forçant-te amar encara que no volguesses per just guardó ésser avorrit te donaria, i a la fi, fi desesperada, deixant la tan errada openió, vulles tornar a les esquadres de la gran companyia, com sia ver nenguna cosa en comparació d'amor ésser plaent, delitosa ne benaventurada. E jo no dubte, si tu per alguna irada desesperació de tu no fosses apartat, que lo teu juí clarament no conegués la mia veritat e la tua error. Mas, així com a cec que el defalliment de si al lloc aprópria, e lo mirant en l'aigua qui lo dret en espècie de tort considera, les coses clares jutges ésser escures, i les de voler, d'avorrir estimes. E per ço veent-te del tot fora record, e sens algun sentiment, revelaré als teus ulls la mia claredat, perquè veges la granea de les mies perfeccions. Mas, perquè los ulls que la culpa tanca obrir poden sens dolor de l'erra, la qual haver no es poria sinó per los començos de vera coneixença, perquè del tot te conegues, e conegut te penides, i penedint te mereixques, qual ab l'errat la guia e lo mestre ab lo no ensenyat, que los principis de saber és mester que li mostre, seran ab tu les mies raons e preceptes. E perquè, no sols ab la sentència de mes paraules, que de jutge i part farien, de mes openions sentes la vera perfecció, e no compassió, mas alegria dels enamorats treballs atengues, davant la justícia, la qual, puix en lo tot i en cada part habita, per sola jutjadora de nostre contraste elegeixc. Escolta, escolta, no t'enutges oir més avant, mira bé i guarda en lo que jo diré, e mirant lo poder e forces d'amor veuràs ésser impossible poder desamar, e les justes ocasions per on amar-se deu, e quals ni quants són los delits que en amor se troben.

Està la pensa dels humans de les tenebres d'ignorar ocupada, fins tant que amor influint la sua divina virtut deslliga los lligams d'adolescència, e tota escuredat e cosa que contrasta dels sentiments espargeix. E quan per la tal influència la coneixença és feta ja tan clara que les coses perfectes de les imperfectes sap coneixer e departir, tocant la vista d'agradable esguard causa en l'enteniment una tan manya delectació, que la lliberta voluntat a si mateixa robant en poder estrany se cativa; i tant per la tal obligació, per amor i de son grat en amar se transporta, que nenguna cosa vol ni sent sinó lo sí, lo no, lo juí, l'ésser i sentiment que passa per los sentiments i voluntat de la persona volguda. ¿Pot ésser, doncs, fora d'amor algun major bé, ni que de mil parts s'eguale ab aquest, per qui s'ateny més delit e glòria donant lo preu de si, que de si mateix tenir la possessió? E perquè pus clarament veges ab certenitat de verdadera experiència i de raons invencibles, quant així elegir ésser enamorat sia benaventurada elecció, mostram qui és aquell que per lo passat d'amor se defenés, ni ara de present se puga ne vulla defendre. Ni penses que seguint les poètiques cantilenes vulla contar que lo déu Júpiter amàs a la divina Ceres, Antígona e Cal·lístone; a la deessa Diana, Mercuri; lo déu Bacus, Ariadna filla del rei Minos; a Opis e a Pelópea, Saturnus; i que Mars, fill de la deessa Juno, engenrat sens mascle, fon amador de l'enamorada Venus; de Dafne, filla de Peneu, flum de Tesàlia, lo déu Apolo; i Vulcano, de Minerva.

Deixem les coses divines en les celèstiques regions, vingam a la humana condició. Fon amador aquell primer pare per sols deixar als esdevenidors la llei de la delitosa herència d'amor, i de bé i mal verdadera ciència; lo que sens amar, obeir e plaure a la sua Eva que tant amava, encara fóra per ésser. Ni, com era possible que no amàs la carn de la sua carn, e la vida de la sua vida? E per aquesta ocasió, diformitat e cosa contra natura seria que les rames, que de les sues raels tenen lo seu ésser, ab aquelles tinguessen dessemblança; e que del gran lluminós Febo los raigs fossen tenebrosos, o que les fins ab los seus principis discordassen. Forçada cosa és seguir la sua natural condició, la qual seguint lo gran patriarca Jacob, ¿qui sinó amor i Raquel, de la sua lleal e doble servitud no menys digna de fama que de mèrit, eren la sola causa? Contempla entre els elets aquell untat e segon rei d'Israel, a qui per inspiració divina ensems ab lo regnar l'esdevenidor era present; sentiràs que no refusa la gran excel·lència de profètics sentiments, ni l'actoritat e forces de real dignitat, al delitós jou d'enamorada voluntat sotsmetre. I, dels sabents lo mes savi, amara si amar fos error? Ama per ésser cosa ben elegida seguir amor i la llei de la sua deïtat. A la mescla d'aquests. Mira lo gran poeta Virgili posat en les mans de Lídia. Mira Hermia en lo seu oracle com una celebratíssima deessa del filosofant Aristòtil rebent sacrificis. I veges com los inventors e prínceps de tanta sapiència, als peus d'aquesta prostrats s'humilien. Mira Cèsar. Mira Alexandre: perquè sentes que la universal monarquia e tota poderosa força deixant lo contrast li fan obediència. Considera lo fort vencedor dels treballs, Hércules, que la famosa victòria de tant esforç més estimava, perquè les coses terribles vencent, e d'amor vençut, fos en amor més agradable. Venç tota temor l'encesa voluntat. Considera Orfeu, lo qual, entonant la trista veu del seu plorós cant ab les delitoses acordances d'amor, no temé amant la presència d'infernals penes mirar, per sols reveure la perduda vida, e la vista de la sua infernada Eurídice. ¡De quanta perfecció, de quanta glòria los amadors amor companya, que no sols vivint, mas aprés la mort, encara lo record del passat delit amen, e los dies de la perduda presència presentant a si la cosa absentada, ab enamorada veneració contemplant fa que celebren. Degudament se pot aplicar ací lo dit de Petrarca:

Piaga per allentar l'arco non sana.

és a saber, que mort lo cors, amor per mort no passa, com l'ànima que tant amava per tostemps vixca. Són totes coses e la mort per amor vençudes. Oh Pigmaleon, tu qui ab força de precs, e llàgremes d'amor i dolor poguist aviuar lo vori, cosa inanimada, on era esculpida la imatge que tant amaves, en la qual engenrist ton fill Paso, vine i testifica en aquesta causa. I tu, Pogio Bambalione, qui en la muda, sorda, insensible e amada estàtua, així com en cosa viva te delitaves, parla; i llengua tan aprovada no calle, ni d'amor tinga silenci. ¡Oh cosa fort, e força invencible, que sens grat atènyer, ni ésser pagat del preu de la llibertat cativa, ni tenir esperança d'ésser amat de la cosa amada, la voluntat de Pogio amava! I vosaltres, oh Paulo e Francisca, de qui los aguaits de negra sort trencaren los lligams de la humana servitud, e les ànimes vostres amant no foren separades, segons Dant recita en lo cant cinquè de la sua primera càntica, per mostrar que fins a l'abís dels inferns amor encara regna, pujau a fer-los companyia.

Mas, ¿per què jo testimonis invoque, ni vull, nomenant cascú per si dels enamorats, e lo poder e mirables actes d'amor recitant, sens fi turmentar-me? Tota la multitud quanta fon, és i serà aprés que lo món és món, han amat, amaran, e amen; e tu, entre els quals est u sol, ans que de la vista de l'enteniment fosses privat, jo t'he vist sens comparació alegre d'ésser subjugat a la sua senyoria. Doncs, si aquests, ensems ab tu tan excel·lents e virtuosos i d'així clars enteniments, que no d'hòmens mortals, mas quasi d'immortals déus eren les sues obres, d'ésser enamorats no refusaren, ans se glorificaven d'amar, és senyal que amor és perfecció; e si perfecció, és cosa deguda e raonable; si raonable, divina; si divina, benaventurada; si benaventurada, fa benaventurat: d'on se segueix que sia de voler, i no d'avorrir així com afermes e donar a entenre t'esforces. Si vols dir que infinits treballs e dolors són les que porta, jo ho atorgue. Mas ha volgut així ben ordenar-ho, perquè ab lo comport d'enamorada paciència, l'infinit preu de les sues gràcies pus degudament se mereixca; e perquè prop l'experiència dels mals, millor coneguts e pus estimats sien los béns que sens compte presenta, com jamés la perfeta dolçor de la cosa dolça puga ésser bé gustada ni sentida, si la terrible amargor de la molt amarga primerament no és experimentada. Senyala més encara la sua gran excel·lència, que per aquesta se forma l'ànimo, l'enginy se desperta, per aquesta l'enteniment coses altes fabrica, e lo prepòsit de les coses baixes aparta. Excel·leix e dispon la vida. Les accions ennobleix, en tant que els enamorats, per lo desig de plaure, a fi d'ésser amats en egual del que amen, no és acte de gentilea, no de gloriosa fama, que amant ab gran esforç, delit e diligència no l'exerciten. E quan per infinides experiències d'amor e virtut són fets dignes d'haver lo grat de qui desitgen, ¿qual entonada música de cònsones veus així delita, com lo delitós acord de noves fantasies que en lo pensament dels enamorats amor entona? ¿Ni qual melodia suau de les acordants serenes, per molt que los navegants mariners adorma, contra la plaentor e so de les quals trobà Ulixes lo remei de tancar les orelles, és egual ab los discrets reports, ab lo sentir aquelles agradables noves, que la diligent mà, d'apassionat voler moguda, prenent la ploma, ab les negres aigües en lo blanc paper descriu, on la pura intenció, e l'esperança de l'esdevenidor bé estan figurades? Tancà però les orelles Ulixes als seus, perquè del navegar no perdessen la via; mas, en aquesta mar d'amor on canten les sues serenes ab una sonoritat així delitable, que per la sua virtut los sords s'oen, los muts fa que parlen, los cecs vénen a veure, e tots los perduts sentiments se cobren, e les ànimes quasi mortes ressusciten, obrir bé los ulls, obrir les orelles, e seguir navegant ab brúixola d'enamorada esperança la dreta guia de la sua ferma tramuntana, és arribar al repòs e port segur de pròspera fortuna.

Doncs, si aquestes coses menors o quasi nengunes al tot e complit goig d'amor acomparades, perquè solament són la via, són vistes ésser de tal condició, ¿què diré de les paraules en presència de la delitosa vista oïdes? del contemplar la venustat d'aquell aspecte dolcíssim, grat e agradable? d'aquella delicadura del gest? dels caiguts moviments? de les defenses d'honesta vergonya que major la glòria presenten? de moltes altres coses no recontables que el secret centre de la voluntat descobren? Què diré d'aquelles enamorades conteses, on ab extrema afecció e grat cada u s'esforça en mostrar lo que més ama? E així contents altercant, amant, en una sola fi, en una mateixa voluntat, ¿què serà de quant se segueix que per acabada consolació cada qual de si a l'altre complida e benaventurada possessió atorga? I en tal ésser, què pensen? Ab quina claredat la u dins l'altre miren! Ab quanta consolació reclinant lo cap en los braços, remei de la desconsolada vida, descansen! Quina mescla de cogitacions tenen! quina unitat! ¡Oh estat de grandíssima perfecció, terme de benaventurat repòs; poder i força sobre totes les forces, que les coses separades ajusta, i les vides, les ánimes de dos amant, en una sola retorna! I de tan acordable proporció prenent fi aquelles innumerables passions que ans turmentaven la trista fantasia, glorifica's de l'enamorat l'entrestida pensa, envelen-se les enamorades contemplacions, i tant encenen les flames de la glòria, que no sens justa causa presumeix aquell a qui la tal prosperitat atènyer esdevé, nengú ser digne d'aguna cosa posseir, e sols a ell del món ésser-li deguda la senyoria. Digues-me tu, qui en açò me porrà contradir? Per cert nengú. Consola't, doncs, i la llei dels benaventurats enamorats, si vols benaventurat ésser, no la maltractes, no la refuges. Mil parts infinits altres sentiments al sentir no menys agradables, de recontar impossibles, entre los amadors són, que per ésser no lo tot, mas les invisibles centilles dels que dic, no faç alguna menció. Ací feneixen, ací els deixe. I, de fet, cessà.

ALTERACIÓ DE L'ACTOR

D'oir e de veure novitat e cosa tan admirable fon torbada la mia pensa, e lo cor així saltejat de gran alteració, que dir acabadament en quin ésser estava no sabria. Oïa, e quasi no sé si oïa. Veia, e no se bé si veia. Mas a mi paregué que totes les parts de mi contra mi se rebel·laven. Però, cessant lo to de la veu de ferir les mies orelles, i vent que visió o forma alguna actora de tal pronunciar davant mi jo no veia, tot pensós, vogint per lo cercle de vàries imaginacions, així cuidava. ¿Dormen los meus sentiments, e semblant al qui somia que lo fals per ver aprova, aferme la nenguna cosa ésser alguna, o vetllen los meus esperits i és veritat que tinga ésser lo que jo sentí? ¡Oh fort pas, que vetllant, si vetllava o dormia no sentia! I, suspès en tal dubtosa pensa, per infinits senyals dins poc espai coneixent-me despert, e que no forjades il·lusions de virtut fantàstica, mas verdaderament paraules eren aquelles que de mi foren oïdes, qual pensament contrastarà? ¿Qual desenamorada openió, ne virtut de temprança, oint la veu que així dolç e mirable so contava, la qual en aquella hora amor o missatgera d'amor segons era comprenguí, la fermetat no perdera?

Sens algun dubte podeu creure que en tal ésser, així com lo qui de la fort e dolorosa presó delliurat encara que en segur estiga per la temor e record del passat nenguna fiança de lloc l'assegura, tot per semblant a mi semblà que de nou començ en amor jo perillàs. Car dubtosos pensaments, contrasts ab infinides temptacions me combateren; e quasi fora de mi, determenar no sabia per major seguretat, si desamar o tornar a seguir amor degués elegir. Recelava que cercant lo remei, no em sortís la dolor a l'encontre: car la pensa humana, de la sua esdevenidora sort incerta, moltes voltes allí on se pensa que sia lo millor i la vida, lo pitjor e la mort la salteja; e plora, dol e sospira del que riure i alegrar-se pensava. Venia'm al record de nenguna cosa sens companyia la possessió poder ésser alegre ni contenta. Girava'm a la soledat: veia la deserta, veia la trista e damnosa. Considerava la gran multitud, e tan elegida, que en amor se trobava. Considerava, segons oït havia, que los déus e deesses que fer e desfer podien, los plagué tant la humanitat nostra, que humans amadors, i ésser amats volgueren. I, més encara, vent que fins als bruts animals seguint son semblant, amant en amor se deliten, dubtava que nos fos ordre naturalment ordenat a qui contrastar no es podia. D'aquesta manera batallaven ab mi los meus torbats pensaments, tenint-me ja quasi prop les penyes de la desesperació. E, per cert, si l'experiència de les alegries o goigs d'amor no fóra per mi tan experimentada e, si les balances de son pes per les mies mans no fossen tengudes, en les quals contrapesant delits e dolors, dels núvols de la mia tristor aigües amargues e ploroses abundaren, o si lo trist plagat del meu cor no fos estat la pròpia pedra de son toc e valor, descobrint sentiments, sentint secrets traspassants tota humana pensa, no fóra difícil ni de meravellar, deixada la mia justa deliberació, a la tan errada empresa ser retornat. Mas a la fi bé guardant, com viu e recordí ésser jo u d'aquells que per tot só passat, e que nenguna cosa de son poder e saber ignore, i a qui per lo gran temps que de grat, e mal mon grat l'he servit, e per les infinides imperfeccions que d'ell i de sos enviscats béns tinc vistes i sentides, ja la bena dels meus ulls fon llevada. I, més encara, considerant la ficció de les sues paraules a l'oir tan acordes, bé que prop la virtut eren dissonants, los dans passats commemorant, les plagues de les rebudes ofenses avivant en mi, fui en ira encès; e de mi poc fiant, per major seguretat reclamant diguí.

INVOCACIÓ DE L'ACTOR A LA RAÓ

On, així descuidada de la pròpia ofensa, oh tu, raó, reposes? D'on ab tanta paciència mires e comportes tiranament ésser ocupada la tua senyoria? Bé sé jo que en les altures tens fundada la tua excel·lent habitació. E per ço nosaltres mortals, la baixa terra calcigant, essent terra, ab nostres greus e feixucs passos no et trobam. Mas tu mira la humana perdició, e puix est sola e segura defensa, no vulles ni consentes que paraules e vista de vanitat puguen alterar los ulls e les humanes orelles. Jo, per aquella poca centilla que de tu m'era romasa, recordant-me de tu, drecí los meus pensaments en la tua carrera. E ja quasi mort, e caigut en lo sepulcre de dolor, tu ab les mans de la tua virtut delliurist a mi. Mas ara, si tu em deixes, si tu em desempares, e tanques les orelles al crit de la mia veu que no cessa, ¿què valrà la cobrada salut? ni què serà de la nostra vida? Considera quant prest les nostres passions se rebel·len e recruen, perquè la natura d'elles és perversa, descreent e sorda. No són manades, no obeïxen si tu no socorres; desenfrenades són, si per tu no són detengudes. E no sens causa; perquè de cascuna part que es giren, algun preu present de la sua error troben. La perillosa bellea, los moviments e la gràcia, que l'enteniment ceguen, e la lliberta voluntat deslliberten, la vista deliten. Lo so de les fengides e llagoteres paraules, l'oir aconsola; lo toc e la noedora pràctica enemics de la vida, lo cor e los sentiments afalaguen. Finalment, perquè lo que vull breument descriva, totes les voluptats festa e gran delectació prometen. Així que, puix veus que los mals e los vicis, a jamés no cessar ab preu nos combaten, e que no és algun mal que semblança de bé no tinga, e que fàcilment l'esca en l'ham, en los monts penetencials les mortificades voluntats desperta, e la perfecció de les pus altes intel·ligències abat e derroca, moga't pietat e sies mesura de la desmesura. Que si de la dura, freda e insensible pedra vem que tocant la furten centilles de foc fins a cremar-se,

¿què fara la molla e mísera sensualitat, de les pròpies humanes potències e senys corporals atiada, e vexada de tan encesos desigs, bufant los vents de vana voluntat les flames de la imperfeta imaginació? A tu és acomanada perquè no pereixca, car tu sola est lo repar volent reparar, tu sola reina senyora, a qui manar e regir se pertany. Davalla, doncs, prest e no tardes, comença e apura, ab tes forces venç, destrossa, destrueix les errors de tal ignorància, a fi que, aterrades, pus clarament la veritat sia coneguda. E prenent silenci les mies paraules, així respòs.

Resposta de la raó

No de negligent descuidada, ni de simple pacient sostenidora, lo càrrec me pot ésser atribuït. Ans, si bé en la més alta summitat són los fonaments del meu ésser principal, jo així com los raigs del sol essent en lo cel il·lumenen la terra, tot per semblant sens partir-me del meu primer principi, per donar claror a vosaltres en lo món del començ fui venguda; e no solament ab vós, mas dins vós habite. L'una part de vosaltres só. ¿Qui veda que de mi no es prenga lo que es vol, com jo sia de tots? Jo, diligent, ansiosa, ab gran affecció de continu cride; i, desvetllada, per guardar e despertar los dorments a les portes de la consciència toque. Lleis justes, sans consells, de seguir no difícils, d'atènyer no treballoses, tostemps ordene. Mas, atronats de la remor de tanta confusió, no trobe qui s'oja, no sent qui em responga, no veig qui m'entenga. E si só entesa, on és aquell qui em vulla? E ja per tot açò jo no cesse. Ans, encesa del foc de caritat, que reposar no em deixa, estenc-vos la mia mà: desemparau aquella. Torne-us a l'encontre: fugiu de la mia carrera. La mia claredat desamau per anar a tenebres. ¿Què més puc jo fer, si la lliberta voluntat o franc arbitre a voler la pitjor part vos porta? Què, si lo remei de vostra salut avorriu? E si vent, sabent e oint, deixau de voler oir, de saber i de veure, de vosaltres lo càrrec, de vosaltres lo dan, i de vosaltres voluntaris treballs e frenètiques fantasies, ensems ab tots, mia és la dolor. E així turmentada e trista, jo sola, dels vivents desemparada, per satisfer a tu, qui sol entre los tants de santa intenció mogut me reclames, contra la tan fera e salvatge multitud persegueixc. Mas ¿com seré jo segura, los torbats, los espantosos, los innumerables actes i casos d'amor acriminant, anul·lant lo seu gran i forçat poder, la sua cruel i damnosa pestilència perseguint? De tu, oh justícia, que lo mal fet repares, e lo dret defens, puix d'amor per jutge elegida fuist, no sens gran esperança en presència de tu molt forçada comence.

Preambulitza la raó lo que vol prosseguir

Girant me jo per totes les parts, onsevulla que mire exemples sens fi, infinits principis per on començar poria, són los que a mi se presenten. Mas, perquè millor prop lo seu contrari sia vist lo mal ésser avorrible, contemplant primerament lo bé principal, faré menció de l'ésser i naturalea del bé humà, i aprés en summa breu, per menys fatiga dels oïdors, diré jo la tan perversa e perillosa llei que los amadors segueixen.

Prossegueix la raó

Són tan fallides les forces de tot enteniment, e tan gran la virtut del sobiran bé, que si la sua claredat per ell no vingués a nosaltres, i nosaltres per ella no anàssem a ell, nenguna cosa poria percebre la nostra imperfeta intel·ligència. E per ço invocant a tu, divina bondat, e la llum e guia de la tua veritat deprecant, de qui totes les coses han pres propi e natural ésser, i de la qual virtut e clemència proceïxen per tostemps en la miserable humanitat tots los béns, dic que aquest bé humà, que jo en comparació dels mals mencione, es una discreció en la part raonable dels bons col·locada, nomenada sapiència, perfet bé de la pensa humana, ab tanta egualtat les naturals passions ordenant, que desviar lo juí no comporta, ni permet alguna altra fi se mire sinó aquella en qui la sola benaventurança consesteix. Senten doncs los errats que los posseïdors de tal bé ab la perfecció de la pensa reposen alegres en la senyoria de si. Contemplen degudament les coses divines, de les humanes tenen saber e ciència. Coneixen les causes d'aquestes, quals són de fugir, quals dignes d'ésser desitjades; i ab la tal coneixença, desitgen no més del que deuen; i, no més del que deuen desitjant, atenyen lo que desitgen. Nengun infortunat cas, nengun major poder lo goig de la cosa atesa los priva. Segueix-se, doncs, que sens fi són benaventurats; car la sua possessió, no d'amor, ni d'estranya mà és haguda, mas en los fonaments de pròpia e divina virtut té fermada la sua invencible fortalea. No, no així als subjugats d'amor esdevé.

Prosegueix la raó

Ja los desordenats moviments la ira senyalen; ja la torbada i enamorada multitud murmura; sobre mi les mans es tenen, perquè la deïtat d'amor no invocant ab aquella desacorde. Mas, què tembré? poré jo rebre ofensa dels qui, sens poder, a si mateix defendre no poden? ¡Oh, gran error! qui té orelles oja, qui ha enteniment entenga. Poderós e sobiran déu, donador de benaventurances, Cupido, fill de la deessa Venus, lo nomenen. Diguen-li pus tost enganosa ídola. Mira la imatge de la sua semblança figurada. Pensa en la proprietat d'aquella, i veuràs clarament lo seu natural ésser, e la follia d'aquells mortals, los quals enganats d'esperar folles esperances, ab falsa estima e vana deliberació, de la sua voluntat senyoria li atorguen.

Prosegueix la raó

Figuren primerament aquell ésser un fadrí de poca edat, mostrant la imperfecció del seu poder e sapiència. ¿Què alre vol dir aquesta sua figurada puerilitat, sinó error e ignorància de la humana vida, e desfigurada forma de la nostra raonable figura? No poden ésser ben regits los moviments de la fràgil humanitat nostra, los sentiments ni les nostres obres ben ordenades, sens lo perfet consell de la discreció, la qual, ab l'experimentat temps d'honesta senectut, i no en altra manera, atènyer se deixa. Seguirem doncs, o deïficarem aquest adolescent, encara que déu se nomene? Atenyerà repòs o benaventurança per mitjà d'aquesta la fatigada pensa? No per cert. Car les coses fallides e buides de tota virtut no poden omplir lo nostre natural desig. Que, així com la flama del foc, seguint la sua proprietat, per nengun contrast pot ésser detenguda, així l'ànimo nostre actuós, qui en continu moviment de si és donat, desitjant tornar aquelles coses de què fon, nenguna cosa deté, ni satura sinó en aquell sols i verdader bé on és de necessitat que la voluntat nostra repose.

Prossegueix la raó

Trobe'l tot nuu, sobre si no tenint ornament d'alguna vestidura, significant la pobrea de la sua senyoria de tot bé e ric estament ésser despullada. E que per semblant, tots los qui, deixant la segura via e la verdadera llei, vanament adoració li ofiren, han a ésser nuus e despullats de tot saber, de virtut e vergonya; perquè l'enteniment no puga sinó falsament entendre, ni la voluntat voler sinó totes aquelles coses que voler no deuria; ne l'ànima trista envergonyir-se de tantes lletges abominacions e deshonestes obres quantes obren contínuament los subjugats d'aquell.

Prossegueix la raó

Veig-lo, terçament, ab les ales que en senyal de vanitat porta; d'on se segueix la poca fermetat, lo poc repòs, los movibles e volants efectes, la gran lleugerea ab què d'hora en altra mudant-se, jamés en un lloc assegura. ¿Deixarà, doncs, assegurar la nostra voluntat los desigs, ni donar vida reposada aquell que jamés reposa? Les quals ales, d'innumerables colors pintades, descobren que colora la pensa dels trists amadors de vàries e dubtoses opinions, de pensaments temerosos, de miserable sospita, de celosa aflicció, d'on surten la deserta soledat, lo
 dia clar ésser convertit en tenebra, les nits nunca dormi-

des, los grans sospirs, los greus gemecs, la certa pena de les coses incertes, la il·lusió de veure les invisibles, les contínues clamors, i en elles la defensa, la concòrdia, lo desacordar-se, les injurioses paraules, los penediments, lo comport, l'ésser incomportable, la poca fe, la massa creença, lo voler i no voler, los ois i enveja mortals, la desmesura dels gests, la torbació, los moviments desenfrenats, l'estar atronat, confús, perdut, aterrat. Les quals passions, així diverses e diformes, porten als ulls malaventurats amargues e abundoses llàgremes; encenen e coloren lo cor de flames d'inremeiable foc; coloren la desventurada vida de negra desventura i de fera e desfigurada mort per airada desesperació.

Prosegueix la raó

Què diré dels ulls embenats a semblança de l'escuredat i tenebra del seu juí, on se considera que aquells qui el segueixen no poden sinó embarrancar-se en així profundes e sentibles passions, en parts tan salvatges, perilloses i escures, que la vista de la raó en elles obcegada, perdent la sua claredat, pereix la salut i l'ànima ensems ab la vida? Obren-se, doncs, los ulls, mire bé de cada part la vista, i veurà que la guia del cec ni sos desconcertats passos no poden encaminar sinó ab mil entropessos, ab infinides caigudes per la senda de dolor e perdició.

Prosegueix la raó

Porta finalment en les mans un fort arc, i en lo costat carcaix d'agudes e verinoses sagetes, descobrint la poca humanitat, la sua gran e fera crueldat. Les quals sagetes, plagant de plagues visibles e invisibles l'ànima nostra, penetra i altera la nafra tots los nostres sentiments i lo verí d'aquelles, al trist cor arribant, per tantes parts de l'aflicta persona s'escampa, que dóna basques mortals, tan forts, tan terribles, que no és medicina, no consell ne cosa alguna, sinó la divina gràcia que guarir-les puga. Ans, de tal condició és aquest pestilent mal e ferida, que els humans remeis, tots aquells que per major bé e remei demanar e donar-se porien, en lloc de portar salut e consolació, més l'agreugen, més l'enverinen. En tant que los ferits del tot fora de si, com a desesperats remeiar no poden ni volen.

PROSSEGUEIX LA RAÓ

Oh poeta pintor benaventurat, qualsevol que tu fosses, al qual la fama entre tots los vivents renom sens fi de major saber e de gran excel·lència deu atorgar; ¡e quant ab la subtilitat del teu clar enginy, si bé fos considerat, avisant la humana ignorància, fuist monjoia, descobrint los camins de tota error, e senyalant les dretes vies que porten al port de verdadera seguretat! Gran és lo deute, gran l'obligació que dels mortals, ab tot que mal conegut, t'és deguda. Onsevulla que tu sies, reposat i alegre sia lo teu estar, així com en l'eterna glòria, per infinits mèrits mitjançant la divina virtut, estime que per a tostemps benaventuradament reposes.

PROSSEGUEIX LA RAÓ

Infinides són les coses ja dites, i de tant, que sens més dir bastarien amor degués ésser condemnada. Mas, encara volent millor que per lo meu flac enginy la veritat te sia pus certa, recontaré, a mescla d'altres coses, dels passats les antigues històries; les quals si bé consideres, e les que poc ans de nostre temps foren, e les que ara de present per escarment nostre de tots jorns se descriuen, veuràs quins inconvenients, quins adulteris, quina inhumanitat de crims, són los que ha portat e porta amor e la furor de la sua damnada pestilència. Mas tu, celestial harmonia, per qui la veu de la cítara de David fon així agradable, puix veus que jo, no les científiques Muses, ni de Càucaso les altures reclame, ni sedege que sobre mi destil·le de Pegaso la viva fontana, ni de Tito Lívio, ni de Ciceró la gran eloqüència cride, mas sols de tu sola com a llum de la divina sapiència ésser inspirada espere, socorre la dèbil pensa, endreça la memòria, e la mà sia per tu regida, perquè l'instrument de la mia llengua proferint, e la ploma escrivint contra los vicis e forces d'amor, lo ver atenga la sua victòria. E començant, ¡quants benignes e decebuts pares, los fills no verdaders per propis tenen! Quants són los malaventurats fills, que los naturals pares ésser estranys estimen! ¡E com ab veritat se reconta per la tal ignorància algú d'aquells fon homecida! E discorrent per l'univers aquesta fogosa fúria, ¿qui dubta que deutes molt acostats la sua confusió allesiat no haja? ¿Qui dubta que algunes de les germanes, prejudicant les lleis humanes e divines, seguint Absalon e Tamar, i Macareu e Canace, ab los germans no s'ajusten? I de tan verinoses plantes, és cert que les sues raels no poden sinó brotar rames donant fruits d'ira e de maledicció. Miren-se los espitals, vegen-se les portes dels grans temples, mire's tot aquest circuït món, i veuran en aquell ésser escampats iniquament obrant los fills de pecat, de crim e d'adulteri. ¡Quantes voltes aquella que era mare, la llei de Semíramis imitant, del fill fon amiga; e parint, lo nom e deute de fill i de nét ajusta en un mateix ésser! Atén a la cremant e celerada Mirra, la qual, ab fengida figura, en l'escura nit a son pare decebent, essent-li filla e la sua pròpia carn, enganosament ab aquell s'ajustà, de fill i de germà restant prenyada. Desempararia la ploma, tancaria les orelles, ni més avant oir e dir a mi permetria vent la tanta celeredat; pero la fiança de l'esdevenidora utilitat als oïdors aparellada, perseverar, no sens gran terror, me força. E perquè major alteració oint se reba: foren e hui en dia són algunes, les quals enceses del furiós e deshonest foc d'amor, semblants a Pasífae contra natura obrant, los bruts animals han amat e amen, e concebent, diversitat de formes monstruoses naixen d'aquelles. Mira més de quines e quantes abominacions, de quants homeis, ara les pròpies mans en nosaltres portant, ara les nostres abeurant de sang humana, ara les sagrades, les coses sacres contaminant, és estada continuada causa. Filis, redufea filla del rei Liguri, per Demofonte se penjà. Cil·la e Roncellina, l'una derrocantse per Ingeo de l'alta torre, e l'altra per Clanco, rústec pastor, en la fonda mar ofegant-se, per amor desesperades moriren. Lo nostre Macías, l'espanyol Oliver, de si mateixs amant foren homeiers. E la liberal e cortesa reina de la gran Cartaina, de tants al·legada, ab nafra de cruel i enamorada mà finà sos dies. De Píramus e Tisbe, ab altres que passe, amor e mort foren la sepultura de la sua desassortada vida. E, perquè tan llongament historitzant no fatigue, cessaria de prosseguir; mas havent ofert recitar inhumanitats, ¿qui porà callar de l'altra criminosa Cil·la, que lo cap e corona real de son pare Nisso a son enemic i enamorat rei Minos ensems ab lo regne presentà? ¿Ne qui deixarà lo trist Absirtum, fill del malaventurat rei Hoetes, lo qual, perquè lo pare, seguint la fugitiva e deshonesta filla, dolorosament fos detengut, per sa germana Medea fon trossejat, escampat e mort? I més encara, deixant qüestió qui fos pus cruel, amor ordenant, o la mare matant, aïrada per sobres de gran amor contra Jason que tant amava, ensutzià e tenyí les mans cruels de la sang e mort de sos propis fills. ¡Oh trist remei d'amor, per amor matar amor! Tereu, rei de Tràcia, ab la sua deshonesta afecció e fera inhumanitat agreujà tant sa muller Progmes de la corrompuda Filomena germana d'aquella, que les carns humanes de son fill Hitis per la mare mateixa li foren donades en vianda, e la sang per cruel beuratge. Sens aquestes coses que recite, així greus e diformes, que, si no que sabem que són, serien increïbles, ¡quantes criatures en los trists secrets e vergonyosos parts morint, e algunes, encara no mortes, matant, per los cimentiris o en altres llocs la terra podreixen, o mal soterrats, los vèrmens, les feres la sua carn devoren! ¡Quants són ja, que ans del degut temps ab força llançats de les entramenes materns, privats sens pròpia colpa de la divina llum, les ànimes d'aquells en tenebres eternes habiten! ¡Oh crueldat inexplicable, traspassant los naturals límits de pecar, que la persona sia feta devoradora del seu mateix ésser! ¡Oh colpes de tanta ferea, que cegant les forces del penediment, encruelint la desesperada pensa, són fetes inremisibles! ¡Oh comport, oh paciència de la sobirana bondat! Oh infinit poder! ¡Oh divina providència! on és la presta execució? ¿on, la venjança de tan abominables ofenses? Fuja, fuja en tu la tua clemència. Amagues la misericòrdia, no sies en aquest juí benigne, no piadosa, mas sols ira e digna punició sien la companyia de la tua justícia. Que torbada só jo de sols pensar tan inhumans casos; e per tal esguard, e per ésser gran ferea particularitzant recitar lletgees, com encara perquè és impossible poder acabadament contar tanta diversitat de mals quants en lo món per tal amor se segueixen, a fi que en suma breu molt se comprenga solament dic que los engans e forces d'aquesta giren e regiren lo món, e poden e plaen tant que manen contra les coses vedades, e perverteixen l'humanal e natural orde. Car per lo manament de natura som tenguts de viure en comú, així com som nats, e per la sua constitució són aparellades les mans ajudar e no a noure; mas la crueldat d'aquesta és tan fera terrible, que quan per ella la pensa és escomoguda, e per deshonestat l'honestat saltejada, les coses lletges paren ésser degudes, e los crims celeratíssims a l'obrant són vists piadosa humanitat. L'home, humana generació e cosa benigna, s'alegra de perdre l'home, i d'escampar e no perdonar a la sang humana, ab una iniqua llei que amor en lo seu gran tenebròs e dolorós regne generalment té imposada, dient que nenguna cosa pot ésser lletja, lo preu de la qual a la passió plau e delita. De què es segueix que entre los seus súbdits, no deute, no religió, no fe ni pietat se serva, tot dret pereix, tota llei de virtut és corrompuda. E finalment acabe, que on aquesta habita, al·legòricament e pròpria parlant, allí les infernades fúries, que són perversa cogitació, parlar de confusió, iniqua operació, habiten. Allí los guardians e flums infernals de continu són e brollen. Car primerament en ella és privació de goig, que per Aqueront és entesa. És-hi la negra tristícia, per la qual interpetram Estigi. Allí és lo plor, que és interpetrat l'adulant Cerbero. Trobe-hi l'ardor de les ires, que Flegeton signifiquen. Finalment allí és Laten, per la qual oblivió que interpetra, l'enteniment e la trista memòria desentén i s'oblida del seu ésser e principi, en tant que justament deu ésser dita mare d'ignorància, de qui tota error, calamitat e pensaments infernats prenen naixença. Aquestes són les virtuts, aquests los grans delits, aquestes les divines benaventurances que tal déu nos porta. Descregam, doncs, lo fals poder de la sua deïtat; menyspreem la sua tirana e superba senyoria; fujam del seu encontre e la gran companyia dels seus súbdits, avorrint e tement, sia esquivada. Per quant, qui d'amor apartar e despullar-se desitja no solament la pràtica, mas los ulls e les orelles deu refusar de totes aquelles coses que ab enganós preu solen e poden moure les nostres no fermes inclinacions. I, perseverant, així prosseguí.

PROSSEGUEIX LA RAÓ

Davant tu, oh Justícia, que en egualtat, nombre, pes e mesura del primer començament ordenes los cels, l'abís, e tot l'univers món, e lo temps mesura del moviment, la tan justa e verdadera causa he defesa; la qual, no ab companyia de simulada cara ni de fengides paraules t'he presentada, ni ab aquella nova manera d'estils que afalagant ab entonat e suau so les orelles dels oïdors, la injusta part favorint, lo verdader i dret juí de grans voltes canvien o retarden. Sols la veritat per favor i defensa de si mateixa porte. Ella sola és lo seu testimoni. Oït has amor. Oït has a mi. Dóna, doncs, prest la deguda sentència, perquè de tanta error i de tan trista captivitat la humana gent sia deslliurada. E dites aquestes paraules, inclinant-se ab gran modèstia demanant benigne comport, al seu dir posà silenci.

VISIÓ DE L'ACTOR

Quan aquestes paraules de tanta perfecció cessaven, fugí de mi lo recel e temor de la dubtosa esperança. E commemorant aquelles, jo, que per les coses oïdes en alt reguardava, alçant encara més la vista de l'enteniment per elevada contemplació, la mia pensa véu en lo tro de la immensa eternitat la divina essència e la humana natura. I en ella mateixa viu estar Justícia, Sapiència, Veritat, Temprança, Fortitud e Prudència, representant així alts, mirables e incomprensibles esguards, que l'enteniment entenre e la memòria recordar-se no basten ni poden. Mas comprenguí la dignitat e magnitud de les sues grans excel·lències, d'adoració ésser dignes. E als peus de tanta majestat humil e prostrada, tota de caritat encesa, residia una sanctíssima verge, filla e mare de son fill e pare, que ab les ales de la sua benigna humanitat tot ho circuïa, i de dos abundoses fonts que en los pits sagrats tenia, de les quals havia emanat la llet e refecció, que aprés de convertida en carn i en sang de la humanitat de Déu, per matar la mort ab mort fon escampada, jo viu abundar e brollar sens fi sobre les plantes e terra de nostra mortalitat la manna de la caritat divina. E poc aprés, vogint lo circuit de son orde, viu una victoriosa penonera, que onze mília vèrgens enemigues del món i d'amor viciosa en esquadra portava. La sua vestidura e de totes les qui ab ella eren, era de fin atzur, ab cerca de color vermella, que zel, amor e caritat, en lo teler de fe, i en los tints de ferma esperança, havien tenyit e teixida. Tenien en les mans flors de blancs e agradables lliris, que en los camps d'honestat e de pudicícia de les raels de virginitat havien florit e germinaven. E per mostrar la real senyoria que en lo regne de la sensualitat, regint les naturals passions havien tenguda, portaven en lo cap corones d'or e d'esmalts diversos, les quals los treballs, la paciència, lo contrast de la carn, la gran continència, la perseverància, la immaculada vida, e les plagues de la crua e fera mort, havien llavorat e fabricades. Seguien per ensenya e bandera de victòria una creu tota de pura sang gotada. E la verba del cant que sens mai discordar, contemplant en ella cantaven, deia: laor e glòria sia per tostemps de tanta caritat, al fruit que ha produït la florida verga de la rael de Jessè. De cosa tan esperitual e tan alta, que ulls corporals ne mundana cogitació mirar no poden, los sentiments humans tenia mortificats. Mas la mia desvetllada pensa que tota penetrant estava, girant-se per tot desitjosa de més contemplar e veure, a mi semblà que ves ab gest de grandíssima humilitat e reverència una altra multitud contemplativa sens comparació ben ordenada. On viu aquelles que, desitjant ésser avorrides, e per millor contrastar a la cega voluntat e deshonesta fúria d'aquells qui viciosament les cobdiciaven, llatzerant a si mateixes deformaren la natural e bella forma de la sua proporcionada figura. Entre totes aquestes així memorables se mostrava áquella alta columna de gran fortalea, a la qual les menaces del tiran Quincià que tant per a si la desitjava, e lo greu martiri de les torçudes e arrancades mamelles, ni la perduda vida que ja mirava, no bastaren a temor, ni alterar la fe e divinal prepòsit que de la santa honestat tenia. Era-li de prop per companyia, circumdada de colorades roses, la verge Agnès, e aquesta los preus d'error e béns de fortuna a tots així agradables, a ella promesos, volgué e pogué menysprear; per on l'amor e grat d'aquell qui l'amava en ira canviant-se, finà sos dies honesta, pacient e ornada de l'esperança i preu de celestials bellees. Estava més avant en lo mateix circuit aquella famosa Susanna, que perquè la sua consciència consentint no perís, per mig de la injúria passant a la virtut, amadora d'immortalitat, elegí que la fama per infàmia, ensems ab la vida temporal, a cruel mort morint perissen. Era cosa de gran admiració en ànimos femenils veure així gran esforç e constància. I més encara, pus atentament e profunda reguardant, jo descobrí en elevació d'esperit que d'aquelles victorioses nafres que en los peus e mans, en lo cap e costat, la sacratíssima humanitat de Déu tenia, naixia una llum e raigs de tanta claredat, que la fe, los mèrits e martiris de tota la multitud glorificaven. D'aquesta humana e deífica visió e celestial beatitud tenien aquestes e totes les circumstants, de qui per acabar deixe los noms, tan atenta la vista, tan reposats los moviments, e los aspectes així contents e confermats en gràcia, que per la delitosa presència, per les acordants paraules e devotes llaors que contínuament donaven, entenguí l'eternitat de la benaventurada glòria que posseïen. E jo, tot aconsolat contemplant los misteris de tan alta intel·ligència, estava que més desitjar no podia. Mas aprés poc espai que amor e la raó hagueren donat fi a son parlament, deliberada en lo divinal consistori en una unitat la justa sentència, girant-se justícia ab gest de molta equitat, així començà de pronunciar.

DETERMINACIÓ DE LA JUSTÍCIA

Les causes dubtoses e difícils, hores e dies, argumentació, provocació, e molt deliberada, declaració requiren, e, per tal, no així de fàcil determenar-se poden. Mas en aquesta causa tan vista, on per la lesió de l'antiga colpa la justícia original perduda, amor no cessa, ni cessarà jamés ab les armes de la sensualitat de perseguir e a la raó combatre, e la raó, ab les forces de virtut, contradir e defendre's, serà breu la mia sentència. E dic així: tota cosa encara que los seus principis sien agradables e delitosos, tostemps que ensems ab lo delit s'hi mesclen plor, tristor, i sens compte misèries, és vist a mi ésser imperfeta, ésser avorridora, e ja molt més si en la sua fi, per la mobilitat e incertenitat de la possessió cessant lo delit, no en resta sinó dolor e sola desventura: com les coses vanes e terrenes, en les quals aquesta amor viciosa té lo fonament, sien breus, caduques e moridores. E per contrari dic: que les obres de virtut perfetes de les quals sols la raó s'arrea, són faldes, són fermes e sempiternes; perquè tenint les raels en l'ànimo que és immortal fermades, no a varietat de casos, no a perill de mutació, ni a obligació de mortalitat són sotmeses, ans per la sua perfecció són desitjables, i en eternitat duradores. E contemplant aquesta veritat infal·lible, e los invencibles arguments de la raó considerant, i vent aquella ab quanta claredat, ab quanta veritat exemplificant, aplicant, historitzant, apropria, anul·la d'amor lo seu ésser, d'altra part, coneixent que lo dret d'amor forjant sofístics arguments, més ab subtitulat d'enginy que ab força d'alguna veritat se reconta, per aquell deute de justícia que a les coses veres e perfetes dec, contra les que fengides ab enganosa semblança verdaderes volen mostrar-se, tenint en les mans lo pes e balança de veritat, que fallir no deixa, pronunciant dic e declare que sols la raó, sens la qual jo, justícia, ni cosa alguna de quantes viuen e són no porien ésser regides ni ben ordenades, deu ésser volguda, seguida, e com a deessa adorada, e lo déu d'amor tengut per cosa vana e fallible.

Fina l'actor

De tan gran excel·lència foren vistes a mi les coses oïdes e contemplades, que més avant los dubtes d'ignorància, la diversitat dels contrasts, e los combats d'importuna temptació no trobaren lloc en mi. Així que, per gran benaventura mia, vent la causa d'amor condemnada, e la mia flaca força defesa, ¿com poré jo callar e detenir-me que les mies altes veus no criden: Oh mortals, oh mortals, i més vosaltres, enamorats, obriu, obriu los ulls, que aquell a qui nàixer li avé, morir li resta; i al que segueix error, dolor li és aparellada. No dormau, que temps és de vetllar. Vetllau, vetllau. E si la pesada son d'afecció enganosa vos té ocupats, tant que clar juí no us consenta, desperte-us la vostra pròpria naturalea, de la qual grans clamors oig e sent que són les que dóna. Mirau què diu: lliberts, casts, simples, tractables, sens enveja, sens vana glòria, sens supèrbia, sens crueldat, sens cobdícia vos engenrí. De mi, no enganós pensament, no cautela simulada, no la fe corrompuda, no falsa religió, ni les tantes diversitats de mals rebes. ¿On és lo recel, on la vergonya en veure que pitjors finam que no començam? E, si aquesta no basta, que tant i més de quant bastar deuria, desperten-vos los incomportables dans que de vostres breus e dolorosos delits sentiu. Desperten-vos les forces de la raó, e lo premi de la virtut: l'una volent e l'altra seguint, sereu guiats, sereu defensats, seran espargits los núvols que porten ceguedat a la vista; tota claror e perfecció a l'enteniment serà reduïda; i, en tal cas, los mals no semblaran ésser verdader bé, ni a la vanitat serà fet devot sacrifici de vostres idòlatres pensaments. Mas jo qui, mogut de sola compassió, aquestes coses sens presumir als altres endrece, recordant-me que fui u dels més afligits, e poc fiant de la seguretat de fràgil misèria, possible de perdre's, lo que Déu no vulla, per a mi ensems ab vosaltres descobrint los perills, los remeis comunique. E dic així: Siam coneixedors en menysprear los béns que no porten benaventurança: que no és possible sinó que dins un moment, mil contraris en aquells se segueixquen. Muden-se los temps, canvien-se los estats, les coses baixes d'aquells són exalçades, les altes són aterrades. Quina novitat? Costuma és les coses no fermes no ésser segures: la segura e ferma, fermetat guarda; la movible, moviment. Cada qual segons lo seu ésser té la condició: lo mal, de mals nos turmenta, lo bé, que és la sola e perfecta raó, descansa, remeia e consola. Per ço és bé de mirar lo que volem en la via; e per aterrar les errors de tanta vanitat, recordar-nos que home no és alre sinó cosa bruta, sac de fem, e de vèrmens vianda. Lo qual, entrant en la vida, ve ab les tenebres de colpa, de pena, de mort e misèria; e així d'home, en respecte del cors, dins poc espai és transportat en no home; perquè l'ésser nostre en contínua diminució de si, caminant de naixença a corrupció, i de carçre de carn a sepulcre de terra, nunca nengú en un mateix dia aquell mateix és, com tot moment del primer hàbit sia mort. I venguda la fi de les coses terrenes e mundanes, les quals a mortalitat són ordenades, la darrera hora totalment nos dissol e consuma. E per ço lo profeta Job, contemplant aquesta veritat e misèria, ab gran paciència, plor, e llàgremes de dolor dix: *Homo natus de muliere, brevi vivens tempore, repletur multis miseriis.* Del principi del món dura, i encara fins a l'acabament durarà, aquesta divina llei. La qual per nosaltres mortals, en la sola fe i esperança d'aquell etern i esdevenidor, bé ha d'ésser passada i bé regoneguda. ¡Oh miserables aquells que lo fruit de tanta glòria menyspreen! ¡I més los trists malaventurats qui en lo déu d'amor cosa no ferma, així com a ferma la sua esperança fermen, e que fins al seu dolorós extrem jamés se recorden, ni es pot contar que la llum del dia jamés hagen vista! Per los quals, com sien ab tal vida vivint, en les tenebres de la sua nit ans que morts soterrats, no sé que alre s'hi puga ni dega dir. La guia de justa raó deixaren. De perdició la senda seguiren. Viuen morint en la sua dolor. La llum de la divina gràcia, per consolació, remei e repòs los sia presentada.

RAONAMENT DE L'ACTOR AB LA SUA OBRA, QUAN TRAMET AQUELLA

Consideració mia, causada de la força de les mies passions, ab grandíssim treball, per la mia poquedat, la tua fi és atesa. E ab tot que tu, amadora de soledat, refuses ésser vista e coneguda, puix la sort que les coses secretes revela te descobre, i és forçat sens jo poder contrastar que tu vages, vés i segueix la tua fortuna. I, perquè veig que lo pobre caminant entre los lladres passa lo camí segur, e que sols entre competidors e persones de gran poder e ciència sol ésser la brega, pense jo que tu, peregrina pobra, passaràs molt reposada segura. Mas per major seguretat, onsevulla que tu sies, cerca los amics de virtut qui per l'excel·lència del seu enteniment coneixent les forces humanes, humanament e piadosa passen e perdonen les erres e faltes de la humana flaquea. Però, si per cas avenia que, passant d'un lloc en altre, los cans mordedors, i més los xiquets qui per gran iniquitat nunca cessen de lladrar e de mordre, cruelment te mordien, i tostemps reprenent, perseguint e lacerant, ajustaven plagues a plagues, sofir-ho, e sies pacient e benigna. Que si a mi, cosa sensible, considerada la mia desventura, plagues e contrasts, treballs, dolor e passions han turmentat la vida i aterrada la mia ànima, tu, qui no est sinó paper e soles paraules, bé poràs comportar les ofenses e mordedures. Camina, doncs, i no receles, que la benigna verge i mare d'aquell humil e just que tant soferí, davant la qual jo tostemps me prostre, humilie e invoque, serà endreça de la tua carrera.

Anònim

ESPILL DE LA VIDA RELIGIOSA

Al llegidor, salut.

Com entre totes quantes coses que en la màquina sien contengudes, mundial, degam més afectar, desitjar i voler aquelles coses que nos aporten al camí i carrera i, ultimadament, al terme peroptat de la felicitat i benaventurança eterna, a la qual té qualsevulla creatura racional natural inclinació, per la qual haver i obtenir deu sempre anhelar i suspirar i dir ab aquell citaredo rei i profeta David en lo psalm CXVIII: *Heu mihi, qui incolatus meus prolongatus est,* etc. Quasi que digués David a Déu lamentant: Senyor, gran és la tristícia i penalitat que té la mia ànima quan veu que lo camí de la sua consolació, repòs i quietud, que és la benaventurança immortal, és prolongat. A la qual contínuament suspira, car en cosa d'aquest món no pot ésser perfeta quietud ni repòs. I la causa i raó perquè la nostra ànima no es pot quietar en ninguna cosa d'aquest món és car solament se reposa en cosa infinita objectiva així com és nostre Senyor, encara que sia finida subjectivament per quant és en nosaltres, qui som coses finides i limitades, i açò volia dir sant Agustí benaventurat en lo primer llibre de les sues *Confessions,* en lo primer capítol, dient: *Fecisti nos ad te, et inquietum est cor nostrum donec requiescat in te.* Com que digués a nostre Senyor: Senyor, la mia ànima no es pot quietar ni reposar en ninguna manera en les coses transitòries perquè, Senyor, Vós l'haveu feta i creada, i per ço està no reposada en les altres coses; emperò, Senyor, reposar-se ha com serà ab Vós. Com diga David en lo psalm XVI: *Saciabor cum aparuerit gloria tua*. Quasi que diga: Jo seré quietat en les mies potències, ço és, en l'enteniment i voluntat, quan veuré i se demostrarà a mi la vostra benaventurança. Lo camí de la qual nos mostra lo present breu tractat, i per ço deu ésser per qualsevulla persona molt amat i desitjat, preat i volgut, com contenga en si la cosa més amada que sia ni puga ésser.

I per ço, oh tu, llegidor, aquest ama i estima, car en cert de tal llibre com aquest se pot dir lo que tenim escrit per aquell pacientíssim Job, a XXVIII capítols de son llibre, dient: *Abscondita produxit in lucem*. Les quals paraules, encara que en lo sentiment literal sien enteses de nostre Senyor, emperò en lo sentiment al·legòric se poden entendre del present llibre i de l'autor d'aquell, car, en cert, coses moltes que fins ací són estades ocultades —quant en lo modo de proceir— són ara manifestades i portades a la nostra coneixença i notícia, car la matèria qui és contenguda en lo present llibre és com lo bon cristià desitjós d'anar a paradís se deu exercitar en aconseguir les virtuts cardinals i humilitat, contenguda sots una d'aquestes, i per lo semblant, les virtuts teologals, ço és, fe, esperança i caritat, a on se troba i consegueix lo nostre fi principal, a la qual aconseguir som ordenats per medi del present llibre, lo nom del qual és per mi ignorat quant a l'autor, car és estat compost per un devot i contemplatiu, exercitat i observant religiós, i per evitar en si algun esperit d'elació callà son nom. Del llibre, emperò, serà aquest lo seu títol: *Espill de la vida religiosa, compost per un devot religiós observant,* etc.

I dir-se ha espill car així com en l'espill qualsevulla persona se pot mirar i contemplar la sua cara, així lo bo i virtuós cristià qui la sua tan amada ànima exercitar volrà en l'amor de nostre Pare i Senyor, com lo puga amar, podrà mirar i contemplar en l'espill espiritual, ço és, en aquest llibret, lo fi del qual no és altre sinó amor de Déu i en quina manera l'amem. Emperò nota, llegidor, que encara que lo present llibre sia poquet en quantitat, emperò és molt gran en virtut, com diga Lleonard d'Aretino en lo principi de la *Economica* d'Aristòtil dient: *Preciosa sunt inter dum parvi corporis quod lapilli gemeque testantur. Et homines non tantumque pusilli grandioribus prevalent.* Quasi volent dir que les coses, posat que sien de poqueta quantitat i grandesa, emperò no es segueix ja per açò sien de poca estima i valor en comparació de les grans, com vejam moltes vegades que les coses de poqueta quantitat —com són perles i pedres precioses— ésser de major vàlua que altres coses més grans. I per lo semblant moltes vegades un home de poqueta estatura valdrà més que un gran. I així és del present llibre, car demostra's la sua valor i preciositat en açò que ens porta i mostra un camí molt dret per ço com pugam trobar amor de Déu i, trobant aquell, l'amem i, amant, lo posseescam i, posseint, pugam fruir sa essència, en què està la nostra felicitat i benaventurança. Amén.

Açò he volgut dir perquè tu, llegidor, no ignores la utilitat del present llibre. Vale.

Espill de la vida religiosa, compost per un devot religiós observant, lo qual conté en si un camí breu ab lo qual pugam amar a nostre Senyor, tramès a un altre germà seu, religiós, que molt amava.

I

En un gran desert habitava un sant home i devot religiós, lo qual, com hagués servit per algun temps a nostre Senyor en freqüentades i devotes oracions i contemplacions, i en si mateix pensant i cogitant cerca les coses de nostre Senyor, la tal cogitació li encengué un foc molt ardent en la sua voluntat, lo qual foc era que ell afectava i desitjava que ell pogués amar a nostre Senyor; per lo qual desig tan inflamat i per complir aquell, ell determenà anar per tot lo món per veure si trobaria qui li digués com devia amar a nostre Senyor. Partí's, doncs, lo dit religiós —lo qual se nomenava Desitjós— de la sua cel·la, i ab molta afecció començà de caminar per lo camí que començat havia; en lo qual, com molt hagués caminat, vingué-li a l'encontre un pastor, lo qual, en un gran i bell prat guardava un ramat d'ovelles; de la presència del qual pastor lo dit religiós s'alegrà molt, per ço com havia caminat molt per lo dit desert sens haver trobat algú. Arribat, doncs, lo dit religiós al dit pastor, saludà'l dient:
— Nostre Senyor vos guard.—
Respòs lo pastor: — Bé siau vengut, mossènyer. ¿I què és lo que cercau per aquest desert lloc?—

Dix lo dit religiós: — Jo vaig cercant un cavaller qui va perdut per lo món, lo qual sos vassalls l'han llençat de son estat i no el volen acollir; i ell va cercant qui el vulla acollir. No sé, per ventura, si vós, qui estau en aquest lloc solitari, l'hauríeu vist passar per ací.—

Dix lo pastor: — Com se nomena aqueix gentilhome?—

Repòs lo dit religiós: — Aqueix gentilhome se nomena Amor de Déu.—

Lo pastor, oït que hagué que lo dit gentilhome se nomenava Amor de Déu, digué: — Mossènyer, aqueix senyor jo sé bé a on està.—

— Feu-me gràcia —dix lo religiós— que m'encamineu i mostreu lo camí per on tinc d'anar, car molt vos ho agrairé.—

Dix lo pastor: — Mossènyer, a vós és necessari caminar per aquest desert, en lo qual trobareu un bell monestir de monges solitàries, i elles vos donaran raó d'aqueix gentilhome que vós cercau; i teniu esperança de trobar-lo, car ell, a totes quantes persones lo volen, a totes se dóna: tant és de bona i simple condició.—

Gran fon la consolació que hagué lo dit religiós de les paraules del dit pastor, especialment com lo posava en esperança de trobar lo dit cavaller. Digué lo dit religiós al pastor: — Prec-vos, per amor de Déu, me mostreu lo camí, per ço com per ventura me perdria.—

Dix lo pastor: — No puc deixar aquest bestiar, emperò per amor de vós jo us donaré un companyó ab lo qual, i ab l'ajuda de nostre Senyor, vos dirigirà i vos encaminarà. Preneu, donques, aquest ca gros, lo qual vos mostrarà lo camí.—

— Com se nomena aquest ca que em donau en companyia? —digué lo religiós.

Respòs lo pastor: — Bona voluntat és lo seu nom.—

Partí's lo dit religiós del dit pastor prenent comiat d'ell, portant al seu costat lo dit ca qui molt l'aconsolava —car en lo desig de servir a nostre Senyor és necessària bona voluntat—, i caminant per lo dit desert per molt espai de temps, arribà en un gran desert en lo qual havia un gran i bell prat, enmig del qual estava edificat un gran i sumptuós palau. I com s'acostàs lo dit religiós prop d'aquell, véu que a la porta del dit palau estava una donzella la qual li paria que fos simple; la qual donzella, com véu lo ca que lo dit religiós portava, espantà's tota. La qual cosa, com veés lo religiós, digué a la dita donzella: — No us espanteu, car aquest ca no fa mal ni nou a ningú, car la bona voluntat no fa mal a nengú.—

Estigué tot meravellat dit religiós com véu estar dita donzella a la porta, defora del dit palau i tota sola, i digué-li: — Digau-me, donzella, què estau esperant ací?—

Respongué dita donzella dient: — Estic esperant quan lo porter d'aquest palau obrirà, perquè puga entrar.—

— Com és vostre nom? —digué lo dit religiós.

Respòs dita donzella: — Mossènyer, a mi me nomenen Vana glòria.—

II

Estant dit religiós a la porta del nomenat palau esperant quan vendria lo porter per obrir, perquè ell pogués entrar, i veent que molt tardava lo porter, començà de tocar a la porta de dit palau ab mansuetud i gosar temerós. I havent tocat, tan promptament fon aquí lo porter que li obrí la porta, lo qual era home molt venerable i digne de tota honor i reverència, qui era porter d'aquell castell i lo governava, lo nom del qual era Temor de Déu —car en l'edifici espiritual és menester hi sia la temor de Déu.— Grandíssima fon la consolació que dit religiós sentí quan véu que lo porter era home molt honrat, i digué-li: — Venerable i digne de tota estima, ¿sabríeu-me donar noves d'un cavaller qui es nomena Amor de Déu, lo qual és passat per aquest desert?—

Molt fon agradable i plasent al porter la demanda del religiós per ço com amava molt al cavaller que cercava aquell religiós, car era son germà. Digué lo porter: —¿Per què voleu ni cercau, vós, aqueix gentilhome?—

Respòs lo religiós: — Per ço com ha molt de temps que jo cerque aqueix senyor i voldria estar en companyia sua, car no trob persona ab qui lo meu esperit se reposa sinó sols ab ell. I per ço com és bon senyor voldria estar en companyia sua, car ham-me dit que és molt noble senyor i ama los seus servidors i los dóna molt complida paga per los treballs, car sempre paga més que los servidors seus no mereixen.—

Dix lo porter: — Esperau-me ací, i jo vos aportaré una verge que us donarà complida raó d'aqueix gentilhome.—

Alegre esperava lo religiós quan lo porter vendria, i aprés de poquet espai de temps veé venir una donzella molt honesta i digué-li: — Digau-me, donzella, com és vostre nom?

— Lo meu nom —respòs la donzella—, mossènyer, és No m'hi dóna res, car sempre és menester que la persona menyspree si mateixa i les coses mundanals.

— Com se nomena esta casa?

— Respòs la donzella: — Aquesta casa se diu Casa d'Humilitat, perquè ací ha un gran monestir de vèrgens qui totes tenim per mare a una senyora qui es nomena Humilitat.—

Oïda, donques, la resposta, lo religiós digué a la donzella: — Digau-me qui és aquella donzella qui està a la porta del palau.—

Digué la donzella: — Vana glòria se nomena, qui està a la porta esperant quan lo porter obrirà, i si lo porter no hi mira o si per ventura deixa la porta oberta, ella puga entrar.

— I per què no voleu que entre en casa? —digué lo dit religiós.

Respòs No m'hi dóna res: — Per ço que no ve per ningun bé, sinó per veure si poria furtar lo fruit molt preciós d'un arbre que està dins aquest monestir, lo qual fruit és lo Mèrit. I si per ventura, per descuit del porter, ella entra dins casa, és molt mala de llençar-la defora, car moltes vegades no hi basta nengú sinó la nostra senyora mare abadessa; i per més estar al segur havem hagut aquest porter, que és un poquet malgraciós, qui li dóna de les portes per la cara i no la deixa entrar.—

Molt se meravellà lo religiós del parlar de la verge, i digué-li: — Bé és menester que no la deixeu entrar i que estigau ab molta vigilança puix tant de mal fa. Voldria saber —dix lo religiós— de vós, donzella, qui és estat aquell qui us ha aportada ací entre aquestes tan nobles vèrgens?

— Dos donzelles —dix No m'hi dóna res— m'han aportada ací, l'una de les quals se nomena Menyspreu de si i l'altra s'anomena Menyspreu del món, car per venir amar nostre Senyor és necessària la humilitat i ella no es pot haver sinó ab menyspreu de si mateix i del món—. Aquestes dos pregaren molt a la senyora i mare abadessa m'acollís en la sua companyia, i ella no volia atorgar tal gràcia, ni ho haguera, sinó per un cavaller qui vengué en nostra companyia qui pregà per mi.—

Digué lo dit religiós: — Com s'anomenava aqueix gentilhome?—

Respòs la donzella: — Digué'm que es nomenava Amor de Déu.—

Gran fon la consolació que tingué lo religiós, especialment i com pensava i veia que Amor de Déu era home de qui tanta estima se feïa. — Digau, donzella —digué lo religiós—, ¿sabríeu-me dir de qui eren filles aqueixes dos donzelles qui us aportaren ací?

— Sí —dix No m'hi do res—, filles són d'una mare qui es diu Coneixença.

Content, donques, lo religiós de la resposta de la donzella, altra vegada li demanà si aquell gentilhome qui vingué ab vostra companyia venia tot sol.—

— No —respòs ella—, que un patge portava en sa companyia qui es nomenava Amor del proïsme, perquè no podem amar a nostre Senyor sens amar lo proïsme.

— Què es féu aqueix gentilhome? Sabríeu-me'n dir noves?

— Sí —digué la donzella al religiós—, jo us donaré qui vos ne dirà millor raó d'ell.—

Molt estigué meravellada la dita donzella del ca que lo religiós portava, i digué-li: — ¿Quin ca és aqueix que portau en vostra companyia?

— Aqueix ca —digué lo religiós— me donà un pastor perquè anàs en ma companyia per aquest desert, car par-me que per aquest desert ha molts animals venenosos, i aquest ca fa fugir dits animals.

— Bon ca teniu —digué la donzella—; guardau-lo bé que no el perdau, car no permetrà, estant en vós, que prengau ningun mal, ni temau de perdre-us tant quant vaja ab vós.

— Digau-me —dix lo religiós—, donzella: qui em donarà noves d'aqueix gentilhome?

— Mossènyer —digué la donzella—, aqueix gentilhome està molt lluny d'ací i vós hauríeu molt a caminar ans que el trobàsseu ni arribàsseu allí on està, car seria menester que vós caminàsseu per tot aquest gran desert, car no hi sé altre camí ni per lo semblant n'hi ha altre. Mes, emperò, per Amor de Déu, a qui vós tant amau, si vós voldreu jo us mostraré una senda o drecera per la qual acursareu molt camí i arribareu en poquet temps. Emperò és menester que façau tot açò que jo us diré.—

De les quals paraules s'alegrà en molt gran manera lo religiós, precípuament quan digué que ho faria per Amor de Déu, i digué-li: — Vejau què voleu que jo faça, car no ha cosa en lo món que jo no faça solament sia cert que tròpia Amor de Déu.—

Digué la donzella: — En aquest desert ha vuit cases de vèrgens, de les quals aquesta és la primera. La segona se nomena de Justícia. La terça és de Prudència. La quarta de Fortalesa. La quinta de Temperància. La sexta de Fe. La sèptima d'Esperança. L'octava i darrera és de Caritat. Aquí en esta casa està Amor de Déu, qui és porter d'aquell palau. Tot aquest camí —digué ella— hauríeu de fer. Emperò, com vos he dit, jo us mostraré una drecera o senda que hi siau més prest. Emperò és menester —digué la donzella— que entreu en casa i que la mireu molt bé tota i vejau totes les monges i quina condició tenen ni com se nomenen, perquè si vós anau bé instruït d'ací, i portau noves de nosaltres a Amor de Déu, ell, per la molta amor que ens porta, més que a les altres encara que siam pus inferiors, vos acollirà i vos acceptarà volenters, majorment si portau lletra de nostra senyora i mare abadessa. Car hajau per cert que, si bé sabeu esta casa i bé vos informau d'ella, tindreu per vistes totes les altres i sabreu tant de cada casa com elles mateixes.

— Molt me plau —dix lo religiós— d'entrar en casa i conèixer tothom i estar-hi molt de temps.

— Entrem —digué No m'hi dóna res—. I prengué lo religiós per la mà.

III

Molt estigué admirat, lo religiós nomenat, dels edificis an bells, encara que no eren curiosos ni pintats sinó baixos i profitosos; en la qual casa entrant, lo religiós se posà en oració. I, aprés d'haver feta oració, la donzella l'aportà a la cel·la de la senyora i mare abadessa. I com l'abadessa veu lo religiós, com a persona de molta virtut i cortesia, se llevà del lloc on estava assentada per fer cortesia al religiós qui entrava, i féu-lo posar prop d'ella. Molt estava vergonyós lo religiós davant la dita senyora, que ab molta dificultat gosava alçar los ulls de terra, car, tan prest com entrà per casa, vergonya se posà al seu costat per fer-li companyia. Estant, donques, lo religiós prop assentat de l'abadessa del dit monestir, digué-li: — Digau-me, senyora, com és vostre nom?—

Respòs la dita senyora: — Mossènyer, a mi dien Humilitat.

— I de qui sou filla? —digué lo religiós.

— Ma mare —digué la senyora— se diu Desestima de si.

— ¿Qui és estat aquell qui us ha aportada, senyora, ací ni qui és estat aquell qui us ha feta abadessa ni per què?

— Mon fill —digué Humilitat—, ací m'han portada dos cavallers qui s'encontraren en lo camí on jo venia. I com me veeren anar perduda, acostaren-se los dos i prengueren-me i portaren-me ací en aquest monestir i deixaren-me a la porta i anaren continuant son camí.—

Oïda, donques, lo religiós, dita resposta, digué: — Com se nomenaven aqueixos cavallers?, si sabeu, senyora i mare molt reverent.

— Lo primer —digué ella— se nomenava Coneixença de si, i anant per lo camí vàrem trobar l'altre, qui es nomenava Coneiximent de Déu.

— Sabríeu-me dir d'on venien, mare? —digué lo religiós.

Dix Humilitat: — Sí, car lo primer, qui es deïa Coneiximent de si, dix que venia de pensar en les coses que havia fetes i feïa i en lo que havia venir. Lo segon —digué Humilitat—, qui es deïa Coneiximent de Déu, digué que venia de pensar en la bonesa de Déu, qui és un lloc molt noble i molt delitós, i digué que en aquest lloc pot hom anar per dos camins, los quals s'ajusten allà prop del lloc. Lo primer camí se diu Si mateix, l'altre camí se diu les Creatures. I aquests dos camins diu que porten l'home d'allí on ell venia. Aquest segon digué que era pare d'Amor de Déu, lo qual vàrem trobar per lo camí, i vengué-se'n ab nós i aprés se n'anà.

— A on anava, mare, si sabeu? —dix lo religiós.

— Dix-nos que anava a un lloc —dix l'abadessa— que es nomena Desitjar Déu.—

Gran fon la consolació que hagué dit religiós com oí dir que lo cavaller que ell cercava anava en tan bon lloc, i digué: — Digau-me, senyora, ¿de qui és aquell lloc a on anava i qui és lo qui el posseeix i qui és aquell qui l'ha fundat?—

Respòs la dita senyora: — Aqueix lloc que vós dieu, qui es diu Desitjar Déu, mon fill, és del pus alt senyor i noble qui al món sia, i més liberal que poguésseu trobar en lo món, lo nom del qual és Déu. En aquest lloc, mon fill, habiten tots los qui volen, si, emperò, s'hi disponen per entrar.

— I digau-me, senyora, i com s'han a dispondre?—

Respòs la senyora: — Mon fill, aquesta és la disposició: que primer vagen cercar Amor de Déu i, com l'hagen trobat, ell los portarà al lloc qui es diu Desitjar Déu i donar-li ha lo modo ab lo qual puga entrar en lo dit lloc, lo qual lloc ha fundat lo mateix Senyor de qui és ab les sues mans, car no hi haguera bastat altre a fer tan noble i magnífic lloc.

— ¿Com —digué lo religiós— aqueix tan magnànim Senyor i tan gran se posa en obrar de terra?—

Respòs la senyora dient que sí, car és molt gran manobre i mestre de cases i diu que tot lo seu delit i consolació és fer edificis de terra.

— ¿I per què fa aqueixes obres puix no ha menester res —digué lo religiós— com sia tan ric?

— La causa és perquè Ell és tan bo i mai vol estar ociós ni vol estar que no faça algun profit per alguns. I encara fa açò perquè vejam i conegam que Ell és gran mestre, com vejam que les obres que Ell fa són tan notables i de tan dolent metall com és la terra, i per ço vol que tot home lo lloe.

— Molt me meravell —digué lo dit religiós— que tan noble i virtuós Senyor desitge que hom lo lloe; perill passa de vanaglòria.

— No —dix Humilitat—, que Ell és tan perfet que no

ha lloc en Ell imperfecció ni defalliment. I la glòria que a Ell pot ésser donada no és vana, ans és pròpia sua, i per molta que sia no pot mai bastar al que Ell mereix. I per ço, en desitjar ésser lloat, és Ell no vanagloriós sinó just, per tal com vol que sia donat a cada u ço del seu i ço que li pertany, i com l'honor i llaor sia sols sua —per ço com Ell sol és noble i bo—, vol que l'honor sia donada a Ell tot sol. Car si algun altre la desitjava o prenia, seria vana i furtaria la d'Aquell de qui és. En aquest lloc —dix Humilitat— és Amor de Déu. I veus ací, mon fill, qui m'ha aportada ací, en aquest monestir i lloc.

IIII

— Prec-vos —digué lo religiós a la senyora abadessa, ço és, Humilitat— que em digau qui us ha feta abadessa d'aquest tan noble monestir i mare de totes.—

Respòs Humilitat i digué: — Sapiau, mon fill, que com jo entrí en casa d'aquestes vèrgens fiu jo un propòsit dins mi mateixa: que jo era una persona menyspreada i inferior a les altres i fins tenir i acomparar-me a les bèsties. Aquest propòsit, en mi tant i tant desitgí, pensant-lo dintre meu freqüentadament, posant-lo dintre lo meu cor, que, en cert, nostre Senyor lo'm donà per espòs i marit meu i m'ha casada ab ell, del qual he concebut i he parides estes filles que ací són. Aquest meu marit m'ha procurat aquest ofici i dignitat en la qual só jo posada, encara que no el volia perquè no me'n sentia digna.

Molt s'alegrà lo nomenat religiós en saber la causa perquè Humilitat era mare de totes, i conegué en si mateix que era verge de molta virtut i bondat, per ço com digué que per amor de Déu s'era desestimada i menyspreada dins son cor.

— Aquest marit —dix Humilitat— m'és estat molt lleal i profitós, i bé que és estat menester, car són-hi vengudes tres males dones que porten a mi molta malícia i mala voluntat i són a mi grans enemigues. La primera de les quals se diu Concupiscència de la carn, la qual té dos filles: l'una se diu Concupiscència dels ulls i la segona Supèrbia de la vida. La segona mala dona se nomena Negligència, ab algunes filles sues. La tercera mala dona se diu Malícia, ab tres filles: Ira, Enveja, Peresa. I aquesta darrera porta dos filletes, ço és, Mala sospita i Judicar temeràriament. Aquestes, mon fill, me donen batalla, emperò com jo veig venir algunes d'aquestes, recorrec tan prest a mon marit i per ell só molt defensada.

— Digau-me —digué lo religiós—, ¿com ho feu si elles entren d'amagat que no les vejau?—

Respòs Humilitat: — Sempre les veem venir.

— I alguna vegada, si es desfressen o muden de roba, com les coneixeu?

— Mon fill, la bondat divina, per la sola sua mercè, ha posat en aquesta cel·leta aquesta llàntia que veeu, la qual llàntia contínuament crema de l'oli de la misericòrdia sua i està lligada ab aquesta cordeta qui es diu Guarda cor, i té càrrec d'encendre-la Temor de Déu. I mentre que ella crema i estiga encesa no es poden amagar que hom no les veja venir de lluny, i encara que muden de roba ja les coneixem en lo caminar i tan prest coneixem de quin peu coixegen. Emperò, mon fill, si la llàntia s'apaga i que estigam a les fosques, mal recapte tenim. I per açò, entre totes quantes coses pregue a nostre Senyor, ab eficàcia lo suplique que no deixe apagar aquesta llàntia per ço que conegam a nosaltres i a d'aquells qui mal nos volen. Car aquest és un i assenyalat do de nostre Senyor en nós: que no entra una mosca en aquesta cel·la que ab la claror de la llàntia no la vejam. I com elles són en casa mon marit les bandeja i les llença defora. I llavors no cal haver temor sinó, que quan elles ixen, que no entre aquella qui està a la porta aguaitant, que es diu Vana glòria, car, si lo porter no hi té esment i ella entra, furta'ns la fruita de casa i tot quant bé tenim.—

Dix lo religiós: — Digau-me, senyora, ¿per què lo porter no tanca la porta bé i se'n guarda, i que no deixe entrar aquelles males dones?

— No és en mà nostra, mon fill, que no entren, ni podem vedar que no donen pena a nosaltres, car no volen obeir a nengú, ans lo Senyor permet que hi entren per provar-nos i per exercitar-nos i que estigam vel·lant i no dormiam, car en altra manera tantost tornaríem gallofes i no coneixeríem quanta fe ni llealtat servam al Senyor.

— ¿Per què —digué lo religiós— llençau defora vosaltres aqueixes dones, com vosaltres degau ésser benignes i afables a tota persona?

— Per ço —dix Humilitat— com són contràries molt i enemigues d'Amor de Déu, per amor del qual nosaltres estam ací. I en les coses que són contra Amor de Déu no tenim treves ab nengú ni amistat, car fins aquí siam amics.—

Molta fon la consolació que hagué lo religiós com veé lo zel i llealtat que tenia Humilitat a Amor de Déu, i digué: — Molt voldria saber i veure, mare, que los dos practicàssem la manera que teniu ab vostre marit en llençar defora aquelles males dones.—

Respòs Humilitat: — Desig tinc que anàsseu d'ací bé informat, i per ço jo us vull dir tot mon cor.

V

— Aquest meu marit, mon fill, me fa vèncer tota batalla i fa que tinc pau i quietud i ésser senyora de mi mateixa.

— Prec-vos —digué lo dit religiós— me poseu algun exemple perquè millor ho puga comprendre.

— Sapiau, mon fill —digué Humilitat—, que com la primera d'aquelles males dones ve, que es nomena Cobejança de la carn, ab les sues filles, jo recorrec al meu propòsit i dic: Germana, jo he menyspreada a mi mateixa i só una bèstia, donques, no dec cobejar ninguna cosa, car les bèsties no cobegen res que vegen per los ulls, ni desitgen res que no tinguen, ni demanen res que facen, sinó que prenen lo que son amo los dóna i quant son amo vol, i ab açò se contenten, i va allí on son amo vol, ni se'n procura res, sinó que a tot abaixa lo cap. I per lo semblant, a la filla d'aquesta mala dona, qui és Cobejança d'ulls, jo li dic: Germana, la bèstia no és curiosa en tenir bells arreaments ni bella albarda, sinó tal com son senyor la hi dóna, o nova o vella, ni té ànsia si les altres bèsties van pitjors o no, pus ella tinga albarda per portar la càrrega, ni desitja per lo semblant tenir bella estable, sinó allí on la posen se contenta. I si son amo coneix que la bèstia és llèpola posa-li al morro un boç per ço que no s'ature a menjar, i si veu que té un poc lo cap alt i lleuger i ventolà posa-li un cabestre que li fa tenir lo cap un poc baix. I així dic jo, germana, que en aquesta part vull fer com a bèstia. I a mi Amor de Déu m'ha posat un boç per tal com jo no menge mai sinó quant me serà donat, ni desitge aldre, ni em procure aldre, ni deman aldre sinó ço que em serà donat i tal com sia, o poc o molt, bo o dolent, ni vull aldre ni em vull empatxar d'aldre. I encara m'ha dit Amor de Déu, que si li vull fer plaer, que d'açò que em serà donat, que en prenga molt compostament i ab sobrietat i modèstia. I encara me digué Amor de Déu que, quant fos en lo meu desig, per amor de pobretat desitjàs lo pus mal recapte de tots, i açò fos la mia consolació i alegria com me mancàs alguna cosa i com menys tingués i pus grosser i pus mal. I per ço que no sia curiosa en mirar deçà ni dellà ni aporte lo cap alt i los ulls vagarosos, ha'm posat, Temor de Déu, un cabestre qui es diu Vergonya, per ço com me faça abaixar lo cap i tenir los ulls ficats i posats en terra.

VI

—Semblantment, mon fill —digué Humilitat—, quan ve la tercera, que és *Superbia vite,* jo li dic: Germana, la bèstia no desitja que sia lloada ni vol ésser honrada, ni tenguda sinó per bèstia, per ço com a la bèstia no li pertany tals honors ni que la tracten bé sinó ab bastonades, vituperis i treballs, car, si son amo l'amoixava i la tractava ab molta delicadura, algun dia li donaria alguna coça i posarsia a jugar ab son amo i no li portaria temor ni reverència. Car lo senyor, encara que vulla bé a la bèstia, no deu mai fer-li carícies ni amoixarla sinó sempre deu tenir una poca de gravitat, rigor i severitat, car en altra manera no li seria guardada reverència. I tal manera, en lo senyor, no és humilitat, ni benignitat, ni afabilitat, ni amor, car no fa profit ningú a la bèstia, ans per causa de l'ofici seria en ell bestiesa i poc saber, car més deu ell desitjar, voler i treballar que les bèsties sien bones i caminen bé i porten lo pes bé dret que no que el tinguen a ell per bon amo ni que el lloen ni que estiguen d'ell contents, car açò fa moltes vegades de l'amo bèstia i de la bèstia amo. En manera que lo senyor, per no tenir lo zel i discreció que deuria, dóna ocasió a la bèstia de prendre's més del drap que no deuria. I així, a poc a poc, s'avesa que ja lo senyor no gosa fer-la anar sinó per allí on ella vol ni li gosa posar major pes que ella vol portar, i llavors, si son amo li dóna assots, llença coces, i l'amo, per por que no llence la somada, comporta, i així l'amo és fet subjecte a la bèstia. I així mateix dic jo, germana. Jo faria semblant, per açò no vull ésser tractada sinó com a bèstia perquè no prenga supèrbia en mi mateixa.

VII

— Aquest mateix modo i manera tinc quan ve l'altra mala dona, qui es diu Negligència, car jo li dic: Germana, la bèstia no la té hom en casa per fer testimoni, ni per a folgar, ni per bé menjar i bé beure i folgar i dar-se bon temps, emperò té hom tal bèstia per servei de casa, i per treballar de nit i de dia diligentment. I si per ventura és gallofa, fa lo senyor un agulló per a punyir-la. I així és en mi, car Amor de Déu m'ha fet un agulló per a punyir a mi mateixa, lo qual agulló està posat i ficat en un bastó, qui no és altra cosa sinó Consideració dels beneficis de nostre Senyor, com de la criació, redempció i conservació contínua. I en aquest bastó d'aquest fust està posat l'agulló de ferro, qui no és sinó Consideració de la sua bondat i misericòrdia. I jo, germana, esclava só d'aquesta casa, i, perquè los catius ni esclaus no són sinó per treballar perquè no tornassen gallofos, per ço me vull contínuament exercitar, perquè sempre estiga ocupat. Per lo semblant, com ve la terça mala dona, qui es nomena Malícia, jo li dic: Germana, la bèstia domèstica no deu ésser brava sinó molt simple i benigna a son amo, car si son amo li dóna vui una bastonada, l'altre li dóna bé a menjar i li procura palla i civada, la bèstia prest s'oblida del mal que li han fet i fa, segons la sua possibilitat, falagueries al senyor. Així mateix, la bèstia no ha enveja de les altres si tenen millor recapte o no, ni si són més valents o no, o si son amo té major amor a l'altre, sinó que va simplement, car sap que son amo, portant ella la càrrega i faent lo que és mester, com vendrà al vespre, haurà així mateix la sua porció de civada com la millor bèstia, segons la sua condició. Ni tampoc no es cura si les altres caminen poc, ni si van per camí o no, ni cura de judicar les altres, ni de menysprear les altres, sinó de caminar i fer son camí, mes, emperò, com veu que alguna li passa davant i que camina, ella s'esforça de caminar i que vaja ab aquelles qui van primeres. Per lo semblant, no s'atura a murmurar de les altres, ni dir mal de son amo, ni de nengú, sinó que cure solament de si mateixa. Així mateix, an aquella filla de la tercera mala dona, qui és Judici temerari, jo li dic: La persona qui és esclava i cativa no deu judicar ni menysprear sa senyora ni les sues filles ni pensar mal d'elles, car no es pertany de les catives sinó servir i no pus, i deven ésser molt benignes, humils i mansuetes i comportar a les senyores. I així vull jo fer, car no vull pensar ni cogitar en mon cor ni judicar ninguna persona sinó de totes presumir lo bé i no lo mal, car així ho tinc promès al meu senyor, qui és Amor de Déu. Veus ací —digué Humilitat— com ab la gràcia de nostre Senyor i ab l'adjutori del mon marit jo tinc victòria de mos enemics i só senyora de mi mateixa, que en cert és gran cosa.

VIII

Com lo dit religiós hagués escoltades les paraules d'Humilitat, sentí en si molt gran consolació del parlar d'Humilitat i digué: — Senyora molt reverent, ara conec per experiència ésser verdader lo que moltes vegades havia oït dir i contar, ço és, que humilitat conté en si tota virtut, pau, repòs, consolació i alegria, car sens aquesta conec ara no ésser res les altres virtuts. Emperò, prec-vos me doneu llicència que jo puga parlar ab aquestes vostres filles, car molt ho desitge i voldria conèixer molt aquelles.—

Respòs Humilitat: — Molt me plau i só molt contenta parleu ab totes. Anau —digué Humilitat a la sua serventa—, portau a mossènyer per totes les cel·les i mostrau-li totes les monges.—

Pres comiat, doncs, lo desitjós religiós, d'Humilitat, i ja fon aquí la mossa dient-li: — Anem, mossènyer.— I aportà'l a la cel·la de la primera filla d'Humilitat, qui es nomenava Confessió de si mateix, la qual ab molta alegria rebé lo religiós i féu-lo posar prop de si.

Assentat, donques, Desitjós al costat de la verge digué-li: — Digau-me, donzella, quina és vostra condició?—

Respòs la donzella: — La mia condició és que quan me vull aconsolar prenc la serventa de casa, qui és diu No m'hi dóna res, i, puix vaig en companyia sua, volenters confés la que só i tal com me conec i tal com me veig.—

Molta consolació pres lo religiós ab la filla d'Humilitat per ço com era molt enemiga de mentida, de fingiment i hipocresia, i prenent d'ella comiat anà-se'n a la cel·la de la segona, qui es nomena Desig de menyspreu, i, aprés d'haver-la saludada, digué-li: — Digau-me, donzella, quina condició és la vostra?—

Dix la donzella: — La mia és desitjar menyspreus i vituperis i ésser tenguda per vil i poc estimada i que no facen cas de mi. I desig coses vils i pobres i menyspreades per les altres persones. I açò tot per Amor de Déu.

Molt se meravellà Desitjós com li digué que desitjava menyspreus i ésser viltenguda, com açò sia contra tota humana costuma, i molt la tengué per virtuosa com digué que ho feïa per Amor de Déu, i prenent comiat d'ella anà-se'n a la cel·la de l'altra germana sua, qui es nomenava Goig de menyspreu, la qual molt volenters lo rebé i féu-lo asseure prop d'ella.

— Digau-me —digué Desitjós—, quina condició és la vostra?

— Jo —digué ella— m'alegre com só menyspreada i vituperada i escarnida, com tinc coses de poca valor, i açò per Amor de Déu.

De les quals paraules estigué molt meravellat, Desitjós, de la virtut d'esta verge. I digué-li Desitjós: — Digau-me, donzella, com poré jo venir en la vostra virtut, car jo veig en mi tot lo contrari que vós teniu, per ço com, si em maltracten o menyspreen o vituperen, no me n'alegre, ans me n'enutge i me'n sent molt trist.—

Dix la donzella: — La causa del que dieu, mossènyer, és que vós no teniu ninguna humilitat, la qual està principalment en no fer ningun cas de si mateix, posat que hom sia qualsevulla persona. I també és la causa perquè vós estau ple d'amor de vós mateix i de pròpia reputació, car si no fos açò, vós no us donaríeu en aqueixes coses com si no fos res, per molt que fessen ni diguessen ni us tinguessen per quisvulla. Emperò, puix nostre Senyor vos hi ha aportat en aquesta casa, hi ateneu bé, que ací vos giraran la pell i vos faran altre que no sou si, emperò, vós voleu i vós hi disponeu i ajudau, car sapiau que Amor de Déu no el podeu trobar sinó sols per aquest camí.

VIIII

— Veu-me ací aparellat —digué Desitjós— en fer tot ço que em consellareu.

— Si vós voleu haver la mia virtut —dix la verge— és menester primer poseu dins vostre cor i voluntat aquesta germana mia, la qual ja primer haveu vista, qui es nomena Desig de menyspreus, i que freqüentadament penseu dins vós mateix i digau: "Jo vull d'ací avant desitjar d'ésser menyspreat, vituperat i escarnit per Amor de Déu". I si vós fermau aquest desig dins vostre cor ab una corda, molt fort, d'oració i estudi, vós, a poquet a poquet, podreu haver a mi avesant-vos-hi. I no us meravellau si en lo principi sentiu algun contrast de la vostra voluntat, car sempre los principis tenen molta i gran dificultat, car lo principi és més de mitja obra. Emperò a poc de temps la vençreu i vendreu a alegrar-vos com algú vos dirà o farà ço que vós desitjau i vós vos sou esforçat, ço és, menyspreu i dejecció. Car sapiau una cosa: que nengú no pot ésser verdader humil si no és just. I aquell qui no desitja escarns, menyspreus i vituperis no és just. I açò jo us ho donaré entendre, car certa cosa és que aquell és just qui desitja que a cada u sia donat ço que li pertany. Doncs, com a l'home no li dega ésser donat sinó menyspreu i vituperi, segueix-se que qui no desitja vituperis i escarns no és just, com no desitja ço que és seu.—

Dix lo religiós: — Provau-me, vós, que a l'home no li pertanga sinó vituperi.

— Plau-me, mossènyer —digué la donzella—. Certa

cosa és que l'home, de si mateix, no és sinó mal, com mostra l'experiència quotidiana per los grans mals i culpes que comet. I si, emperò, té alguna santedat o virtut, no és de si mateix, car lo bé que té, per poc que sia, és de Déu, i d'Ell davalla, i lo mal i misèria té per si mateix. Donques, per sant que sia, no deu desitjar ésser lloat ni estimat del bé que en si té, com no sia seu, sinó que nostre Senyor lo hi ha posat i per ço deu desitjar que nostre Senyor, de qui és tot bé, sia amat, honrat lloat i que ell sia menyspreat, car açò li pertany. Donques, si la persona, per santa que sia, justament i deguda desitja menyspreus i vituperis, i quanta sensjustícia fa la persona viciosa i pecadora que no desitja açò! Emperò, per la molta malícia que en ells habita, desitgen i procuren i fan lo contrari, desitjant grans llaors i grans estimes d'altres semblants d'ells, i açò en gran confusió i damnació de les pobres ànimes sues. Ni pense, qualsevulla persona qui pecadora sia i miserable, faça gran virtut ni gran cosa que desitge ésser menyspreat i vituperat i escarnit, car fa aço que deu i és obligat a fer.—

Molt contentà al religiós lo parlar de dita verge, i digué-li: — Feu-me tanta caritat que em digau quina cosa me pot induir en aquest bon desig.—

Respòs la donzella: — Mossènyer, dos coses són qui vos hi aportaran. La primera és Amor de Déu. La segona és aquell sant propòsit qui és marit de nostra mare.

X

— Encara —digué la verge al dit religiós—, mossènyer, si vós feu açò que jo vos diré, poreu molt aprofitar en aquesta casa i més fàcilment aconseguireu la mia virtut.

Dix Desitjós: — Plau-me de fer açò que vós me consellareu de bona voluntat.

— És menester que façau compte, com és per lo semblant veritat, i posau dintre vostre cor que Amor de Déu, que vós tan desitjau i a qui tant de bé voleu, en tot aquest món no té major enemic ni qui més a ell contrari sia ni pitjor vulla que vostre cors. I per ço contínuament, de matí i de vespre, digau parlant a la vostra ànima així: "Oh ànima tan amada mia, veja jo com vui, en aquest dia, avorriràs aquest malvat enemic del teu dolcíssim i amat Senyor i Creador i com desitjaràs, ànima mia, que sia menyspreat, vituperat, escarnit, afligit, confús i envergonyit." I com vindrà al vespre digau així mateix: "Vejam, ànima mia, vui, en aquest dia, ¿has hagut en odi, menyspreu i avorriment aquest malvat enemic del teu Senyor?, ¿i com has desitjat que sia estat vituperat i confús?, ¿i com t'és estudiat i mirat en no perdonar-li en res sinó ésser-li cruel perseguidor en totes coses?" Si açò feu vós, pare, açò abasta —encara que per ara no tingau altre exercici —en aportar-vos a gran humilitat i perfecció, car aquest sol i continuat exercici, que tostemps aneu darrera aquest enemic, vos portarà un desig que desitjareu ésser menyspreat i viltengut. I com algú vos dirà o farà ço que vós desitjau, llavors tindreu a mi alegrant-vos de menyspreus i vituperis i injúries. I direu: "Gràcies faç a nostre Senyor que em venja d'aquest malvat enemic del Senyor."—

Molt restà aconsolat, Desitjós, de la instrucció de la verge, i, presa llicència, anà-se'n a l'altra cel·la, a on estava una altra donzella filla d'Humilitat, lo nom de la qual era Simplicitat.

XI

Simplicitat rebé lo dit Desitjós ab molta alegria i féulo assentar prop de si. I digué Desitjós: — Digau-me, donzella, quina és vostra condició?—

Simplicitat dix: — La mia condició és que ab tothom vaig simplement i plana, i clarament, així com si anava davant Déu. I de quant veig ni oig no pens mal, sinó que crec que tot va molt bé i santament. I no sospit mal de negú, sino de mi mateixa, car tostemps me tinc per sospitosa, i vaig vetllant sobre mi ab un Ull de prudència que sempre porte obert perquè millor puga de mi apartar mal i per ço que nostra mare, ço és, Humilitat, sia virtuosa.

— Com? —digué Desitjós—, ¿no seria virtuosa sens tal Ull de prudència?

— No —digué la verge—, car simplicitat sens prudència no val res. I jo tinc tres coses en les quals és menester vaja simplement: la primera és en lo pensar; la segona en lo parlar; la terça és en l'obrar, car no m'agrad d'obrar coses belles ni pintades ni curioses sinó simples. Car l'obrar de simples coses conserva molt lo meu cor en humilitat i lo contrari és perill que no m'escamp i gire a vanitat i curiositat, les quals me llençarien de casa.—

Dix Desitjós: — ¿I què és la causa perquè vos llençarien de casa?—

Respòs la donzella: — Jo us ho diré, pare. Sapiau que nostra mare me té ací en casa i m'ha donat per ofici i vol que no faça altra cosa, ni m'ha ordenat per altre bé, sinó per guardar dos pedres precioses qui són Puritat i Innocència, les quals són de tanta virtut i valor que no es podria dir. Car per haver aquestes pedres precioses fon edificat i fundat aquest monestir i tots quants són per aquest desert. I tot quant fem en casa és per mantenir les dites joies o pedres precioses i guardar aquelles. I per ço, si deixe entrar per la porta del cor, o de la boca o de l'obra, a curiositat i vanitat, elles se'n porten la joia. Per ço, si algú de casa no ordena tot quant pensa, diu o fa, en haver aquesta joia, no sap lo que fa.—

Oïdes les paraules de la donzella, Desitjós digué: — Digau-me què voleu fer d'aqueixes margarites, majorment com me parega que vosaltres sou pobres i per ço passau perill que avarícia no entre en vosaltres.—

Respòs la donzella: — Mossènyer, no passam perill nosaltres d'avarícia, car encara que en amar i desitjar altres béns temporals, que són per lo món, puga ésser i és engan, i pugam passar perill, i passem de fet, d'avarícia, especialment segons la fi per què ho amam o desitjam. Emperò en haver aquestes joies, ço és, Puritat i Innocència, no podem ésser enganats. La causa és perquè tot se fa purament per haver Amor de Déu, en la qual no s'hi pot mesclar la tinya de mala intenció, com fa en los altres béns, car aquestos, ço és, Puritat i Innocència, estan amagats dintre lo secret del nostre cor i ningú no sap on són sinó aquell qui les ha.—

Dix Desitjós: — ¿Com no s'hi pot posar tinya, si aquell qui té dites joies de Puritat i Innocència les mostra defora?

 — No —digue la donzella—, car aquell qui les mostra i vol que altri les veja ja no té aquelles pedres precioses. Car obrint ell la porta, Temor de Déu, qui és porter, no hi és, i tan prest com ell ha obert per voler-les mostrar, Vana glòria, qui està a la porta, les furta. I per ço moltes vegades nostre Senyor les amaga d'aquell mateix qui les té i li fa creure que no les té, perquè Presumpció i Reputació, qui estan amagades dins lo cor, no les hi furten, i llavors les té millor i secretes.

XII

Ab grandíssima atenció i alegria escoltava lo religiós la donzella, i digué-li: — Gran plaer he pres, donzella, en vostres paraules, emperò jo us vull pregar me façau tanta caritat, me digau quines coses valen per haver estes pedres precioses i, aprés d'haver-les hagudes, ab què les poré conservar ni què és la cosa ab què es poden perdre.

— Jo us diré —dix la donzella— lo millor remei per haver aquelles i conservar-les. És aquest: fugir i tancar la porta de les concupiscències, car en molta conversació i molt parlar i molt oir no es poden molt guardar sinó ab molt treball. Car sapiau que la nostra ànima és així com la cera, la qual, quan és compremida ab algun segell, per força resta assenyalada de ço que li posau dessobre, ço és de segell. Lo semblant és del vaixell en lo qual, si posen pegunta o altre semblant cosa, és difícil no reste sollat de la dita pegunta. Emperò, per tal com estar ací en casa sempre és cosa impossible, en silenci i solitud, per ço com nostra mare nos fa fer ara açò ara allò i anar deçà i dellà, i per ço nos és forçat de veure i oir i parlar moltes coses, per ço qui no vol perdre dites joies de Puritat i Innocència és cosa necessària porte a mi al seu costat. I anant ab mi no tema de perdre aquelles, posat que vaja per mig del món, car, com jo vaig ab ell, per la simplicitat porte tot a bon fi i excuse totes coses.

— Molt vos prec —digué lo religiós a la donzella— que em poseu algun exemple perquè millor perceba lo que m'haveu ara dit i millor ho puga posar dins mi.—

Dix la donzella: — Meravell-me de vós, mossènyer, com sou persona de tan poca capacitat i ingeni; car, segons veig, jo us tinc a mastegar lo bocí.

— No us meravelleu, donzella —digué Desitjós—, car a les persones simples i de poca experiència, com só jo, molt val la pràtica i exemples.

— Jo us diré —digué la donzella—, mossènyer, qui vol en totes coses guardar innocència i simplicitat —les quals són fi immediat de les virtuts ab les quals s'aconsegueix l'ultimat fi, ço és, amor de Déu i perfeta caritat— és menester que fuge i tanque les portes. I si, per sort, és tan dificultat i penat que no ho pot fer, prenga a mi i pose'm al seu costat. I primerament, en les coses que veurà, pose a mi, Simplicitat, en l'ull dret. I si l'ull esquerre voldrà mirar ab concupiscència, cobejant alguna cosa, o ab judici, judicant mal de son proïsme, deu portar aquell cobejar o mal judicar a l'ull dret, que és Simplicitat, no cobejant ni mal judicant de son proïsme.—

Dix Desitjós: — Digau-me, ¿i com se miraran totes coses ab Ull de simplicitat? Prec-vos me'n doneu un exemple.

— Plau-me —dix Simplicitat—: És menester a vós, mossènyer, que, en quantes coses vejau, façau un simple estudi i pensament que tots los hòmens i dones del món, religiosos i religioses, són àngels i fills de nostre Senyor i que totes les creatures són òrguens i instruments ab los quals nostre Senyor és contínuament lloat, beneït i honrat, i per açò són creades. I així, tot quant veurà de son proïsme ab l'ull dret —ço és, Simplicitat— l'excusarà i comportarà. I de quantes creatures veurà, a les quals lo nostre Ull de concupiscència és inclinat a cobejar, ell ne lloarà nostre Senyor i dirà dins si: "Jo no vull cobejar ni desitjar esta creatura, car lo Senyor no l'ha creada per mi ni per ço que jo tinga cobejar sinó perquè en ella conegués a nostre Senyor i en aquella lo lloàs i amàs i beneís, i no cobejàs ni judicàs." Semblantment, en açò que farà i dirà, prenga a mi al seu costat i ab mi faça totes coses ab simplicitat, i ab aquella parle per lo semblant.—

Dix Desitjós: — Donzella, ¿com no és fet simplement tot quant hom pensa fer simplement, cosevulla que sien fetes tals coses?—

Respòs Simplicitat: — No és menester, mossènyer, que tot açò que hom diu simplement i fa, tal cosa que sia feta simplement, ans en cert, pare, moltes vegades és lo contrari, que són fetes tals coses grosserament i ab poca discreció. Emperò quan açò que la persona fa o diu degudament i ab circumstàncies de temps, de lloc, manera i persona que fer-se deu, si hom les fa llavors, o diu, purament per amor de Déu i per profit del pròxim o de la comunitat, açò és anar ab mi sempre —dix la donzella, ço és, Simplicitat.

Qual ni quanta fon la consolació que rebé Desitjós del parlar de Simplicitat i de la sua doctrina, no bastaria ploma a exprimir. I, presa llicència de Simplicitat, anàse'n a la cel·la de l'altra filla d'Humilitat, que es nomenava Pobretat.

XIII

Pobretat rebé ab gran alegria i consolació a Desitjós i féu-lo seure prop de si. I com fon assentat, dix-li Desitjós: — Donzella, molta és la consolació que jo tinc en estar en vostra companyia i la causa és perquè un cavaller que jo vaig cercant, ço és, Amor de Déu, vos ama molt, i per ço vos prec me digau vostra condició.

— La mia condició, pare, és aquesta: que jo no tinc res ni vull tenir ninguna cosa, ni desig per lo semblant, i açò és tot per Amor de Déu, lo qual m'ama molt i jo ame a ell, i, perquè li pense fer servici d'açò, jo m'aconsole molt en no tenir res.

— Digau-me, doncs —digué Desitjós a la donzella—, en què és la vostra consolació ni en què preneu alegria.

— Alegria ni consolació, major bé ni major riquesa, jo no puc trobar en lo món, sinó en no tenir ninguna cosa i ésser pobre, i açò tot per Amor de Déu.

— Molt estic meravellat —digué Desitjós— car, segons m'han dit, aquesta casa ha feta i fundada lo més ric i pus notable senyor, i generós, que al món sia, ¿per què comporta ni vol que ací estiguen persones pobres i freturoses, ni puc pensar quin servici li'n feu vós d'aquesta pobretat?—

Respòs la verge: — Jo us diré: aquell Senyor qui ha fet aquest monestir és Senyor de tot lo món i té tot lo tresor del món en les mans sues, emperò vol que nosaltres siam pobres, com li sia una cosa molt graciosa i agradable, perquè no posem amor en cosa d'aquest món sinó tan solament en Ell. I per ço que nostre cor sia franc i deslliure i sens ànsia de les coses del món, per ço que millor façam lo seu servici i llaor i perquè no ens penem de la pèrdua o alegrem en lo guany de les coses d'aquest miserable món, sinó que la nostra ànima estiga quietada i reposada, sens basca ni congoixa, i que sempre estiga alegre en Ell, car la sua amor és cosa molt delicada, que no vol estar sinó en lloc sol, net i de quietut.

— Digau-me, donzella —dix Desitjós—, ¿quina és la major consolació que us dóna aquesta virtut de pobretat?

— La major consolació —digué la donzella— és que sempre só contenta del que tinc, i, per poc que tinga, ab aquesta me tinc per rica.

— ¿Quin profit n'haveu —digué Desitjós a la donzella— de pobretat?—

Respòs la donzella: — Lo major profit que jo tinc de pobretat és quietud i repòs d'esperit i per ço és molt amable, car aparta de nosaltres totes ànsies i sol·licituds del món, i ens fa estar ab molta quietud i deslliure per fer l'ofici perquè és creada qualsevulla persona, ço és, amar, lloar i beneir Déu, i per ço verdadera pobretat d'esperit més està en llunyar lo cor de les coses d'aquest món que en altra cosa.

— I quina és la major virtut que teniu? —digué Desitjós.

Respòs dita donzella: — La major virtut que jo tinc és que per Amor de Déu no vull tenir ninguna cosa en propi, ni encara en comú, i aquesta és la major perfecció que jo tinc, i virtut, i aquest és lo més segur camí del món per aquest temps en què som vui en dia. I la causa és perquè és refredat molt, en les persones del món, l'amor de Déu i encesa la malícia, car és tan inclinada nostra afecció en coses riques, sumptuoses i curioses, que ab molta dificultat pot hom tenir si mateix que la nostra voluntat no s'acoste en amar desmesiadament, poc o molt, coses que són contra mi, que só Pobretat, i per açò deu hom apartar lo foc de l'estopa, i tot açò per Amor de Déu. Car Amor de Déu, entre totes quantes ama en lo món i en los hòmens, és a mi, ço és, Pobretat, com ell l'haja molt predicada i praticada en lo món. I en aquesta molts van enganats, car pensen no tenir afecció en ninguna cosa, emperò, si ho posen a l'experiència, no se'n contenten molt, car bé volen ésser nomenats pobres sols no tinguen penúria de res. I no pensen en lo Senyor, qui era Senyor de totes coses i no podia haver ningun empatx de riqueses quant en la sua afecció. Emperò Ell volgué tenir la més alta pobretat que fos en lo món, car volgué que la sua nativitat fos en lloc no seu, posat en draps pobres. Ni casa ni habitació volgué tenir. Ni en la santa creu no tenia lloc on reclinàs lo seu cap. Volgué que lo seu cors fos posat en sepulcre d'altri. I açò per exemple de nosaltres. I així mateix la sua beneita mare i deixebles. Veus ací, doncs, pare, la mia gran virtut.

XIIII

Molta fon la consolació que rebé Desitjós de la doctrina de Pobretat. I, presa llicència, anà-se'n a l'altra cel·la d'una verge que es nomena Obediència, la qual lo rebé ab molta alegria, a la qual féu Desitjós molta reverència per ço com era verge de molta llaor i molt amiga d'Amor de Déu. I com Desitjós li volgués besar la mà ella no ho comportà, car no s'agradava d'honres. I digué-li Desitjós:
— Quina és vostra condició?—

Respòs la donzella: — La mia condició és voler sotsmetre i cativar a mi mateixa, ço que fa la virtut d'obediència qui és en mi, com sia la mateixa virtut. Car teniu per cert que a vós, qui sou religiós, ni a mi, qui estic en aquest cenobi, no aprofitaria la virtut de pobretat sinó molt poquet si no és en nosaltres aquesta mia virtut, ço és, d'obediència. I la causa és perquè més noble cosa és renunciar a la pròpia voluntat i voler-se cativar que no renunciar a les coses temporals, car tota la perfecció de la vida religiosa està en abdicació de la pròpia voluntat. I per ço, si vós voldreu, pare, trobar aqueix senyor que cercau, treballeu tot lo possible en les vostres voluntats renunciar en mans de les persones a qui és donat.

— Molt me plau —digué Desitjós a la donzella— de praticar ab vós, car par-me que és molta la vostra perfecció. Car fàcilment renuncia la persona a les coses temporals, emperò és molt difícil abnegar si mateixa i la pròpia voluntat, la qual cosa me par que vós feu, i és així en cert. Emperò digau-me, virtuosa donzella, en què poré jo conèixer que jo tinga aquesta tan noble virtut vostra, ço és, obediència.—

Respòs la donzella: — Pare, en dos coses ho poreu conèixer. La primera és quan vós fareu ab molta alegria tot ço que vos serà manat per los qui són vostres prelats, car jo sempre tinc i faç la voluntat de la nostra senyora i mare abadessa, car pens que en totes coses que ella me mana, puix só certa que no és contra Amor de Déu, ans és tot per Amor de Déu, tinc cregut que nostre Senyor ho mana tot. I per lo meritar m'és molt millor l'obediència que no sacrificis ni altres coses, car no és cosa a Déu tan agradable quant és l'obediència santa, car més plau a nostre Senyor una simple obediència que totes altres virtuts, i, tenint aquesta, no és persona ab qualsevulla altra virtut que camín tan dret quant fa l'obedient verdader. Per aquesta causa és menester que vós, pare, qui voleu trobar Amor de Déu, donau-vos tot a obeir i, tan prest com sentireu la voluntat de la supèrbia vostra, pensau que és voluntat de Déu. I per açò no tardeu en fer la santa obediència, car així ho faç jo. Car qualsevulla cosa que jo tinga a fer i mane a mi la senyora mare abadessa, molt prest deixe totes coses i l'obeesc. I no solament manant o dient-m'ho, mes encara en sentir la sua voluntat obeesc i no espere que m'ho diga. I així és menester vós façau, si voleu trobar Amor de Déu, proposant sempre en vostre cor voler devotament obeir, car per difícil que vos sia la cosa, tenint vós aqueix ca que portau, ço és, Bona voluntat, la cosa que us semblarà impossible vos serà feta possible i fàcil de fer. La segona cosa en què vós, pare, coneixereu que vós teniu a mi al vostre costat i que vós teniu aquesta virtut és quan vós no volreu fer ni fareu ninguna cosa per vostra pròpia voluntat ni autoritat, sinó sols façau lo que us serà manat. Car moltes vegades ve contra nosaltres una mala dona qui es diu Pròpia voluntat, la qual porta moltes persones a perdre, especialment aquelles persones qui la volen, i per ço, pare, si vós voleu fugir i evitar tal perdició, llevau aquesta mala dona de vós. I, si ho feu, no temau cosa del món, car la propietat d'aquesta dona, pare, és que fa que lo bé que hom fa o qualsevulla altra cosa que hom faça, quan és feta per la pròpia voluntat, ja aquella obra no és bona. Tant de dejunis, disciplines, abstinències, treballs corporals, com portar cilici, i semblants coses és per pròpia voluntat i no de superior, no és virtut. Açò tenim per eximpli del nostre Redemptor, qui no vingué a fer la sua pròpia voluntat sinó la del seu Pare eternal. Així, pare —digué la donzella—, és menester que façau la voluntat del vostre pare espiritual, ço és, lo prelat, i en aquesta manera trobareu Amor de Déu.—

De quanta jocunditat fon ple lo dit religiós no bastaria jo explicar, majorment que per ell satisfeien molt les paraules de la donzella, per ésser ell religiós, i reputà la donzella de molta perfecció. I fetes moltes gràcies de la gran informació sua, anà-se'n per visitar l'altra filla d'Humilitat, la qual era darrera, lo nom de la qual era Castedat.

XV

Castedat rebé ab molta cortesia a Desitjós i ell li féu molt gran reverència, car sabia molt bé que Amor de Déu l'amava molt. I digué-li Desitjós: — Donzella, feume caritat me vullau dir la vostra condició.—

Respòs Castedat: — Só molt contenta, pare, car sapiau que jo só filla d'Humilitat, i tinc per marit un gentilhome qui es nomena Guarda cor. I tinc dos mosses qui es nomenen Abstinència i l'altra s'anomena Vergonya —car les coses precípues per guardar castedat són abstinència i la vergonya—. I sapiau que mon marit té un patge, lo nom del qual és Guarda sentiments. I aquest patge no es parteix mai de mon marit, ço és, de Guarda cor, lo qual patge portava en si tres coses. La primera era un fre, la segona era una pedra, la terça era un ferrollat.—

De la qual cosa estigué lo dit religiós admirat, i digué-li: — Digau-me què és lo que portau ni per què són.—

Respòs lo patge: — Mossènyer, estos instruments són per a mon amo, qui es diu Guarda cor. I sapiau que aquest fre és per domar una bestiola que té mon amo, la qual, posat que sia de poca estatura, si ella se desfrena i se solta a tothom enderroca i fa molt de mal, i no basta aturar-la sinó Temor de Déu, qui és porter nostre.

— I com se diu aqueixa bestiola? —digué Desitjós.

Dix lo patge: — Mossènyer, aqueixa se diu Llengua, car la llengua és poquet instrument, emperò ès molt gran i semblant al foc, que encara que lo foc sia poquet emperò crema molt; així és d'aquesta llengua, car la mort i vida tota està en mà sua. Així mateix, mossènyer, haveu de saber que aquest ferrollat no és per aldre sinó per tancar la porta de casa, per tal que les monges no se'n vagen. Car sapiau que si aquest ferrollat no tanca la porta, no tendríem ací religió.

— Com se diu aquest ferrollat? —digué Desitjós.

Respòs lo patge: — Mossènyer, lo seu nom és Silenci, car tota persona religiosa, i qualsevulla altra, que no té silenci refrenatiu de la llengua d'aquest, vana és la sua religió, com lo silenci no sia mai contra Amor de Déu ans sempre és per tapar un forat qui està detràs casa, qui es diu Oir, per ço com no hi entren lladres, car si jo no tenia a prop la pedra tots seríem perduts. La pedra aquesta és Jesucrist, la consideració del qual sempre deu estar a l'orella del cor perquè hom no l'ofena. Aquest vel que porte és per tapar l'ull esquerre, que no és aldre sinó Sensualitat, car l'ull dret no és menester que sia tapat, com no sia sinó Simplicitat, la qual no porta mal en casa sinó tot profit. Emperò l'ull esquerre, de sensualitat, té molt més presta i viva i més penetrant que no lo dret, i per açò és menester tapar-lo ab aquest vel.

— I per què tapau aqueix ull? —digué Desitjós.

— Per ço —dix lo patge— perquè és molt maligne i fa ací molt de mal, car fa venir ací dos males dones qui són molt enemigues de la mia senyora, ço és, Castedat.

— I qui són aqueixes dones? —digué Desitjós.

— Mossènyer —digué lo patge—, l'una se nomena Cobejança i l'altra se diu Judici mal, les quals fan fugir Amor de Déu i llencen-lo de casa. I per ço quan jo tinc l'ull esquerre tapat de sensualitat, encara que los tinga oberts no veig res, car encara que alguna vegada jo mire, puix és tapat l'ull esquerre. I aquesta pedra porte molt freqüentadament en la bossa i no vull parlar, i encara que em diguen que sia mut no m'hi dóna res, car faç-me mut per Amor de Déu.—

Digué Desitjós: — Digau-me, patge, ¿i quin servici feu vós a vostre amo per fer-vos mut?

— Molt gran servici li'n fas —digué lo patge—, car per aquestes portes se perden i se'n van dos pedres precioses de què vos parlà la filla de la nostra senyora, ço és, Simplicitat, les quals pedres són Puritat i Innocència. Les quals pedres guardades —dix lo patge—, la mia senyora, ço és, Castedat, està molt al segur, com totes les coses per mi nomenades sien uns defensius molt singulars, tant per guardar la castedat virginal, que és estament molt altíssim, com encara per guardar la vidual, qui no és tan alt, i per la conjugal, que és més inferior, i açò, ço és, la perfecció d'aquestos estaments, se mostren en la paga que quiscú rebrà per ells.

XVI

Desitjós rebé molt gran consolació en conèixer la companyia de Castedat, i, prenent llicència de la donzella, va eixir defora i digué a la serventa que l'acompanyava: — Digau-me, ¿teniu altra cosa, ací en aquest palau, que m'hajau de mostrar?

Respòs No m'hi dóna res: — Pare, si bé haveu mirat lo que ací haveu vist, i posau per experiència, complidament vos bastarà per trobar Amor de Déu. Emperò vullvos mostrar un arbre que tenim en aquest monestir, molt singular, i lo fruit molt més preciós.— I prengué per la mà a Desitjós i portà'l al lloc on estava dit arbre, lo qual com lo véu, Desitjós estigué admirat de la nobilitat i excel·lència de l'arbre i, molt més, en cert, de la varietat del fruit, car lo dit arbre tenia dos maneres de fruita.

I digué lo religiós a la donzella: — ¿Com se nomena aquesta fruita d'aquest arbre tan bell?—

Respòs la donzella: — Pare, esta fruita nomenam nosaltres *Defidentia sui* —ço és, Desconfiança de si— i l'altra nomenam *Confidentia Dei* —ço és, Confiança de Déu—. Aquest fruit se'n porten tots los qui ací vénen, car si no se'n portaven aquest fruit poc los aprofitaria venir ací, i poc aprofitarien en aquesta que es diu Casa d'Humilitat, la qual té aquest fruit, car la humilitat fa que hom no té confiança en si sinó en sol Déu.—

Digué Desitjós: — Donzella, feu-me gràcia me'n doneu d'aquest fruit, puix és tan preciós.

— Plau-me —digué la donzella—. Menjau a vostre plaer del primer, i menjau-ne tant com vullau i pugau menjar fins a tant siau saciat; no temau vos puga fer dany sinó molt profit. De l'altre, fareu d'esta manera: que en prengau tant com sia a vós possible en les mans portar, i si no basten les mans posau-hi les mànegues del vostre hàbit, car aquí ne porà caber molt i aquest vos bastarà fins a tant hajau trobat Amor de Déu, que vós molt desitjau.—

Molt complidament menjà Desitjós del fruit del dit arbre, ço és, de Desconfiança de si, i ab les mans i mànegues de l'hàbit se'n portà del segon, ço és, Confiança de Déu, per lo camí per on devia caminar. I digué a la verge: — Donzella, feu-me tanta de gràcia que em mostreu aquell camí curt o senda que em diguéreu perquè més prest puga trobar Amor de Déu.—

Respòs la donzella: — Pare, molt me plau de mostrar-vos aqueix camí, car, segons veig, vós sou molt bé instruït i estau aparellat per caminar i dispost per trobar Amor de Déu. Emperò perquè tinc molta temor que [no] sapiau lo camí i, anant vós sol, tinc cregut que erraríeu lo camí si no aportàveu companyia, i per ço vos vull donar una bona companyia d'aquesta casa que se'n vaja ab vós, car no us basta lo ca gros que portau ab vostra companyia. Car sens animals venenosos i pestíferos, per aquest camí ha molts camins torts i molts barrancs, i lladres, per lo semblant, molts, qui estan per lo camí, qui enganen la gent; pero ço serà bo que no fieu solament del ca, per bo que sia.—

Digué Desitjós: — Donzella, puix tanta caritat me voleu fer, donau-me lo qui us semblarà millor per aquest camí, perquè jo no m'haja de perdre, car, segons lo que dieu, molt perill ne passe.

— Preneu lo porter —digué la donzella—, qui és home del ferro, ço és, Temor de Déu. I, si voleu que mai vos deixe, preneu una filla sua que es diu Vergonya. I, si no voleu perdre mai aquesta, preneu una bona vianda qui la farà estar ab vós, qui es diu *Sursum corda,* i donau-li sovint a menjar d'aquesta molt preciosa vianda. La segona companyia que vós portareu serà Simplicitat, i ab aquesta companyia anireu molt segur. Avís-vos, emperò,

 que si per ventura perdíeu a Temor de Déu i a Simplicitat

no deixeu lo ca que portau, car si li donau a menjar d'aqueix fruit que portau, ço és, Confidència de Déu, ell vos ajudarà a trobar la dita companyia. I com sereu defora casa prendreu a mà esquerre una senda o drecera, la qual és drecera per anar al lloc on està Amor de Déu.

— I com se diu aqueix camí o senda?, donzella —digué Desitjós—, perquè si la perdia o m'eixia de camí sàpia demanar d'ella.

Respòs la donzella: — Pare, aqueixa senda o drecera se diu Paciència, que és senda curta qui va de Casa d'Humilitat a Casa de Caritat. Coman-vos al Senyor —digué No m'hi dóna res al religiós, i partí's d'ell.

XVII

Qui mostra la senda per la qual deu caminar qualsevulla persona qui és desitjós d'amor de Déu.

Desitjós molt anava alegre quan se partí de Casa d'Humilitat, en la qual s'era molt complidament saciat de la fruita, ço és, de Desconfiança de si, i encara del que aportava en les mans i mànegues, ço és, Confiança de Déu, i ab bona companyia que portava, ço és, lo ca gros, que no és sinó Bona voluntat, que li anava a l'un costat, i a l'altre costat venia lo porter, ço és, Temor de Déu, i davant si aportava a Simplicitat. I ab aquesta companyia començà a caminar molt alegrement per la senda o drecera de Paciència. I en lo principi li paria a Desitjós lo camí ésser molt aspre i terrible —encara que fos curt— i molt pedrós i ab moltes espines. I digué a Simplicitat aquestes paraules: — Simplicitat, molt estic meravellat d'aquest camí car en cert és molt aspre i dur, i açò en tanta de manera que no tenia cregut mai, car en cert jo estic tot espantat.—

Respòs Simplicitat: — No us meravelleu del camí com és tan mal, car per açò li han posat nom Paciència, car si no fos així treballós i ple de pedres i espines no tenguera aquest nom. Ni la casa a on va fóra tan preciosa, ni tan amada, si lo camí fos bo i pla i tothom hi fóra pogut venir a plaer. Emperò perquè lo camí és tan mal no hi vénen ací sinó persones molt experimentades i provades, i no és meravella com sia un comú vulgar en castellà:

Que no ay atajo sin trabajo. I puix vós haveu volgut prendre aquesta drecera, és menester tingau bon esforç i comporteu lo camí, puix dura molt poc, i pensau en lo fi per què caminau, car lo fi de la cosa mou i acostuma de fer moure lo caminant de fer i prosseguir aquell camí que ha començat ab molta alegria i consolació. ¿Com pensau, vós, trobar tal bé com és Amor de Déu sens molt treball i fatiga del cors? Certa cosa és que no, car bé us tendria jo per home de poc enteniment si tal crèieu. Car, si poc vos costava, així mateix ne faríeu poc cas quan lo tendríeu, Amor de Déu. Per ço no us tedieu ni peneu, car la paga és molt gran i major que lo treball, i per ço vos deveu esforçar a caminar, car així me par que ho diga la *Santa Escriptura,* i no solament la *Santa Escriptura* mas encara los antics filòsofs. I així esforçant-vos a caminar per aquest començat Camí de Paciència, hajau per cert que vos reposareu en gran manera ab Amor de Déu i ab ell vos aconsolareu, i més l'amareu i major serà vostra consolació que si no haguésseu passat tant de treball i fatiga en cercar-lo. I si per ventura lo cor vos defallia, menjau d'aqueix fruit que us donà No m'hi dóna res quan nos partírem de Casa d'Humilitat, ço és, Confiança en Déu, i no temau de desmaiar-vos per qual ni quant treball sia en lo món ni puga ésser, car los qui en ell confien no poden perir en ninguna manera. I si no voleu sentir los treballs del camí començau a cantar, i cantant no sentireu tanta de penalitat.—

En gran manera s'aconsolà Desitjós del parlar de Simplicitat i del seu bon conhort que li donava en camí, caminant, i digué: —¿Com porem nosaltres cantar si anam en companyia d'aquest vell tan mal agraciat, ço és, Temor de Déu? —car Temor de Déu, quan és en alguna persona, no permet fer, a d'aquella, cosa qui sia contra Amor de Déu.—

Simplicitat digué: —No us meravelleu d'aquest home, car ja és tal la sua condició natural, emperò d'altra part és lo més benigne home. Siau, doncs, alegre i amorós, car és germà d'Amor de Déu, quant més que nosaltres no cantarem per vanitat sinó per lloar a nostre Senyor i per no sentir tant treball del camí en què caminam, i per semblant per refocil·lar lo nostre esperit per a millor caminar.—

Digué Desitjós: —Com voleu que cantem?—

Respòs la donzella, ço és, Simplicitat: — Prengam les Veus, les quals veus no són sinó les creatures, i ab aquelles porem cantar.

— ¿Com se pot fer —digué Desitjós— que les creatures sien veus?—

Respòs Simplicitat: — Certa cosa és que les creatures són veus per ço com són fetes per lo Verb o per la Paraula, i açò que segueix immediatament lo verb és la veu.

— I digau, donzella, què dien les creatures si elles són veu?—

Respòs Simplicitat: — Pare, dien la bondat de nostre Senyor, com Ell sol sia bo per essència i les creatures són bones per participació; dien, per semblant, la sua magnitud de virtut, perquè Ell és gran i digne de tota llaor; dien, no res menys, la bellesa, fortalesa, dolçor, saviesa i amor i potència i totes les virtuts de nostre Senyor. Car sapiau que així com per les veus venim a coneixença de Déu, separant, emperò, de les creatures, lo que conté imperfecció en si i prenent lo que diu perfecció. Car tot quant nostre Senyor ha posat en les creatures que no diguen imperfecció, tot és veu i tot són veus qui el lloen i magnifiquen. I tantes veus som quantes creatures som en lo món, les quals nos donen coneiximent de Déu, i tenint coneiximent lo pugam lloar cantant per aquelles. Emperò —digué Simplicitat— pesem molt, que no podem cantar perfectament per tot aquest camí fins siam arribats al lloc on anam, ço és, a Amor de Déu, car allí no tenen altre ofici sinó cantar, i sempre canten; emperò ara, per lo camí, preneu lo que podreu perquè, com siau allí, sapiau bé cantar.—

Digué Desitjós a la donzella: — Prec-vos me façau tanta gràcia —perquè jo per mi mateix no sabria conèixer, per les creatures, com tinc de cantar— que, per les creatures, jo puga venir a coneixença de Déu.

— Plau-me —digué Simplicitat— i molt ne só contenta.

XVIII

Desitjós molt caminà per lo dit Camí de Paciència, en lo qual camí s'informà en gran manera en les virtuts i perfeccions de nostre Senyor. Emperò grans i incomparables foren los treballs que passà, i perills —car les persones qui en aquest món volen caminar per lo camí de virtut i de nostre Senyor en cert senten moltes penes i fatigues, emperò per lo premi s'hi deuen esforçar, encara que no principalment, a caminar per lo camí nomenat i no tornar atràs—, car moltes vegades entropessava i moltes vegades caïa, i si no fos per Temor de Déu, qui anava en companyia sua, no se'n fóra llevat de moltes caigudes —car si la temor de Déu no fa apartar i llevar lo pecador de pecat, o lo just conserva que no caiga en pecat, no és altra cosa que baste—. I moltes vegades, en lloc d'aprofitar caminant per les creatures no aprofitava, ans moltes vegades perdia i tornava atràs —car moltes vegades, per la molta consideració d'aquestes coses mundanals, se segueix que l'amor se declina desmesuradament en amar aquelles i deixar lo nostre Creador—. I per semblant, en aquest religiós, caminant per aquest Camí de Paciència, se li ficaven espines en lo peu, sinó que Simplicitat, qui anava ab ell, les apartava i arrencava del peu i treballava tant quant era possible fer que en lo camí no hagués cosa que li pogués danyar —car Simplicitat és causa que nosaltres, per molt que siam fatigats i punits de qualssevulla penes, comportar i tolerar aquelles ab molta consolació de l'esperit—. Moltes vegades s'adormia, lo religiós, per lo camí, sinó que Temor de Déu l'excitava, i moltes vegades, cansat que era del camí en què caminava, ço és, de Paciència, s'aturava i se posava per lo semblant, car moltes persones són qui comencen estaments molt alts de perfecció i de paciència i, estant en lo camí d'aquells, s'adormen no augmentant de virtut en virtut, i així estan reposats i tornen atràs de la primera voluntat que tingueren en lo principi, quan començaren a caminar, com feïa aquest religiós al qual per lo semblant li defallia lo cor, car moltes vegades desperava que pogués acabar lo camí que començat havia, sinó que lo fruit que pres havia en Casa d'Humilitat, ço és, Confiança de
 Déu, li tornava totes les forces i li refocil·lava les potèn-

cies. Així per lo semblant és de nosaltres, que si no fos la confiança que devem, de nostre Senyor, tenir no abastaríem a fer obra que bona fos, com les nostres forces sien molt poquetes. Emperò, ajudats del fruit de la Confiança de nostre Senyor, lo camí començat acabar devem, esperant ab aquest religiós que los treballs i penes molt prest hauran terme i fi en nosaltres, i ab ell trobarem Amor de Déu, car açò l'esforçava i aconsolava molt a Desitjós.

I per quant Desitjós caminava de nit, moltes vegades se seguia que perdia Temor de Déu i a Simplicitat, emperò quan se feïa dia i lo sol eixia, ab lo ca que aportava, que era Bona voluntat, tant prest los tornava a cobrar, a Temor de Déu i a Simplicitat. Així és per lo semblant, car moltes vegades anant nosaltres, miserables pecadors, per lo camí de perfecció i de virtut, moltes vegades caminam de nit perdent la temor de Déu i caent de pecat en pecat i de vici en vici, i així mateix perdem a Simplicitat, ço és, l'estament en què estàvem, ço és, de gràcia. Emperò quan lo sol de justícia transpunta dintre les ànimes nostres ab la bona voluntat i ab lo desig bo tornam a cobrar a Temor de Déu i a Simplicitat, com feïa aquest religiós.

Car per lo camí que començat havia de caminar li foren fetes i dites moltes injúries, i molt prest la sua passió irascible en ira, emperò pensava en la companyia que portava, ço és Temor de Déu —qui no comporta ninguna passió de malícia contra ningú— i tan prest se reprenia i proposava de comportar, per ço que trobàs Amor de Déu. Així devem tots nosaltres fer si trobar volem Amor de Déu. I devem proposar d'haver molta paciència, com feïa lo religiós nomenat, lo qual molt desitjava que fos exercitat encara que veés que era contra la sua natural inclinació, car més era inclinat a fer lo contrari del que feïa, emperò era content de beure aquell calze per trobar Amor de Déu. Així nosaltres devem fer, perquè en cert són benaventurades les tals persones qui penes senten en aquest món, com sia cosa difícil i quasi impossible no passar penes en aquest món ni en l'altre, com sia regla molt certa que les persones qui en aquest món no passen penes i congoixes esperen-les de passar en l'altre, i per lo contrari, les persones qui en aquest món seran exercitades en comportar treballs i penes per amor de nostre Senyor esperen, ab aquest Desitjós, trobar consolació ab Amor de Déu.

Car aprés que lo dit religiós hagué caminat per aquest Camí de Paciència de molts dies ab la dita companyia, ell vingué en un bell prat enmig del qual estava edificada la Casa Real de Caritat, en la qual casa Amor de Déu era porter, i digué a Simplicitat: — Digau-me, ¿és aquest lo palau i casa que nosaltres cercam, ço és, de Caritat?

— Sí —digué Simplicitat.

Molt fon alegre Desitjós com ja eren tan prop del dit palau, pensant que aquí se tenia saciar i reposar lo seu desig per quant era aquí Amor de Déu.

XIX

Fort temerosament començà de tocar Desitjós a la porta del Palau de Caritat, i com molt hagués tocat a la porta del dit palau no venia ningú per obrir a la porta ni responia ningú.

— Tocau —digué Simplicitat— fort, car si fort tocau no és possible que no ho senten, encara que sien sords. Tocau —digué ella— ab les anelles de la porta, car encara que dormen ells se despertaran i baixaran a obrir, car per açò me par que tinguen porta i anelles. Car si no devien obrir no tendrien porta, car les portes són perquè los qui toquen entren en casa.—

I com molt hagués tocat fon aquí lo porter del dit palau, qui es nomenava Amor de Déu, lo qual cercava Desitjós, lo qual porter no era conegut per lo religiós. I, com lo veés, lo porter digué-li: — Mossènyer, què cercau ací? ¿Sou, vós, per ventura enutjat de tocar a la porta i d'esperar? No us enutgeu d'això, car moltes vegades fem nosaltres açò per a provar de paciència los qui vénen, i com veem algunes vegades alguns presumptuosos qui tantost s'enutgen com no els obrim, car pensen-se que no tenim a fer aldre sinó ells arribant que nosaltres obriam, i aquests tals fem nosaltres tornar com a madorros, car no els obrim. Car ací no obrim als qui pensen que ho mereixen o que en són dignes. No sé, per ventura, si vós sou d'aqueixos.—

 Respòs Desitjós: — No senyor, car encara que he passats mals infinits i treballs, emperò molt bé conec que no meresc entrar ací sinó per vostra bondat i virtut si m'hi voleu acollir.—

Digué Amor de Déu: — Digau-me, a qui cercau?—

Respòs Desitjós: — Senyor, jo vinc de Casa d'Humilitat ab la companyia que veeu, i só vingut per lo Camí de Paciència fins arribar ací, i vinc a cercar Amor de Déu, lo qual m'han dit que està ací.—

Digué Amor de Déu: — Digau-me, mossènyer, ¿portau per ventura ninguna lletra o balaci per lo qual jo sàpia que veniu de Casa d'Humilitat?—

Respòs Desitjós: — Dos lletres porte: l'una me donaren en Casa d'Humilitat, qui es diu Coneiximent de si, i l'altra havem escrita per lo camí, qui es diu Coneiximent de Déu.

— Molt me plau —digué Amor de Déu— que vingau tan bé proveït. Emperò digau-me una cosa: ¿creeu vós que per aqueixes lletres que portau nosaltres vos degam posar en casa?—

Respòs Desitjós: — Senyor, ja us diguí en lo principi que solament, si en casa me rebeu, per vostra bondat serà i caritat i cortesia i virtut. Car no sé si les lletres estan ben escrites, que jo aporte, car jo bé só estat en Casa d'Humilitat i m'han mostrada tota la casa i totes les monges qui són en aquell monestir i la condició d'aquelles, emperò no sé si lo fruit que mengí allí, ço és, Desconfiança de si, m'ha feta bona digestió i si és reposat dins lo meu cor, encara que em plaïa molt al gust. No sé, per lo semblant, si per lo camí he aprofitat, car molts encontres he haguts per aquell, i de quant he fet no gosaria dir que tinga cosa de bé de mi mateix sinó pecats molts i dolenties, car par-me qui es pensa ésser ben sa i dispost no ha persona més dolenta i malalta que ella. I per ço, Senyor —digué Desitjós—, la principal causa que jo cerque Amor de Déu és perquè m'han dit que és bon metge i que em done sanitat i purifique. Car dien que ell sol coneix los secrets i interiors malalties, i allí on ell posa la mà tot ho purifica.

— Per què voleu ésser sa i dispost? —digué Amor de Déu.

Respòs Desitjós: — Senyor, perquè m'han dit que ací

no pot entrar ningú sinó que sia sa i net —perquè ninguna cosa sutza pot entrar en glòria de paradís—.

Digué lo porter: — Puix així és que tota vostra esperança posau en mà nostra, esperau ací, que no podeu entrar ara ni parlar ab Amor de Déu fins primer parlau ab un seu criat o patge.—

I dit açò, lo porter féu eixir lo seu patge, ço és, Amor del proïsme, per parlar ab Desitjós, qui estava a la porta, i que no digués que ell era Amor de Déu, per ço com Amor de Déu lo volia provar ans que entràs en casa.

XX

En gran manera s'alegrà Desitjós com veé lo patge d'Amor de Déu i de molta voluntat que tenia a Amor de Déu, qui era son amo, no es pogué tenir de plorar. I digué-li: — No us penseu plore per altra cosa sinó perquè vull tant de bé a vostre amo que veent a vós he pensat veure a ell, encara que no el tinga conegut.—

Dix lo patge: — No us enutgeu que jo us hi aportaré, a mon amo, emperò és menester que primer conegau a mi i la mia condició, i que em prengau en amistat, perquè en altra manera no trobareu gràcia ab mon amo.

— Plau-me —digué lo religiós—. ¿I quina és vostra condició?—

Digué lo patge, ço és, Amor del proïsme: — Si vós me voleu per amic és menester que mengeu de la vianda que jo menge, car jo menge primerament Humil pensar de mon proïsme, segonament Humil parlar d'aquell, tercerament Humil obrar. Lo primer fa Humilitat ab son marit, car lo marit d'Humilitat se diu Sant propòsit, qui fa tenir a cada u per no res i per esclava i serventa de tots. I així com aquest propòsit fa a Humilitat menjar lo fruit qui es nomena Desestimació de si, així per a compondre un menjar que vos és menester que mengeu, si voleu estar en gràcia mia, qui es dirà Estimació d'altri, lo qual se fa d'Humil pensar, és menester que tingau per amic al marit d'Humilitat. Lo segon menjar que vós deveu tenir per ésser amic meu és Humil parlar, lo qual ix d'aquest mateix lloc, ço és, Humilitat; és veritat que s'hi posen
 tres materials: d'Humilitat, de Mansuetud, d'Afabilitat,

ab una pólvora molt preciosa i profitosa que hom posa dessobre, qui es diu Tard parlar i poquet, d'aquestes herbes ix Humil parlar, ço és, Honrar altri. Lo tercer menjar que vós deveu tenir i menjar és Humil obrar, lo qual se fa d'Humilitat, de Simplicitat, de Mundícia i de Puritat. Si vós, pare, menjau d'aquesta vianda tan preciosa, vós me tendreu per vostre i fàcilment poreu entrar en amistat de mon amo.—

Molt contentà a Desitjós lo parlar del patge, i digué-li: — Puix m'haveu mostrada vostra condició, feu-me tanta gràcia que anem a veure Amor de Déu, qui és vostre amo i lo que jo tant de temps ha que cerque i desitge veure.

— Esperau-me ací —digué lo patge— i jo veuré si voldrà venir a parlar ab vós.

XXI

Llongament estigué esperant Desitjós al patge, i allí estant pensava si Amor de Déu voldria eixir a parlar ab ell, i començà a pensar dins si que ell era home de no res i que no mereixia que tan noble cavaller com era Amor de Déu vingués a ell. I com ell estigués en aquest pensament véu venir un home qui li digué: — A qui demanau, germà?—

Respòs Desitjós: — Senyor, deman Amor de Déu.—

Digué lo dit home: — Germà, sapiau que jo só aqueix que demanau.—

I com Desitjós oí dir que ell era Amor de Déu, ell caigué en terra tot esmortit, emperò Amor de Déu lo prengué per la mà i féu-lo llevar de terra. En tanta de manera plorà Desitjós d'alegria com trobà Amor de Déu que no podia parlar ni dir mot. Emperò com Amor de Déu veé açò, per quant era noble de cor, no pogué estar que no fes companyia al dit religiós per la molta compassió que tingué d'ell. Molt se meravellà Amor de Déu com veé que Desitjós li portava tanta amor, la qual conegué Amor de Déu ésser en lo dit religiós per quant per la gran alegria que havia haguda plorava i no podia dir ninguna cosa. I digué-li Amor de Déu: — Prec-vos, per l'amor que em teniu, de deixar-vos de plorar, car no puc comportar que jo veja plorar les persones que jo molt ame. I, digau-me, qui vos ha dit de mi que jo era ací?—

Desitjós pres esforç i, refocil·lat algun poquet, llevà's de terra i respongué a Amor de Déu, encara que ab molts sanglots i veu regullosa i temorejant. I digué: — Senyor, un pastor que trobí per aquest camí, qui m'ha molt endreçat per tot lo camí que jo he caminat, i aquest me digué que caminàs per lo camí que he caminat que sens dubte jo el trobaria.—

Digué Amor de Déu: — Digau-me, ¿i què és la causa que vós tant m'amau? ¿És per ventura perquè vos han dit que faç bon acolliment a mos amics, i a mos servidors los done molta consolació i los tinc molt contents i los done molts donatius?—

Respòs Desitjós: — Senyor, no, sinó perquè sé que sou noble home i bon senyor i perquè vós portau vostres servidors a desitjar Déu i a haver Déu, qui és lo major bé qui ésser puga.—

Molt plagué a Amor de Déu la singular i bona intenció que portava Desitjós en amar-lo, i llavors molt més l'amà. I digué-li Amor de Déu: — Digau-me, teniu ningun germà?

— Sí, senyor —digué lo religiós—, un germà tinc qui m'ha fet perdre tot aquest treball, car passa molt enyorament de vós i a tothom demana de vós i mai té altri en la boca sinó a vós. I en cert, senyor, parlant ab tota cortesia, estic molt admirat de vós, com siau tan noble i ple de tota virtut quant sou i que així lo deixeu penar i morir, que no el visiteu i aconsoleu un dia.—

Digué Amor de Déu: — Callau, car tal se pensa i creu tenir-me a mi, que encara no em té conegut, i tal no es pensa tenir-me a mi ni conèixer-me, i emperò està ple de mi. Emperò si vostre germà tant me desitja, com vós dieu, com vós sereu tornat, digau-li que vinga ací per lo camí que vós sou vengut i ab la companyia que vós haveu portada, que ací me trobarà en esta casa. I no li cal cercar molts llibres ni moltes terres sinó que vinga ací tot dret per lo camí que us he dit.

— Senyor —digué Desitjós—, jo lo hi diré. Emperò prec-vos me digau vostre ofici i per què sou vós tan estimat en aquesta casa.

XXII

— Puix sou arribat ací en casa nostra —digué Amor de Déu a Desitjós— jo us diré lo meu ofici ni perquè só tan estimat ací. I sapiau que la causa i ofici meu no és altre sinó amar Déu, i só fill de Conèixer Déu.—

Digué Desitjós: — I com amau a Déu?—

Respòs Amor de Déu: — Jo us diré: jo tinc gran desig que jo l'ame de tot mon cor i ànima i afecció i que jo el conega. I desitge que tot lo món tinga d'Ell coneixença, i puix lo coneixem, que l'amem, beneiam i glorifiquem, per ço com és tot bo. Per semblant m'esforce en fer tot quant Ell me mana tant quant és a mi possible, i no espere que Ell m'ho diga, ans qualsevulla persona que m'ho diu de part d'Ell jo ho faç ab molta reverència i devoció i ab molta alegria i consolació, ab diligència i humilitat i lo més ab bona voluntat, i açò en tots temps i llocs, i en açò conec quanta amor li tinc, en fer lo que Ell me mana. Car jo no conec que totes quantes persones són en lo món ni estan ab Ell, servint-lo, parlant ab Ell, fentli grans reverències i grans carícies, i encara fins a fer miracles, tant li plàcia i tant agrade i sia accepte a nostre Senyor quant li és agradable aquell qui fa lo que Ell mane i serva lo seu manament, encara que facen qualsevulla cosa. Car lo nostre servei no és plasent a nostre Senyor, ni nosaltres som agradables a nostre Senyor, si primerament nosaltres no fem lo que Ell nos mana fer, ço és, guardar los preceptes seus i manaments, com en ninguna cosa no pugam conformar la nostra voluntat ab la sua, tant quant és en fer lo que Ell nos mana fer, i açò ab bona voluntat. Encara —digué Amor de Déu— pens molt sovint en lo que só obligat i pertany a mon ofici, per fer-ho ab molta perfecció i tanta quanta a mi és possible i açò que li tinc promès. Car he-li promès de servar llealtat ab tres donzelles qui són açí, ço és, Obediència, Pobretat i Castedat, i Ell les m'ha donades per senyores. I com ve de matí i de vespre pens en mi com millor les poré servir —lo qual servici és en guardar-me que no les ofena trencant un vot o altre—. I dic a mi mateix: Vejam vui com te regiràs ab les tues senyores i com los servaràs llealtat servant aquelles —per donar eximpli a totes persones qui aquests vots han promesos de servar a nostre Senyor—. I com ve al vespre deman compte a la mia ànima com he servit aquell dia a dites senyores, en modo i manera que tot lo meu estudi és en treballar com millor seré lleal servidor d'elles.—

Digué Desitjós: — ¿Per què feu tant estudi en servir aqueixes senyores?—

Respòs Amor de Déu: — Sapiau que la causa és perquè aqueixes senyores són posades i cambres de Déu, i ningú no pot entrar a parlar ab Ell que no sia amic d'elles. Car en gran manera se reposa Déu eternal en les persones qui votant a Ell estos tres vots los observen ab molta diligència i fortalesa, i ab aquestes parle molt freqüentadament per la perfecció de tals persones. Car és a Déu cosa molt més accepte que los altres actes, com sien actes de molta perfecció davant Ell.

XXIII

— Vera cosa és que jo tinc gran estudi dins mi mateix per guardar i servar-les dins mon cor aqueixes tres donzelles. I la causa és perquè són molt agradables a Déu, i en gran manera la primera, ço és, Obediència —que no és altra cosa sinó abdicació de la pròpia voluntat—, és més agradable a Déu que no sacrificis i oblacions moltes. I la raó és car per l'obediència he sacrificada jo a Déu la mia pròpia persona, emperò en los altres sacrificis s'ofereixen les altres carns i no pròpies. I la perfecció d'aquesta volgué mostrar lo meu Senyor —digué Amor de Déu— car per fer la voluntat del seu Pare volgué prendre mort i passió, per ço que nosaltres aprenguéssem de subjugar la nostra voluntat en aquesta tan noble senyora com és Obediència, car Ell volgué donar la vida per ço que no perdés aquesta senyora, ço és, Obediència. I açò no penseu —digué Amor de Déu a Desitjós— jo ho faça forçadament, ans ho faç ab molta alegria i jocunditat i consolació, i simplement, sens murmuracions, sens excusacions i promptament, sens tornar atràs la coa. Car lo verdader obedient no pot comportar espera en l'obediència, sinó que promptament obeeix, i esforçadament, i tot açò ab molta humilitat, com Obediència sia filla d'Humilitat, i l'una no està separada de l'altra, ans sempre van les dues, i ab una altra companyona qui es diu Perseverança. Car no per un dia deu obeir ningú al seu superior mas per tots los dies de la sua vida. I així vull fer jo en aquesta mia senyora Obediència, car així me par la guardaven los antics pares, com aquell qui rega un arbre sec per tres anys, per ço que no perdés aquesta senyora, i aprés de tres anys l'arbre sec dóna fruit, qui se pot nomenar fruit d'Obediència. Per lo semblant d'aquell qui escrivint lo cridà son superior i faent una *o* no la volgué cloure per aquesta senyora Obediència, i aprés trobà tot lo llibre escrit de lletres de *a*. Així faç jo per guardar aquella, car tinc temor que si ella se n'anava de mi —com faria jo si no volia obeir al que m'és manat?— que jo no restàs molt desconsolat. Car les persones que no volen obeir segueixen i imiten lo Cap del Pecat, ço és, lo dimoni així com Adam, qui volent seguir lo consell del dimoni caigué per aquell qui primer era caigut per supèrbia. Així dic jo per temor de perdre aquesta senyora, car vull sempre obeir.

La segona, ço és, Pobretat, treball jo a guardar per la semblant raó de la primera, car són cambra i habitació a on nostre Senyor resta i reposa volenterosament, com la santa pobretat voluntària sia un retraïment de l'amor de coses mundanes, ço és, béns temporals, los quals apaguen lo foc de caritat en la nostra ànima, car los amics d'aquest món —com són les persones abundants en riqueses— són enemics de nostre Senyor. I per ço —dix Amor de Déu a Desitjós— vull jo guardar ab gran estudi aquesta senyora, car lo seu contrari d'aquesta senyora és un format enemic de caritat, i per consegüent de Déu. Sia per semblant aquesta senyora, ço és, Pobretat, un medi per aconseguir paradís molt singular, car dóna'm a mi i a qualsevulla motiu d'humiliar-me, com ella sia filla d'Humilitat, i per consegüent la discòrdia que ve per lo tenir, per aquesta és pacificada. Perquè com la discòrdia del món vingué per aquestos dos mots: Meu i Teu, si aquestos lleva la santa senyora Pobretat, segueix-se que dóna gran perfecció a mi i qualsevulla qui la vol aquesta senyora guardar. I d'aquesta senyora i dels qui la tenen per esposa té en gran manera cura nostre Senyor, com Ell mateix diga de la persona qui tendrà aquesta senyora: "Jo seré ajudador i consolador seu i miraré per ell en gran manera, i los exaudiré quan ells me pregaran per alguna cosa saludable per la sua salut." I per ço m'estudie en guardar-les, per les moltes utilitats que jo tinc d'elles. I per guardar millor aquesta senyora jo he fet un sant propòsit dins mi, qui es diu No deman res d'haver, i aquest molt sovint lo repetesc dins mi, perquè més lo segelle dins mon cor i voluntat.

La terça senyora, ço és, Castedat, guarde jo per semblant —digué Amor de Déu a Desitjós— i m'hi esforç, com sia com les altres dos nomenades —ço és, Obediència i Pobretat— casa de Déu, en lo qual desitge habitar i reposar, i aquesta deuen guardar totes les persones del món segons sos graus: de manco perfet, que és la matrimonial; més perfet, com la vidual; i molt més perfeta, com la virginal. I si totes persones casades i viudes són tengudes guardar aquesta senyora, molt més aquelles persones qui a Déu eternal han consecrat lo seu cors. Car, en cert, d'aquestes tals se pot dir lo que ha escrit nostre Senyor, que ells són qui se són volguts castrar i tancar dins les parets de les santes religions per lo regne del cel, castigant i afligint lo cors, ab l'Apòstol, ab dos altres qui són: Temperància i Dejuni. Car, sens aquestes, ab molta dificultat pot valer ni ésser guardada esta senyora. Car la persona qui abunda en abundàncies de menjars i beures i sia jove no pot tenir seguretat que aquesta senyora estiga molt ab ell. I la raó pot ésser perquè los altres vicis estan defora lo cors, emperò la sola rebel·lió de la nostra carn és qui està dins, i per ço és de gran virtut vençre que la persona estiga en la carn i no viure carnalment. I per ço —digué Amor de Déu al dit religiós— jo per guardar aquesta, per quant és cosa molt delicada, tinc dos propòsits. Lo primer se diu No desig res. L'altre se diu No penses en res sinó en lo teu Senyor. No parlant, emperò, del primer moviment sinó en la determinació de la voluntat. Car si jo vull guardar la senyora, quan me ve un mal pensament i mala cogitació jo li done ab una pedra sobre lo cap; aquesta pedra és Jesucrist crucificat. I no em vull detenir en tal pensament per quant ell me llençaria la mia tan dolça senyora, ço és, Castedat. I açò me fa estar ab molta puritat de cor i d'ànima i de l'enteniment, la qual és un medi ab lo qual jo ame al Senyor i lo Senyor m'ama a mi molt. Car sapiau vós, Desitjós, que aquestes tres senyores fan una Escala, la qual puja tot dret al cel. La qual escala té tres graons, que són: la primera senyora, ço és, Obediència; i la segona, ço és, Pobretat; i la tercera, ço és, Castedat. Per la qual pugen les persones qui volen i amen molt al Senyor, ab los costats de l'escala, qui són la Santa Oració i Sant Dejuni. I per aquesta escala pujant se'n pugen fins en lo mont de Tabor, a on se transfiguren ab nostre Senyor faent tres habitacions, que signifiquen perfeta benaventurança —que serà en aquells qui estes tres senyores guardaran— en lo Pare, Fill i Sant Espirit. Véus ací —digué Amor de Déu— com treball jo per plaure a nostre Senyor en guardar aquestes senyores. I així deveu vós fer, qui sou religiós.

XXIIII

— Per servir aquest Senyor en molta gran manera —digué Amor de Déu a Desitjós— m'estudie que quan vinc davant Ell per servir-lo o parlar ab Ell, que vinga ab la major puritat de cor i humilitat que puga, i prec a mon germà, ço és, Temor de Déu, que vaja ab mi ab una nostra tia qui es diu Reverència. I per tenir aquesta jo pens en mi qui só jo i qui és lo meu Senyor. Car pens que jo no só sinó una cosa mortal, corruptible i miserable, i gran pecador, indigne del pa que menge per la multiplicitat dels pecats que he comesos contra la sua majestat, i que mereixia, per les tantes ofenses que comeses tinc davant la sua santa majestat, que m'aniquilàs, sinó que Ell és tan benigne que no ho fa per sola misericòrdia. Pense, per lo semblant, com Ell és majestat sagrada, intermenada, digníssim de tota llaor, reverència, temor, de tota glòria i honor. I pense com tots espirits benaventurats tremolen davant Ell i se llencen en terra prostrats, adorant-lo i beneint-lo. I pense com Ell veu tot lo meu cor millor que no faç jo mateix, i que Ell me pot fer i desfer, i de totes les creatures pot fer lo que li plau. I que la vida i la mort està en mà sua, damnació i salvació. I açò pensant jo dins mi mateix, moltes vegades me trenca lo cor pensant que un tan abominable inic té tan alt ofici, i que tan santa majestat permeta que jo li estiga tan prop d'Ell i que li parle com si fos un gran amic seu. I moltes vegades li dic: Senyor, ¿per què voleu que jo, tan gran pecador com só, jo haga de servir-vos, com Vós no hajau menester res de mi?—

Digué Desitjós: — I, digau-me, ¿què us diu quan vós li dieu aqueixes paraules?—

Respòs Amor de Déu: — No sé sinó que em trenca lo cor i me diu: No cures tu d'això, car Jo ho he fet i Jo sé per què, no cures d'entrar en aqueixos secrets sinó treballa de fer en lo meu servici tot lo possible. I per ço com jo li vinc davant, primer li dic lo que só obligat, ço és, lo sant ofici divinal ab la major atenció i devoció que a mi és possible. I aprés, perquè sé que li plau, molt sovint parle ab Ell i estic ab Ell orant i contemplant les sues magnífiques obres, car sempre vol que tinga lo qui ora les sues iniquitats davant, perquè tinga més ocasió d'humiliar, i per semblant vol que hom tinga la sua bondat i perfecció incomparable davant, recogitant aquella. I aquí jo li oferesc la mia ànima i voluntat i tot mi mateix, donant-li a menjar una preciosa vianda qui és un sant propòsit en lo qual se delita nostre Senyor. I lo propòsit és aquest: "Que jo abans estime més morir que pecar mortalment." I aquest propòsit li faç jo confiant d'Ell, car sens lo seu adjutori no poria jo tenir ni prosseguir aquest sant propòsit.

XXV

Oh quant fon plasent a Desitjós les paraules que Amor de Déu li havia dites. I digué-li: — ¿I què és lo que vós feu per venir ab puritat de cor davant nostre Senyor?—

Respòs Amor de Déu: — La cosa més principal que jo faç per venir a puritat de cor és que estic vetllant sobre los meus pensaments i tinc gran zel sobre la mia ànima, que lladres no em roben la puritat, la qual jo guard per lo meu Senyor. Per semblant guarde los meus sentiments tant quant puc, i per millor guardar los dits sentiments pose davant mi Simplicitat, la qual tot quant veu excusa i porta a la més segura part. I si jo no vull haver temor de res vaig-me'n a estar ab lo Senyor. I aquest és lo meu bé i la mia consolació, que jo estiga sempre ab lo meu Senyor, ni mai estic saciat ni content ni tinc a mi mateix per segur sinó quan estic ab Ell, i per ço tinc proposat de deixar totes coses i estar-me ab Ell, per no partir-me d'Ell si no m'ho mana Ell. Car no vull fer sinó inflamar la mia ànima en la sua amor i servici, car açò basta per qualsevulla persona, ço és, tenir la sua amor. I Ell m'ensenyarà tot açò que tinc a saber i baste a mostrar a mi i qualsevulla persona, los secrets en les vies d'amar-lo i de no ofendre la sua majestat, car quants llibres fan en lo món no basten sinó aquell llibre de la sapiència divina, ço és, Jesús salvador nostre. Ni vull altre exercici, car molt gran puritat aconsegueix la mia ànima, i més temor, devoció i reverència, més compunció i fermetat, més rigor i enceniment, quan estic ab lo Senyor que quan faç qualsevulla exercici, car en los altres exercicis se diverteixen les potències de l'ànima, ço és, enteniment, voluntat i memòria, emperò quan pense en lo meu Senyor no s'escampen ni es diverteixen. I per millor amar-lo, m'esforç que quan jo li só davant, que no li gire la cara, ni l'esquena quan parle ab Ell, car par-me sia gran descortesia.—

Digué Desitjós: — Declarau-me això car no ho entenc.—

Respòs Amor de Déu: — Jo us diré: quan jo estic dient lo sant ofici divinal o faç alguna oració, i jo pense, i la mia memòria i enteniment se diverteix a pensar en aldre, llavors me pens jo que li gire la cara —digué Amor de Déu a Desitjós.

XXVI

— No faria encara res del que he dit —digué Amor de Déu a Desitjós— sinó que faç una altra cosa, i és que jo treball tant quant a mi és possible d'amar lo Fill del meu Senyor, qui és lo pus bell, lo més bé, lo més obedient i dolç que mai algú fos. Aquest Fill ama lo meu Senyor tant quant si mateix, per quant la similitud és causa d'amor. I per ço com aquest Fill és lo més semblant al seu Pare que mai serà ni sia estat fill a pare, i per ço l'ama tant son Pare i és tanta l'amor que és entre Pare i Fill, i tanta unió que tots són una mateixa essència, una voluntat, un poder, un saber, una bondat, encara que sia entre Ells distinció real de persones, car lo Pare no és lo Fill ni lo Fill no és lo Pare. En aquest Fill ha fet lo Senyor, per mans de la bondat, una pellissa de pastor, la qual vestint s'és eixit per casa entre nós, car en altra manera no l'haguérem pogut veure. I així vestit lo tramès ab un sarró per lo món a cercar les sues ovelles que anaven perdudes. I anant així per lo desert, lo Senyor lo deixà matar a llops i a cans i no li volgué ajudar encara que pogués, car tot ho veïa, ans volgué que cans lo matassen a mort la més cruel que mai fos, i a Ell més penosa que a qualsevol altre, per ço com era Fill de Rei i molt delicat. Tot açò ha fet lo Senyor per sobres d'amor que ens tenia i perquè coneguéssem tots los de casa quant de bé nos vol i que nosaltres lo degam amar, puix Ell tant nos ama que a son propi Fill no perdonà sinó que per tots nosaltres l'ha donat a mort. Aquest Fill ama tant lo Pare que no crec sia vui res al món en què tant puga hom plaure a Ell com en amar aquest Fill seu. I açò és lo que lo Senyor ama, i per ço jo treball en amar aquest Fill i en fer-li plaers, més que més en pensar en la sua vida i passió, i en semblar-li en los meus costums tant com puc, car tant com lo Senyor veu algú més conforme a la vida de son Fill tant l'ama més. Encara altra cosa: que lo Senyor ama molt lo meu patge, i en cert és molt lo bé que li vol, i jo per amor d'Ell ame lo meu patge.

— Com l'amau? —dix Desitjós.

— Primerament dins mon cor, estimant-lo millor de mi, i encara que jo tinga més alt ofici jo li faç plaer en ço que puc o que ell me demana honestament, i guard-me d'enutjar-lo, no li dic algun mal ni pens d'ell mal sinó que és virtuós, i per amor del Senyor jo li comport la sua condició. No dic mal d'ell ni vull que ningú me'n diga, car no ho comport, i los de casa, puix saben que jo me'n guard, d'oir mal de mon patge, guarden-se de portar-me'n murmuracions. Jo desig que ell ame lo Senyor tan bé i així i tant com jo, i que Déu lo faça virtuós i bo així com desig i vull ésser jo. Jo no li tinc de res enveja, ans tinc gran plaer de tot son bé i profit, i del seu mal me pesa de cor. I jo pens que ell sia un àngel de Déu i jo sia son esclau, i açò perquè sé que lo Senyor li vol gran bé, i m'ha dit que açò que jo faré a ell lo Senyor ho pren per si.

XXVII

— Si jo no fos cert —dix Amor de Déu a Desitjós— que lo meu Senyor tingués per enemics formats lo meu cors i lo món, jo els amaria en gran manera, emperò, per quant só cert que lo meu Senyor los té per dos enemics, he fet un compte dins mi mateix i un propòsit d'avorrir-los i desamar-los i no tenir ab ells amistat en nenguna cosa. I per més tenir açò, dins lo meu enteniment he fet un gran propòsit de mai prendre ninguna consolació ab ells, ni plaer ni deportar ni fer ningun cas d'ells si, emperò, no m'ho manava lo meu Senyor. Car manant-ho Ell a mi, jo pondere més lo seu manament que quantes coses són en lo món. Emperò que jo anant a parlar ab ells no faça ni pose la proa en cosa que sia contra lo seu manament o precepte, i per més estar cautelós cerca los dos meus enemics tinc aquesta cautela: que lo més prest que a mi és possible treball en apartar-me d'ells, com tinga per certa i infal·lible veritat que per bé que ho faça ab estos dos enemics jo no puc res guanyar, sinó perdre en gran manera. I per més complaure al meu Senyor, precípuament en les coses que toquen a conservació de la religió, cerimònies, constitucions i ordinacions, les quals, encara que alguns no en facen cas, emperò sí faç jo. Car pens que si no fos plasent al meu Senyor que les féssem i guardàssem, que lo Sant Esperit no les haguera fetes ni ordenades, i per poc que sia jo pens que és honor del Senyor, i per ço jo la faç i vull fer ab molta diligència i devoció. Encara —dix Amor de Déu— jo pens una cosa, la qual me dóna gran escalfament de cor i fermetat d'amor i de bona voluntat: que si jo ame lo meu Senyor, ni l'honre, ni servesc, ni tinc zel de la sua honra i del seu servei, ¿qui ho farà si jo no ho faç?, qui em tinc per lo més obligat que quantes creatures sien. Si los servidors serveixen los reis i los emperadors, per què no serviré jo lo meu Senyor, qui m'ha fet seu? Ans si tot lo món mancava, si no hagués nengú, ¿no mancaria jo fins a la mort que jo no li fos fael i lleal servidor? I açò —dix Amor de

Déu— no ho puc fer jo, ni una petita cosa, sens Ell, i per ço jo li deman la sua benedicció per a fer tot açò. Encara més jo avorresc los meus vicis i defalliments i treball en corregir-me i adobar-me tostemps. Encara per amor del Senyor, jo fuig i m'aparte de tots quants són en lo món, i me n'aparte tant quant a mi és possible, encara que dins mi los tinc tots per àngels i fills de nostre Senyor i a mi tinc per indigne de besar la terra que ells calciguen. Emperò, si no és per molta necessitat, no vull conferir molt ab ells.—

Digué Desitjós: — I per què feu açò?—

Respòs Amor de Déu: — Jo faç açò per quant veig vui que tant los hòmens del món com encara les persones religioses se perden per la desmesiada confabulació i freqüentació que tenen, tant entre si com encara ab los altres, i d'aquí ve que no tenen molta devoció, sinó poqueta, ni recol·lecció, ans tenen molt escampament en los llurs enteniments. I per ço jo m'hi vull avisar i esforçar-me en estar sol i sens freqüentació, car ab la molta freqüentació no hi pot haver sinó molta perdició de temps i altres ofenses contra nostre Senyor. I per ço me vull esforçar d'apartar-me'n, per quant és gran servici del meu Senyor.—

Dix Desitjós: — Guardau-vos del que dieu, car si vós tant vos apartau, diran los miradors que sou singular, i sempre causareu als miradors ocasió de malparlar i de maljudicar.—

Respòs Amor de Déu: — No m'hi dóna res, car principalment entenc jo en servir a nostre Senyor i que li plàcia, i puix faç açò, no faç cas del que parlen los altres, car no done jo per açò ocasió d'ells escandalitzar-se. Emperò si ells s'escandalitzen, aqueix escàndel és dels fariseus, qui s'escandalitzaven de les santes obres que obrava nostre cap de perfecció i mestre, Jesús, al qual deu mirar qualsevulla persona qui vol aconseguir la sua gràcia. Perquè aqueix escàndel és accepte i no donat, segons dien los sants doctors. Aquest és lo meu ofici —digué Amor de Déu a dit religiós—. I per ço jo us avís, que és molta necessitat, si vós teniu tan gran desig i si vós voleu haver al meu Senyor per medi de mi, qui só Amor de Déu, feu-ho així com faç jo.

XXVIII

Molt estigué espantat Desitjós de les coses que Amor de Déu li havia dites. I dix-li: — Digau, com feu açò haveu por de res?

— Sí —dix Amor de Déu—, mester és que en tot açò que us he dit que em tinga bé esment que no deix entrar Vana glòria ni Reputació de mi, car si les acollia tantost me faria lo Senyor llençar de casa, sinó que tostemps aporte al meu costat Humilitat.

— Bé em plau —dix Desitjós— que m'avisau, mes prec-vos que em metau en casa.

— Anem —dix Amor de Déu— i jo posar-vos he ab un altre companyó meu, qui té major ofici.

— I com se diu? — dix Desitjós.

— Diu-se Desitjar Déu. Anem, doncs, molt vos ne prec.—

Molt anava alegre Desitjós, en companyia d'Amor de Déu, cercant Desitjar Déu, lo qual, com l'hagueren trobat, dix-li Desitjós: — Senyor, sou vós Desitjar Déu?

— Sí —dix ell—, voleu res?

— Voldria —dix Desitjós— que em prenguésseu per servidor.—

Molt plagué a Desitjar Déu la bona voluntat que Desitjós portava, i dix-li: — Si vós voleu estar ab mi i haver a mi és menester que vingau molt informat i fundat en Amor de Déu, car sapiau que del vi que sobreïx de les bótes d'Amor de Déu se fa Desitjar Déu, per ço no us enganàsseu sinó que primer vos ompliau d'amor de Déu.

— Senyor —dix Desitjós—, jo só estat ab Amor de Déu, qui m'ha informat en tot lo que tinc a fer, i jo ab l'ajuda de nostre Senyor ho faré lo millor que poré. Mes no gosaria dir-vos si tinc amor de Déu poca o molta, car Ell sol coneix qui l'ama o no, i en estes coses és millor humiliar si mateix i remetre-ho a nostre Senyor. De mi no us poria res més cert i segur dir que tinc un ca gros, qui es diu Bona voluntat, i tampoc no us penseu que sia meu, que donat-lo m'han.—

Molt plagué a Desitjar Déu lo parlar de Desitjós, per ço com no gosava presumir que tingués gran amor de Déu. I dix-li Desitjós: — Prec-vos que em digau lo vostre ofici.

—Lo meu ofici i qualitat —dix ell— és que així com de major coneiximent de si ve hom en major avorriment i menyspreu de si, i de major coneiximent de Déu ve hom en major amor de Déu, així mateix de major amor de Déu ve hom en major desig de Déu. Qui té a mi no desitja res d'aquest món, car jo el faç de tan noble coratge que no desitja sinó la més noble cosa i millor que al món sia, ço és, Déu. I jo el faç rei i senyor i noble en tant que té per cosa roïna i servil que ell encative i sotsmeta la sua amor i desig i lo seu noble cor en res d'aquest món. Qui té a mi no pensa sinó en Déu, no parla sinó de Déu, perquè allà on és lo seu tresor és lo seu cor i lo seu desig. Jo —dix Desitjar Déu— só menjar de l'ànima santa que viu de desigs. Jo só lo majordom d'aquesta Casa de Caritat, i só porter de la cambra secreta on lo Rei dorm, i tinc poder d'obrir la porta de la cambra del Senyor i metre dins qualsevulla de mos amics. Jo só lo pregoner qui vaig cridant per casa fins que despert lo Senyor i lo faç eixir defora, i que es do tot i comunique ab aquell qui em tramet. Jo só lo missatger més verdader d'amor que ningun altre i que més prest só oït per lo Senyor. Jo tinc poder de fer menjar lo fruit de l'arbre que hi tenim, lo més bell que al món sia, lo qual s'anomena Haver Déu.

XXIX

—Digau-me —dix Desitjós—, és dolç aqueix fruit?

—No es pot dir —dix Desitjar Déu—, tant és dolç i suau, bé és ver que segons que algú té lo gust millor i més disposat tant li sap més dolç. Car ha-n'hi que tenen esmussades les dents, i als tals no els és així saborós, i per ço no ho desitgen gaire, i ha-n'hi que de tot tenen l'apetit perdut de menjar, per la febre que tenen, i los tals no saben què vol dir sinó per oïdes, ans si els entra en la boca los és amarg.

—Qui són —dix Desitjós— los qui tenen les dents esmussades?

—Aquells —dix Desitjar Déu— qui mengen coses agres i agudes.

—Feu-me gràcia —dix Desitjós— que me'n doneu a tastar.

— Bé em plau —dix Desitjar Déu— que dieu tastar, car ací en esta casa no es pot hom fartar ni plenament menjar, sinó solament tastar.

— Per què? —dix Desitjós.

— Per ço —dix Desitjar Déu— que si hom se'n fartava ací i n'havia hom complidament, no desitjaria hom eixir-hi ni voldria hom anar a paradís, en lo qual hom se'n fartarà a son plaer i menjarà tant com porà.

— Com? —dix Desitjós—, i no és paradís esta casa?

— Sí —dix Desitjar Déu—, paradís és, mas és paradís terrenal, car en aquest món la Casa de Caritat és paradís terrenal, emperò no és celestial, per ço que hom no ha compliment de veure Déu sinó per fe i d'haver-lo —que és tastar lo fruit— fins que hom sia ab Ell, a on hom porà fartar-se del fruit que ha començat a gustar ací. I encara que estigam molt contents i alegres, emperò nengú no es té per segur ans és menester que nos acompanyem ab Temor de Déu, qui és home del ferro.

— Com? —dix Desitjós—, ¿i també hi vénen lladres com per lo camí?

— Hoc —dix Desitjar Déu—, ací s'esforcen ells més, per ço que se'n porten lo millor tresor. I com lladres hi manquen, entra-hi sovint Vana glòria ab sa filla Reputació de si, que si no fos per Humilitat a tots nos hi trauria.

— Feu-me gràcia, doncs, que em doneu d'aqueix fruit.

— Primer —dix Desitjar Déu— és menester que us renteu la boca i que us escureu les dents, i que us laveu les mans, i los peus, i los ulls i tota la cara, perquè aquest fruit no pot entrar en vaixell que no sia net.

— I a on me lavaré? —dix Desitjós.

— Veniu —dix Desitjar Déu—, que jo us aportaré a una font viva que tostemps brolla, nit i dia, qui es diu Religió, i jo faré venir les serventes del Senyor, qui us lavaran, i us faran estar munde, i poreu menjar del fruit.

XXX

Alegre esperava Desitjós prop de la font quan vingué Desitjar Déu, ab les donzelles del Senyor, i dix-li: — Veus ací aquestes verges que us lavaran.

— I com se nomenen? —dix Desitjós.

— L'una —dix Desitjar Déu— se diu Dolçor, l'altra Concòrdia, l'altra Pietat, l'altra Gràcia, l'altra Clemència, l'altra Indulgència, l'altra Misericòrdia, l'altra Benivolència, l'altra Benignitat, l'altra Comportació, l'altra Repòs, l'altra Severitat, l'altra Alegria, l'altra Discreció, l'altra Devoció, i esta vos donarà un lletovari per a excitar l'apetit perquè ab millor desig i talent mengeu, i millor vos sàpia, i més profit vos faça. L'altra és Religió, l'altra és Perseverància, l'altra Constància, l'altra Pau, l'altra Tractabilitat, l'altra Oració, l'altra Honestat, i jo, qui só lo darrer, qui he nom Desig, qui estic tostemps ab elles. Si vós teniu a prop aquestes vèrgens, elles vos hi poden molt ajudar a menjar del fruit. I si vós menjau del fruit, vós les tindreu ab vós, que mai se n'aniran si no les llençau. Car són molt llépoles i allà on veen d'esta fruita totes hi corren, així com abelles a la mel. Car no hi ha millor senyal que hom meng d'aquest fruit que quan hom veu a la porta estes donzelles, així com fan los mosquits allà on ha vi.—

Molt fonc alegre Desitjós aprés que l'hagueren rentat i li donaren a tastar del fruit. I dix-li Desitjar Déu: — Puix menjat haveu, és menester que canteu i façau gràcies al Senyor, car no hi ha ací ningú qui no cante i beneesca lo Senyor.

— Com cantarem? —dix Desitjós.

— Anem —dix Desitjar Déu— a nostre cor i jo metré-us ab aquells qui canten.—

I va'l aportar al cor, en lo qual estaven los cantors. La u se deia Benedicció, l'altre Honor, l'altre Llaor, l'altre Acció de gràcies.

— Ab aquests —dix Desitjar Déu— és menester que canteu.

— Com ho fan? —dix Desitjós.

— Jo us diré —dix ell—: Los tres primers lo beneeixen, honren i lloen per la sua potència, sapiència i bondat, i per totes les sues virtuts i per ço que lo Senyor és en si mateix; lo darrer li dóna acció de gràcies per los beneficis que ha fet a ell i a tota creatura.

XXXI

Molt plagué a Desitjós la manera i lo cant que feïen, tan suau. I dix-li Desitjar Déu: — Vejau si us ne voleu tornar.

— I a on aniré —dix Desitjós— que tant me costa venir-hi? Puix estic en bon lloc no vull eixir-hi, car qui bé està no es moga. Jo no me'n vull anar si vosaltres no em llençau.

— No —dix ell—, que nosaltres no llençam a nengú si ell no se'n vol anar. Però si ací voleu estar, és menester que no estigau ociós, car ací no està ningú ociós.

— I què faré? —dix Desitjós.

— Feu lo que us manaran fer.

— I quan no em diran que faça res, què faré?

— Cantau —dix Desitjar Déu— i beneïu Déu, car per a cantar-hi sou vengut. I encara faent alguna cosa del que us manen podeu cantar dins vós mateix perquè no tingau la pensa ociosa. I encara vos consell una cosa: que si voleu venir en amistat del Senyor i plaure-li molt, que tant com pugau, si no us manen fer alguna cosa, que vos aneu a estar ab Ell tot sol parlant, i veureu quines coses vos dirà, i quins secrets vos mostrarà, i en quanta amistat vindreu ab Ell.

— I com? —dix Desitjós—, ¿tothom qui vol pot entrar en la sua cambra i parlar ab Ell?

— Sí —dix Desitjar Déu—, puix que hom vaja en companyia d'Humilitat. Ans vos dic que aqueix és lo seu delit i deport, que hom sovint se vinga a estar ab Ell i que hom lo despert i que hom l'enuig i importun, car d'una condició és que no vol estar tot sol. I per dolent que sia algú, vol que vinga a estar ab Ell, car és tan noble i tan generós que no es cura de persones ni fa diferència pus que l'ànima sia humil. Car a Ell tant li costa u com altre, i a tots los ha fets d'una pasta. Ans tant com més vils són les persones, i baixes, més que més si elles s'abaixen, tant més amor los mostra i més gràcies los fa, ans Ell ha elegit les coses vils d'aquest món per casa sua. Per ço que no pens algú que hi sia que ell s'ho haja merescut ésser-hi, sinó per pura bondat del Senyor. I vós —dix Desitjar Déu—, si ací estau i voleu no perdre res, i cantar ab aquests cantors, i que lo vostre cant plàcia al Senyor, guardau bé aquests punts: Lo primer és Bona voluntat, lo segon és Humilitat, lo tercer és Paciència, lo quart és Caritat. Si vós cantau ab estos punts mai vos desentonareu, car ab lo primer punt, que és Bona voluntat, cantareu cant pla. Ab lo segon i tercer, que són Humilitat i Paciència, cantareu contrapunt. Ab lo quart, que és Caritat, cantareu cant d'orgue. I si per fet de sort perdeu lo punt i eixiu fora de tots los tres punts, aferrau-vos ab lo cant pla, que és Bona voluntat, i ab l'ajuda del Senyor, puix vos esforceu en adobar-vos, Ell vos tornarà en regla i to. I sobretot vos dic que en tot ço que fareu no us oblideu de menjar del fruit que portau de Casa d'Humilitat, qui es diu *Defidentia sui,* i com més amor de Déu tindreu i més amic del Senyor sereu, tant li oferiu més sovint i li donau a menjar d'aquest fruit, car li plau i volenters ne menja.

XXXII

— Molt vos voldria pregar —dix Desitjós— que em porteu a parlar ab lo Senyor, puix tinc a estar en casa perquè em conega.

— Bé em plau —dix Desitjar Déu—. Veniu ab mi.—

Molt anava tremolant Desitjós pensant que tenia d'entrar en la cambra del Rei a parlar ab Ell, però pensant que Ell era tan benigne, i amorós, i afable, i generós, i noble, prenia algun esforç confiant en la bondat del Senyor.

— Esperau-me ací a la porta —dix Desitjar Déu— i jo veuré què fa lo Senyor, i dir-li he com vós voleu parlar ab Ell.—

Tot estava Desitjós temorejant, pensant què poria dir al Rei.

— Veniu —dix Desitjar Déu—, que ja he parlat ab lo Senyor. Entrau-vos allà dedintre i jo esperar-vos he ací.—

Ab molta reverència i composició començà a entrar Desitjós per la sala i, com véu lo Senyor, tantost se llançà ab molta humilitat en terra i començà de plorar molt agrament. I no gosava alçar lo cap ni los ulls, car sabia que ell era estat gran enemic del Senyor i li havia fets grans enuigs i desplaers. I no podia res dir sinó plorant, pensant que estava davant aquella infinida bondat que ell tant havia ofesa i molt enutjada, i així coneixia la culpa de la sua consciència.

— Què feu? —dix lo Senyor—, no dieu res? Alçau-vos, vejam què voleu.

— ¿Què diré jo, Senyor meu —dix Desitjós—, davant la majestat vostra?, què puc jo dir ni parlar davant Vós?, car no dec jo parlar davant vostra majestat ni só digne d'obrir la mia malvada boca davant vostres ulls, sinó que calle i plore i gemegue la mia iniquitat.

— Per què, doncs, sou entrat ací? —dix lo Senyor.

— No hi só jo, Senyor, entrat —dix Desitjós—, car no em fóra tingut per digne d'entrar en casa vostra.

— Qui us hi ha, doncs, aportat? —dix lo Senyor.

— Vós, Senyor —dix Desitjós—, m'haveu fet venir ací. Jo no sé per què, ni què havíeu Vós menester de mi, car prou me bastava que fos esclau i catiu de vostres servidors, i encara no ho mereixia. I així, Senyor, puix Vós m'haveu mès ací i a Vós plau que vinga a parlar ab Vós en vostra cambra, obriu Vós la mia boca i mostrau-me Vós què parle ni diga davant Vós. I posau en mi esperit de temor i reverència perquè la vostra majestat no sia ofesa d'un malvat pecador i inic com jo, car no és de raó, ans jo voldria ésser lo cruel castigador i destruïdor de mi mateix que no que Vós, Senyor bo, siau enutjat per un abominable com jo. Car no seria tant que una mísera creatura com jo no fos, i seria molt que Vós, Senyor, siau vituperat i menyspreat per mi. Ensenyau-me Vós, Senyor, del que tinc a dir ni fer, car tot me pos en mans vostres i a Vós faç oferta de tot mi.

XXXIII

— Alçau-vos —dix lo Senyor— i no cureu, que si vós voleu ésser bo i lo que deveu, Jo no em recordaré de tots los enuigs que m'haveu fets ni dits. I per ço que siau millor Jo us vull dar dos mots, los quals vos aprofitaran molt, i sapiau-los bé guardar i tenir en la memòria. Los mots són aquests: "Jo" i "tu". Açò és lo primer. Lo segon és "Rei" i "esclau". Si vós —dix lo Senyor— sabeu usar d'estes quatre paraules, elles vos aportaran a molta puritat de cor, i vos defendran de tots vostres moviments, i vos faran conservar en casa, entre tots, ab molta pau i repòs i caritat i humilitat, i guardaran la porta de vostre cor.

— Prec-vos, Senyor —dix Desitjós—, que em declareu en quina manera tinc d'usar d'aquests mots.

— Jo us diré —dix lo Senyor—: Tot vostre exercici poreu aplicar en estes paraules, car tenen gran sentència i gran sentiment, i per elles poreu venir a perfecció. Emperò per ara, de present, no us vull dir sinó algun poc breument, que puix en casa haveu d'aturar; com vindrà per avant Jo us diré complidament tota la sentència. Com vós vindreu a parlar ab Mi, que vindreu molt distret i escampat de fer alguna cosa de casa que us hauran manat, vos feu compte que Jo us dic estes paraules: tu i Jo, no hi ha pus. I així oblidau-vos de tot lo món i de tot quant haveu vist ne oït, i feu compte que no hi ha al món res sinó Jo i tu. Lo segon és, per a vós, que siau esclau de tots, i així sereu humil i obedient. I siau rei i senyor de vostra carn i passions i vicis, car als qui són reis faç jo grans rics i los do grans delits. I així per ara no us dic més sinó que aneu en bona hora.

— Senyor, molt vos prec —dix Desitjós— que em digau més coses d'aqueixes paraules, i declarau-les-me.

— Per què ho voleu ara —dix lo Senyor—, ¿no us basta que Jo us promet de mostrar-vos grans coses sobre elles?

— Voldria, Senyor —dix Desitjós—, que m'ho diguésseu ara perquè ho voldria posar en escrit perquè no m'oblidàs, i perquè puixa aprofitar a altri.

— ¿Què sabeu, vós —dix lo Senyor—, l'esperit d'aquell qui ho llegirà si li plaurà o no? I per ço no us ne vull ara dir més, sinó anau en bona hora.

— Per què, Senyor —dix Desitjós—, voleu que me'n vaja de davant Vós? A on puc jo millor estar?

— Per ço —dix lo Senyor— que conegau que no sou digne d'estar tostemps ab Mi sinó tant com Jo vull, car passaríeu perill de presumpció, i per ço quan a Mi plaurà Jo us trametré a cridar.

— Puix així ho voleu, Senyor —dix Desitjós—, que

me'n vaja, reste seu ací ab Vós lo meu cor, perquè onsevulla que jo sia tostemps lo meu cor estiga ab Vós.

—Jo só content per ara —dix lo Senyor—, car no pensau que tostemps que vullau ho pugau fer, car Jo no el voldré tenir ab Mi per més humilitat i profit vostre. Car vull-vos avisar d'una cosa, la qual per ventura ignorau, que Jo més treball en lo profit de mos servidors que no en llur consolació o alegria, ans moltes vegades vull que hagen enuig i adversitat per llur profit.

—Almenys, Senyor —dix Desitjós—, feu-me gràcia que us atureu ab Vós lo ca gros, car també és vostre.

—Això molt me plau —dix lo Senyor— i só molt content del que dieu, car, si vós voleu, aqueix porà estar ab Mi tostemps, que mai no es partirà de Mi, si vós voleu. Si, emperò, vós sou diligent, així com se pertany, en comanar-lo'm sovint, aqueix ca.

—¿I com, Senyor —dix Desitjós—, que lo us cal comanar tantes vegades puix una vegada lo us coman? ¿O per ventura oblidar-vos ha?

—No m'oblidarà a Mi —dix lo Senyor—, mes perquè a vós no us oblide de Mi vull que tant com més sovint me comanareu o lo vostre cor o lo ca gros, que tant mereixcau i que tant vostra afecció se moga envers Mi i me reconegau per Senyor i que no sou sinó tant com Jo vull. Car esta és la intenció perquè Jo vull que mos amics molt sovint i contínua me comanen, demanen i diguen una mateixa cosa, perquè Jo veja qui és cascú. ¿I sabeu quant vos valdrà aquest comanar del ca gros a Mi? Més que pensau, car quesvulla que façau i encara que en algunes coses falliau, puix teniu ab Mi lo ca gros fermat ab la corda d'Amor, tot vos aprofitarà en bé.

XXXIIII

Isqué, doncs, Desitjós deixant ab lo Senyor lo seu cor i trobà a Desitjar Déu que l'esperava a la porta.

—Què haveu fet tant dedintre? —dix Desitjar Déu—, ¿pensau que lo Senyor s'agrad de moltes paraules? Més fareu alguna vegada ab Ell ab un mot que ab cent.

— No —dix Desitjós—, que encara me dóna de parer que hi he estat poc.

— Estau-vos per casa —dix Desitjar Déu— puix ja sou rebut. I jo vaig-me'n a la cel·la.

— Anau en bona hora —dix Desitjós.

Molt pensava cada dia, Desitjós, en les quatre paraules que lo Senyor li havia dites, i molt sovint les confegia unes ab altres i les mesclava, i tostemps venien bé. I moltes coses apropiava en elles. I com li venia algun contrari deïa: — No m'hi dóna res que em diguen així, o fassen, o que m'honren o menyspreen, car jo esclau só i als esclaus això pertany.— I si venia alguna delectació o moviment deïa: — No, que jo rei vull ésser i no esclau del meu cors i de tan dolenta cosa com és lo vici. Car lo qui es rei totes coses vils menysprea, i és noble i generós, i no permet que lo seu cor sia esclau ni sotsmès a viltat alguna, ni a passió ni a misèria.—

Grans foren los profits que hagué Desitjós en aquestes paraules, car a tota temptació satisfeïa. I moltes vegades ell venia a parlar ab lo Senyor, i començava a traure grans cartapassos i llibres.

— Què feu? —deïa lo Senyor—, ¿que portau alguns contractes o arrendaments?

— No —deïa Desitjós—, Senyor, sinó que voldria parlar ab Vós.

— Grosser! —deïa lo Senyor—, i doncs, ¿que cal cartapassos ni papers per parlar ab Mi?

— Per ço —deïa Desitjós— que jo encara, per mi, no sé dir ni parlar tan bones coses com ací estan escrites.

— ¿Com pensau —deïa lo Senyor— que tot lo fet està en dir tals paraules o tals? No està en això sinó en l'amor, i afecció, i humilitat, i reverència, que són dites, car a Mi molt me plau la simplicitat. Digau —deïa lo Senyor—, ¿no us basta prou les paraules que Jo us doní?

— Daça, com diu la primera, Jo i tu —dix Desitjós.

— Prou hi ha —deïa lo Senyor—. Parlem d'això. Vejam qui só Jo i qui est tu. No cal altres raons ni llibres, ací hi ha prou què dir i pensar. No cal —diu lo Senyor—, d'ací avant, llibres per parlar ab Mi, sino aqueixes quatre paraules, que si tota vostra vida estàveu, tostemps tindríeu què dir i pensar i trobaríeu noves coses.

Jo —deïa lo Senyor— só Rei, tu esclau. Ara parlem d'açò.—

No sabia què dir, Desitjós, sinó que es metia a plorar. Car com ell venia a parlar ab lo Senyor, i lo Senyor li obria la porta, tantost com ell pensava que estava davant lo Senyor i que Ell lo mirava, se metia a plorar, sabent que estava davant lo seu Rei i Senyor, davant lo seu Bé, davant lo seu dolcíssim Pare, davant la sua Esperança, davant lo seu Refugi i Amor, lo qual molt sovint havia enutjat. I moltes vegades, com ell plorava, lo Senyor li deïa: — Per què plorau?

— Per ço —deïa Desitjós—, perquè no us am, sinó que am a mi mateix i vostre enemic lo món, i no só bo així com deuria, ni só lleal i fael amador vostre.— I molt més plorant i gemegant ab molta dolor deïa: — I per què no us am jo, lo meu Senyor?

— Per ço —deïa lo Senyor— com est esclau i no rei. Sies, doncs, rei, i Jo donar-te la mia amor i conservar-te he en lo meu servici si tu fas lo que Jo t'he dit.

XXXV

Molt fonc l'exercici que Desitjós tragué d'aquelles quatre paraules, i molt profitós. I un dia Desitjós començà de pensar en son germà, i vingué-li molt gran enyorament per ço com li volia gran bé, i anà-se'n a Desitjar Déu i dix-li: — Molt vos voldria pregar que trametéssem a mon germà algú que l'aportàs ací, car molt desig que hi vinga perquè ensems ab mi visqués en Casa de Caritat.

— Trametam —dix Desitjar Déu—, puix tant ho voleu.

— Digau-me —dix Desitjós—: ¿ha-hi altre camí per venir-hi?, que per ventura ell, com és tan bascós de trobar Amor de Déu, que no vinga per altre camí, i així lo missatger errar-lo-hi ha i no el trobaria.

— No —dix Desitjar Déu—, no hi ha camí més curt, ni més segur, ni més dret que aquest, que tot l'aldre me par que sia perdre temps. Mes, puix vós dieu que ell tant ho desitja, de trobar Amor de Déu, jo em dubte que ell no sia ja en lo camí i ben prop de la porta.

— Bé es poria fer —dix Desitjós—, mes no s'hi perdrà res per sí o per no, almenys coneixerà la bona amor nostra. Qui trametrem? —dix Desitjós.

— Trametam —dix Desitjar Déu— lo ca gros, puix ja sap lo camí, i ell lo hi aportarà ab l'ajuda del Senyor i ab la diligència sua. Però, per millor segur, me par serà bé li trametam l'avís que deu tenir per lo camí, i los llocs on lo pot errar i on se pot perdre.

— Com ho farem? —dix Desitjós.

— Jo us diré —dix-Desitjar Déu—: trametam-li per escrit una història que esdevingué a un monjo que volia venir ací i, per no tenir prou discreció, va errar lo camí. I per aquesta història coneixerà los llocs on pot eixir defora camí.

— Quina història és? —dix Desitjós.

— Jo la us diré —dix Desitjar Déu.

XXXVI

— Un monjo fonc, en una congregació, que havia nom Bé em vull, lo qual estigué per algun temps servint nostre Senyor. Però pensà en si mateix que bona cosa era amar Déu i amar son proïsme, car açò eren los manaments, i que hom no devia estar ociós, ni estudiar tostemps per a si. I per amor d'açò ell se meté en camí ab intenció de veure si trobaria algú que li digués alguna cosa de l'amor de Déu.

"Molt camí féu Bé em vull per un gran desert, en lo qual trobava mal camí i molts barrancs que molt l'enutjaven en tant que sovint se'n volia tornar, emperò deïa a si mateix: — Comportem un poc que per ventura no dura molt aquest camí i trobarem aprés bell camí i bells prats, en los quals porem reposar.

"I així, ab aquesta esperança, ell passà part de son camí, fins que trobà una cabanya de pastors qui estaven al foc, per ço com era hivern i feïa fred. Molt fonc alegre, Bé em vull, com veé los pastors, i pres molt esforç i conhort, i, acostant-se a ells, saludà'ls. Molt se meravellaren los pastors com veeren home així ben vestit tenir fred, i digueren-li: — Digau, senyor, ¿què cercau per aquest desert?, ¿i com estau així mort de fred puix tant haveu caminat? Car, de bona raó, qui molt camina algun tant se deu escalfar, més que més tenint tan bon hàbit com vós portau.

"— Noi —dix lo monjo—, no penseu que l'hàbit faça passar lo fred, ni que l'hàbit m'escalfe dedins, car no em passa la pell, i jo tinc fred dedins. I per ço, si vosaltres me voleu donar un poc a menjar d'aqueixes migues o sopes... que són calentes i tot lo cor m'escalfaran.

"— No, mossènyer —digueren los pastors—, que ningú no pot menjar migues que no am a nostre Senyor i lo proïsme, i nosaltres no sabem si vós ho feu.

"— Digau-me —dix lo monjo— vosaltres com ho tinc de fer, car per açò hi só vengut i bé em plauria saberho.

"— Si vós ho voleu saber, pàter —dix la u dels pastors—, és menester que ab lo voler que teniu que hi ajusteu obres, i que ab molt desig i afecció ho cerqueu, car això és una cosa que en ninguna manera la troba hom dormint ni estant ociós, ans per atènyer-la és menester que treballeu ab molta diligència i cura. I per ço seria bo que vós caminàsseu encara més avant i jo crec que, si vós no errau lo camí, vós arribareu allà on està Amor de Déu i son criat Amor del proïsme.—

"Molt se meravellà Bé em vull de les paraules del pastor, i dix-li: — Digau, germà, pot-se errar lo camí?

"— Sí, mossènyer —dix lo pastor—, car passa perill que anant no us encontreu ab dues donzelles que van sovint per aqueix camí, que es dien *Reputatio sui* i *Confidentia sui,* les quals, si us encontraven, vos portarien a Casa de Supèrbia, que és un dolent lloc, en lo qual està Amor de si i sa muller Pròpia voluntat, en lloc d'aportarvos a Casa de Caritat, on està Amor de Déu i son criat Amor del proïsme.

"— No tinc por d'això —dix lo monjo—, pus jo tinga bona intenció.

"— No digau això, senyor —dix lo pastor—, ans deveu anar molt recelós i demanar als que trobareu per lo camí si anau bé o no, car poríeu-vos enganar en la color del drap.

"— Com —dix Bé em vull— me poria enganar?

"— Creeu-me, pàter —dix lo pastor—, que aqueixes

donzelles són tan arteres que us donaran entendre u per altre, car dir-vos han que molt bé anau, i que no hajau por de res, que vós anau camí dret per trobar Amor de Déu. I moltes falsies que us diran, car serà tot lo contrari, i així, si no demanau, portar-vos han ab ulls tapats fins enmig de Casa de Supèrbia, i serà pitjor, que com sereu ben enfangat i enmig de la casa no ho coneixereu, car aqueixes fan perdre la vista dels ulls per bells que sien. I per ço no us cal dir que prou vos basta que tingau bona intenció, car la intenció és un fust en què sovint s'hi met corc, i hom creu-se que lo fust sia sencer i és tot corcat.

"— I com coneix hom això? —dix lo monjo.

"— Jo us diré —dix lo pastor—: si voleu conèixer si lo fust és corcat o no, la millor prova que poreu fer és que pegue fort sobre la pedra, i si ell té fort bé poreu creure que no és corcat, i llavors poreu edificar sobre ell al segur. ¿I vós, pàter —dix lo pastor—, per què voldríeu trobar Amor de Déu?

"— Per ço —dix lo monjo— que puga haver paradís i la glòria que nostre Senyor promet als qui l'amen.

"— Bé em plau —dix lo pastor— que tirau vostra corda, car si això no fos, per ventura vós no us curaríeu gaire de cercar-lo.

"— Déu ho sap —dix Bé em vull—, ¿ara voleu vós entrar en la Trinitat? Mes, digau-me si us plau, aquest camí és molt aspre?

"— Aqueix camí, pàter —dix lo pastor—, és tan aspre i tan treballós quant vos planyereu vós mateix. I és tan fàcil i delitós com vos avorrireu i menyspreareu vós mateix.—

"Molt se meravellà Bé em vull com pastor així grosser li deïa paraules tan entricades. I, partint-se d'ells, començà a prendre son camí.

XXXVII

"No hagué Bé em vull molt caminat quan s'encontraren ab ell dues verges, l'una se deïa *Reputatio sui* i l'altra se deïa *Confidentia sui*. Molt s'alegrà Bé em vull com les veé, i dix-los: — Digau, ¿és aquest lo camí per anar a Casa de Caritat, on està Amor de Déu?

"— Sí —digueren elles—, veniu ab nós, que nosaltres vos hi aportarem.

"— Com vos nomenen? —dix lo monjo—, car no voldria que m'enganàsseu.

"— No —digueren elles—, no hajau por d'això. A mi —dix *Reputatio sui*— dien Humilitat. I a mi —dix *Confidentia sui*— me dien Esperança.

"— Molt me plau —dix Bé em vull— anar en vostra companyia.—

"Molt caminà Bé em vull per lo desert en companyia de les verges qui l'havien enganat. I molts n'hi veïa qui anaven per altre camí molt més estret i més aspre, i la sua consciència remordia'l pensant que per ventura aquell camí era millor, emperò tantost *Reputatio sui* deïa-li: — No cureu, que prou és bo aquest camí encara que no sia tan estret ni tan aspre, emperò tots van a un lloc, car per moltes vies hi pot hom anar, i com vindrà que sereu més avant si voldreu acursar ja ho poreu fer, car prou hi sereu a temps.

"— No —deïa lo monjo—, que un pastor m'ha dit que en tot aquest desert, encara que n'hi haja molts qui caminen, emperò diu que no hi ha sinó dos camins: la u, d'Humilitat, qui va a Casa de Caritat, i l'altre, de Presumpció, qui va a Casa de Supèrbia.

"— Deixau-los dir —deïa *Confidentia sui*—, que en moltes maneres pot hom servir un senyor, i totes li són plasents. No cureu, que bé bastau vós a venir a Casa de Caritat i d'Amor de Déu per aquest camí, per ço alegrau-vos i no cureu de pensar.

"— No —deïa Bé em vull—, que aquell pastor me dix que lo camí de Caritat és molt espinós i aspre i molt estret, més que més en lo principi, i aquest no em sembla que sia tal com ell me dix.—

"Deïa *Reputatio sui:* — ¿I com, no us par que sia prou estret aquest? No cureu, que puix vós soferiu aquest treball prou és. Mirau que encara prou mal haveu passat, i males nits, i fred, i calor. I, doncs, alegrau-vos que bé trobareu per ací Amor de Déu. ¿No veeu quants de coixos haveu deixats atràs que no caminen així bé com vós? ¿Què voldríeu vós ara? ¿Metre-us en camí que per ventura vos cansàsseu i defallísseu? Guardau que la fragilitat humana alguna recreació ha menester, i hom no deu tant tirar l'arc que es rompa sinó afluixar-lo algunes vegades. I hom no deu tantost voler córrer sinó caminar a poc a poc a peu ferm. I no deu hom despendre ses forces en un dia, que prou fa qui va per lo camí de les carretes i no es met per sendes ni carrerons en què hi ha molts perills, i molts qui es perden, i per ço és millor amar a peu ferrat.—

"Semblants coses deïen les vèrgens al monjo, enganant-lo. I, com ell veïa los qui caminaven per altre camí, tot estava aturat, emperò deïa-li *Reputatio sui:* —Deixau-los anar que modorros són, car volen tantost pujar al cel, i tantost volen ésser dels primers. Per ventura són hipòcrits i tenen aldre dedins, o fan-ho perquè diga hom que caminen molt i per bon camí. No cureu, que bo és fugir a vana glòria. I a vegades aquests tals volen córrer i saltar per barrancs i caen de morro. Deixau-los anar que no tenen prou discreció, que és mare de virtuts. ¿Que pensau que tot està en los treballs del cors? No pas, que nostre Senyor l'ànima vol, que per molt fatigar lo cors no pensau sia gran perfecció, ans fa hom caritat en ajudar a si mateix i en guardar son cors per lo servei de Déu. Que més fa qui molts anys camina poc a poc que no aquell qui tantost vol córrer i se'n cansa.

XXXVIII

"Tot açò deïen les verges al monjo fins tant que foren arribats a Casa de Supèrbia. Molt fonc alegre Bé em vull com veé que eren prop de poblat, i dix: —Digau-me, quina casa és esta?

"—Aquesta casa —digueren elles— és la Casa de Caritat, on està Amor de Déu.

"—Prou he treballat —deïa ell dins si mateix— i prou me costa venir-hi.— I així, ab aquest pensament, arribaren a la porta, en la qual trobaren molta companyia de donzelles.

"—Bé siau vengut —digueren elles—, entrau dins puix Déu vos ha feta gràcia que siau arribat en tant bon lloc.

"—Moltes gràcies —dix lo monjo—, mes feu-me plaer que em porteu a la priora per ço com volria parlar ab ella.—

"Molt li plaïa a Bé em vull l'edifici de la casa, i com vingué a la priora, dix-li: — Digau, senyora mare, com vos anomenen?

"— A mi —dix Supèrbia—dien Caritat.

"— Digau-me —dix lo monjo—, ¿està ací Amor de Déu ab un seu criat qui es Amor del proïsme?

"— Sí —dix l'abadessa—. Estau-vos ací en casa algun poc de temps per ço com ells són anats un poc i no tardaran a venir, i entretant veureu esta casa.—

"Molt bon recapte féu donar la priora a Bé em vull, i ell que es donava bon temps puix que tothom li feïa solaç. No passà molt de temps que ell estigué en casa —ben servit i molt visitat per les dues verges: *Reputatio sui* i *Confidentia sui*— que arribà Amor de si ab lo seu criat Menyspreu d'altri. Molt s'alegrà Bé em vull en la sua venguda, i tantost anà per besar-li la mà, lo qual lo rebé molt alegrement.

"— Senyor, sou vós —dix Bé em vull— Amor de Déu?

"— Sí —respòs Amor de si.

"— Puix jo —dix Bé em vull— he oït dir que feu molts plaers a vostres servidors, i que los donau moltes consolacions i que per amor de vós hom ve a la glòria de paradís, i per ço jo só vengut, si em voleu per servidor.

"— Sí —dix Amor de si—, de bona voluntat, estau-vos en casa que com vindrà per avant jo parlaré ab vós, i donar-vos he manera i coneixença com me deveu servir i amar. Donau-vos bon temps —dix Amor de si— i no us doneu basca de res, ni enuig, puix sou arribat en bon lloc i nostre Senyor vos ha feta gràcia que siau escapat dels perills i llaços del camí i de la mar d'aquest món, i siau arribat en port segur en aquesta religió i casa tan santa. I puix ja us sou posat ab mi ab les promeses que m'haveu fetes, no cureu de res.—

"Molt plagué a Bé em vull la consolació que Amor de si li donà, i com li deïa que no li calia passar basca de si mateix, puix que ja s'era tot venut i donat a ell, i ja havia comanada la cura de si mateix a altri.

XXXVIIII

"Molt estigué Bé em vull en casa i sovint rebia molts encontres, i veïa moltes coses qui el feïen dubtar. Emperò Amor de si i Menyspreu del proïsme ho excusaven tot, i li donaven a entendre que tot era ben fet. I com més anava més amistat prenia ab les donzelles *Reputatio sui* i *Confidentia sui,* les quals li aportaven molts llagots, dient que ell era gran amic d'Amor de Déu, i que feïa açò i allò per amor d'ell, i que no era negligent així com aquell, ni era murmurador així com l'altre, ni era golós així com aquell, ni trencador de silenci així com l'altre, i deïen-li que es donàs bon temps i que s'alegràs.

"Puix que la priora veé que Bé em vull era vengut en amistat d'Amor de si, ella començà de trametre-li les sues filles per ço que l'enganassen.

"I primerament ella li trameté a Curiositat, vestida de la roba de Caritat per ço que no la conegués. I aquesta li feïa desitjar i haver belles coses i bells llibres, i pintats, i coses gentils. I la consciència remordia'l d'açò, mes tantost Amor de si ho excusava dient: — No cureu d'ésser tan escrupolós puix que per lo servei de nostre Senyor ho voleu, puix que no hi poseu tota vostra afecció. Car la pobresa en l'esperit està, puix no sia cosa contra la religió ni contra lo manament del prelat, no hi fa res.—

"Aprés la priora li trametia Luxúria ab molt dolents pensaments i moviments i esguardaments. I la consciència remordia'l que es devia confessar d'açò, almanco que no havia tantost corregut als remeis necessaris, així com oració i dejuni, ni havia llevat l'ocasió de tals coses, i que era per negligència sua. Emperò ell no ho volia fer, dient que, puix ell no havia consentit deslliberadament, prou era.

"I aprés la prioria li trametia Ira, i Rancor, i Detracció del proïsme, vestit de Zel de virtut. I com la consciència lo remordia, tantost lo criat d'Amor de si ho excusava dient: — No cureu que bé feu, que hom zel deu tenir per amor de nostre Senyor, i irar-se perquè los vicis sien castigats.

"I jatsia que sia ver que hom deu tenir zel, emperò no zel rancorós ni irós, ni ab propi interès, lo qual zel manifestament se mostra ésser dolent i corcat, car tantost s'encenen en ira i comencen a murmurar de son proïsme, dient: — Què pensau, en tal és tal i tal, i fa açò i allò, i jo no ho dic per murmurar sinó que em par mal.— Com manifestament sia zel rancorós, car si fos bon zel, i sant, seria benigne i humil, dient a aquell qui ho deu corregir: — Certament tal cosa he vista en tal i no em par bé. Jo no sé quina intenció té en fer-ho, i per lo bé que vull a la sua ànima voldria que fos d'allò corregit.— Açò és lo bon zel, i sant, i mansuet.

"Aprés la priora li trametia Gula, vestida de Discreció, i encara que ell no es procuràs res, ni demanàs, ni desitjàs sinó ço que li era donat i d'açò se tenia per content, emperò ella li feïa d'això menjar incompostament, i cuitat, i ab aviditat, i demesiat del que havia menester. I d'açò la consciència remordia'l, emperò Amor de si li deïa: — No cureu, que nostre Senyor per açò ha creades les coses, per mantenir los seus servents, i vós no menjau per vós sinó per la comunitat. I hom deu subvenir a sa necessitat. ¿Que voldríeu vos tornar ètic i donar destento a l'infermer i despesa a la casa? Gran virtut és lo mig i no anar per los extrems. Què pensau que sia? A poc a poc vindríeu a dessequir-vos i los budells s'estrenyerien i lo ventrell se debilitaria, i d'ací a uns quants anys no seríeu bo a res sinó per a la infermeria. No cureu, que *Omnia sunt munda mundis et regna celorum non est esca et potus*. Dedintre té hom a treballar, que aquí està lo verdader dejuni.

XL

"Aprés d'açò la priora li trametia a Peresa i Negligència, i la consciència remordia'l i deïa-li que es devia donar a oració i a exercicis espirituals, emperò Amor de si li deïa: — No cureu, que prou fa qui segueix lo cor i diu missa. ¿Que voldríeu vos tornar ètic? No, que la ballesta no pot estar tostemps parada, car algunes vegades hom dóna en esperit de frenesia volent fer extrems. Guardau, vós, los deu manaments i sereu salvat i per gràcia de nostre Senyor ara prou los guardau en la religió, car no adorau idoles ni creeu en altres vanitats i supersticions, ni jurau fals, guardau les festes, no matau, no fornicau, no furtau, no llevau fals testimoni, i encara que alguna vegada murmureu, tirar no hi fa molt, misèria és humana i fruita del claustro. No cal fer tant de cas, vós no desitjau dones ni res de vostre proïsme, doncs, què voleu aldre?, ¿voleu ja muntar als querubins? Prou vos basta que entreu en paradís en un racó detràs la porta. I encara que esta nit no us lleveu a matines tot és caritat, car no ho feu per galloferia, sinó per cobrar millors forces i ésser més fort per al servei del Senyor. I si anau a passejar per la ciutat bo és esbravar-se un poc, que més fervent torna hom aprés.—

"D'aquí avant la priora li trametia Indevoció i Tristor d'esperit, emperò Amor de si ho excusava. Aprés ella li trametia Vana glòria, emperò Amor de si li deïa que bo és mostrar les bones obres al proïsme per ço que prenga bon exempli. Aprés ella li trametia Inconstància, i sots color de bé ella li feïa haver i demanar molts llibres i molts devocionaris, i prendre molts exercicis, i feïa'ls sens ningun profitament en res. I per ço ell demanava diners a parents i amics, i cercava modos i maneres d'haver diners i comprar tal llibre i tal. I tot açò excusava Amor de si dient que bo era haver molts llibres per a millor conèixer a Déu, car molts lluquets ha hom menester per encendre lo foc, i molts tions.

"D'aquí, a poc a poc, venia en tepiditat i fredor d'esperit, car mai era content de ningun llibre, ni de ningun exercici, i deixava l'oració i meditació, i Amor de si deïali que bo és llegir i estudiar un poc per millor aprendre les vies de Déu. I així se llunyava d'orar i meditar, i donava's molt a llegir ara un llibre ara altre, ara un devocionari ara altre. I posava-li la priora, en açò, una devoció falsa i un delit, que molt millor li sabia llegir que no orar. I com molt havia llegit d'açà i d'allà no li restava sinó l'enteniment confús, de manera que com més anava major amic era d'Amor de si, i *Reputatio sui* lo tenia bé a prop i li donava entendre que ell seria bo per açò i allò, i que fra tal no sap fer açò ne dir allò, i millor ho faria ell, fins a tant a venir a judicar son pastor i prior que no ha fet bé açò ni allò.

"I així ell s'avesà de menysprear les coses poques dient: —Què és ara això? —i així trencar silenci, i ara aquesta cerimònia ara aquella—. Ben sé que no és pecat mortal, i doncs, no està aquí la perfecció.

"I així a poc a poc menyspreava parlar demesiat, i ociós, i va, i murmurar, i perdre lo temps, i d'aquí venia en ceguedat d'enteniment, i menyspreu i oblit de la sua consciència, en tant que la consciència, que al principi mordia i renyava algun poc, ara Amor de si l'havia també avesada que tot anava bé i pla. I de confessar no es curava gaire, puix que hom se confés una vegada en la setmana. Emperò com venia al cap de la setmana tampoc se recordava ell de que es tenia de confessar com aquella paret, sinó que anava allí com qui va a dir una rondalla que sap de cor. I així es confessava i deïa aquella norma de confessió usitada, que si el demanassen mot per mot ell no sabria dir de què es confessa, si no dic ma culpa, si hauria dit així o si fet així... No diu: — Dic ma culpa que pensí tal cosa, i em plagué i trobí plaer en pensar-la, i no la llencí de mi. I parlí tals paraules per tal intenció. I fiu açò i allò a tal hora, en tal lloc, davant tals persones i tantes vegades.— No diu res d'açò, sinó que tota la confessió és condicional, i per ço, de bona raó, l'absolució deuria ésser condicional per ço que no valgués res.

"I tot açò venia a Bé em vull per la seguretat de la consciència, la qual en tota la setmana no havia escrit ni notat res contra si mateixa. I així, creent-se molt aprofitat, anava atràs.

XLI

"Pus que la priora veé que Bé em vull aprofitava molt en l'amor de si, i que la sua consciència anava plana i molt segura, ella determinà de casar-lo ab la filla d'Amor de si, que es deïa Pròpia voluntat. I per ço que Bé em vull no conegués a Pròpia voluntat —car era per tothom maldita—, ella la vestí de moltes robes, i ara se vestia unes i ara altres. I pus ell fonc casat, la priora li dix que prou hi havia estat, que si volia ja se'n podia tornar.

"Tornà, doncs, Bé em vull, al monestir d'on era eixit, i portà ab si son sogre, Amor de si, i sa muller, Pròpia voluntat, i dues serventes: *Reputatio sui* i *Confidentia sui*.

"Molt fonc alegre lo prior com sabé que Bé em vull

era tornat de cercar Amor de Déu, i anà per veure'l, i dix-li: — Digau, mon fill, haveu trobat Amor de Déu?

"— Sí, pare —dix lo monjo.

"— Molt me plau —dix lo prior—. Bé siau vengut.—

"Molta fonc l'amistat que Bé em vull pres ab sa muller, i molt la complaïa en tot ço que podia, en tant que ella lo subjugava de manera que no feïa res sinó ço que ella volia, i per ella se deixava regir. Ella, emperò, lo tenia així catiu que el portava per lo morro allà on volia, i començà-li a entrar a poc a poc i feïa-li demanar llicència d'anar a tal part i a tal, i de fer açò i allò, i de no anar a tal obediència, i aprés feïa l'ésser sol·lícit i curós de fer açò i allò que no pertanyia a ell, i de metre's on no era demanat, i en obediències i exercicis que li plaïen. I deïa-li Pròpia voluntat que més val obrar que orar, i feïa-li posar l'afecció en fer açò i allò, i com lo prior li manava alguna cosa, sabia-li tan greu com la mort que hagués a deixar ço que Pròpia voluntat li feïa fer, i li'n donava més sabor, i delit, i dolçor, i d'aquí venia que mai feïa res de bona gana ni ab alegria, sinó ço que a ell plaïa i allò en què trobava consolació. I si la cosa que li manaven no li plaïa, ell cercava modos i maneres ab lo prior que no li manàs fer, dient que es trobava molt desconsolat i que allò li era molt contrari, i tostemps demanava al prior que li fes fer ço que li plaïa. De tal manera que Pròpia voluntat lo portà en punt que de súbdit era prior, i son prior era son súbdit, i no li gosava manar sinó ço que a ell li plaïa, per no contorbar-lo i donar-li ocasió que es perdés.

XLII

"Veent, doncs, Pròpia voluntat, que son marit tan bé navegava ab vent en popa, ella lo contorbava en l'esperit, car com no es feïa ço que a ell plaïa, i com les coses anaven contra la sua afecció o en alguna cosa lo prior no feïa ço que ell demanava o volia, gara davant!, tot era contorbat, tot impacient i trist, i murmurava dins si mateix i defora ab altres, i venia en no estar content de la casa ni de ningú. I deïa-li Pròpia voluntat: — Què has tu menester estar ací?, car lo prior te té en tema i et persegueix, l'altre te vol mal, l'altre no et voldria veure... No veeres, tal dia, lo prior què va fer? Mira que a fra tal no ho fa. Així mai hi estaràs aconsolat ni faràs res de bo, ni et pots donar a oració, ni a lliçó, ni estar un poc recol·legit, ni mai te'n pories aprofitar. Vés —dix Pròpia voluntat— i digues al prior que tu vols mudar de casa o de religió, i per ventura ab aquest torcedor lo prior farà ço que tu vols i no et contrastarà en res, i t'amoixarà i complaurà perquè no te'n vages.

XLIII

"— Veus ací —dix Desitjar Déu— com aquest monjo encara que començà a cercar Amor de Déu, emperò perquè no caminà per lo camí, sinó que fonc negligent en demanar i en fer força a si mateix, ell trobà Amor de si i a Pròpia voluntat, i en lloc de repòs i descans i quietud que esperava en la religió, per culpa sua estava desconsolat, i trist, i contorbat, i temptat i aparellat a tot mal. Escriu, doncs, açò a ton germà perquè sàpia quin camí té de prendre per venir ací, i que sàpia on se pot errar lo camí, per ço que en lloc de venir ací no vaja a Casa de Supèrbia, de la qual vos guard aquell Senyor al qual és llaor i glòria. Amén.

Ací comença la segona part d'aquest llibre, on posa la part de contemplació.

I

Molt estigué Desitjós en casa del Senyor, servint-lo lo millor que podia, i pensà en si mateix d'ajustar i fer un llibre del millor que trobaria ne ço que llegís, lo qual no tractàs d'altra cosa sinó d'aquelles paraules que lo Senyor li havia dites, ço és, Jo i tu, lo qual llibre volgué nomenar *Llibre d'Amor,* per ço com per ell creïa venir en molta amor del Senyor.

I per millor fer açò, un dia entrà en la cambra del Senyor per demanar-li gràcia per ajustar aquest llibre. I com ell tocàs a la porta, donà-li de parer que lo Senyor dormís, i estava tot en si mateix com no li responia, fins tant que dix: — Què feu, Senyor? Per què dormiu?

— No dorm —dix lo Senyor—, mes faç aparès de dormir.

— I per què, Senyor —dix Desitjós—, feu aparès de dormir?

— Per ço —dix lo Senyor— que veja com se regeixen aquells qui estan en casa, i per ço que prove si fan bondat, i quina llealtat me tenen, car com Jo estic davant i vaig per casa tothom va bé.

— Senyor —dix Desitjós—, jo voldria fer un llibre qui parlàs d'aquells mots, Jo i tu, i voldria demanar-vos consell en la manera que el poré fer, per ço que jo puga venir en molta amor vostra.

— Molt me plau —dix lo Senyor— la simple intenció de mos servidors, i puix tant me pregues que Jo te done consell en quina manera poràs fer aquest *Llibre d'Amor,* Jo t'ho diré: Moltes són les maneres ab què la devota ànima pot venir en amor mia, emperò sàpies que no hi ha cosa millor ni més certa que és oració, car aquí se tanca tot altre exercici, i aquest és lo més dolç i preciós.

— Per què, Senyor —dix Desitjós—, l'oració indueix l'ànima en vostra amor més que tot altre exercici?

— Jo t'ho diré —dix lo Senyor—: Perquè en qualsevol exercici l'ànima és escalfada i induïda en la mia amor per conferiment que fa ab si o ab altra creatura. Mes en l'oració és escalfada per Mi mateix, ab qui ella parla, car si tu tens fred bé et pots escalfar tocant coses que sien caldes, emperò molt més t'escalfarà lo foc mateix si a ell t'acostes, lo qual escalfa les altres coses. Així l'ànima que en l'oració se presenta i acosta a Mi és cremada del foc de la mia amor, lo qual no crema, mes consumeix tota la impuritat de l'ànima. I aquí és plena de temor i reverència, plena de penediment dels seus defalts ab propòsit d'esmenar, és plena de compunció; és plena d'amorós desig de Mi, és plena d'humilitat, és fermada en lo desig de l'honor mia i servei. Què et poria dir? Creu-me, que per imperfet que algú sia, i indigne, no pot trobar millor, ni més vertader, ni més cert camí de perfecció que és amor, la qual no es pot haver sinó per oració. I per ço, si pots reduir los teus exercicis a oració, molt bé faràs, i d'aquí vindrà que mai lo teu cor estarà sinó ab Mi. I per ço Jo et diré què faràs. Per ço que no hages tant de treball Jo et diré dos llibres, los quals molt perfectament parlen d'aquells mots, Jo i tu, los quals van i proceeixen per modo d'oració. La u és de sant Agustí, qui es diu *Soliloquiorum,* i aquest parla d'aquest mot: tu. L'altre és de sant Joan Crisòstom, que es diu *Divina contemplació,* lo qual llibre parla d'aquest mot: Jo. I si tu tens aquestos llibres no has menester més per venir en molta amor mia.

II

Aprés que Desitjós hagué trobat los dits llibres i hagué estat en casa per algun temps, un dia vingué a ell Desitjar Déu, i dix-li: — Què feu, Desitjós?

— Ja veeu, pare —dix ell.

— Molt desig tinc —dix Desitjar Déu— que vós cantàsseu, segons la manera que jo us he mostrat, molt millor, car veig que molt sovint estau desentonat i regullós, i per ço voldria que vostre cantar fos suau i dolç.

— Molt vos ho estimaré —dix Desitjós— que em doneu alguna manera, car encara que sàpia lo cant i los punts que m'haveu mostrat, emperò no sé tenir la manera. I per ço molt sovint me ve tristor d'esperit i tedi de mi mateix, que ni trobe delit en cantar ni en res de bo.

— Per ço —dix Desitjar Déu—, com jo me temia d'això, só volgut venir a vós per donar modo i manera per a vós, que tostemps canteu en esperit d'alegria. I per ço jo us vull fer un saltiri, així com diu lo psalmista, lo qual saltiri tindrà deu cordes, i deu clavilles per tenir aquelles. I ab la vostra veu jo us amostraré de tocar, i així d'aquesta manera sabreu sonar i cantar.

— Molt vos prec —dix Desitjós— que em digau, si us plau, per quina causa o raó me voleu, vós, mostrar de sonar.

— Jo us diré —dix Desitjar Déu—: Vós deveu saber que l'encens no crema ni dóna olor si hom no el met en lo foc primer, ni lo foc que està cobert de cendra no pot cremar si hom no bufa primer, i així ell s'encén a poc a poc, i com lo foc és encès, posa-hi hom l'encens i dóna bona olor, lo qual no faria si hom lo llençàs sobre lo foc esmortit. Semblantment aquest saltiri que jo us faré serà un instrument, ab lo qual tocant, primer poreu despertar la vostra afecció i inflamar vostre esperit. I així alegre i en amor encès poreu entrar en la cambra del Senyor i cantar de millor gana, car lo Senyor vol que qui canta que estiga alegre i, que si hom vol entrar per oferir-li l'encens d'oració, que en l'altra mà port hom foc de devoció.

— I si hom no té foc? —dix Desitjós.

— Per ço és menester que qui ho sap fer que cerque, i per amor d'açò jo us vull fer aquest saltiri. Que quan voldreu traure foc, que us assegau un poc i que obriau vostra caixa i prengau lo saltiri i comenceu de tocar les cordes, i veureu quan prest lo vostre cor s'encendrà.

— I com? —dix Desitjós—, ¿si hom no ha saltiri no sabrà haver foc?

— Sí —dix Desitjar Déu—, qui no ha saltiri prenga lo remei comú per traure foc, ço és, prenga lo foguer i l'esca, i bata la pedra viva, i tantost sortirà alguna purna en l'esca i l'encendrà; emperò perquè tothom no sap traure foc de la pedra, per ço jo us vull fer aquest saltiri que serà per a despertar a quisvulla, per adormit que sia.

— Declarau-me això —dix Desitjós.

— Jo us diré —dix Desitjar Déu—: La pedra viva és lo nostre dolcíssim Senyor i Mestre, Jesús, qui tota està plena de foc d'amor i caritat. L'esca és la nostra afecció, que fàcilment s'encén ab un poc de foc, o bo o dolent. Lo foguer qui fa eixir lo foc és la cogitació, la qual trau foc batent en qualsevol lloc. I si hom vol haver lo foc d'amor és menester que lo foguer de la cogitació no bata sinó la pedra Jesús, car fàcilment l'esca de l'afecció s'encendria si batia en altres coses. Emperò, com vos he dit, tothom no sap traure foc d'esta pedra.

— Feu-me gràcia —dix Desitjós— que em doneu aqueix saltiri perquè sàpia traure un poc de foc d'aquesta mia afecció tan morta i tan freda i tèbea.

— Molt só content —dix Desitjar Déu.

III

— Aquest saltiri —dix Desitjar Déu— serà de dos fusts i tindrà deu cordes, les quals estaran lligades ab deu clavilles, i cada corda tindrà son tempre, i una donzella haurà especial cura i ofici de sonar-lo. Lo lloc i caixa on ell estarà serà net i bruit.

"Primerament serà lo dit saltiri de dos fusts: la u burell, l'altre vermell. Lo burell és la vida activa, la qual ab treball i aflicció se passa. Lo vermell és la vida contemplativa, que en amor tota l'ànima encén. És lo fust burell la temor de nostre Senyor, que fa estar l'ànima a les coses del món burella i negra, i no la deixa vanament alegrar-se. És lo fust vermell l'amor que de tot crema i encén l'ànima, i la banya en la sang del seu Amat. Aquest saltiri he volgut fer de dos fusts ensems ajustats, car lo nostre cant no plau al Senyor si no és en vida activa i contemplativa, la qual lo seu dolcíssim Fill ha tenguda per exemple nostre, emperò lo fust burell està baix i lo vermell està alt, així com més noble.

"Les deu cordes del saltiri són aquestes: La primera, la memòria dels pecats. La segona, memòria de la mort. La tercera, memòria del judici final. La quarta, memòria d'infern. La quinta, santa conversació. La sisena, consideració del món. La setena, consideració de la Ciutat de Paradís. La vuitena, consideració dels ciutadans d'aquella. La novena, consideració de nostre senyor Déu. La deena, consideració dels seus beneficis.

"Aquestes deu cordes seran partides en tres parts en aquest *Saltiri d'Amor* —car així vull s'anomene—, segons que tres maneres hi ha d'amor, ço és, amor interior, amor exterior, amor superior. Aquests són tres graus per los quals hom puja en paradís, ab l'adjutori de la Santíssima Trinitat. Aquests són lo segell de tota escriptura i exercici espiritual, ço és, amor inferior a si mateix, amor exterior al proïsme, amor superior a nostre senyor Déu. Aquest és lo sobreexcel·lent exercici de tota acció i contemplació, esta és la font d'on neixen totes les aigües i rius de les *Escriptures,* a la qual font, aprés d'haver regat i rajat, tornen; i si a ella no tornen i a ella no endrecen, llurs vies són amargues i van fora camí.

"Tres parts seran fetes, segons dit havem, de dites cordes. Les quatre primeres, en la primera part, per tocar l'amor de si mateix. La cinquena corda, en la part segona, per tocar l'amor del proïsme. Les altres cinc, en la tercera part, per tocar l'amor de nostre senyor Déu. Les cinc cordes que són per tocar l'amor de si i del proïsme estaran posades, en lo saltiri, en la més baixa, ço és, la burella, per tocar la vida activa. Les cinc últimes estaran en lo fust vermell, per tocar la vida contemplativa.

IIII

"Abans, emperò, que vingam a tractar d'aquestes cordes en especial, parlarem primer de la suficiència d'aquesta divisió de cordes, la qual és aquesta. Certa cosa és que la cosa que a diversos fins té aplicació primer deu ésser divisa que hom proceeixca o determèn d'ella. Com, doncs, amor tinga equivocació a amor interior, exterior i superior, és necessari façam la dita divisió de cordes en tres parts, perquè sapiam de quina amor tocam.

"És, doncs, la primera amor de si mateix, la qual amor, si virtuosa i santa és, no es pot haver, per ço com naturalment som inclinats a amor viciosa i deliciosa de nostre cors, i naturalment desitjam plaers i alegries i delits, i avorrim tot treball, mal i pena. Com, doncs, així naturalment siam inclinats a amor viciosa, és cosa certa que, si amar-nos volem virtuosament, no ho podem fer naturalment. Si, doncs, naturalment no, segueix-se que no per nostres forces, sinó per gràcia de nostre senyor Déu movent la voluntat nostra i conformant nostre cor en la virtut. Posat, doncs, aquest fundament d'humilitat, devem saber que aquesta amor de si mateix virtuosa està en menysprear si mateix, i avorrir, car aquell qui menysprea i ha en odi la sua ànima, aquell la guarda en la vida eterna per ço que l'ama, car no li pot major amor tenir que desitjar que estiga en glòria i vida eterna. Com, doncs, verdadera amor de si mateix sia avorrir si mateix, i açò no es puga fer naturalment, és necessari que ab la gràcia de nostre Senyor —com dit havem— treballem artificialment en amar-nos virtuosament, ço és, ab art, induint nostra ànima per meditacions i consideracions en menyspreu de si mateixa, i desestimació, i en rigor contra si. I açò deu fer primerament per temor, car la temor del Senyor és principi de saviesa i de virtut, i sens temor ningú pot ésser justificat.

"És, doncs, la temor un agulló qui puny la nostra ànima, i li fa fer i desitjar ço que no vol, i fer força a si mateixa i lluitar contra si. És ver que com ella ha haguda l'amor superior per aquesta temor, car aquella bandeja i foragita aquesta. Emperò molt és cosa segura, aprés d'haver atesa la superior amor, tornar sovint en aquesta, que és temor per foragitar de l'ànima tota confiança de si, i tota vana seguretat, i tota tepiditat, i refredament, i remissió, a les quals som molt inclinats.

V

"Són, doncs, les primeres quatre cordes quatre consideracions per induir nostra ànima a temor, de la qual neix humilitat, que és menysprear i avorrir si mateix. I encara que estes cordes sien per manera de meditació, que és acte de l'esperit, però estan posades en lo saltiri en la part jussana, de la vida activa, car lo principi de vida activa és conrear lo seu camp, i arrancar les espines, i purificar i denejar si mateix, lo qual hom no pot fer sens gran treball i lluita i rebel·lió de l'esperit i de la carn.

"Posada la primera amor en la vida activa, segueix-se la segona amor, que és l'exterior, en aquella mateixa part, car ningú qui no haja la primera amor interior no pot haver la segona exterior, ni tocar la quinta corda que pertany a ella, ço és, la santa conversació. Car aquell qui no menysprea si mateix, i desestima, no pot amar lo proïsme, car tostemps voldrà sos desigs, i apetits, i plaers, i no comportarà son proïsme, ni el complaurà, per no fer desplaer a si mateix. I en tot cercarà lo seu profit i consolació, i no del proïsme, i si lo proïsme fa res que no li plàcia tantost s'encén en ira i menyspresa lo proïsme i estima a si, i judica'l i excusa a si.

"Emperò lo qui desestima a si fa tot lo contrari, car avorreix si mateix com un sac de fems, la qual cosa ateny per temor i humilitat. És ver que en los perfets aquest menyspreu i desestimació de si és molt excel·lent i millor, car és per pura amor de nostre Senyor. Però als qui comencen, que encara no han gustada l'amor del Senyor, és necessari tasten un poc d'aquesta rael amarga d'humilitat per temor, als quals és amarga en lo principi, emperò aprés molt és dolç i suau lo jou del Senyor, i molt lleuger, per ço com amor lo porta, la qual sofereix tota cosa i és més fort que la mort.

VI

"Posades les cinc cordes en la vida activa, pertanyents i tocants la primera i segona amor, degudament se segueixen les altres cinc per tocar l'amor tercera en la vida contemplativa, en la part superior del saltiri. Car així com nengú no pot amar lo proïsme que no menyspree a si mateix, així per lo semblant ningú pot amar a nostre Senyor, lo qual no veu, si també no ama lo proïsme, lo qual veu, car ningú pot d'un extrem passar en altre sens passar per lo medi. Com, doncs, l'amor de si sia un extrem, és necessari per passar a l'amor de Déu, que és l'altre extrem, passar per un medi, ço és, l'amor del proïsme. Emperò per tal com amar lo proïsme per la quinta corta, que és santa conversació, és cosa virtuosa, la qual no es pot haver sens dificultat, car la virtut està en les coses difícils, per ço serà menester posar alguna consideració i art ab la qual nostra ànima sia induïda en amar, honrar i estimar lo proïsme.

"Semblantment, com nostra ànima, per lo pes de la carn, sia feixuga i tarda en pujar sobre si per haver l'amor superior, serà necessari posar les cinc cordes, les quals alcen i pugen en alt lo seu desig i afecció.

VII

"Haguda notícia, en suma, de la fi de nostre saltiri, resta a tractar en particular de les cordes, i tempres, i clavilles, i posar regles per on lo cant vaja, i posar los punts en què estarà entonada la música.

"És, doncs, la primera corda memòria dels pecats. Per tocar bé esta corda, i totes les qui es segueixen, posarem quatre punts, en los quals començaran i estaran entonades totes les cordes. Lo primer punt és: Què és? Lo segon: Qual és? Lo terç: De qui és? Lo quart: Per què és? Ab aquests quatre punts se poran molt complidament tocar les cordes.

"I, segons dessús és dit, una donzella ha propi ofici de tocar lo saltiri i les cordes, la qual se diu Cogitació. Prenga, doncs, Cogitació lo saltiri de la caixa on estarà guardat, ço és, de la Memòria, i començ a tocar a la primera corda, que és memòria dels pecats. I prenga lo primer punt, ço és, què és?, i cogite i pens què és pecat en si, ço és, tan vil, tan sutze, i tan nocible i abominable. Aprés prenga lo segon punt i cogite qual és lo pecat que ha fet, ço és, tan gran i tan multiplicat. Aprés prenga lo terç punt i pens de qui és aquell tal pecat, ço és, d'ell mateix i obra sua, i açò pot tenir per seu propi. Aprés prenga lo quart punt i pens per què ha fet lo pecat, ço és, per culpa sua, i iniquitat i malícia, i no gens per força, car no pot ésser forçada la voluntat ni lo franc arbitre, car en altre manera no seria franc.

"Aquesta corda així tocada, la nostra ànima vindrà en compunció, que és molt necessària, i vindrà en menyspreu de si mateixa i en humilitat de si. I si ella se troba encesa i inflamada, i molt baixa i profundament humiliada, pot deixar lo saltiri i entrar en la cambra del Senyor, i sens dubte obtindrà tot ço que voldrà, car lo Senyor no menysprea lo cor contrit i humiliat, ans lo verdader sacrifici a Ell plasent és l'esperit contribulat i apenedit.

"Emperò és menester que Cogitació, tocant aquesta corda, tinga cautela de no posar la sua imaginació o fantasia en los particulars pecats o viltats d'aquells, sinó que en suma de tot lo sonar d'esta corda traga un record de molts i grans pecats, la qual memòria li do descontentació i desestimació de si, considerant qui és estat en temps passat, que és lo primer grau dels tres d'humilitat, ço és, pensar què és estat hom.

"La clavilla on esta corda estarà lligada i serà la sua fi és avorriment de si mateix.

VIII

"La segona cosa que fa néixer humilitat en nós és pensar què serà hom en l'esdevenidor, i per ço la segona corda és memòria de la mort.

"Prenga, doncs, Cogitació lo saltiri i toc la segona corda ab lo primer punt, i pens què és mort, ço és, separació dels cors i de l'ànima. I aprés ab lo segon punt, qual és mort?, ço és, amarga, car sola la sua memòria és amarga, quant més ella!, és terribilíssima sobre tota cosa, és acerbíssima i dolorosa sobre tota dolor, és periculosíssima, car aquí se perd o se guanya lo joc. Aprés toc ab lo terç punt, ço és, de qui és mort?, ço és, dels hòmens, car tots són obligats a morir puix són nats, i aquesta separació del cors i ànima forçadament s'ha de fer. Toc aprés ab lo quart punt, per què és mort?, ço és, per tal que cascú torn en açò de què és estat format, ço és, a no-res, i pols i terra, lo cors, i a verms. L'ànima, emperò, encara que sia estada creada de no-res, no tornarà a no-res ans viurà eternalment.

"D'aquesta corda traga, Cogitació, temor i recel. La clavilla que a esta corda està lligada i és la sua fi és desestimació de si, car veu que vui o demà aquest sac de fems tornarà al femer, i pols, i cendra, i que no li cal fer tant de cas ni amar tan vil cosa.

IX

"La tercera cosa d'on neix humilitat és pensar què és hom de present. I açò significa lo fust que està entre corda i corda, lo qual és burell, significant que hom, de present, és vil, miserable, viciós, i defectible i ple de corc de dolents desigs, de dolents moviments i passions, negligent i tard a tot bé, i inclinat a tot mal. I aquesta consideració del fust, ço és, del que hom és de present, ab les altres dues cordes, ço és, qui és estat hom i qui serà, fan en nosaltres a humilitat i menyspreu i desestimació de si, la qual és la primera santa amor.

"Emperò perquè no basta prou tenir menyspreu de si i avorriment i dolor del mal passat, si hom no té cautela i recel de l'esdevenidor, per ço la tercera corda és memòria del juí final, la qual dóna a hom recel i ànsia i vigilança sobre si mateix, sabent que de tot té donar raó. Toc, doncs, Cogitació la tercera corda ab lo primer punt i pens què és lo juí final, ço és, una examinació de totes les paraules, pensaments i obres. Aprés toc ab lo segon punt, qual és lo juí final?, ço és, molt estret, molt justíssim, dia molt amarg, i de dolor, i de plor, en lo qual nos pesarà com no havem fet bé. Aprés toc lo terç punt dient: de qui és aquest juí?, ço és, de nostre senyor Déu omnipotent, qui pot fer segons li plaurà, i no hi haurà qui li puga contradir ni contrastar car terrible és, i qui resistirà a ell?, és aquest juí de nostre senyor Déu sapiència infinida, al qual ningun pecat porà ésser amagat, ni algú li porà portar testimoni fals, car los seus ulls en tot lloc miren los bons i los mals, i per ço Ell mateix serà testimoni i jutge. Aprés toc lo quart punt, per què és aquest juí?, ço és, per tal que sia donat a cascú segons mereix, i sia donada sentència difinitiva de la qual no hi ha apel·lació, car just és lo Senyor i la justícia ha amada. D'esta corda traga, Cogitació, vigilança i diligència. La clavilla on estarà lligada aquesta corda és temor, car la temor retrau la nostra ànima de mal, car qui pensa en les coses finals no pecarà jamés.

"Traga encara, Cogitació, d'aquesta corda que molt sovint, o almenys una vegada cada dia, judique i examine si mateixa i faça juí i justícia de si, esmenant i corregint ço que és viciós, i arrencant a poc a poc les espines del seu camp, car si nosaltres nos judicam ací no serem judicats allí, i aquell qui ama lo judici d'esmena de si serà amat del Senyor. Segons diu lo profeta: 'Jo, Senyor, he temut dels teus juís i per ço fet judici i justícia.'

X

"Emperò perquè fer judici de si mateix, i justícia, i proposar de corregir i esmenar si mateix no es pot fer si hom no té rigor i severitat contra si, per ço la quarta corda és memòria d'infern.

"Prenga, doncs, Cogitació, lo saltiri i toc la quarta corda ab lo primer punt dient què és infern, ço és, lloc de tenebres i d'ombra de mort, lloc de pena i de pudor, lloc de gran tribulació. Aprés toc ab lo segon punt, qual és la pena d'infern?, ço és, terrible, incomparable, acerbíssima, eterna i perpetual, i, segons dien los sants, més amaria hom sostenir totes les penes d'aquest món que mai són estades ni seran, que no sostenir un dia la menor d'aquelles, ni solament la visió dels dimonis. Toc aprés, Cogitació, ab lo terç punt, de qui és lo lloc de l'infern?, ço és, dels pecadors i d'aquells qui han amat si mateixos viciosament, i sobretot és dels amadors de pròpia voluntat, car si esta no era no hauria infern. Aprés toc ab lo quart punt, per què és infern?, ço és, per tal que los mals sien punits i turmentats per tostemps. D'esta corda traga, Cogitació, severitat i rigor contra si mateix i contra la pròpia voluntat, i prenga aquests dos per capitals i mortals enemics, ço és: si mateix i pròpia voluntat. I en aquests contrast valentment, no perdonant-los per res, així com a enemics malvats que l'aportaran a damnació eternal i l'apartaran del seu amat i dolç Senyor. La clavilla on estarà lligada esta corda és discreció, que en tal manera la corda estiga tirada que no es rompa, ni estiga del tot fluixa, car en la persecució de si, i rigor, i penitència, deu-se guardar discreció, considerant quant basta la virtut pròpia, de tal manera que lo vici, no lo cors, sia destruït, i la carn a la raó sia sotsmesa. No dic que no sia rebel·le, car no seria possible, ni seria carn si no es mogués mai contra l'esperit, sinó dic que obeesca a la determinació de la raó.

"Serà lo tempre de totes estes quatre cordes pes i mesura. Aquestes quatre cordes pertanyen a la primera amor, ço és, interior, les quals deu Cogitació tocar, no ab cuita sino ab molt repòs, i pensar-hi molt espaiosament, i moltes més coses que ací són escrites, car solament açò és un senyal i manera de sonar, deixant als prudents la investigació de major exercici.

XI

"Tocada la primera amor de si, consecutivament se segueix la quinta corda per tocar, per a tocar l'amor exterior del proïsme, que és santa conversació. Per tocar bé esta corda remet-vos a casa d'Humilitat, i feu així com ella féu d'aquell sant propòsit que té, i aquí trobareu consideració com se deu amar lo proïsme. Aquesta amor del proïsme per ésser virtuosa deu ésser per amor de Déu, no pas per amor de si mateix o per amor del proïsme. I aquell qui així ama és fael amador del proïsme, car ama'l per amor del seu Senyor. Serà la clavilla on estarà lligada esta corda, paciència, car paciència ha en si perfeta obra. I aquell qui per les quatre cordes ha tengut humilitat ara deu tenir paciència en comportar lo proïsme, i conversar ab ell benignament, i humilment i afable. Tindrà esta corda dos tempres. Lo primer és ço que no vols per tu no vulles fer a altri. Lo segon tempre és ço que vols per tu fes als altres.

"Lo to on estaran entonades estes cinc cordes de la vida activa és en re, que vol dir en obra, car poc se valdria tocar lo saltiri i sonar les cordes si hom anava fora de to, ço és, de re, que no posàs hom en obra de menysprear si mateix i amar lo proïsme, car per ço estan posades estes cordes en la part primera de vida activa. La regla per on aniran estes cinc cordes és una, ço és, per amor de Déu. Aquesta és per reglar la primera amor, que hom menyspree si mateix solament per amor de Déu, i aquesta mateixa és per reglar la segona amor del proïsme.

XII

"Posada la primera part del saltiri, ab la meitat de les cordes en la vida activa, resta posar les altres cinc en la part superior, de vida contemplativa, les quals cordes pugen nostra ànima en amor de Déu. Car si per amar a si i al proïsme, virtuosament, ha menester corda, quant més per amar a nostre Senyor!, qui és pur esperit i l'hom carnal no sàpia ni gust què és esperit. I per ço posarem estes cordes de contemplació.

— Feu-me gràcia —dix Desitjós— que em digau quina cosa és contemplació, i com se deu fer, i per què és la contemplació.

— Contemplació —dix Desitjar Déu— és vista de l'esperit.

— Com? —dix Desitjós—, l'esperit té ulls?

— Sí —dix Desitjar Déu—, ulls té i peus i cap, emperò espirituals. És, doncs, contemplació un mirar o vista de l'esperit, i és exercici qui es fa en les potències de l'ànima, ço és, imaginativa fantasia, memòria local, estimativa. Aquest exercici requer molta puritat d'estes potències i abstracció d'estes coses del món per tal que millor pugam exercitar aquest acte. I segons que algú té l'enteniment millor i aquestes potències més pures i elevades tant és millor contemplador. I tant com hom té major fe tant és millor contemplatiu, car la llum de l'enteniment és la fe. Aquell, doncs, qui majors ulls té, i més bells, millor mira i contempla.

"Al segon que em dieu, per què és contemplació?, dicvos que contemplació és una inducció per portar nostra ànima en amor o en odi de la cosa que contemplau, per

 ço que de nosaltres som grossers i no sabem amar sinó ço

que veem. I per tal que nostra ànima sia elevada en amar ço que no veu és il·luminada, per nostre Senyor, de fe, car qui no ha fe no pot mai amar sinó ço que veu i coneix, car fe és una creença de ço que hom no veu ni coneix per experiència. La qual fe dóna nostre Senyor als cristians en lo baptisme, car llavors l'ànima és esposada ab Ell per fe, car creu Ell ésser, lo qual no ha vist ni coneix per corporal experiència. I així, esta pedra posada de part de nostre senyor Déu, ve la creatura ab les potències ja dites i contempla algunes coses per les quals sia encesa en amar lo seu Creador. Car la consideració que hom ha de les creatures d'aquest món, les quals veu i coneix, pròpiament no és contemplació, ans és consideració. D'on hom ve en contemplació de coses celestials, comparant-les o proporcionant-les ab aquestes i traent major fe en si, creent que les coses celestials són més belles i excel·lents, i que lo Creador d'elles és molt millor. I d'esta consideració de les creatures no es trau sinó major fe i llum, ab la qual aprés pujam a veure i contemplar les coses superiors. Aprés de la qual contemplació o vista espiritual que havem haguda, desitgem més i amem aquelles coses. I açò és la fi de la contemplació, al meu parer.

"A la terça cosa que em demanau, com se fa contemplació?, jo us respondré segons lo meu poc saber, sotsmetent lo meu grosser juí a tot altre millor. Deveu saber que nostra ànima, per si, no pot venir en contemplació o vista espiritual de les coses celestials, sinó per comparació de coses corporals que ella ha vistes i conegudes, car està darrera la paret de la carn i té lo vel davant los ulls d'amor. I per ço no pot amar cosa alguna ni induir la sua afecció en amor d'allò que primer no ha conegut, sinó per comparació del que ha conegut. I per ço la glòria de paradís és, dels contemplatius, comparada a una ciutat molt bella, la qual té les places i les muralles d'or molt puríssim, i les portes totes lluen i resplandeixen de pedres precioses, etc. No perquè de fet sia així, car en lo cel imperi ni en paradís no hi ha coses materials i corruptibles, com és or i argent ni pedres precioses, sinó perquè en lo món nostra ànima no coneix cosa més bella que és l'or, ni més preciosa que són les perles; per elevar la sua amor i afecció en les coses celestials comparen-les en aquestes corporals, donant a entendre que són tan excel·lents que no es pot comparar, ni dir ni pensar. Així com diu sant Pau: 'Jo he vistes coses que hom no les pot parlar'.

"La manera com aquesta contemplació se met per pràtica posarem davall, quan parlarem del conferiment que deu fer Cogitació ab l'ànima.

XIII

"Començarem, doncs, a tractar de les cinc cordes de contemplació, qui toquen l'amor superior. Ans, emperò, de tocar les cordes posarem les regles, posarem lo to, posarem lo tempre, aprés posarem les cordes, aprés posarem les clavilles i lo modo del tocar.

"Primerament posarem tres regles. La primera és que lo contemplador no deu menysprear davallar a la vida activa per caritat o utilitat del proïsme, car lo Senyor, qui ha creades totes les coses, perquè aprofitàs als hòmens davallà del cel i se féu home i treballà. No deu, doncs, l'hom tenir a molt que davall a la vida activa si lo Senyor dels àngels s'és humiliat i fet verme, no per son profit sinó per altri. Car lo contemplatiu qui per amor del Creador davalla i no menysprea la vida activa no és disminuït o minorat o fet pitjor, car la mateixa mà que lava la cara, calça lo peu sens prendre alteració alguna o mutació. I per esta humiliació als exercicis actius mereixen haver aprés major gràcia de contemplació, car lo qui s'humilia per amor de Déu serà exalçat. I encara per la condició i misèria humana, la qual vui en dia és molt inclinada a fastidi i tedi de la cosa molt continuada, i per tal com la privació és de major apetit causa, és expedient eixir a temps, i davallar, i mudar de vianda, perquè millor conegam la diferència dels contraris ensems posats, i perquè més amem lo bé i més desitgem lo que algunes vegades perdem, lo qual no faríem si tostemps ho teníem.

"La segona regla és que l'ànima qui vol pujar en contemplació deu ésser purgada, i neta i descarregada, car estes tres coses impedeixen la contemplació, ço és, de culpes infecció, de coses mundanes afecció, de les potències de l'ànima distracció. Del primer empatxament diu lo profeta: 'Tu poses un núvol en la tua pujada.' Del segon diu: 'És caigut lo foc d'afecció carnal i per ço no han vist lo sol.' Del terç empatxament diu: 'La llum dels meus ulls no és ab mi.' Ço és, la llum de l'enteniment i puritat dels ulls de l'esperit no és [ab] mi, per la molta distracció i ocupació, la qual me fa perdre aquella llum de fe ab la qual jo mirava i proveïa, davant lo meu conspecte, lo meu Senyor, i los meus ulls, qui tostemps eren ab lo Senyor, ara per la distracció i furor de l'ocupació lo meu ull està torbat, car la distracció apaga aquesta llum la qual vol ésser augmentada per continu exercici de contemplació i oració, i que hom llavors puga dir: —Tu, Senyor, il·lumines la mia lucerna i llum.—

"La tercera regla és que sapiam que en esta vida no podem haver perfeta contemplació, car l'orgue no està tostemps de tempre, encara que lo sonador estiga aparellat, car esta miserable flauta no està tota hora disposta, i és menester saber comportar aquest flac vaixell de terra i no voler açò qui voler no es deixa. Car açò ha ordenat nostre Senyor segons la sua infinida saviesa, per ço que vol en nós conservar aquella pedra preciosa d'humilitat per tal que l'home no sia confortat i ensuperbit, mes que les gents sàpien que són hòmens, ço és, terra, i que tenim lo fundament de terra, i habitam en cases de llot i fang. Car si tostemps miràvem lo sol, nostra vista s'enfalagaria, i per ço és molt profitosa cosa girar la vista baix en terra per algun temps, car la color negra és congregativa de la vista i així moltes vegades lo mirar que fem en lo negre de nostres misèries conforta la vista per a millor mirar. I per ço, mèritament, los qui toquen algun instrument de cordes, així com viola i semblants, no toquen tostemps les cordes jussanes, ni les altes, sinó entrecanviadament, adés una, adés altres, adés mesclant-les, car en altra manera lo so no seria plasent. Això mateix significà Jacob, qui no veé los àngels qui solament pujaven per l'escala, o que solament davallassen, sinó que pujaven i davallaven.

XIIII

"Aprés d'ésser posades les regles posarem lo to en lo qual les cordes estaran entonades, i serà en sol, car així com la terra —encara que sia ben cultivada— sens lo sol no faria res, ni fruit, així en lo present, encara que l'ànima sia per humilitat i temor purificada —per la primera part del saltiri—, si no ve lo sol d'amor, qui l'escalfe per la contemplació, no aprofitaria. I, mèritament, puix la primera part del saltiri està entonada en re, la segona deu estar entonada en sol. Car los qui en vida activa porten l'arca del Senyor gemegant per lo camí d'operació, no declinants a una part o altra van a Betsamis, Casa del Sol, per ésser escalfats i il·luminats en amor. Car als qui temen al Senyor naixerà lo sol, i aquells qui per la via de temor han gustat de la rael amarga d'humilitat seran endolcits de l'amor del Senyor en vida contemplativa, car molt és gran multitud de la dolçor del Senyor, la qual té amagada per als qui el temen. Serà, doncs, lo to, sol, ço és, amor, i dolçor, i afecció.

"Posat lo to, que és l'amor de nostre Senyor, posarem los tempres, los quals són tres, ço és, amar a nostre Senyor de tot cor, de tota ànima, de tota virtut; de tot cor dolçament, de tota ànima sàviament, de tota virtut fortment.

"Resta ara posar les cinc cordes en la part superior del fust vermell. La primera corda és la Ciutat de Paradís. La segona, los ciutadans d'aquella. La terça, nostre senyor Déu. La quarta, los seus beneficis. La quinta, les sues obres. Aquestes són les cordes d'amor, ab les quals nostra ànima pujarà en desitjar les coses celestials.

XV

"És, doncs, la primera corda, la Ciutat de Paradís. Prenga, Cogitació, lo saltiri segons dit havem, i toc ab lo primer dels punts dessús posats, dient: Què és la Ciutat de Paradís? Ço és: Nostra terra i pàtria, per la qual som creats, a la qual devem endreçar nostres passos, nostres desigs i afeccions i intencions. És aquell lloc del cel imperi en lo qual està nostre senyor Déu i tot l'exèrcit celestial. És visió de pau, és habitació de repòs.

"Toc aprés ab lo segon punt: Qual és aquesta ciutat? És bellíssima sobre tota bellesa, car lo qui és bellesa de les creatures l'embelleix, tots los murs i les places són d'or puríssim, les portes totes relluen de pedres precioses.

És riquíssima, car lo tresor del món i Aquell en mà del qual és lo tresor és donat als qui hi van, i tant quant volen; en aquest lloc no hi ha fam, ni set, ni alguna fretura, sinó tot compliment, molt més del que es pot desitjar. És jocundíssima i alegre, car mai hi ha sinó odor i fragància molt suau, plena de modulacions i de cants de dolçor i alegria, i tostemps celebren festa molt solemne. És molt saníssima, car no hi ha malaltia ni vellesa. És molt gran, car innumerables són los ciutadans d'ella. És molt delitosa, car aquí han tot delit i consolació. És tal que no basta enteniment a pensar-ho, ni llengua a dir-ho, car ulls no han mai tal vist, ni orelles oït.

"Toc aprés ab lo terç punt: De qui és esta ciutat tan noble? És de nostre Senyor, casa i morada sua. Quant glorioses coses són dites de la Ciutat de Déu!, i molt són desitjables i amables los tabernacles del Senyor de les virtuts.

"Toc aprés ab lo quart punt: Per què és esta ciutat? És per habitació dels qui amaran a Déu, car per ells l'ha fundada, a on estaran perpetualment lloant i beneint-lo, car benaventurats són los qui habiten en la casa i ciutat del Senyor, los quals lo lloaran *in secula seculorum*. Aquesta ciutat és la casa del Senyor, en la qual hi ha moltes habitacions. D'esta casa diu lo profeta: 'Jo em só alegrat quan me digueren que havíem d'anar a la casa del Senyor i ací no hi devíem estar per tot temps.'

"No ens enutge, doncs, lo breu i poc treball i aflicció, tedi i pena d'aquesta present vida, ab la memòria que tenim d'anar vui o demà a nostra terra, on estarem en repòs si, emperò, ací primer passam per lo foc i per l'aigua d'humilitat o per l'aigua de vida activa en aflicció i amargor, i per lo foc de vida contemplativa encès en amor i desig. No ens oblidem, doncs, en nostres adversitats i tristors, d'aquell vers ja dit: 'Jo em só alegrat', etc. I així no estimaríem qualsevol adversitat ésser greu i menyspresaríem tot aquest món, en lo qual som peregrins i exellats. D'aquesta corda traga, Cogitació, menyspreu i desestimació d'aquest món, pensant en lo cel.

"La clavilla on estarà lligada esta corda és fe, que devem tenir ferma de la vida eterna, car aquesta és la victòria que venç lo món —per menyspreu—, la fe nostra. Car sens fe ningú pot plaure a Déu, i qui no creu no espera, ni ama, ni desitja, ni tampoc és raó que haja, car la fe és certitud i creença de les coses esdevenidores, ço és, de la glòria eterna.

XVI

"La segona corda d'amor és los ciutadans de Paradís. Prenga, doncs, Cogitació lo saltiri i toc ab lo primer punt, dient: Qui són los ciutadans del Paradís? Són los àngels, los arcàngels, principats, virtuts, potestats, dominacions, trons, querubins, serafins, los quals són en tant nombre i multitud que no es pot dir ni comptar. Són, encara, los ciutadans de Paradís los patriarques, los apòstols, los profetes, los màrtirs, les vèrgens, los confessors, aquestos són los ciutadans d'esta ciutat.

"Toc aprés, Cogitació, ab lo segon punt, dient: ¿Quals són estos ciutadans? Són immortals i impassibles, gloriosos, benaventurats, més lluents que lo sol, alegres que mai tristor serà a ells, ni mort, car són deputats entre los fills de Déu, ço és, entre los àngels. I són dotats de tot ço que volen i no els vindrà res que no vullen, car la llur voluntat —per tal com és conforme ab la de nostre senyor Déu— és tanta com lo desig, i lo desitjar és tan gran com la voluntat, i han anat com desitgen i com volen, ni poden desitjar més del que han, ni haver més del que desitgen, car no desitgen sinó a Déu, del qual han tant com volen per ço que ab lo que han són contents i no desitgen més. I encara que en diversos graus de glòria sien diferents segons més o menys, emperò tots són eguals en la contentació i sadollament, car tant content és lo xic com lo gran, i no vol ésser algú més del que és, ni haver més del que ha, car si ho feïa no seria benaventurat. Són estos ciutadans de porpra vestits d'immortal glòria, són més blancs que la neu, són més nets que la llet, són més vermells que lo marfil antic, són més vells que lo safir.

"Toc aprés ab lo terç punt: De qui són aquestos ciutadans? Són de nostre senyor Déu, poble seu i ovelles de la sua pastura, i les sues mans los han fets i creats.

"Aprés toc ab lo quart punt: ¿Per què són aquestos ciutadans de Paradís? Són per lloar, beneir, honrar i glorificar a nostre Senyor Déu, car de nit i de dia lo lloen dient: *Sanctus, Sanctus, Sanctus.* I tostemps canten en gran alegria i jubilació, i per ço aquells qui en esta vida comencen a cantar ja gusten la vida d'ells.

"D'esta corda traga, Cogitació, desig d'ésser ab ells, i en companyia sua, i treball de cantar contínuament segons les sues forces i poder, i de dir ab lo profeta: 'La llaor i benedicció del Senyor és tostemps en la mia boca.'

"La clavilla on esta corda serà lligada és esperança, car aquell qui creu en la vida eterna esperar deu la comunió i habitació dels sants. Car al nostre Pare ha plagut donar-nos lo seu Regne i d'aquell tenim penyores moltes i segures i anam a Ell, car tenim penyora lo Pare, qui per la sua veritat diu: 'Tot ço que demanareu al meu Pare vos donarà.' Tenim penyora, encara, lo Pare dins nostre cor per fe. I si tal Pare creem, i tan bo, i tan ple d'amor, en qui esperarem sinó en Ell?, ¿i en qui podem tenir més confiança? 'No vullau —diu l'apòstol— perdre la confiança i esperança que teniu ab Déu —ab tal que no sia folla—, la qual té gran remuneració, car lo qui espera en lo Senyor no serà minvat de tot bé.' Car devem ésser esperants la benaventurada esperança, car si solament esperam en nostre senyor Déu en aquest món —volent i esperant ésser perfetament benaventurats— molt més miserables som que tots los hòmens, sinó que esperem haver la glòria de Paradís. Tenim encara penyora la bondat de nostre senyor Déu, de la qual tenim confiança. Tenim penyora lo Fill en lo sagrament de l'altar, car penyora és de la glòria esdevenidora. Tenim penyora lo Sant Esperit, car segons diu l'apòstol: 'Nostre senyor Déu ha donat a nós penyora l'Esperit Sant.' ¿Qui és, doncs, que ab tals penyores no ha ferma esperança en lo Senyor d'anar en la companyia dels ciutadans de Paradís, no, emperò, per sos mèrits?

XVII

"— Ans que passeu avant —dix Desitjós— vos vull pregar una cosa, que par-me que dessús me digués, que em diríeu com la contemplació se met en pràtica i que em diríeu del conferiment que deu fer Cogitació ab l'ànima. No voldria que vos n'oblidàsseu i per ço ara us prec me digau quin conferiment és aquell, ni com se fa.

"— Molt só content —dix Desitjar Déu— dir-vos ço

que em par en quina manera jo puc atènyer i gustar la contemplació quina cosa és, ni com se met en pràtica. I açò me pens que es pot fer en dues maneres, car en altra manera jo us dic en veritat que lo meu poc enteniment no percep què és contemplació ni com se fa. On, com hajam dit dessús que la fi de contemplació sia encendre nostra ànima en amar a nostre senyor Déu, per tal vos diré dues coses en les quals conec l'ànima venir en escalfament d'esperit. L'una és ab conferiment que fa Cogitació ab l'ànima, comparant i proporcionant les coses que no ha vistes ni coneix a coses que ha vistes i coneix. L'altra manera de contemplació me par sia imaginant coses que sap que són estades i en quina manera són, per la consideració o imaginació de les quals és present en aquelles i les contempla i mira així com si present se feïen. Les quals coses així com és de la vida i passió de nostre senyor Déu, Jesucrist, i com és per la imaginació de les penes d'infern, les quals coses l'ànima sap per Escriptura i com són.

"Emperò aprés de la dita imaginació me par que l'ànima pot ésser moguda i inflamada per un conferiment que fa ab si mateixa, així com aprés d'haver imaginat la mort de nostre senyor Jesucrist i lo lloc de Calvari, i ab los ulls de l'esperit mirant-lo enmig de dos lladres, per escalfar a si mateixa fa aquest conferiment dient així: Mira ànima mia com lo teu Senyor i Creador està mort enmig de dos lladres, mira la tua vida morta, mira la llum del món ofuscada, mira lo teu dolcíssim i amorós Senyor com està, mira ab quanta amor i entranyable caritat mor per amor de tu, mira lo seu cap sacratíssim fet una pasta de sang, mira aquella cara sagrada i reverent banyada de llàgrimes mesclada ab sang, mira aquella dolcíssima boca plena de fel. I així considerant de tot lo cors, lo més piadosament que puga. Aprés diga: Mira, ànima mia, puix has considerat lo teu Amat i Senyor qual està, pensa ara qui és. I aquí, tant com puga, lloe a nostre Senyor exalçant-lo tant com puga. Aprés diga: Pensa ara, ànima mia, per quina raó ni per què lo teu amat i dolcíssim Senyor és en tanta pena, i trobaràs que solament per amor de tu i perquè tu ames a Ell, qui tant t'ama primer.

"Així, en esta manera, me dóna de parer, ab est confe-
 riment, que l'ànima pot ésser moguda i encesa en amor i

compassió i en amorós plor. I encara molt més si aprés d'haver imaginat lo tal acte de la mort o vida, o de qualsevulla obra del Senyor, sabia passar aquest exercici per manera d'oració mental. En la qual cosa, per no ésser prolix, no me'n vull allargar, car sé que ho perceben millor que no faç jo, sinó que basta de present dir-vos ço que em par en quina manera se fa contemplació, segons les coses que hom ha vistes i coneix, o per experiència o per Escriptura.

XVIII

"La segona manera de contemplació havem dit que fa l'ànima per comparació i proporció de coses que ha vistes i coneix a coses que no ha vistes ni coneix, per lo qual conferiment és moguda en major desig i amor d'aquelles coses que contempla. I per tal vos posaré ara lo conferiment que pot fer Cogitació ab l'ànima en estes dues cordes ja posades, i és aital: Jo vull encendre la mia afecció en amar la glòria de paradís, i la ciutat de Hierusalem santa i los ciutadans d'aquella. Primer és menester —si jo vull contemplar d'esta ciutat i mirar-la— que prenga lo llum de la fe, creent ella ésser, car —com dit havem— sense llum no poria hom contemplar ni veure. Aprés de tot açò, Cogitació fa un conferiment mental ab l'ànima i així, per la imaginativa fantasia i memòria local, la indueix en amar la glòria de paradís, dient així: Mira, ànima mia, si desitges amar la glòria de paradís, pensa primer quina és, car llavors l'amaràs molt més i desitjaràs saber quina és. Puja-te'n dalt ab la memòria local i mira ab los ulls de l'esperit i veuràs aquella tan gran resplendor de les torres, que són totes d'or i de pedres precioses. Mira com acostant-t'hi sents aquella tan dolcíssima melodia de cant d'aquells esperits benaventurats qui lloen i beneeixen a Déu, sobrepujants tota suavitat d'instruments i de música i de cant que mai al món se puga dir ni pensar. Mira com acostant-te veus aquelles portes lluents i resplendents de pedres precioses, les quals portes contínuament estan obertes. Mira com entrant per la ciutat veus totes les muralles i totes les places i carrers d'or. Mira aquells esperits benaventurats, tots vestits de blanc i de porpra, cantant i dient: Al·leluia, al·leluia. Mira ab quanta alegria te vénen a rebre, i ab quanta amor te prenen i porten per tota la ciutat, en la qual no ous sinó sons d'òrguens, de violes, d'arpes i de tota melodia, qui beneeixen a nostre senyor Déu. Mira com te mostren tota la ciutat, plena de modulació i de llaor, la qual resplendeix així com a crestall, en la qual no hi ha nit, en la qual tots estan ab grandíssima exultació, i alegria, i fartura, i contentació, i seguretat, tots canten, tots jubilen, tots lloen i beneeixen lo Senyor i Creador del món. Mira com te dien aquells àngels qui van ab tu: Doncs, germà, no voleu estar-vos ací entre nós?, ¿no desitjau venir ab nosaltres, qui som germans vostres, car nostre Senyor nos ha creats a tots perquè viscam i habitem en esta ciutat i lo lloem i beneiam *in secula seculorum*? Guardau que vós també sou ciutadana d'esta nostra ciutat, i aqueix món on viviu no és sinó un exili, i desterrament, i peregrinació, en què estau en tant de perill i misèria i afany. Guardau que no és aqueix món vostra terra, car no hi estareu tostemps, doncs, ¿per què no desitjau venir-vos ací i viure entre nós en vostra terra, entre vostres germans i en casa de vostre Pare?

"I així, en aquest conferiment, me par que l'ànima serà escalfada en desig i amor de les coses celestials. I no penseu que sia poca utilitat i profit la contemplació de les coses celestials, car aprés que sereu tornat en aquestes coses del món i misèries, tantost vos recordarà d'aquelles i la diferència que hi ha. I molt més les desitjareu i amareu, i una sola contemplació vos durarà per molt temps, i aquella memoració vos recordarà, i tan sovint les poreu contemplar i així avesar-vos que les tingau per tan familiars que totes quantes coses veureu en aquest món, bones o males, vos donaran gran desig i creiximent d'amor i enyorament d'aquelles. Car si veeu coses belles recordar-vos ha de la bellesa de paradís; si oïu cants i melodies i òrguens recordar-vos ha d'aquella melodia celestial sobre totes suavíssima; si veeu coses males recordar-vos ha que allí no hi ha mal; si sosteniu perill, calor, fred, fam i tribulació recordar-vos ha que allà no hi ha res d'açò. I així molt sovint, per sobres d'amorós desig, plorareu i poreu dir: La nostra conversació és en lo cel, desig tinc d'ésser deslligat perquè puga ésser ab lo meu Senyor, car totes quantes creatures veig me són foc d'amor, qui m'encenen en desitjar quan vindré i aparré davant la faç del meu Senyor i m'estaré ab Ell, en companyia sua, tostemps.

"I així, ab aquesta sovint contemplació, fareu en vós créixer i augmentar lo llum de la fe, en tal manera que en tot lloc estareu pregant i orant mentalment. Car en tot lloc estareu davant lo Senyor, creent que Ell és present en tot lloc i per ço aquells qui en aquest grau són vinguts fan contínua oració mental, als quals diu Isaïes: 'Vosaltres, qui recordau lo Senyor, no vullau callar, no li'n doneu silenci.' Quasi que diga: Vosaltres a qui nostre Senyor ha feta gràcia que en tot lloc i temps lo recordeu i lo tingau present —per fe i creença— i lo mirau ab los ulls de l'esperit i de la fe, no vullau per ningun temps callar, ni li'n doneu silenci, sinó que tostemps lo lloeu, lo beneiau, car llavors sereu fets semblants als àngels, qui tostemps lo lloen i beneeixen, i estant en esta vida començareu a tenir vida d'àngels, i molt sovint sereu ajustats en esperit als cors dels àngels.

XIX

"Tornant, doncs, a nostre propòsit havem de dir de la terça corda d'amor, la qual havem dit que és nostre senyor Déu. Prenga, doncs, Cogitació, lo saltiri, i si en les cordes precedents ha tocat ab molt espau i repòs, ara, en esta, molt més. Toc ab lo primer punt, dient: Qui és nostre senyor Déu? És Aquell qui és per si mateix i no ha ésser per algun altre, car Ell és la primera causa de totes causes, i és Aquell qui no ha principi ni ha fi; és Aquell sobre lo qual no és algú, ans del qual fonc algú i aprés del qual no serà algú; és Aquell qui trencà l'esperit dels prínceps i lo llevà; a la voluntat del qual tota virtut celestial obeeix; davant lo qual tots los órdens angèlics se prostren, al qual ab tremolament i sobirana reverència tots adoren; és Aquell en mà del qual és la vida i mort, ésser i no ésser, salvació i damnació, lo qual pot fer i desfer de totes coses; és Aquell lo qual ningun enteniment no basta a comprendre ni pensar; és Aquell qui ha creades totes les coses i les regeix i governa, i les conserva i manté i proveeix a totes i cascuna; és aquella sagrada Majestat al qual tot genoll terrenal, i infernal, i celestial, s'abaixa i humilia; és Aquell al qual tota creatura lloa, beneeix i glorifica, i lo reconeix per Senyor, car d'Ell ha tota res ço que bo és.

"Toc aprés ab lo segon punt: Qual és nostre senyor Déu? És omnipotent, car tot ço que vol pot, car voluntat i poder són en Ell eguals. És summa sapiència qui penetra los secrets de l'ànima, i ninguna cosa ignora, per secreta que sia, ans sap així totes coses i les coneix molt millor que elles no són ni es coneixen. És infinida bondat, per la qual ha fetes totes coses i les fa i farà, sens alguna causa o necessitat. És misericordíssim, car Ell fa eixir lo seu sol sobre los bons i mals, i plou sobre los justs i injusts, i proveeix a sos amics i enemics. És benigníssim, car les sues entramenes plenes són d'amor i pietat, i no és gens maliciós ni cruel. És gran, car no és algú major, car en la sua mà conté tot lo món. És amorós i afable, car Pare nostre és, lo qual nos ama més que mai alguna creatura pot amar altra en qualsevol manera. És liberalíssim, car la sua glòria dóna sens merèixer-ho a qui Ell vol, i vol donar molt més que li demanen, i vol que tostemps li demanen, i no volgué tenir la sua glòria tot sol, sinó comunicar-la a altri, i per ço féu creatures, perquè ab Ell ensems posseïssen la sua glòria. I no solament dóna ço que té, ans encara dóna si mateix i lo seu Fill amat sobre totes coses i egual ab Ell, i va cercant a qui el vulla, i va tocant per les portes de l'ànima convidant qui el vol, així com si Ell hagués menester algú. I tot açò fa per llarguíssima liberalitat sua, i noblesa i generositat. És magnànim i noble de cor, sens gens de malícia ni d'iniquitat, car ama a aquells qui li són enemics i los vol per donar més que ells no saben ni volen demanar. I los prega que sien sos amics, com ells sien sos enemics no perquè Ell sia mal o que els haja fet algun mal sinó solament per ço com són inics i malvats, car a Ell tot amic li és ingrat, quant més aquells qui es volen fer sos enemics contra tota raó i llei!, ans, si ells se tornen a Ell, no es recorda de la injúria que li han feta i los abraça ab tanta amor i los acull com si fossen estats grans amics seus, i els fa grans gràcies, i els met dins la sua cambra d'amor i amistat, així com si Ell los hagués menester o que Ell los hagués enutjat. I açò per tal com és de cor real i noble. És prudentíssim, car

Ell té cura i ànsia de nós i nos governa i proveeix, així com a Pare qui és ple de misericòrdia i Déu i Senyor nostre. És bellíssim, car Ell ha fetes i creades totes les coses belles. És dolcíssim i molt piadós.

"Aprés toc ab lo terç punt, dient: ¿De qui és aquest Senyor tal i tan bo? És de tots aquells qui el volen i l'amen, car a ells se dóna i comunica.

"Aprés, si ab lo quart punt volem tocar, no ha lloc en esta corda, car nostre senyor Déu no ha fi perquè sia, ans Ell és fi per lo qual totes les coses són. I per ço com Ell és millor que tot quant és per ço Ell no pot haver fi, car hauria cosa que fos millor que Ell. Car lo fi és més noble que no les coses ordenades a ell, i encara la cosa qui ha principi és necessari haja fi perquè és feta, i la cosa qui no ha principi, la qual solament és Déu, no pot haver fi perquè sia. I per ço, si demanau per què és Déu, no us podem respondre sinó que és per tal que no pot no ésser, i és perquè totes les coses sien, car si Ell no era no serien. No entengau, emperò, que l'ésser de les creatures sia fi de l'ésser de Déu, sinó que l'ésser d'ells dependeix de l'ésser d'Ell, així com l'efecte de la sua causa.

"La clavilla on esta corda estarà lligada és caritat, car raó és que tal Senyor i tan bo sia amat; i que Aquell que creem ésser tal i tan noble, que tingam en Ell esperança i fiança; i Aquell de qui tanta confiança tenim, que l'amem de tot nostre cor i ànima i virtut i totes forces entranyablement i sencera i fidelíssima. Car, ¿quina cosa podem amar que tal sia? ¿Qui és nostre bé, nostre fi, nostre refugi, nostra consolació, nostra esperança, nostra vida, nostra glòria, nostra alegria, nostre desig, nostra amor sinceríssima, nostre Pare, nostre Senyor, nostre Rei, nostre Governador, nostra defensió firmíssima?

XX

"Lo conferiment que en esta corda pot fer Cogitació per més encendre l'ànima serà aquest, que aprés que haurà fet lo primer conferiment de les dues cordes proseguеixca en aquesta corda dient així: Mira, ànima mia, com aquells esperits benaventurats qui te mostraven la ciutat de Paradís —con dit havem— t'aporten al cel imperi, en lo qual está lo teu Déu i Senyor, vés-te'n ab ells, car ells te mostraran lo teu Senyor, entra-te'n ab ells en lo seu real palau i veuràs aquella sagrada Majestat. Mira com està assegut en la sua real cadira i tots los querubins, serafins, i trons, i tota aquella cort celestial, ab tanta dolçor de música i melodia, ab tanta reverència nit i dia, contínuament, lo beneeixen dient: *Sanctus, Sanctus, Sanctus.* Mira com davant la sua tremenda Majestat tots se prostren adorant-lo, i aprés, llevant-se, lo lloen i beneeixen. Mira com estant aquí regeix i governa tot lo món. Mira que aquest és lo teu Creador i Senyor i Pare. Mira com te crida i te diu: Vine ací, filla mia, vine ací, amiga mia, vine, esposa mia, no hages por, acosta't a mi, i digues-me per què no m'ames, ¿què veus en mi que així poc m'estimes, que tan poc m'ames, que tan poc me desitges? Mira Jo com t'he amat, ¿i que he Jo menester a tu, filla mia?, ¿no só Jo sens tu, i seré? Doncs, per què no m'ames?, ¿per què no menysprees a tu i aqueix món i desitges venir-te'n ab Mi?, ¿què vols tu altra cosa en la terra i en lo cel sinó a Mi?, qui só lo teu bé, la tua amor, i puc fer i desfer de tu segons a Mi plau.

"Diga aprés Cogitació —si les dolces llàgrimes del seu travessat cor la deixen parlar—: Vés, ànima mia, acostat't al teu Senyor i Creador, llença't en terra, gemega i plora davant Ell, escampa davant Ell lo teu cor i obri les tues entramenes a Ell, car ara és temps. Digues-li: Oh dolcíssim Pare, oh Majestat sacratíssima, oh bondat infinida, Senyor i Déu meu, i per què jo no us am?, ¿i no us amaré jo mai, Senyor?, i per què no us amaré jo?, ¿i quan vos amaré jo, Senyor? ¿i per què jo no avorresc a mi mateixa?, ¿i per què no m'oblid de totes les creatures del món perquè em record de Vós sol?, ¿i qui és que haja més obligació d'amar-vos que jo?, ¿i on és, Senyor, la mia amor envers Vós?, i on és la mia llealtat a Vós?

"I d'aquesta manera, bufant lo foc, molt me meravell que no en tragau algun poc que us encenga.

XXI

"La quarta corda d'amor és los beneficis de nostre
 Senyor. Prenga Cogitació lo saltiri i toc ab lo primer

punt, dient: Què són los beneficis de nostre Senyor? Són uns dons i gràcies que Ell, sens ninguna obligació ni causa sinó per la sola bondat sua, ha donats a les sues creatures, ara sien dons de natura, o de fortuna o de gràcia.

"Toc aprés ab lo segon punt, dient: ¿Quals són estos beneficis? Són tots aquells que mai foren ni seran en lo cel i en la terra. Són sens nombre, emperò senyaladament són set, los quals son partits en tres parts, ço és, beneficis que ens ha fet, que ens fa, que ens farà. Los beneficis que ens ha fet són de la creació, redempció, vocació, justificació, dotació. Los que ens fa és de la governació. Los que ens farà és de la glorificació. Lo primer és atribuït al Pare, lo segon al Fill, los altres a l'Esperit Sant. Ço és: la creació a la sua potència, la redempció a la sua sapiència, los altres a la sua bondat.

"D'aquestos beneficis, per ço com molt copiosament ho tenim en altres llocs, no em cur de dir de cada u d'ells, sinó dir-vos que aprés la corda precedent, aquesta és la segona en lo saltiri, i principal, d'on porem traure foc d'amor i senyaladament del benefici de la redempció, on està la vida i passió de nostre Redemptor. Car si vós —com vos diguí en lo principi— sabeu traure foc d'esta pedra, granment sereu encès en amor, car aquest és lo major benefici que nostre Senyor ha donat a nós. Aquest benefici és lo foc d'alquitrà, qui crema sobre aigua, i contra natura, i sobre tota raó ni llei, quant més cremarà en l'estopa seca d'amor del món! I per ço, com tinc record, vos doní un exercici i modo per bufar en aquest foc i per tocar esta pedra ab tres mots que us posí, *s. quid, quis, quare,* per ço no em cur de present.

"Toc aprés Cogitació ab lo terç punt, dient: ¿De qui són estos beneficis? Són de nostre senyor Déu, car d'Ell tenim l'ésser i tot altre que bo sia.

"Toc aprés ab lo quart punt: ¿Per què ha fet nostre Senyor a nós aitants beneficis? Per la sua bondat, no pas per nostre merèixer ni per algun interès. Ha-los fets perquè l'amem i lloem, i glorifiquem, i desitgem i façam gràcies. I que almanco, si som tan mesquins que la sua bondat immensa no ens mou en amar-lo, i desitjar-lo, i honrar-lo, i lloar-lo, i beneir-lo, i fer-li gràcies, almenys veent tant de bé com nos ha fet, i fa, i farà, siam moguts en amar-lo, puix tant de bé nos vol i tant nos ama sens causa alguna. I si esta causa no basta en moure la nostra amor, cregam verdaderament que som ben malvats, inics, reprovats i abominables, i molt pitjors que los idolatres, car los gentils filòsofs, senyaladament Sèneca, diu: 'Si vols ésser amat, ama, car no hi ha al món verí major ni bevenda sens encantació, per ésser amat, que amar.' Qui, doncs, no ama tal Senyor qui l'ama tant, ¿què pot dir sinó que és miserable?

"Ha fet, encara, nostre Senyor, estos beneficis perquè conegam la sua bondat i liberal magnificència i així li façam gràcies, i que no siam ingrats ni rebam la sua gràcia en va, car aquell qui dels beneficis rebuts és ingrat és fet indigne de rebre més. Ha-los fets per provar com en poques coses serem faels, i aprés hajam les eternes. Ha-los fet per retribució dels damnats, perquè ací sien pagats del bé que han fet i que sia major llur damnació i pena, per ço que ab tant de bé que els ha fet l'han avorrit i menyspreat. I per ço serà major la pena del mal cristià que de ningun altre, i major la pena del mal religiós que de ninguna altra creatura, car major gràcia i benefici ha rebut, car lo Senyor l'havia fet de la sua casa, i del seu servei i cambra, i l'havia fet lo seu major amic i privat que alguna creatura, car menjava ab Ell en la sua taula, i, açò no obstant, ell és estat traïdor i ingrat i desconeixent.

"— Prec-vos —dix Desitjós— que em digau en quina manera hom és ingrat als beneficis del Senyor ni com rep la gràcia de Déu en va, car tot m'haveu regirat en aqueixes paraules que dieu dels religiosos, i per cert vos dic que em feu tremolar la barba.

"— Jo us diré —dix Desitjar Déu—: Aquell rep la gràcia de Déu en va i és ingrat als seus beneficis qui no els coneix haver d'Ell, o si els creu haver per sos mèrits, o treball, o disposició, o preparació, sinó solament per la bondat divina. I aquell és ingrat qui rebent més beneficis no és més humil dintre si mateix, tenint-se per molt més obligat i que té a donar major compte i raó. I per ço aquell qui més beneficis rep, per estar tostemps en humilitat, pens que per ventura nostre Senyor lo vol pagar en esta vida. És, encara, ingrat aquell qui com més beneficis rep no és fet més prompte al servei de nostre Senyor en
 amar-lo, sinó que s'ensuperbeix i se té per bo i per amic

de nostre Senyor i menysprea los altres qui no han aitals dons i gràcies, i és fet tèbeu i negligent en amar nostre Senyor i en fer ço que és tingut.

"Ha fet, encara, nostre Senyor estos beneficis a nós per fermar nostra esperança en Ell que ens donarà lo més, ço és, la sua glòria, si sóm faels en açò poc.

"La clavilla on esta corda estarà lligada és acció de gràcies, car tostemps devem beneir lo Senyor i fer-li gràcies dels seus beneficis, i Ell donar-nos-ha més.

XXII

"Aprés que Cogitació haurà tocada esta corda per encendre l'ànima, faça lo conferiment continuant ab lo conferiment de la corda precedent, dient així: Mira, ànima mia, lo teu Senyor, lo teu Creador, qui tants beneficis t'ha fet. Mira com te crida i te diu: Vine ací, filla mia, vine ab Mi, i què t'he Jo fet perquè no m'ames?, ¿què t'he Jo fet que així m'has deixat, que així m'has ofès i injuriat?, quins mals t'he Jo fets?, quines injúries?, ¿quins desplaers? No t'he Jo creada?, ¿no t'he Jo remuda i feta esposa mia i filla mia?, ¿no t'he Jo donat totes les gràcies, totes les virtuts, totes les potències que en tu són?, ¿no és tot meu ço que tu has?, ¿no t'he Jo donat lo cors i l'ànima?, ¿no t'he Jo donat lo meu àngel, que t'acompany i guard? ¿No t'he Jo llevat del fang on jaïes i t'he portat en casa mia entre mos fills, i vull que t'assegues en la mia taula, i que menges ab Mi en un plat, i d'enemiga mia t'he fet així gran amiga, com si mai m'haguesses enutjat? I, doncs, per què no m'ames?, ¿no he Jo donat lo meu Fill per amor de tu i he volgut que sia estat venut i comprat com esclau i mort per tu?, ¿no et regesc Jo, i te conserve, i te proveesc, i tinc ànsia i cura de tu així com la gallina dels seus pollets i com la mare del seu car fill? ¿Com no t'he Jo promès que et donaré la mia glòria i que et faré reina? ¿I no t'am Jo més que quants amar te poden, i més lleal i sencerament? I, doncs, per què no m'ames?, ¿què pots amar millor que a Mi?, a qui pots tu desitjar millor que a Mi? Ama'm, doncs, filla mia, car Jo desig la tua amor, Jo llanguesc per la tua amor.

"Après, si Cogitació per sobres de compunció embriaga pot parlar, diga-li així: Vés, ànima mia, al teu Senyor, acosta't a Ell puix Ell te demana, llença't davant Ell i digues-li: Oh, Déu meu, oh Senyor meu, oh Bondat immensa, i per què m'amau Vós, Senyor?, ¿per què em voleu Vós tant de bé?, i què veeu Vós, Senyor, en mi?, què plau a Vós, Senyor, en mi?, ¿què teniu Vós mester de mi?, què vos va a Vós ab mi? ¿Per què tant m'haveu amat i amau?, ¿i ab què vos pagaré jo, Senyor, l'amor que em teniu?, ¿quina satisfacció vos poré jo tornar que tant m'hajau amat?, ¿i què he jo fet a Vós, Senyor, que Vós hajau fet tant de bé a mi?, ¿i d'on vos he jo merescut que m'hajau elegit per a Vós, i per lo vostre servei, i que m'hajau posat en tan gran grau d'amor i amistat ab Vós?, què vos poré jo, Senyor, pagar? I, segons me par, no voleu aldre de mi ni em demanau altre paga sinó que vos am, i que, amant-vos, vos teniu per content i satisfet de tot quant per mi haveu fet. Car així com Vós, Senyor, per sola amor haveu fet tant per mi, no us puc tant pagar com ab amor, ni plau a Vós, Senyor, ningun do, ni sacrifici, ni mort, tant com fa amor, car Vós, Senyor, sou amor i caritat. I puix així és, jo, Senyor, de mi no tinc aquesta amor, no tinc jo aquest tresor per a poder-vos pagar, ni per mi no só mai bastant a trobar-lo, ni ha al món de què lo puga haver, ni ha qui ho deman, ni qui lo'm puga donar sinó Vós mateix. Doncs Vós, Senyor, donau-lo'm per ço que d'açò del vostre jo us pague. Am-vos jo, Senyor Déu meu, bé i esperança mia, am-vos jo, Senyor, i posau Vós en lo meu cor la vostra amor, que no vull aldre en aquest món, ni mai vos demanaré aldre sinó la vostra amor. Muira jo, Senyor meu, a aquest món i aquest món muira a mi, que tan poc me cur d'ell com de cosa morta. Muira jo, Senyor, per vostra amor i despenga jo lo meu cors i membres, i l'ànima, i la mia virtut, per amor vostra.

XXIII

"La quinta corda d'amor, i última, és les creatures de nostre senyor Déu, car les coses invisibles de nostre senyor Déu per estes coses creades les miram i venim en major desig d'aquelles, i en major estima o creença que sien millors. I per ço he posat esta corda l'última, per tal que davallant sia la darrera i pujant la primera, car en lo davallar serà causa d'amar hom i conèixer les altres cordes i la diferència que ha entre elles. I en lo pujar donarà a hom major desig de les altres cordes. I aquesta corda serà de molt profit, per ço que més a mà la tenim que no les altres, car les altres estan en lo nostre esperit, emperò aquesta en los senys del cors, i ab ells i l'esperit ensems és menester sonar-la. I encara és de molt profit per ço que si molt sovint la sonam vindrem en molta puritat de cor i simplicitat, i tot quant direm, veurem o farem, tot nos vindrà en bé.

"Prenga, doncs, Cogitació, lo saltiri i, mirant estes creatures, toc ab lo primer punt, dient: Què són estes creatures? Són veus de nostre Senyor, les quals criden i dien la sua bondat, i bellesa, i les virtuts de nostre Senyor. I totes lo lloen i beneixen, i mostren la sua bondat, la sua sapiència, la sua potència, la sua virtut, la sua liberalitat, la sua prudència, la sua justícia i totes les sues virtuts. Cada una creatura, segons l'ésser, virtut i qualitat que té, o propietat, totes criden dient: U és lo Senyor qui ens ha fetes i creades, car nosaltres no havem fet a nós, sinó Ell qui nos governa, i conserva, i proveeix i manté. Són encara un vestigi i senyal de nostre senyor Déu, en les quals, principalment en l'home, està esculpida la sua imatge, en lo qual és mostrada la sua sapiència més que en altra creatura, i de molt més excel·lent composició que ésser puga, car és unit i compost en l'home un contrari ab altre, ço és, or i fang, carn i esperit racional, cosa celestial i terrena. I açò segons la divina Providència. I si en la consideració d'esta creatura defall nostre enteniment i no basta plena i perfetament a considerar-la, quant menys bastarà a considerar Déu!, emperò segons nostre poc entendre venim en algun judici —per comparació i consideració d'estes creatures— de nostre senyor Déu, així com per una semblança o mirall en lo qual se representa a nós la virtut sua.

"Toc aprés, Cogitació, ab lo segon punt, dient: ¿Quals són estes creatures? Són belles, grans, sàvies, bones, forts, alegres, gentils, gracioses, dolces, suaus, blanques, diverses en diversos llinatges, i maneres, i condicions, i qualitats, i totes llurs espècies diverses, i elles entre si de diverses formes, cascuna segons li pertany ab perfeta perfecció.

"Toc aprés ab lo terç punt, dient: ¿De qui són estes creatures? Són de nostre senyor Déu, car Ell nos ha fets a tots i obra som de les sues mans, car Ell ha fet lo cel i la terra, la mar i los abissos i tot quant en ells és. I Ell, qui nos ha fet, nos conserva, la qual cosa no és de menor virtut que haver-nos fets, car sens Ell tots tornaríem a no-res, del que som fets. Som, doncs, del Senyor, poble seu i ovelles de la sua pastura.

"Toc aprés, Cogitació, ab lo quart punt d'aquesta corda, dient: Per què són estes creatures? Són perquè nosaltres conegam a nostre Senyor Déu en elles i per elles, i l'amem, i desitgem, i lloem, i beneiam, i serviam i façam gràcies. Són, així mateix, perquè siam llevats per elles, així com per una corda, en amar i lloar, i beneir, i servir Aquell qui les ha fetes i creades. Són, així mateix, perquè nostre cor, d'aquestes coses que veu, aprenga —en comparació d'elles— amar les coses celestials, que no veu. Son, així mateix, per instrucció nostra, car, si ho sabem fer, de totes podem traure regla i modo com degam viure, moralitzant segons és cascuna i segons la virtut que té, o qualitat, car totes són per nostre profit, així espiritual com corporal. Si usam d'elles i ab elles segons devem, i si bé nos avesam, totes seran causa de dirigir nostre cor en les coses celestials de tot quant veurem. Car així com les imatges porten a hom a memòria allò que representen i signifiquen, i si lo cor d'hom està remot d'aquella cosa, mirant los ulls la imatge, se recorda i mou la sua ànima envers lo que significa, tot en així aquest món és una imatge del cel i de la glòria eterna, en la qual —així com en lo món— hi ha diversitat de virtuts i esperits benaventurats, i santes ànimes, dels quals lo cel és així ornat com la terra de la bellesa de les creatures. I així com en aquell nostre senyor Déu és lo major, tot en així en aquest, qui és semblança d'aquell, la semblança de nostre Senyor, ço és, l'home, és lo senyor i major.

"De la moralitat que hom pot traure de les creatures cascú faça segons millor pot considerar i segons nostre Senyor l'inspirarà, que no cal posar d'açò regla, car los

 espirits són diversos, emperò lo discret encara de la pedra

durissima trau oli, i l'abella estuciosa de les espines trau flor. Emperò de l'elevació de vostra pensa en les coses celestials, de les coses que veureu, segons lo meu poc saber vos diré ço que em sembla poreu fer. Primerament, com veeu hòmens recordau-vos dels àngels i de tota aquella companyia celestial. Com veeu dones recordau-vos de les verges. Com sentiu òrguens, o altres instruments, o cants, o melodies, recordau-vos de la melodia del cel imperi. Com sereu en festes, o solemnitats, i alegries i deports recordau-vos de la festa, alegria i jubilació que fan contínuament en paradís. Com veeu coses belles recordau-vos de la bellesa de paradís, en comparació de la qual tota la bellesa del món és lletgesa. Com veureu arbres recordau-vos d'aquell Arbre de Vida que està enmig de paradís, segons que diu sant Joan. Com veureu pedres recordau-vos que les portes de paradís totes són de pedres precioses. Com veureu or i argent recordau-vos que los murs i places de paradís són d'or. Com veureu flors recordau-vos dels màrtirs. Com veureu lliris i flors blanques recordau-vos de les verges. I així particularment, lo millor que poreu, aplicau ço que veureu a la glòria de paradís. I així les creatures vos donaran memòria de paradís i major desig d'ell, i més menyspreu d'elles i desestimació.

"Encara esta corda val i aprofita molt per treure foc de la pedra que jo us deïa dessús, si hom se sap exercitar i habituar los senys en aplicar totes les coses que veu al seu dolcíssim Jesús i a record d'Ell.

"Lo principal profit d'esta corda és coneiximent de la bondat de nostre senyor Déu i de totes les virtuts sues, i així encendre lo seu cor i ànima en amar-lo, i desitjar-lo i beneir-lo, i en açò sé que vos ajudarà molt un exercici que teniu de *quid, quis, quare*. I si lo teniu molt per mà, aquell poc exercici, coneixereu quant vos inflamarà en l'amor de nostre senyor Déu.

"La clavilla on esta corda estarà lligada és desig, car de la coneixença del bé neix en hom desig, del molt desig ve amor a formar-se en nós, i de molta amor ve hom en major desig, i de molta amor ve hom a lloar i dir bé d'açò que ama i vol bé. I voldria que tothom lloàs ço que hom vol bé, i que ningú enutjàs ço que hom vol bé, i volenters hom comporta qualsevol cosa i mor per ço que hom vol bé. I no voldria hom mai dir, ni pensar, ni oir sinó de ço que vol bé, car allà on és lo seu tresor és lo seu cor.

XXIIII

"Lo conferiment d'esta corda serà aquest, així en lo pujar com en lo davallar, car d'esta corda podeu usar en lo principi per pujar, en lo qual ella vos donarà amor i desig de les coses celestials, i en lo davallar podeu usar en la fi, en la qual ella vos donarà desestimació i desamor i menyspreu d'ella mateixa, i major desig que en lo principi havíeu, i enyorament.

"Serà, doncs, aquest lo conferiment, dient Cogitació: Mira, ànima mia, estes creatures, mira com són tan bones, tan belles, tan gentils, tan gracioses, tan agradables, tan dolces, tan suaus, tan delitoses. Pensa quines són aquelles celestials en comparació d'aquestes, car molt són millors i més plasents i amables. Mira, ànima mia, com totes lloen i beneeixen al Senyor que les ha creades. Mira com totes te dien: Per què no ames a nostre Pare?, per què no l'honres?, per què no el lloes?, ¿per què no desitges aquelles coses eternes?, car nosaltres terra i pols som. Mira, ànima, com totes te dien: No ames a nós, car menors som que tu i més baixes i vils. No ames a nós sinó a nostre Pare i les coses sues, car nosaltres no som fetes perquè tu nos ames, ni ho volem, ni tu est fet per amar a nós, no vulles fer-te'n catiu i esclau dels pus vils que tu, car no volem sinó que nostre Senyor sia conegut per nós i amat i lloat, car la fi perquè nós som és Ell mateix, perquè sia honrat, i tu vols convertir nostre fi a tu mateix i a ton profit i delit.

"En aquesta manera vostra ànima s'alçarà en desitjar les coses celestials. I tant com veureu que alguna creatura mou lo vostre desig i amor en amar a si mateixa, feu tantost aquest conferiment dins vós mateix, dient: Mira, ànima mia, com aquesta creatura que tu tant vols desitjar i amar te parla i te diu: Per què m'ames?, per què em vols?, guarda que pols só i terra, guarda que t'engan i te decep, que fals és en mi tot lo que creus i vols amar, guarda que si m'ames jo et mataré, jo te causaré la mort.
 Mira, ànima mia, com crida a tu dient: No vull que

m'ames, no, car si tu m'ames a mi tu ofens lo meu Creador i Senyor i t'apartes d'Ell. Jo no vull això, no, no vull que lo meu Creador sia per mi ofès, ni que jo sia ocasió que Ell sia desamat i enutjat, car no m'ha feta Ell per això.

"Ab aquest conferiment no hi ha creatura que moga la vostra amor a ella, ans com major sageta de desig vos trametrà —si sabeu fer lo conferiment—, tant vos encendrà més en amor de nostre Senyor, i ab les sues armes sereu vencedor, emperò ab la gràcia de nostre Senyor, car sens ella bé poríeu dir i fer que tant vos seria com un pegat al banc. I per ço no us hi fieu en tot vostre exercici, sinó demanau ajuda ab oració fervent, faent, emperò, ço que dit havem.

"Semblantment diga Cogitació de totes les creatures: Mira, ànima mia, com totes parlen a tu i dien: ¿Per què nos ames tant?, ¿què veus en nós que així t'emboliques en les cures i negocis de nosaltres?, ¿per què t'adelites tant i aconsoles ab nosaltres? Guarda que no som sinó així com lo fe, que de matí floreix i tantost se seca. Guarda que ab nosaltres no has segura estada, car no podem estar ab tu tostemps encara que vullam, ni tu ab nosaltres. ¿Per-què distraus tant lo teu enteniment ab nós i perds d'exercitar-lo en amar i conèixer nostre Senyor i Pare. ¿Per-què fas déu de nosaltres? ¿Perquè umples la tua memòria de les fantasies de nosaltres, i així no pots purament i ab ferma atenció pensar en lo teu Senyor sinó que tantost lo teu cor se'n davalla i va ab nosaltres? ¿Per què no fuigs de nosaltres i te'n vas a estar ab lo teu Senyor i parlar ab Ell?, què has que veure ab nosaltres?, ¿i què tenim que veure ab tu, car no te'n volem ni volem que ens vulles?

"En aquesta manera l'ànima s'avesarà a desestimar les creatures i s'encendrà en amar lo Senyor.

XXV

"— Veus ací —dix Desitjar Déu— les deu cordes del saltiri, de les quals vós podeu fer més exercicis i entendre més coses segons lo Senyor vos inspirarà, faent tostemps aquell conferiment de Cogitació ab vostra ànima. Veus ací —dix ell— lo saltiri ab l'abjutori de nostre Senyor, segons lo meu poc saber compost, ab lo qual poreu despertar vostre cor i alegrar-vos en l'esperit, i fugir lo mal per temor, i desitjar lo bé per amor, tindreu encara instrument ab lo qual no poreu estar ociós, car com vos vindrà algun contrari del cors o de l'esperit direu a vós mateix: Sus!, ànima mia, pren lo saltiri i toca, i alegrar-te has i faràs fugir de tu lo dimoni i qualsevol temptació.

"Lo que vos avís en lo sonar d'aquest saltiri és que vos recordeu dels regles que us posí, principalment que us record que lo saltiri és de dos fusts, i que no deveu sonar tostemps l'una part, i que per l'una no deixeu l'altra, car encara que us sia més dolça la part superior, emperò la inferior és molt profitosa, i lo profit algun temps deu ésser preposat als delits i consolacions, car ab la vianda dolça és bo menjar mostalla per ço com la mostalla purga los fums que pugen al cap. Tot en així la temor per la primera part purga los fums de vana glòria, i d'estimació, i reputació de si, qui es causen de la segona part i pugen al cap.

"La segona cosa que vos avís és que molt sovint no trobareu lo so ni lo tempre en lo saltiri, ni tindreu gana ni delit de cantar ni de sonar, car nostre Senyor ho permetrà perquè conegau que vostre saltiri, ni vostre cant, ni tot quant poreu fer no és res, ni val res, sinó tant quant a Ell plau dar-vos-ne. I per ço no us entrestísseu, ni siau impacient, ni vullau mudar de vianda, sinó que humilment continueu i façau força a vós i vos contenteu i espereu quan al Senyor plaurà tornar-vos lo tempre del saltiri.

"La terça cosa que vos avís és que nostre Senyor molt sovint tocarà la pedra de vostre cor i emanaran les aigües abundants, i molt sovint vos donarà gran dolçor, més que no sabríeu pensar, emperò en estes coses teniu la corda de discreció, car si no ho feíeu la corda se tiraria tant que es rompria o se destempraria, que de molts dies no seria bona per a sonar.

"No us oblideu que encara que les cordes facen dolç so, emperò lo saltiri és de fusta i les clavilles són primes, i per ço han menester tempre i discreció, la qual és mare de tota virtut. Preneu, doncs, aquest llibret, *karissime mi,*
 ab lo qual pugau amar millor a nostre senyor Déu, al

qual feu gràcies del que trobareu que de bé sia, i corregiu i llevau ço que sia mal dit, no ab determenada voluntat i pertinàcia sinó ab humil ignorància a llaor i glòria de nostre senyor Déu omnipotent.

"Aquesta és una oració que compongué Desitjós, ab la qual la sua ànima era molt encesa, i volgué-la posar ací per amor de son germà, al qual ell escrigué aquest llibret.

"Una vegada Desitjós fonc pres per malaltia i vinguéli a l'enteniment quina oració poria ell fer dins si mateix sens algun parlament i quines coses poria ell dir per a encendre la sua ànima en ferma esperança i viva fe, per la qual nostre Senyor oís la sua oració i li donàs ço que demanava. I féu propòsit que en l'hora de la mort no diria altra oració. I diu que havia tanta confiança en la bondat divina, ab aquesta oració, que havia per impossible no hagués ço que demanàs. Emperò diu que mai lo seu cor, ab aquesta oració ni en aquell escalfament de cor i ferma creença d'haver ço que demanara, no gosara ni poguera demanar a nostre Senyor sinó la sua amor, i que fos fet ço que a Ell plaïa, i que fos a glòria de nostre Senyor i a salut de la sua ànima o d'algú que ell bé volgués, car coses d'aquest món, ni sanitat de cors ni altres coses, encara que fossen bones, no les demanara per res. L'oració és la següent:

"Senyor i Déu meu omnipotent, Creador del cel i de la terra, Pare misericordíssim de tota creatura, jo, miserable creatura vostra, obra de les vostres mans, ab aquella humilitat i reverència que jo puc ab tot lo meu cor i ànima, ab totes les mies entramenes i ab tota la mia esperança vos deman la vostra benedicció i gràcia perquè jo puga dir alguna paraula davant Vós.

"I què poré jo, Senyor meu, dir davant Vós?, ¿què dirà un vaixell sutze i pudent?, ¿què porà dir aquest indigne pecador, obrint la sua boca sutza i dissoluta i los seus llavis abominables?, ¿què porà dir un inic davant la vostra sagrada Majestat, com tots aquells esperits benaventurats i tota la cort celestial se tenen per indignes de beneir a Vós, Senyor i Déu nostre, i tots ab tremolament se prostren davant Vós?, ¿què porà parlar aquest mal, i desvergonyit, i ingrant, i negligent esclau que no sia presumpció, com no dega sinó posar la boca sobre la terra i plorar i gemegar davant la majestat de Vós, Pare bo, la qual ha menyspreat i avorrit i enutjat?, ¿ab quina cara vos pot res demanar, Senyor meu, aquest qui és estat vostre contrari i enemic? Gran és lo meu atreviment, Senyor, i la mia presumpció, car par que jo sia algun gran amic vostre. ¿Cert gran amic vos só jo, Senyor, estat?, gran sant i bo?, ¿molt vos só estat fael i lleal amador i servent amorós?, ¿grans coses he jo fetes davant Vós perquè jo haja de gosar i confiar de parlar ab Vós i demanar-vos, Senyor, alguna cosa, com sia tot lo contrari? Doncs, què diré jo, Senyor? Lloar-vos he jo, Senyor meu, i beneir-vos he, i maleiré mi mateix, les mies culpes i iniquitats, car encara que los mals i indignes no mereixquen lloar ni beneir a Vós, Senyor, emperò Vós mereixeu i sou digne d'ésser beneït i lloat per tota creatura. A Vós, doncs, Senyor, sia llaor i benedicció i glòria. I Vós, Senyor, siau amat i conegut i honrat per tota creatura, i sobre nós sia la vostra benedicció, i temor, i amor, i reverència, i lo vostre esperit, perquè muiram i viscam en Vós i per Vós, i vos serviam en santedat, justícia i humilitat tota nostra vida i despengam nostre cors i ànima, i tota nostra virtut, en l'honra vostra i en vostre servei, i en mantenir la vostra santa fe catòlica i santa religió. Obriu Vós, Senyor, la mia boca i diré jo la vostra llaor. Emperò, ¿què poré jo dir, Senyor, car, si jo dic les vostres llaors, indigne só i insuficient? I molt més sou Vós, Senyor, i millor que jo no poria dir. Si, doncs, vull confondre i acusar mi mateix, molt pitjor só que jo no sabria dir, i pitjor que jo no em conec ésser, i millor sabeu Vós, Senyor, jo qui só estat, ni qui só, perquè no us ho cal dir. Doncs, què poré dir? Diré jo, Senyor meu, davant la vostra majestat, aquelles coses que encenguen la mia ànima en confiança de la bondat vostra, i que cresquen i formen en mi la fe, perquè ab humil confiança sia cert que no em negareu ço que vos demanaré. Ans, Senyor meu, me faríeu creure que jo no só home que no creuria que Vós, Senyor, no em donàsseu ço que vos demanaré, car no podeu mentir ni venir a manco del que promès haveu, ans tota creatura tornaria a no-res que Vós, Senyor, diguésseu falsia, car per la veritat eixida de vostra boca nos haveu dit que ço que vos demanarem per glòria vostra i salut de nostra ànima, si ab humil fe i confiança ho demanam, tot nos ho donareu. Jo, donques, ab aquella fe que en mi és ensems ajustada ab aquella que la santa mare Església creu, i ab confiança i ferma esperança, no de mi ni de mos mèrits sinó purament de la vostra infinida bondat i amor paternal, vos deman lo vostre Esperit Sant, que obra la boca del meu cor en aquesta oració que vull fer davant la vostra Majestat.

"Vós, Senyor omnipotent sou principi de totes les coses, i Vós sou, ans que res fos, Déu i Senyor nostre. Vós, Senyor, per pura bondat vostra volgués crear i fer creatures perquè amassen i beneïssen a la vostra Majestat, a les quals fésseu part del vostre regne, car no volgués tot sol posseir-lo per la gran liberalitat vostra. Vós, Senyor, volgués aprés crear lo cel, i la terra, i la mar, i tot quant en ells és. Aprés Vós, Senyor, volgués fer una creatura a imatge i semblança vostra, en la qual volgués empremtar lo segell de la Santíssima Trinitat vostra, per servei de la qual creatura volgués que tot lo món fos, i tot quant havíeu creat, sots ella. Aquesta creatura, misericordíssim Pare, haveu Vós tant amat que per tornar-la a Vós i en amor vostra haveu donat lo vostre Fill a mort, i li haveu fet tot lo bé que podíeu, i li haveu mostrada la major amor que ésser pogués; i tot açò, Senyor, haveu fet sens algun interès o profit vostre, no volent d'esta creatura sinó que vos amàs i beneís, i no exegint ni demanant en paga sinó amor i obediència. Vós, Déu i Senyor meu, haveu fet a mi, pecador, d'un poc de pols i terra, i m'haveu creat quan ha plagut a la vostra bondat, i Vós, Senyor, m'haveu fet tal com só, i m'haveu donat tal cors, i membres, i tal ànima i tal enteniment qual a Vós ha plagut, i m'haveu fet una d'estes creatures que són a imatge i semblança vostra. I per ço a Vós, Senyor, reconec, i no altre algú, per Creador i Pare, per Déu i Senyor meu, i que de Vós és tot quant tinc que de bé sia, i com Vós, Senyor, hajau creat a mi bo en totes coses i en amor vostra, i gràcia, jo per sola iniquitat i malícia mia, per plaure a mi mateix i a la mia carn malvada, me'n só fugit de Vós, i allunyat, i vos he avorrit i menyspreat i injuriat sens causa alguna. I Vós, Senyor, essent jo tal, ab molta pietat i clemència haveu dissimulat i comportat la mia malvada vida esperant quan me tornaria a Vós, de les quals coses ab totes les mies entramenes vos ne deman perdó i vos clam mercè i pietat de tots quants desplaers i enuigs vos he fets, i de tot quant he fet contra la santa llei vostra, i de tot mon cor i ànima me'n penit i me pesa, i vos oferesc la mia poca voluntat, que ans vull morir a mala mort i ofegat i trossejat que no ofendre a Vós, Senyor, d'aquí avant. I vos faç gràcies de tota la mia ànima que no m'hajau fins ara damnat i tramès en infern, sinó que per pura bondat vostra haveu rebut lo meu malvat cor i m'haveu donada coneixença i esmena de la mia iniquitat, i ab la mà vostra m'haveu llevat del fang on jaïa, i m'haveu obert los ulls de l'ànima per veure i conèixer a Vós. I encara, Senyor meu, no sou estat content d'açò sinó que m'haveu portat en casa vostra, entre los vostres fills i entre aquells qui beneeixen la vostra Majestat, i m'haveu fet cambrer vostre. I encara, senyor meu, haveu volgut acostar-me més a Vós, i lligar la mia ànima i obligació envers Vós, i m'haveu fet vostre sacerdot, i permeteu Vós, Senyor, que aquest indigne i mal pecador tracte ab les sues mans iniqües i ab la sua sutza boca aquells sacratíssims sagraments, los quals los àngels no han tractat ni rebut.

"Vostre só, doncs, Senyor, car Vós m'haveu creat. Vostre só, que Vós, Senyor, m'haveu fet vostre i servent vostre. Vostre só, Senyor, que per amor de Vós —mitjançant la gràcia vostra— me só venut en catiu i esclau de vostres servents i de casa vostra i de vostra religió, i em tinc per lo més benaventurat que al món sia, en ésser venut per amor de Vós, i si no era ara, Senyor, de mil amors me vendria mil vegades millor per amor de Vós. Vostre só, Senyor, ver és que no [só] estat ni só tal com deuria, ans só molt mesquí i viciós i ple de passions i moviments, i misèries, i defalliments, i inclinat a tot vici i mal. Del que, Senyor, vos ne deman perdó, del que no he fet en amar-vos i en servir-vos així com deguera, i en guardar la santa religió, i en amar vostres fills i mos proïsmes, i en esmenar a mi mateix, i corregir los meus defalliments, ans sé que só estat molt tèbeu i negligent en demanar-vos ajuda ab devota oració i en recórrer als remeis que deguera, per lo qual, si en algun pecat amagat i ocult o no conegut era caigut, vos clam mercè i pietat, i que la vostra bondat satisfaça per mi i per los meus defalts davant la vostra justícia. I puix a Vós, misericordíssim Pare, ha plagut fer-me vostre, feu-me tal que sia a Vós plasent, i feu de mi ço que plau a la Majestat vostra i ço que sia honra vostra, i segons Vós, Senyor, teniu determenat. Quesvulla sia de mi i del meu cors i ànima, solament vull que la vostra santa voluntat sia complida en mi i en tota creatura, i que no permetau siau mai ofès per mi. Car mai, Senyor, vos poria aldre demanar sinó que la vostra santa voluntat sia complida, no segons jo meresc sinó segons la vostra pietat i clemència. I puix a Vós, misericordíssim Pare, ha plagut posar-me en lo nombre de la vostra creatura, la qual tant amàs, plàcia-us portarme a la fi perquè m'haveu creat, car no crec jo, Senyor, que si Vós no volguésseu que fóssem salvats no ens haguéreu Vós creats, ans nosaltres mateixos nos damnam i nostres obres, no que jo deman ésser salvat per mos mèrits sinó en la vostra infinida bondat i en los mèrits de la mort del meu Senyor, Jesucrist, fill vostre, per amor del qual vos prec que Vós, Senyor, determeneu de mi segons a Vós plau.

"I protest ara per tostemps que crec de la vostra Majestat tot ço que santa mare Església romana creu, i en aquesta fe vull viure i morir, i no vull mai ésser separat d'ella per ninguna cosa ni per suggestió o temptació del dimoni o de qualsevol altra cosa creada, demanant per açò la vostra benedicció i gràcia sens la qual jo no só sinó un poc de vanitat i no res, oferint-vos lo meu esperit i comanant-lo a Vós en aquella amor i caritat que rebéreu l'esperit del Fill vostre quan, morint per mi, lo us comanà dient: *'Pater, in manus tuas comendo spiritum meum.' Deo gratias.*

"Aquest és lo modo d'orar de Desitjós quan ell volia molt estrènyer-se ab nostre Senyor, ajustant, de vegades, o llevant —segons coneixia que lo seu cor era encès en amor del Senyor— d'esta oració. Ni ja per ço algú no crega ésser il·lícit orar prolixament si hom coneix que lo seu esperit s'escalfa en Déu, car lo Senyor no veda orar prolixament, emperò veda que hom no pos sa esperança en lo molt parlar en l'oració, ni en paraules compostes i ornades, ni que hom crega que per molt parlar i per oració molt prolixa i llarga hom sia abans oït, car nostre Senyor més ama un petit mot ab molta amor i humil confiança en ella que grans parlaments ab indevoció i ab tedi.

Nota, llegidor, que aquest llibre pròpiament és dit *atajo,* en castellà, i "camí breu" en nostre vulgar, car és estat sumat i abreviat d'un altre llibre, lo qual contenia en si tot lo procés que l'autor del pròleg promet en lo principi, ço és, com per venir a trobar amor de Déu se deu hom exercitar en les cardinals virtuts i en les teologals, emperò perquè la vida és poca i l'art llonga, per més excitar los llegidors a llegir —com més s'agraden de brevitat que de prolixitat— per ço és nomenat lo present llibre *Camí breu per amar a nostre Senyor,* per quant no proceeix del modo nomenat sinó solament lo procés és de Casa d'Humilitat, a on deu arribar lo desitjós de servir a nostre Senyor, i aquí deu ésser bé informat i instruït, i aprés que serà bé informat, deu-se partir d'aquí i caminar per lo Camí de Paciència, i per lo Camí de Paciència trobarà lo fi seu, ço és, lo Palau de Caritat, a on és Amor de Déu porter. *Finis.*

Al llaor i glòria de nostre senyor Déu, i de la gloriosa i humil verge Maria, i a salvació de les ànimes nostres. Feneix lo present tractat, intitulat *Espill de la vida religiosa.* Compost per un devot religiós, lo qual per humilitat callà son nom. Estampat en la Insigne Ciutat de Barcelona per mestre Joan Rosembach, alemany. A XX del mes d'octubre. Mil D i XV.

Anònim

CAS RARO D'UN HOME ANOMENAT PERE PORTES

CAS RARO D'UN HOME ANOMENAT PERE PORTES, DE LA VILA DE TORDERA, QUE VIVINT ENTRÀ I EIXÍ DE L'INFERN; I ÉS COM SE SEGUEIX:

Venint-me primerament entre mans una còpia d'una deposició que Pere Portes, de Tordera, del comtat de Barcelona, havia feta davant lo comissari del Sant Ofici, Mossèn Joan Teixidor, prevere i beneficiat de Blanes, antes de tornar la còpia a qui me l'havia deixada, volguí primer informar-me ab lo mateix Pere Portes, que encara vivia, si lo que contenia aquell paper era veritat; i aixís, lo primer dia d'octubre de l'any 1621, li aní a parlar en sa casa de Tordera, ab lo P. Fr. Climent de Tordera, religiós caputxí, en un camp, ço és, baix d'una pomera; i li vas llegir tota esta deposició, i lo que se contenia en ella; i li vas dir si era veritat lo que allí estava contingut, i ell me digué i afirmà que era la pròpria deposició que havia fet davant lo sobre dit comissari i senyors Inquisidors, i que tot era veritat, que sols deu dies hi havia estat, com és, des de la vigília de Sant Bartomeu, fins al primer de setembre, que és Sant Daniel, molt anomenat i tingut en gran veneració en aquella terra, per tenir en lo terme d'ella una capella ab invocació de dit sant. Digueren Sant Miquel, i prou és lo que diu ell, que estigué en la vila de Molvedre, en lo Regne de València, més d'un mes per poder cobrar forces, i si fos estat Sant Miquel no hauria pogut ser per Tots Sants en Hostalric i en Tordera; i aixís, después de Sant Miquel, se posà en camí per venir a la sua terra; i més digué, que passà a Montserrat. I així jo, Fr. Francesc, de Canet, vilà de Rosselló en la Vallespir, religiós caputxí, sabuda la veritat, me determiní copiar-ho, a glòria de Déu, senyor nostre; lo qual és d'esta manera:

En nom de la Ssma. Trinitat, Pare, Fill i Esperit Sant, amén. En l'any de 1608, a 23 d'agost, estant Pere Portes, pagès de Tordera, del viscomtat de Cabrera, molt descuidat en sa casa, ab la sua muller i família, li exposaren un reclam i feren después, en virtut d'un acte de debitori que ell alguns anys antes havia firmat de certa cantitat, execució de sos béns. I en dita execució, i per fer aquella, vingueren los oficials de la cort d'Hostalric, que és lo cap de tot lo viscomtat. I perquè dit Pere Portes estava obligat, ab escriptura de terç, ab béns i persona, essent dits oficials en sa casa de dit Pere Portes, lo prengueren ab un sagrament i homenatge i inventariaren tots los béns. I sabent dit Pere Portes que l'acte en virtut del qual se li feia dita execució molt temps havia estava escancel·lat, i que ell pagà dita quantitat, protestà i requirí que no passassen avant dita execució, dient i suposant que ell no devia quantitat alguna de dit acte, antes que havia pagat. I com l'escancel·lació no es trobava, i diu dit Pere Portes que lo notari que havia pres la dita escancel·lació era ja mort, i lo principal deia que lo dit Pere Portes no l'havia mai pagat, i que li devia tot lo deute, i que no era escancel·lat dit acte ni lo constaria mai, feren-li enventariar tots sos béns i l'heretat que gosava dit Pere Portes, donant deu dies de temps als mobles, i 30 als immobles; i clos l'acte de l'inventari, l'encomanaren a la muller de dit Pere Portes; i volent-se'n portar penyores los ministres per ser pagats dels salaris i dietes, i volent portar a la presó a dit Pere Portes, i dit Portes veient lo que passava, davant de moltes persones suplicà a dits oficials que no li traguessen res de casa, sinó que no es moguessen de sa casa, que ell aniria fins al lloc o vila de Maçanet, que allí alguns li devien diners, i los pagaria a tots les dietes i salaris de dita execució. I aixís los oficials, tant per saber la bondat de l'home, que en l'endemà, dia de Sant Bartomeu, tornaria i que portaria diners i los pagaria, i també per tenir-li compassió i per precs de la gent que s'hi trobava, foren contents d'esperar-lo fins l'endemà, sols anàs a buscar diners per pagar-los, i después quedaria ab sagrament i homenatge i ab les mateixes penes.

Encontinent que fou fet lo concert, dit Pere Portes se n'anà, prenent lo camí de Maçanet; i anant molt pensatiu i enutjat, trobà un Jove molt ben tractat, a cavall, i menava altra cavalcadura buida, i, en lo punt que se trobaren, dit Jove saludà a Portes demanant-li d'a ont era i a ont anava; però com dit Portes estigués pensatiu del negoci que li havia succeït de l'execució, i per ço estigués tot divertit, no li tornà resposta, sinó que caminava anant tot pensatiu i enutjat. I lo Jove li tornà a preguntar què era lo que tenia, i a ont anava, que si ell lo pogués ajudar en res, que li digués sos treballs, que ell li valdria i afavoriria. Oint Pere Portes lo que li digué lo Jove, respongué dient-li per què ho volia saber; que los treballs seus eren grans, que ell no els podia remediar, sinó Déu del cel, que sap la veritat de les coses. Li digué aleshores lo Jove que no s'espantàs, que moltes vegades permet Déu treballs a les persones per provar-les, i que quant més afligides pensen que estan sens remei i que Déu les ha deixades del tot, però ab tot proveeix Déu que siguen ajudades i afavorides d'algunes persones, i los trau de treballs; i que tantes hores, tants remeis. Oint Pere Portes les paraules de dit Jove, se'l mirà a la cara, dient-li:

— Gentil home, molt jove sou per donar remei a mos mals i donar consells a mos treballs. ¿No sabeu vós que los consells, per acertar-se, s'han de pendre d'hòmens vells, savis i experimentats en treballs i prosperitats que hagen vist i oït i cercat lo món, i que sàpien què cosa és bé i mal? Vós sou jove, i no teniu dites coses.

Respongué lo jove:

— Tot lo que vós dieu tinc jo, i encara molt més; i no crec que ningun home nat en lo món m'avance i me porte avantatge de lo que vós m'haveu dit.

I anant així parlant, entraren en un camí fondo que va al lloc o vila de Maçanet.

Dit jove li digué, una i moltes vegades, que no anàs tan pensatiu i a ont anava. Dit Pere Portes, ja enfadat, li digué: "Jo vas al lloc de Maçanet", i què en volia fer ell.

Aleshores dit jove, que anava a cavall, li digué que ell

també hi anava, i que si volia pujar a cavall ab l'altra cavalcadura anirien de companyia, i que no s'enutjàs; i que si ell li podria valer en res, que lo hi digués, que ell ho faria; i lo pregà molt li digués què tenia i de què estava trist, pensatiu i enutjat. Aleshores dit Pere Portes se'l mirà algun tant i s'alterà; i caminant li digué:

— Mes puix me dieu que anau a Maçanet, i me dieu que per ventura me donaríeu consells i remeis a mos mals i treballs, jo vos els diré.

Pere Portes se senyâ, en nom de Déu, que és principi sens principi de totes les coses:

— Sabreu com jo me dic Pere Portes, fill de Joan Portes, natural de la vila de Tordera, que havem deixada atràs. Alguns anys ha, com les anyades foren estèrils, fou forçós a mon pare comprar blat, i lo mateix que ens va vendre lo blat mos va deixar los diners. I aquest era un tal Just, de Tordera, per lo qual nós obligàrem tots nostres béns i heretats, haguts i per haver, ab escriptura de terç i obligació de persones, que dintre cert temps pagaríem dita quantitat; i axís mon pare, antes de morir, pagà dita quantitat i li escancel·laren l'acte del debitori; i d'açò ja ha passat més de vint anys. I ab açò, estava jo molt descuidat d'estes coses, i vui, dia present, m'és vinguda tota la justícia d'Hostalric, los oficials i ministres d'ella, i, en virtut de dit acte de debitori, m'han pres i enventariat mos béns, i me volien posar a la presó i traure roba de casa i vendre-la per ser pagats dels salaris i dispeses. Los he pregat que me deixassen anar a Maçanet, que allí me devien alguns diners, i que los portaria passat demà i pagaria les dites despeses, i axís ells són restats en casa mia i m'han deixat anar ab sagrament i homenatge, ab una malleuta, que per tot demà tinc de ser tornat. I açò és la tristor que jo tinc, i los treballs, los quals me tenen desatinat i fora de mi, que quan hi penso no sé què em faça. Veure'm que só executat i afrontat per quantitat ja pagada molt temps ha! Posau-vos la mà al pit, i mirau què dirà cada qual que lo semblant li succeís. I axís, jo vos he dit los meus treballs, vejau vós ara què consell me donareu en aquesta necessitat en què estic posat.

I mentres tenien aquesta pràctica o conversació, dit Portes anava a peu, i lo Jove, que anava a cavall, li deia:

— Pujau a cavall en l'altra cavalcadura i no us cansareu.

I anant aixís, entraren en un camí fondo i estret, i l'animal que anava solter li anava casi sempre entre peus i tenia jocs, casi convidant-lo a que pujàs a cavall, en tant que lo dit Pere Portes estava un tant admirat. Lo Jove li digué aleshores que l'havia molt ben entès, i que no estàs més enutjat, que ell lo trauria de dits treballs, i que no hi dubtàs; i li digué:

— Pues vós, Portes, m'haveu contat vostres treballs, jo vos he promès traure-us d'aquells. Vull jo saber que em digau si sabeu lo nom del notari que prengué dita escancel·lació de dit acte.

Dit Pere Portes digué que s'anomenava Gelmar Bonsoms, lo qual era notari propietari de les escriptures o escrivanies de les viles de Tordera i Hostalric. Dit Jove li digué que hi anàs, i li digués que li tragués l'acte de dita escancel·lació. Dit Portes respongué aleshores:

— Si dit notari fos viu, ja ho hauria fet.

Per quant havia mort anys ha, i, per molt que haguessen mirades les escriptures, mai s'havia pogut trobar dit acte; i, que si ell no li donava altre remei, que sabia poc.

Oient açò dit Jove, li respongué ab gran enfado que ja desconfiava; dient:

— Jo vos trauré de dit treball, sinó que jo tinc temor que no digau veritat, per quant jo sé que dit notari ha fet molt bé de son ofici; i si fos veritat que hagués pres dit acte, ho haguera notat en lo marge de dit acte—. I que, ara que era mort lo notari, ho deia; que si fos viu no lo hi diria.

Dit Portes aleshores jurà que lo que ell havia dit era tanta veritat com era veritat que per anar al cel o paradís havíem de ser cristians i havíem de morir; i voldria que dit notari fos aquí present, que li diria i faria bo i entendria com deia molta veritat, i que no tenia que demanarli perdó en aquest món ni en l'altre, i que tot passava com ell havia dit, i per quant era la pura veritat.

I en lo temps que dit Pere Portes digué les coses al Jove, caminant arribaren a l'estany de Sils, que pren lo nom d'un lloc que s'anomena Sils; i com lo camí era estret i la cavalcadura que no hi anava ningú sempre li anava entre peus, dit Portes se determinà aleshores de pujar a cavall, i per açò demanà llicència a dit Jove, lo qual li digué que des del principi ho podia haver fet. I així dit Pere Portes se senyà, i, en lo punt que fou a cavall, tot s'alterà i los cabells se li eriçaren en lo cap i sentí i véu que les cavalcadures se parlaven l'una ab l'altra. Encontinent dit Jove digué:

— Puix vós, Portes, m'haveu contat vostres treballs, los quals són per a vós grans, jo vos he promès d'ajudar-vos i donar-vos consell i traça ab què fósseu ajudat i remediat; jo vull tenir-vos la paraula i lo promès, i vos faré parlar ab lo notari Gelmar Bonsoms, lo qual, si ell ha pres dit acte d'escancel·lació, ell vos ho dirà a ont lo posà i a ont és. Tení-vos bé a cavall, que jo só lo Diable.

I dit Pere Portes se tingué fort oint dites paraules; i digué:

— Jesús, salvau-me i no em desamparau! Verge santíssima, siau ab mi!

I encontinent les cavalcadures, totes dos juntes, arremeteren per l'estany de Sils, per muntanyes i valls, i sempre anaven parlant. I dit Portes tenint-se fort, i sempre cridant, invocant los noms de Jesús i Maria, en tant que al cap d'una hora de temps que fou a cavall, passades que hagueren grans muntanyes i valls, juntament grans aigües i mars, isqueren en un gran pla, que era tot foc i dimonis, ab gran multitud de gent que patien grans turments. Dit Pere Portes, espantat d'açò, i de veure tantes o dites visions, en lo punt mateix lo dimoni que l'havia portat allí li digué:

— Tu, Portes, ¿coneixeràs a dit Gelmar Bonsoms, notari?

Aleshores dit Portes digué que sí; i, dient açò, sentí grandíssim avalot i va veure un gran tropell de dimonis de diverses figures i formes que venien ab grans alarits i alegres, sonant, corns i xeremies molt diferents dels d'aquest món, que portaven l'ànima de Mossèn Dilameres, clavari que fou de dit vescomtat, i portava un procés en les mans. Lo Dimoni que l'havia portat allí li digué la causa d'açò, la qual era perquè fulminà una enquesta falsament contra d'un home per fer-lo composar; i axís lo procés que portava dit Dilameres (clavari que fou de dit vescomdat) és l'enquesta que ell ha feta; per la qual cosa fou capturat lo temps que vivia, i portat en les presons de

Barcelona, i culpat de moneder i d'haver fet matar algú; i, sent en dita presó, caigué malalt i per dita malaltia fou tret afiançat, i morí després que dit Pere Portes s'era posat en camí. Véu aleshores dit Pere Portes com los dimonis se'n portaven a dit Dilameres a un lloc molt horrible i espantós.

Després caminà Pere Portes un poc, i véu l'ànima de Mossèn Jordà, prevere i capellà de la vila de Pineda, que estava al mig de dues dones abraçades ab ell, ço és, que les tenia una a cada costat, i estava en un llit de camp, tot foguejant, passant diversos turments per los dimonis que els aturmentaven; i confessà dit Portes que Mossèn Jordà havia estat vicari en Barcelona en l'Hospital de Sancta Creu, que és general; i diu Portes que Mossèn Jordà era viu i estava bo quan ell se partí.

Després passà més avant i trobà l'ànima d'un cavaller, Misser Felip Roger de la vila de Calella, que era estat Governador del vescomtat, perquè havia posat confusió entre los vassalls i lo Marquès d'Aitona.

Després se girà dit Pere Portes i véu l'ànima d'un doctor anomenat Misser Maduxer, que fou assessor de dit vescomtat molt temps, o molts anys, lo qual, quan morí, se li trobà un llibre escrit de sa mà, en lo qual deia com ell havia sentenciat a Tal i a Tal, anomenant-los a tots; i aixís los posats en galeres, i la quantitat que havia rebuda, i per quines persones ho havia fet. I entre altres partits, se'n trobà un en dit llibre, que havia rebudes 25 lliures de sentenciar un home a mort; i l'anomenava. Dit llibre lo véu i tingué en ses mans lo Misser Pujades, doctor en dret i abogat de pobres.

I també diu que també véu un altre assessor d'Hostalric, que se deia Misser Germà, assentat ab una cadira de foc per haver faltat en son ofici.

Després se girà, i véu l'ànima de Mossèn Gelmar Bonsoms, notari, que prengué lo seu dit acte; i aixís, encontinent que el véu, féu una gran exclamació, dient:

— Valga'm Déu, Mossèn Bonsoms! Que hajau feta tal maldat d'haver pres l'acte del debitori que mon pare i jo firmàrem en poder vostre! I mon pare, quan vivia, pagà dita quantitat i li escancel·làreu l'acte, i no hajau assentat, ni en lo marge de dit acte de debitori, com teníeu obligació, ni en altra part, que mai s'haja trobat memòria ni jo me'n recordi ni mon pare vos escrigué confiant de vós i ara, al cap de tant temps, estant jo descuidat d'açò, en virtut de tal debitori son vinguts tots los oficials d'Hostalric i m'han pres e inventariat tots mos béns i heretats. Jo no tinc diners per a pagar les dispeses; los he promès que si me deixaven anar a Maçanet, per tot demà los portaria diners per a pagar-los; i ells són estat contents, i m'han deixat anar ab una malleuta que per tot demà tinc de ser tornat.

Encontinent fou aquí lo Dimoni que havia portat a Pere Portes en l'infern, i digué a Bonsoms notari:

— És veritat lo que Pere Portes diu?

I respongué que:

— Sí, que per això estic jo en aquest lloc, per aqueix mateix acte estic jo condemnat en l'infern.

I Portes, oint infern, cridà grans crits de:

— Jesús i Maria! —dient—. Salvau-me! No em desempareu!

I en un instant fou allí una legió de dimonis, los quals digueren a què havia vingut allí a donar-los més turments anomenant aquells sants noms que ells tant avorrien, que en oir-los sols los donava més turments que lo foc que patien los condemnats. I axís digueren a dit notari, pegant-li grans colps i donant-li grans turments, perquè digués a Portes lo lloc a ont trobaria l'acte de dit debitori, pues no podien sofrir a Portes quan invocava los noms de Jesús i Maria. I dit notari en lo punt digué que anàs en sa casa, la qual tenia en la vila d'Hostalric; que en la sala encontraria un asmari, i, davant d'ell, a set rajoles de la paret, alçàs des de les set fins a les 12; i que miràs i cercàs bé, que allí trobaria un manual petit de firmes d'actes, i que a les 27 fulles trobaria dit acte de debitori per lo qual acte estava condemnat en l'infern, per quant no l'assentà en lo marge de dit debitori, com tenia obligació, per causa que s'havia barallat en son pare, i per dita causa ho féu. I dient estes paraules, digué Pere Portes:

— Jo só, pues, en l'infern! —I dient o cridant aleshores: "Jesús i Maria! No em desempareu", donaren grans crits los dimonis contra ell, sens fer-li ningun dany.

Aleshores dit Pere Portes se girà i véu alguns doctors del Real Consell, los quals ell havia conegut molt bé; i entre altres Misser Ubac, a Misser Puig i Misser Banac, i a molts altres, los quals, quan vivien, deien que eren los déus de la terra.

Después Pere Portes mirà de l'altra part, i véu molts notaris del Criminal, entre los quals véu lo notari que prengué l'enquesta de Don Miquel Albert, lo qual cridava molt. Quan vivia deien que havia fetes grans maldats en dit procés, contra lo dit Don Miquel Albert; i lo notari se deia Just.

Després Pere Portes se girà per altra part i véu un tal Sarrell, de Tordera, gran amic seu quan vivia, lo qual passava grans turments; i véu molta gent, així amics com enemics, los quals eren morts molts anys havia, i alguns d'ells que eren morts después que ell havia eixit del lloc de Tordera.

Estant aixís Pere Portes espantat de lo que veia, sentí un gran brogit, avalot i crits, i va veure com portaven los dimonis l'ànima d'un gran Cavaller, noble i ben anomenat, lo qual sempre tenia lladres i facinerosos en son castell i lloc; i espantat de veure açò, cridà:

— Jesús i Maria, salvau-me!

Luego, i en lo mateix punt, vingué una legió de dimonis de diverses figures i formes, i li digueren per què los enquietava ab dites paraules, i qui l'havia portat allí; que se n'anàs i isqués fora. I dit Portes, fent-se lo senyal de la creu, los digué com era entrat allí en aquell lloc; i que el traguessen o que l'ensenyassen lo camí, que ell se n'aniria en nom de Déu.

I encontinent fou aquí lo Dimoni que l'hi havia portat i li digué a Pere Portes:

— Quan jo te trobí, que eixies del lloc de Tordera, i me digueres tots los teus treballs, jo te prometí que et donaria ajuda i favor; tu tingueres ventura que aquell dia havies oït missa i resat lo rosari de Maria, que si no fos estat l'haver-te senyat i sempre invocat los noms de Jesús i Maria, jo t'hauria llançat en l'estany de Sils quan lo passàrem, o en lo mar; i no he tingut potestat, per això, de fer-ho. Jo ja t'he tingut lo promès en portar-te a la presència de Mossèn Gelmar Bonsoms, notari que prengué l'escancel·lació de l'acte del debitori, i t'ha dit lo lloc a ont posà lo manual, en lo qual està contingut dit acte, i t'ha dit en què full lo trobaràs; per ço és menester que te'n tornes, que vui és dia de Sant Daniel, primer dia de setembre, i tu des de la vigília de Sant Bartomeu estàs ací, i nos dónes grans treballs quan anomenes eixos noms de Jesús i Maria, que si ho sabies t'espantaries; i aixís te torno a dir que te'n vages. Ja trobaràs, antes que arribies allí, que t'han venut molts béns, i, amostrant-los tu l'acte de l'escancel·lació de dit debitori, los cobraràs. Mira, vés-te'n prest.

Dit Pere Portes digué aleshores:

— Jesús i Maria! —I digué al Dimoni—: Tu m'has portat ací, trau-me'n.

Lo Dimoni li respongué:

— Mon ofici és portar ànimes i cossos a l'infern, i no és mon ofici de traure'n ninguna.

Encontinent dit Pere Portes se girà i véu quatre persones, ço és, un que fou Veguer de Barcelona, altre que fou Assessor seu, altre que fou notari de dit Veguer, i altre que fou Procurador fiscal, los quals passaven grans penes per moltes maldats que havien fetes, i sofrir que los oficials fessen composicions, en especial per un que feren per una mort d'un tal Carbonell, pagès de Sant Just Desvern, al qual trobaren mort en un bosc, que los gossos se'l menjaven; i composaren i remeteren la causa abans de fer dita mort, la qual fou feta dos dies antes, perquè aixís fou tractat entre ells; los quals passaven grans penes i turments.

Després, anant seguint l'infern, véu Pere Portes un lloc a ont eren gran infinitat d'ànimes al davant d'una altra que seia en una cadira feta de punxes de foc, i davant tenia una taula i li deien ab grans crits i brogit i alvarot:

— Maleït sies, mal home, malvat i enganyador!

I ell responia:

— Teniu raó, teniu raó; descuideu i guanyarem.

I encontinent vegé passar dit Pere Portes davant d'ell gran llegió de dimonis que ab una mà li donaven bosses de diners foguejants de foc, i ab altra li feien les figures, rient grans riallades, quan deia, patint grans dolors i horribles:

— Teniu raó, ja guanyarem.

I Pere Portes se girà al Dimoni que l'havia acompanyat a l'infern, i li digué que aquell que seia en la cadira de punxes era un advocat de la ciutat de Barcelona, anomenat Mossèn Ramon de la Freixeneda, lo qual per tenir plets i donar consells tingué en vida molts hòmens pagats i assalariats que li buscaven plets i feina, i que a tothom donava la raó, tant si la tenia com no; i que per haver malguanyats, i ab frau, molts diners i béns enganyant a la bona gent, estava en l'infern assegut en aquella cadira, a ont patia molt horribles turments; i que tots los que li deien mal home i enganyador eren aquells que en vida lo serviren, que, reconeixent-se dels mals i danys que ell los havia causat, lo maleïen contínuament; i ell, pensant que hi eren per demanar-li consell i tenir plets i qüestions, los deia que tenien raó; i que els dimonis que cridaven fent gran brogit i li donaven bosses de diners i li feien les figues, també se pensava que li volien donar plets i los deia que tenien raó.

Después véu un altre arbre tot foguejant, en lo qual estaven penjant 6 persones, les quals eren tutors de la persona i béns d'un tal Romaguera; lo qual, com tingué edat, los demanà li donassen comptes i raó de la tutela, i dits curadors tenien los béns, i en particular una torre ab les terres, i li feren pledejar una cosa tan justa que, un dia, dit pubill va trobar un dels dits curadors, ab lo qual prengué tanta còlera que li tirà ab un pedrenyal i lo matà, dins de la ciutat de Barcelona; per lo qual cas dit pubill fou penjat, sent Virrei de Catalunya lo Prior Don Fernando.

Después dit Portes se girà i, mirant d'una part i altra, véu una cosa molt horrorosa i espantosa a manera d'una sínia que sempre rodava, i en lloc de catúfols eren pare i fill; molt coneguts i principals (vui los que viuen i vénen d'aquella són nobles i titulars), los quals havien estat mercaders i hòmens de grans diners; i quan l'un s'encontrava ab l'altre, esto és, lo pare ab lo fill, s'esgarrapaven i donaven-se cops ab tanta ràbia, malícia i còlera, que era tan gran l'alvarot i ruïdo, que apareixia que tot se n'entràs. I demanant dit Pere Portes per què se barallaven i se pegaven tan fort, lo Dimoni que l'havia portat allí li digué que eren pare i fill, i que lo pare, quan morí, deixà hereu a son fill i li manà que restituís l'heretat i béns a les persones que trobaria escrites i anomenades en lo llibre escrit de sa mà, per quan tots los béns i heretat la posseïa de mal just, i ho tenia usurpat i robat; i digué a son fill que es fes frare si es volia salvar. Dit pare morí i fou condemnat per ço que ell no volgué restituir, pues ho sabia. Dit fill, mort son pare, pensà son fill que si es fes la voluntat de son pare ninguna cosa tindria per ell, i que de necessitat s'havia de fer frare; féu una resolució en si mateix, dient:

— Mon pare, quan vivia, ja sabia ell que tenia obligació de restituir los béns que ell tenia mal guanyats i de mal just; qui millor que ell ho podia haver fet, que ell mateix, que sabia la veritat? I ell ne volgué gaudir i viure esplèndidament, i los ha gastat esplèndidament. Jo també vull viure i gosar com mon pare, i ne vull triomfar i no em vull fer frare. I que se'n fos fet ell, i no hagués guanyats los béns malament, que ell no m'havia de deixar en testament ni manar-me tal cosa. Jo faré lo mateix: deixaré mon hereu que els restituèsquia. A més d'això, me digué i manà que li fes bé per la sua ànima, i que li prengués bul·la de la Sancta Crusada; jo no en faré res, perquè mon pare, o bé és al cel, o en lo purgatori, o en l'infern; si és al cel, no necessita de cosa alguna; si en l'infern, no l'aprofita res; i si en lo purgatori, ell mateix n'eixirà quan Déu sia servit.

I per quant lo fill morí ab esta resolució, se vingué a condemnar, i són portats a l'infern de la manera que veus, i quan s'encontren fan de la manera que veus d'esgarrapar-se i pegar-se. I diu lo pare al fill:

— Ah, traïdor! ¿No t'havia jo manat i dit en mon testament que restituïsses mos béns a les persones anomenades i escrites de la mia mà en un llibre que tu tingueres i llegires? Si ho haguesses fet, no series ací, donant-me penes i turment com me dónes.

Responia lo fill:

— Oh, pare malvat! ¿No teníeu vós obligació de restituir-ho, pues ho havíeu mal guanyat i fetes les maldats, i no deixar-ho a mi que ho fes? Vós, vos haguésseu fet frare, que no seríem ací vós i jo. I així vós sou la causa de tots nostres mals. ¿Havíeu-vos de refiar de mi, oh traïdor i mal home? ¿No sabíeu que los que se refien d'altres queden enganyats? Per ço és raó paguem los dos, vós perquè fóreu l'autor de la maldat, i jo per no obeir-vos i no fer lo que vós m'havíeu dit i manat en vostre testament.

Después dit Pere Portes véu a Misser Franquesa, que fou del Real Consell, lo qual estava ab grans treballs, tant per lo que havia delinquit en son ofici, com també per ser causa de què no s'efectuà lo passar la sèquia per la plana d'Urgell, sabent i veient que era convenient a la redempció de tots los pobles de Catalunya; i que havent anat dit Franquesa a dita plana d'Urgell i haver vistos los llocs per a ont havia de passar dita sèquia, i haver fet pagar i composat los llocs per fer dita traça i obres, s'aturà los diners que havien exigit i restaren per remuneració del treball que ell hi prengué.

Després véu un Jutge que fou de reclam de la cort del Veguer de Barcelona, lo qual féu convenir que los diners dels depòsits se depositassen en lo banc de Damià Puig-Gener, mercader, i dit Puig-Gener los donà a canvi per los dos, i aixís a penes mai feia provisió en què hagués de soltar lo depositat; i vui en dia, ni de l'hacienda de dit Jutge, ni de la de dit Puig-Gener, mercader, hi ha hereu que puga demonstrar béns dels tals.

Después véu grandíssims focs, en los quals hi havia moltes persones de tot gènero d'estat, i molts doctors, aixís del Real Consell, com d'advocats, notaris, cavallers, los quals tingueren consell quan vivien i s'ajuntaren una i moltes vegades en la iglésia de Sant Just de Barcelona, i consultaren de procedir contra D. Diego Claver, visitador general de Catalunya, a fi i efecte de què no se prosseguís bé la visita i no poguessen ells ser castigats.

Com dit Pere Portes vés dites coses, se posà a plorar i cridar, dient:

— Jesús, Jesús, Maria, no em desempareu!

I dient dites paraules, los dimonis vingueren i lo rodejaren, dient-li:

— Què t'havem fet nosaltres, que hages tu gosat entrar ací i vulgues invocar los noms de Jesús i Maria, los quals nos fan tremolar a tots? Avui és Sant Miquel de setembre; vés-te'n i no nos inquietis més.

I, estant aixís, dit Portes se trobà al costat d'un home molt gentil, vestit com un Romeu, molt resplendent, que portava un bordó en les mans i li digué:

— Pere Portes, vine i segueix-me.

I, donant-li lo cap del bastó o bordó, lo va seguir, i encontinent se trobà junt a Molvedre, en lo regne de València; quedà tot sol en aquest puesto, perquè lo Romeu se li desaparegué.

Aleshores dit Portes restà espantat. Pensant estar en alguna part del viscomtat de Cabrera, prengué lo camí envers lo lloc de Molvedre, i, entrant en ell, véu que venien pa; i, tenint ell gran fam, s'acostà a pendre'n un, i posà la mà a la bolsa i tragué un real català i lo donà a la revenedora, i era una vella, perquè la hi canviàs; però la dita dona, veient lo real, li digué li donàs altra moneda, perquè ella no coneixia de quina terra era. Però com Pere Portes tingués gran fam, havia començat a menjar, i, veient que la dita dona li tornava lo real, li replicà que era bo, i que ell no tenia altre; la dona, oint açò, començà a cridar i alvarotar de tal manera, que s'aplegà molta gent; los quals digueren a Pere Portes:

— Home de bé! Lo real que vós donau és d'una terra que és lluny d'ací més de seixanta llegües, i ací no prenen tal moneda, sinó castellana, que és de bon pes i bona, i la catalana és curta i falsificada.

Aleshores digué Pere Portes:

— Per què no prenen dita moneda? I que per ventura no estic jo en Catalunya?

Aleshores li digueren:

— Pensau vós ser en Catalunya i sou en València, en la vila de Molvedre.

I dient estes paraules, i oint-les dit Portes, caigué esmortuït i perdé la paraula.

Estigué aixís alguna hora i, entretant, passava gent i s'aturaven; i entre altres vingué un home, natural de la vila de Tordera, anomenat Jaume, lo qual era vingut en aquell lloc poc havia per alguns negocis; i estava dubtant si coneixeria a dit Pere Portes, per veure que estava tan flac i macilent i transit, que apareixia que en aquell punt havia d'expirar, i no se podia tenir en peus, i apareixia que los ossos li havien de foradar la pell; i esperà que dit Portes fos retornat, i, parlant ab ell, lo conegué. Lo dit Jaume pagà lo pa a la dona i cobrà lo real català, i se'n portà a dit Portes a la posada i li féu donar recapte necessari per a retornar-lo; que apareixia que estava del tot acabat.

Essent dit Pere Portes en la posada, dit Jaume li demanà com i de quina manera estava tan flac, i d'ont venia, i quants dies havia que era fora de sa casa. I dit Portes respongué que per amor de Déu no lo hi fes dir. Dit Jaume li replicà que per amor de Déu lo hi digués. Pere Portes li digué aleshores:

— Jo estic molt cansat, demà, si plau a Déu, que serà dia de Sant Bartomeu, dia assenyalat, vos ho diré.

I dit Jaume li respongué aleshores:

— Sant Bartomeu ja és passat i vui és dia de Sant Daniel, primer dia de setembre, i m'ho podeu dir.

Dit Portes, oint açò, perdé la paraula, i quan fou retornat lo confessaren i procuraren s'aquietàs, perquè lo confessor digué que aixís convenia; i dit confessor molt a menut l'anava a veure i l'aconsolava, de manera que dit Portes estigué més d'un mes a recobrar la salut.

I un dia Jaume li digué li fes plaer de dir-li lo promès, esto és, en dir-li lo que era i li havia esdevingut, que lo dia de Sant Bartomeu i Sant Daniel eren ja passat. Aleshores dit Pere Portes se senyà i digué:

— Jo, pues, des de 23 d'agost, que és la vigília de Sant Bartomeu, des de les cinc de la tarda, fins al primer de setembre, a les tres hores después de migdia, he estat en l'infern, sens menjar ni beure ni dormir.

Dit Jaume li digué que callàs, pensant s'havia alterat l'enteniment; emperò, dit Portes no deixà, punt per punt, de contar-li lo que li havia succeït i passat per ell, i lo que havia vist. Però com és cosa que oir-la apar que sia fàbula, per la mateixa raó pensava que estava assombrat i que tenia l'enteniment alterat. Però com dit Pere Portes entengués que se burlaven d'ell, i no el creien, deia que lo que ell deia era veritat, i Déu, senyor nostre, i la Verge sanctíssima Maria, i Sant Jaume, apòstol, dels quals ell era devot, i dit Sant Jaume, en forma de romeu, l'havia tret de l'infern. Encontinent digué públicament:

— Encara que jo estigue flac, i no sia per a posar-me en camí, me'n vull anar i tornar-me'n en ma terra i en ma casa, que encara que m'hagen venuts mos béns, jo los cobraré, perquè porto claricia, i mostraré com són estat mal venuts.

I aquí mateix se n'anà a peu del millor modo que pogué, i no volgué esperar companya. I veient, dit Jaume i altres, que Pere Portes se n'era anat, i no se n'era volgut detenir, per quant ja abans havia escrit a algú de Tordera i Hostalric la vinguda de dit Pere Portes, encontinent escrigueren més llargament tot lo que havia passat i com se n'era anat; escrigueren com s'era alterat de l'enteniment. I dites cartes foren llegides de molts de Tordera i Hostalric, los quals abans pensaven que Pere Portes s'era desesperat per lo camí, i llançat en l'estany de Sils, perquè mai n'havien sabut noves del dia que se n'anà, i per no haver tornat li havien feta execució en los béns molts dies havia; i aixís no creien lo que deien les lletres, antes les tenien per fàbula.

Lo dia de Tots los Sants de dit any de 1608, estant la gent molt descuidats d'ell, entrà dit Portes per la vila d'Hostalric, i quan lo veren entrar per la iglésia estigueren tots admirats. Alguns li digueren:

— Ben arribat siau, en Portes; d'a ont vos demanàrem, que ens havien dit que éreu mort? Quant hauria importat que dos mesos ha fósseu estat ací, que no vos hagueren venuts los béns!

Dit Pere Portes responia que més valia tornar tard que nunca, i:

— Bé s'adobarà tot, si plau a Déu!

I dinà dit Portes a la vila d'Hostalric, i, en haver dinat, se n'anà al lloc de Tordera, que és una llegua d'Hostalric, i quan lo veren, luego acudiren per a veure'l i, entre altres, uns parents i fill d'un tal Sarrell de Tordera, que Portes l'havia vist en l'infern; i lo fill li digué:

— En Portes, d'a ont veniu? Diuen que sou estat en l'infern. Què portau d'allí de nou?

I dit Pere Portes li respongué:

— Demana-ho a ton pare, que està allí ben governat i ben calent, que no té fred.

Aleshores tots es posaren a riure, pensant que era loco; del qual dit Portes digué:

— Rieu-vos del que jo dic; jo vos dono ma paraula que és veritat. Jo diré i mostraré cosa ab la qual entendreu la veritat del que jo dic i he vist.

I sabent dit Portes que li havien venut tots los béns, digué que eixa execució i venda estava mal feta, per quant lo deute s'havia ja pagat, i l'acte del debitori era ja escancel·lat, i ell no devia quantitat alguna, i que estava tot fet malament, i que ell ho amostraria. Pensant alguns que ell tenia algun escrit, desitjaven veure'l, i lo seguiren dient-li los ho mostràs. Dit Pere Portes digué que lo Gelmar Bonsoms lo hi havia dit, que fou lo que prengué dit acte d'escancel·lació, i a ont era i trobaria dita escancel·lació de l'acte. La gent, quan sentiren anomenar a Bonsoms, notari, lo qual havien conegut molt bé, i sabien que era mort alguns anys antes, digueren que era un innocent; però Portes afirmava que era veritat, i lo hi havia dit en l'infern, a ont ell estava. I dit Portes començà a anomenar moltes persones que allí havia vistes i conegudes allà en l'infern, los que havia molts anys que eren mortes, i altres que havien finat después que dit Portes se n'havia anat de Tordera. Los que oïen tals coses més lo judicaven per loco. Veient açò alguns parents seus, se'l ne portaren en casa i li digueren i li pregaren molt s'assossegàs; lo qual responia:

— ¿Pensau que no estic en mon seny i que no dic veritat? Demà, después de dinar, se veurà.

Mes tots se burlaven de dit Pere Portes.

Lo dia dos de novembre, dia dels morts, de l'any 1608, dit Portes se n'anà a la iglésia i oí missa ab molta devoció; i después, quan veia alguns que tenien parents en l'infern, als quals ell havia vistos, se posava a plorar; i, demanant-li de què plorava, responia:

— Jo diré alguna cosa que bé és de plorar. Jo he vistos a molts parents, germans i amics dels que estan en esta vila, i en altra part, que estan abrasant-se en vives llames en l'infern.

Deien-li alguns:

— En Portes, callau! No digau aqueixes bestieses; mirau que no és ben dit, que us tindran per innocent, i la gent vos acabarà de fer perdre l'enteniment.

Dit Pere Portes los responia:

— A mi ja sé que me teniu per ignorant; i pensau lo que vullau, que jo dic veritat, i no són fàbules inventades per mi. Lo judici, si plau a Déu, no el perdré, per quant lo Diable que em portà a l'infern, i después tants de junts, quan jo estava allà, no me'l pogueren fer perdre. Jo confio que ni la gent de Tordera, ni tot lo món, me'l podran fer perdre, perquè jo sé que dic veritat, i después d'haver dinat se veurà.

Quan foren tocades les dotze hores del migdia, dit Pere Portes se n'anà a casa del Batlle de Tordera, i lo pregà en gran manera que, pues havia feta assistència en l'execució que li havien feta en vendre los béns, fes plaer d'assistir i veure com trobarien l'escancel·lació de l'acte del debitori, en virtut del qual l'havien executat. I que ell no devia cosa alguna, ni entenia com li havien fetes malament les despeses i venuts los béns. Lo Batlle li digué que era content i que a ont havia d'anar. Dit Portes digué que en Hostalric. I encontinent lo Batlle, ab alguns que estaven desitjosos de veure lo succés, se posaren a cavall, i dit Pere Portes ab ells; i per lo camí, quan encontrava a algú que fos amic, fill o parent d'alguns que ell havia vist en l'infern, aquí mateix ho deia, i tots se posaven a riure.

A l'entrar a la vila d'Hostalric encontrà ab uns parents de dit Bonsoms, notari, i en lo punt mateix los digué que era en l'infern, i que lo seguissen, que ell los ho amostraria; però com en la vila d'Hostalric havien ja oïdes algunes coses de dit Portes, aquí mateix fou alvarotat, i la gent acudien a borbollons, i alguns l'interrogaren de sos pares, fills, etc., i a alguns tornava resposta i deia com los havia vistos tots a l'infern. La gent, d'oir açò, deia, rient, que era orat i loco, que lo portassen a l'hospital i lo traguessen de la vila. Però dit Portes los responia:

— Dins poques hores ho veureu, si só orat i loco, i si dic veritat. Deixau-me traure l'acte de l'escancel·lació, que jo vos prometo que nunca o poques vegades entraré en dita vila.

Aleshores tots se posaren a riure, dient:

— Guarda-te d'home que ha entrat i eixit de l'infern!

I, oint Pere Portes estes paraules, digué:

— I encara en dit lloc he vistos los pares, germans i parents de vosaltres.

I la gent només cridava i reia.

Dit Pere Portes pregà al Batlle d'Hostalric que li fes plaer de venir a fer assistència a la cerca i troba de dit acte d'escancel·lació, que ell ensenyaria a ont era, que dit Gelmar Bonsoms, notari, lo hi havia dit en l'infern; i, oint açò, més rigueren i burlaren d'ell. I dit Batlle d'Hostalric, ab lo de Tordera, digueren que anassen, perquè los dos junts hi assistiren, i digués a quin lloc i en quin manual era. I en açò s'hi aplegà molta gent del poble; i així, dit Portes prengué lo camí de la casa de dit notari Bonsoms.

I quan foren a la porta, digué que pujassen dalt, perquè ell ensenyaria lo lloc a ont era lo lloc de l'escancel·lació de dit acte. La muller i parents de dit Bonsoms digueren que en casa no hi tenien escriptura alguna, que totes eren en l'escrivania; però dit Pere Portes respongué:

— L'acte que jo cerco i he menester no és en l'escrivania, sinó ací en casa, en la sala, perquè dit Bonsoms, notari, m'ha dit que en aquest lloc lo posà.

Aleshores tots se posaren a riure, i li digueren qui ho deia, i quant ha, i en quin lloc lo hi digué. Aleshores dit Portes digué:

— A mi m'ho ha dit Bonsoms, notari, la vigília de Sant Bartomeu més prop passat, i m'ho digué en l'infern, a ont ell està, i allí trobareu en Sarrell, i Jaume Vila, Roger de Calella, i Mossèn Jordà.

I anomenava molta gent, que los causava terror. I oint açò, digueren que:

— Aquest home té l'enteniment alterat, dient que Bonsoms, notari, ha tant temps que és mort, molts dels anomenats són morts que ell no era en aquesta vila, i diu que los ha vistos en l'infern i ha parlat ab ells.

Tots se'n reien, i alguns, de rissa, se n'anaven; i los batlles i altra gent també se'n volien anar i deixarlo. Però Pere Portes replicava de que pujassen dalt a la casa.

Los parents i muller de dit Bonsoms, notari, perquè deia que lo hi havia dit en l'infern, i que era allà, i per quant en dita casa sabien que no hi havia acte ningun, i perquè la gent comprengués que dit Portes era loco i no creguessen lo que deia, digueren als batlles:

— Senyores, ja veuen lo que diu est ignorant i loco d'home; perquè tothom crèguia i enténguia que diu mentida i és invenció sua, i que té alterat l'enteniment, los pregam, per llevar l'opinió de la gent que l'ouen i han oït, vostès pugen ab les demés persones, i miren i regonesquen si ningun acte ni escriptura hi ha en tota casa.

I los feren pujar, ab molta gent, que no volia que dit Portes pujàs; i quan foren dalt, i regoneguda la casa, no hi trobaren ninguna escriptura.

Aleshores dit Pere Portes suplicà lo deixassen pujar, que ell mostraria lo lloc a ont era dit acte. Aleshores digueren molts:

— Deixen-lo pujar, perquè tinga lo desig complert i estiga assegurat de la veritat.

Dit Portes aleshores pujà dalt i, en sent a la sala, demanà a ont hi havia un asmari; i la hi mostraren i l'hi volgueren obrir. I ell los digué que no era menester, que ell ja sabia que no era dins d'ell l'acte d'escancel·lació; mes, no obstant açò, fou obert l'asmari per donar satisfacció a la gent i a tots los que estaven a la sala; i se reien, dient que Pere Portes era loco. Aleshores Pere Portes digué:

— Deixeu-me acostar a l'asmari, que jo vos mostraré lo lloc a ont és l'acte.

I, rient, tots digueren:

— Deixeu-lo acostar a l'asmari, que ell nos farà riure, i dirà o farà coses algunes ab les quals riurem; facem compte que açò és un entremès, o un pas de comèdia.

I aleshores Portes s'acostà i mirà d'una i altra part; i, estant davant de dit asmari, digué:

— Jo ara estic sobre lo manual en lo qual està contingut dit acte d'escancel·lació del debitori en virtut del qual m'han executat, fetes despeses i venuts mos béns. ¿Vosaltres dieu que jo só loco, i que us faré riure, i que apar sia un pas de comèdia? Entengau que plorareu, i serà tragèdia; que lo que jo dic és veritat, i aixís, aquí a ont jo só, debaix de mi i de mos peus, és l'acte; que dit Gelmar Bonsoms, notari, m'ho ha dit en l'infern, ont ell està. Desfeu estes rajoles que estan ací que, des de la setena rajola fins a la dotzena de la paret, se trobarà lo manual.

I oint açò, encara tots se posaren a riure, en tant que se'n volien anar i deixar a dit Portes per loco. Però, perquè Portes cridava grans crits i que en dit lloc era lo manual, resolgueren alguns dient:

— Pues som aquí, llevem les rajoles i acontentem-lo; perquè si no ho fèiem diria locures contra de nosaltres.

Aleshores, tots d'un consell, li digueren d'a ont volia llevassen les rajoles. I dit Portes los assenyalà lo lloc a ont les havien de llevar. I les llevaren, i alçaren les rajoles, i aquí mateix trobaren un manual petit de firmes d'actes; i tots restaren espantats. I digué més dit Portes, que mirassen a les vint-i-set fulles, que allí trobarien dit acte d'escancel·lació del debitori. I tots espantats, miraren

 i regonegueren dit manual, i trobaren que era escrit de la

mà de dit Bonsoms, i era veritat que dit acte d'escancel·lació de dit debitori l'havia pres dit Gelmar Bonsoms, notari, i que era escrit de sa pròpria mà. Estant d'esta manera tots espantats i admirats, de manera que ni parlaven, ni se movien, sinó que estaven tots mudats, perquè los apareixia que no eren en cel, ni en terra, de tal manera estaven tots encantats.

En lo mateix punt Pere Portes s'agenollà, i, juntes les mans, alçà los ulls al cel, dient:

— Gràcies infinites vos dono, Senyor Déu meu Jesu Crist, puix per vostra bondat infinita vos sou apiadat de mi, en què no me sia perdut en los treballs i afliccions que he sentides, vistes, i he passades.

Luego tornà a reiterar lo mateix acte dit Pere Portes, i contà tot lo que a ell li havia passat, i de com havia entrat en l'infern la vigília de Sant Bartomeu, als 23 d'agost de l'any 1608, i com n'havia eixit lo dia de Sant Daniel, primer dia de setembre del mateix any; i que en l'infern havia vistos i parlat ab lo dit Gelmar Bonsoms, notari, i que li digué lo lloc i anomenà la fulla del manual en lo qual era dit acte; i anomenà moltes persones que havia vistes patir en l'infern.

I después dit Pere Portes requirí i demanà que dit acte fos tret, i donada còpia; i així per la justícia d'Hostalric fou proveït; la qual còpia li fou lliurada. I a més d'això requirí i demanà dit Portes, en virtut de dit acte, li fossen restituïts tots los béns i totes les despeses que li havien fetes en dita execució; i així fou tornat en la possessió de sos béns com antes.

Después dit Portes, quan veia gent dels quals havia vistos parents i amics d'aquells en l'infern, ell los exhortava que servissen a Déu N. Senyor, i no volguessen anar en l'infern ni seguir les pissades d'aquells. I per quant dit Pere Portes havia anomenat alguns que ell havia vistos en l'infern, i los tals eren persones graves i estimades en aquest món, los parents dels tals, sabent estes coses, recorregueren als Inquisidors de Barcelona, i los contaren totes les coses que dit Portes deia de sos parents, per lo qual dit Portes fou cridat del Tribunal de la Santa Inquisició; lo qual encontinent comparegué, i fou per dits Inquisidors detingut, i fou interrogat de dit negoci i com li havia passat. Lo dit Portes ho digué i deposà com està aquí, i anomenà molta gent, i com en dit lloc de l'infern era dit Gelmar Bonsoms, notari, i com ell havia pres l'acte d'escancel·lació, conforme ja està ja explicat, i lo lloc a ont lo trobaria, com lo trobà; ab lo qual confirmà tot lo que havia dit. I Pere Portes se'n tornà a sa casa.

Finis coronat opus.

Después d'haver-li jo llegit tot lo que està aquí escrit i contingut, i havent-ho dit Pere Portes ben oït i comprès m'afirmà i confirmà ser tot la mateixa veritat i passat d'aqueixa manera com sobre està ja dit i explicat.

Mes, después, jo li demaní algunes coses acerca de l'estada de l'horrorós lloc de l'infern; i, en primer lloc, li demaní ab què forma véu ell allí les ànimes dels condemnats i als dimonis, i si li feren algun dany o mal; i si essent lloc de tenebres, ¿com podia ell veure, i afirmar lo que havia vist? A tot lo qual me respongué: Que a ell li apareixia que aquell lloc era molt clar, i veia les ànimes dels condemnats i dimonis ab formes visibles, proporcionades als ulls corporals; i encara s'espantava d'haver vist dites coses, perquè aquell foc li apareixia blau i roent; però que dit foc no li féu ningun dany ni mal, ni sentia algun calor que li pogués danyar...

—...ans bé, ells confessaven que jo los aturmentava en invocar los santíssims noms de Jesús i Maria, i en fer lo senyal de la creu, persignant-me i senyant-me, i que los pesava molt que fos jo entrat allí.

Lluís Galiana

RONDALLA DE RONDALLES

Ab una advertència
de Carlos Ros

ADVERTÈNCIA DE CARLOS ROS

Havent segut tostemps los meus desigs de polir i adelantar la llengua valenciana, com se deixa entendre de les obres que a este fi tinc estampades, pareixeria cosa estranya si no m'aprofitara d'aquells migs que entenc ser molt del cas per a llograr ma pretensió. Per tant, done a la premsa esta *Rondalla de Rondalles,* obra certament més útil de lo que s'antoixarà als qui no acostumen sinó a mirar les coses per damunt: perquè encara que no pareix més que un ensart dels modos de parlar sens art, que usa la gent comú, no obstant, com esta col·lecció s'ha treballat per a fer patents al món les moltes bajanades que parlen uns i altres, d'ací és que es deu mirar com un escrit molt profitós, que pot servir de desengany als més inadvertits. I esta ha segut sens dubte la intenció de son autor, lo qui (com home que no en té altres que d'aprofitar i fer bé al comú en tot quant puga) no tant ha pres aquest treball per a divertir al públic quant per a veure si mourà a alguns altres a que traten més sèria i complidament d'aquest assumpt. No tinc més que advertir per veure que, així en la *Carta* que em dirig l'autor com en la *Prefació* que fa enaprés, se dóna compte de tot quant hi ha digne d'atenció en l'obra, la que no em vullc posar a alabar, com se mereix, per a que els lletors no es queixen de que els he llevat l'acció, sent d'ells més pròpia que no meua, per ser io tan íntim de l'autor. I així, amics, (parlant en lo comú) basta d'advertències, perquè no us vullc retardar lo gust que tindreu en la *Rondalla*. Lligiu-la, doncs, i repassau-la bé, i bon profit que us faça, que per a vostra diversió i utilitat s'ha fet ab lo treball que enjamai pagareu a son autor.

CARTA A CARLOS ROS QUE POT SERVIR A UN MATEIX TEMPS DE DEDICATÒRIA I DE PRÒLEG

Amic i senyor meu, encara que la llengua valenciana sia capaç de tota aquella perfecció i primor que pot tindre qualsevol altre idioma, no obstant és cosa certa que primer deu netejar-se de més de quatre taques que la fan ridícula, lletja i plena de llunars. Perquè vostè no em pot negar que té moltes expressions indignes i grosseres i molts modos de parlar que directament s'oposen a lo civil i polític de les gents. I si no, diga'm, què vol dir *fer figa* i *fer la pruna*? *Gastar les olives, portar bona randa* i *pendre la barcella,* ¿són frases per a usar davant persones?

Puix què direm dels que *se les mengen folgades?* Tota ma vida vaig darrere de saber què són estes *folgades* i no hi ha forma de poder-ho averiguar. Dir que u *no és de Déu ni del diable* és dir mentira, perquè ha de ser precisament d'u o d'altre.

Per a alabar a algú de gran discurs diuen que *té un enteniment que li vola.* Qui ha vist volar enteniments? I quan n'haguera d'ells ab ales, ¿no serien molt millors los que s'estigueren en lo cap recollidets, per a discurrir ab més acert, que els que se n'anaren per los aires a posar-se en lo perill de que els bolcaren ab una escopetada?

No tindre pèls en la llengua és comú a tots, i així, és simplicitat voler-ho dir tan solament d'aquells que són desvergonyits. *Quedar-se d'ací* no deixa de ser cosa de veure, però fins el dia de huí ningú l'ha vista. *Per més senyes,* quan enans no se n'ha donat alguna, és per demés; i cada dia ens ixen en senyes i més senyes, com si fórem muts. Puix, quina altra *tallar-li a u el melic*? Que, ¿qui no el té tallat? A més, que seria llevar l'ofici a les comares.

Traure suc de les pedres només és per als químics, i han pegat en aplicar-ho a més de quatre que no tenen tal ardit. *Tindre la mà en la farinera* diuen que és tindre valiment. Io ho he provat en molts molins i no és més que embrutar-se de farina.

Puix ¿quina altra picardia fer a la *plata* capa torera de qualsevol comparació? No es pense que em burle, que ben de veres parle; i si no, òbriga els ulls i advertirà que *Fulà menja com una plata, Sutà canta com una plata,* esta d'ací *beu com una plata,* aquell d'allà *juga com una plata,* i no hi ha ningú que *no ho faça tot com una plata.* ¿No és prou desgràcia de la plata, que no s'han de contentar de fer-la córrer de mà en mà, acaçant-la tots i perseguint-la, sinó que encara l'han de portar entre llengües, sens deixar-li fil eixut? No sé com puga tindre l'or pacència per a sofrir açò, i més oint que a una dona hermosa diuen que *és bonica com una plata,* no fent més cas de l'or que d'una pinya. I a fe meua que ho fan mal, perquè, si ell s'enfada, bé sé io que haurà grapats.

Pagar lo pato per morir i *compondre l'estamenya* per rependre o castigar a algú tampoc són molt del cas. No sé a què ve anar dient, per gran ponderació, que *se'n tornà en la cua feta* qui no ha obtingut lo que volia. ¿No seria molt pitjor que la hi desferen i tornara desgrenyat?

També és cosa de riure veure a una senyora *fer-se aire* i dir: *una que me'n cap,* com si a les altres en caberen dos.

Puix que, ¿aquestes veus *perdentgeret, fure de Déu, giquirrijac, ia ho dia io, sense suc ni muc, en un sopols, a burro-barra, conque, diu, m'entén, i tal* se moquen en la mànega? Açò de *mocar-se en la mànega* i *tindre la paella del mànec* també val lo que pesa. I així de moltes altres maneres d'explicar-se, que si volguera referir seria començar i no acabar.

No és la nostra llengua a soles la que està compresa
 d'aquest mal, perquè és tan transcendent que no hi ha

idioma en tot lo món que s'haja escapat d'ell. Per a no buscar exemples estrangers, diga-ho la castellana, que és una de les més plagades i plenes d'esta escòria, de qui s'ha apegat no poc a la nostra valenciana. Tot prové de no tindre una i altra una *Gramàtica* o *Vocabulari* ben copiós, on se faça crisi de les veus que podem usar en les matèries sèries i de les que devem abandonar de les conversacions polítiques, fent al mateix temps un escorcoll ben rigorós de quines expressions i maneres de parlar són circumspectes i dignes d'hòmens savis i quines són vulgars i proporcionades solament per a la gent més baixa i ordinària.

Considerant esta gran falta, al cèlebre Quevedo li vingué al cap lo pensament de fer un *Cuento,* on ajuntà les vulgaritats de la llengua castellana per a fer-les despreciables i ridícules. Enaprés lo seu deixeble Torres, com a fel imitador de les sues invencions, arreplegant les badomies que es deixà Quevedo en lo tinter i les que ha inventat lo vulgo anant lo temps, ha compost i publicat la *Historia de Historias* que tots saben. En estes dos obretes tingueren sos autors la mira d'afrontar a aquells que usen de les veus i modos de parlar que en elles se contenen; però si ells hagueren dat exemple en tots los seus escrits parlant més sèriament i no gastant tanta bufonada, sens dubte hagueren fet al comú major servei; i si en aquests de qui tratam, així com mostraren l'ingeni que tenien, hagueren descobert major juí no fent-los tan inverosímils i confusos, serien molt més dignes de llaor.

Vent io tan bona idea per a fer abominables les baixees de la llengua, he volgut fer mona d'u i d'altre, recollint les xavacanes expressions de la nostra llemosina i fent una *Rondalla de Rondalles* a imitació del *Cuento de Cuentos* de Quevedo i de la *Historia de Historias* de Torres, exceptant que io he posat major cuidado en fer més verosímils los llanços que en ella es referixen, procedint ab claritat i acomodant a les persones lo geni i modo de parlar que és propi de cascuna; no perquè aquells dos hòmens grans no hagen sabut fer lo mateix, sinó perquè, creent que quant més vulgaritats ensartarien tant més seria el tratat graciós i digne d'acceptar-se, feren una calça de diable ab tanta confusió que casi casi no es vol deixar compendre, bé que Torres no ha caigut tant en esta falta com Quevedo. També he sigut escrupolós en no tornar a repetir segona volta una mateixa frase o locució, cosa que tampoc han fet los dos autors ia dits i que és molt més dificultosa de lo que es pot imaginar. Però entengam's-e, que en quant als estrivillos i partícules que a cada pas se repetixen en les conversacions del vulgo no guarde este rigor, perquè seria no ajustar-me a l'intent que he tingut en la formació de la *Rondalla*.

Últimament, dec advertir que, encara que he procurat posar ensems en este escrit tots los modos d'explicar-se rústics, no vull io que ningú entenga que em fisgue i burle de totes les maneres de parlar que en ells s'encontren; perquè n'hi ha moltes que, pareixent a primera vista vulgars i condenables, no són sinó molt bones, encara que figurades i plenes de metàfores. I així, seria bo que es treballara un *Diccionari* ab molta crítica i gran discerniment, tant de les veus bones i castisses com de les roïns i bàrbares, perquè d'este modo no sols se llograria l'ensenyança del llemosí millor, sinó també perquè molts preciats de cults s'abstindrien de burlar-se de més de huit vocables que, per no saber que són valencians per tots los quatre quartos, los ahuquen a cara descoberta.

Per tant, io bé conec que açò de desterrar los modos de parlar vulgars que hi ha en lo món i d'apartar les veus castisses de les novament introduïdes demana obra més sèria i de molt major treball; però, ia que al present no puc desempenyar-me en esta empresa, no tinga ningú a mal que per ara m'atrevixca a traure a la vergonya les grosseres expressions i les vulgaritats indignes de la llengua valenciana; perquè tal volta d'este modo mouré a algun altre de més habilitat i millor ús de l'idioma a que prenga este treball ab lo tesó que es necessita. Vostè bé em pot satisfer este desig per lo molt versat que està en la llengua com ho donen a conèixer les obres que té impreses: i per açò he pensat en dedicar-li esta, confiant que es té de moure a tratar d'aquest assumpt ab major satisfacció del públic i glòria de la pàtria que la que de mi es pot esperar. No el canse més, i Déu lo guard. De la Torre de Paterna, a 3 de juliol de 1767.

PREFACIÓ (O COM VULLGUEN DIR-LI) A LA RONDALLA DE RONDALLES

És tan necessari aquest capçal que vaig a fer a la *Rondalla de Rondalles,* que, sens ell, no s'assentaria bé a ningú ni es podria formar d'ella el concepte que mereix. És, puix, de saber que, encontrant-me io entecat i ple d'hipocondries per lo mes de juny d'aquest any que contam 1767, determiní anar-me'n a una quinta a veure si, fugint lo ruïdós barbull del món i buscant la quietud i tranquil·litat de l'ànim, me se n'anerien les quimeres que no em deixaven viure. Fiu-ho així, i lo mateix fonc arreglar-me una vida sossegada i lliure de la importunació dels metges que sentir-me ia millor. Fea l'exercici necessari, em ficava per los barrancs a registrar les cavorques que tenien, gitava'm baix los arbres i prenia la fresca a mon plaer, m'assentava a les fontetes i llegia a la regalada alguns llibrets d'espècies bones i de gust delicadíssim, coses que em feen olvidar tots los altres passatemps i vanes diversions que tant busca i desitja la mal aconsellada gent. Açò és viure, i no anar abofegats per eixe món, fent lo gasmonyo i plegant los pets a aquells de qui s'espera algun poquet d'honra o interès. A aquests divertiments, que m'entretenien per lo dia, se'n seguien altres per la nit, perquè s'ajuntaven tots los segadors i mitgers de l'heretat i movien unes bulles que es caïa u de riure. Unes vegades jugaven a penyores, altres ballaven com a folls al so de la pandorga i guitarró i, quan menys se n'adonava u, ia eixien en col·loquis i entremesos que era un gust. Però lo que més me divertí fonc les rondalles que contaven, perquè, ademés de ser gustoses, les dien ab tanta sal i gràcia, que era un embelés oir-les referir. Totes foren bones, totes molt gracioses; però la que s'emportà la palma fonc una que en digué un llaurador ia ranci, d'aquells que parlen escoltant-se i ab la major satisfacció del món. Quan començà a contar-la, no estava io atenent, pensant-me que era cosa de per ahí; però, així com vaig reflexionar en l'estilet que usava tan garrit, me paregué tresor molt bo per a que es quedara sepultat entre aquelles tosques gents, per lo qual li supliquí que em fera gust de tornar-la a començar, a fi d'escriure-la i donar-la a la llum pública. Oixgué mos precs i tantost traguí de la bolxaca un tinteret que tostemps porte damunt i, atenent ab gran repar a lo que dia, tot ho vaig posar al peu de la lletra en un quadern, perquè, com parlava ab tanta fleuma, tinguí lloc per a seguir-lo. Vaig ser tan remirat i escrupolós en no anyadir ni llevar res que fins a les paraules que digué en una descansada que va fer i les que proferí anant-se-li el concepte una vegada, fins aquestes paraules, torne a dir, escriguí ab gran diligència sens deixarme'n tan sols una: per a que entenga tot lo món que en la *Rondalla* io no he posat de ma casa altre treball que copiar-la en bona lletra i fer-la pública; i així, a qui no li pareguen bé algunes expressions o veus que en ella es troben, que acudixca al llaurador que la contà, que io no vullc moure bronquines. Lo cert és que si io poguera traslladar felment en lo paper la postura, les accions i el modo de contar-la, així com ho he fet en les paraules, bé sé io que havia de pegar molt més gran colp; perquè hi ha tanta diferència de llegir-la a oir-la referir a son autor com de lo viu a lo pintat. Crec que els lletors se faran carc de tot açò i aquest és lo motiu per què no he reparat en publicar-la. Si algú pega en menjar terra i es figura que ha de fer una gran cosa en ficar sa cullerada censurant-la i reprenint-la, ha d'entendre que el llaurador que dic té ja els calls molt durs de treballar i que no fa cas dels mossos i pessics. Per fi, sia lo que vullga, allà va i Déu que li dóne bon viatge.

RONDALLA DE RONDALLES

Lo que s'haja de fer, prompte, que a mi tant me s'hi dóna bif com baf. Ell s'ha de contar i no té cura, pos, fora compliments i anem anant.

Diu que era un jove i este jove, estan vostès, començà a topetar que topetaràs que havia de casar-se, perquè tenia un tros de pa i no era raó que vixquera sense sombra.

— Io —dia el pobret— tinc en què passar molt decentment, doncs, qui em fica a mi en carrer que no trau cap? Si em quede per casar, tot serà polls i no tindré qui em pegue un punt. I si estic mal? Ah, mare de Déu, quina desditxa! Tot se'n va entre guapos i valents. Si busque dona, tinc qui em calfe el llit i puc esperar bona vellea. Per a què vullc los dinerets? A mi ningú em fa el compte. Dos germans tinc, poro ells se daran aire, i a campe qui puga, que al dia de huí no hi ha més bons germans que els reals castellans, ni millors coneguts que els papers de menuts. Casar-me vullc, i prenguen-ho com vullguen; que cadascú estornuda com Déu li ajuda. I d'ací no em trauran, encara que em prediquen teatinos. ¿No me l'he encaixquetada io? Pos bé se la poden raure del cap, que així faré de la boca cul, com ara plouen gínjols, i mal és que io ho diga.

Era l'home, com ara digam, d'estos que se'ls calfa la tafarra a cada trico; poro, per atra part, baix de davant i fet a les bones fusades, perquè, encara que li anaren fent tres tres, nunca dia *esta boca és meua* ni es posava alt de polsera, ans bé sempre pareixia no tocar en cel ni en terra pensant en la mona de Pasqua i com si nunca haguera vist cul en finestra.

A este bon Joan, vostès m'entenen, que, com dic, pareixia dels que ballaren en Betlem, li dien Pep de Quelo i tenia dos germans, segons tinc dit si no m'enganye. Eren estos molt taürs i tan brivons que li donaven quinze i falta perquè, tostemps que volien, la hi pegaven i l'engayaven en xinxes i marranxes. L'u picava de valent, volent-ho tot matar i degollar, perquè era home de fums i li pujava en cinc en tres la mosca al nas. Poro l'atre era més guilopo que polit, en més raboseries que mana la llei, gran escarbacalius i aguaitacossos, trabucant i matutero, fisgó i gaita, hasta ahí pot aplegar. Oh, que era gran tomo! Per fi, de la pell del diable i dels que plogueren i no feren fang. Vostès reparen: tots d'un ventre i cadascú de son temple!

Pos, ¿per a on no volgué el dimoni (Jesús, Maria, Josep) que els tres s'encarabassinaren a la una? Ací fonc ella: *tres al sac i el sac en terra,* com diu l'altre. El cas fonc molt rodat i d'aquells que suçuixen una volta en la vida i atra en la mort, perquè sempre m'he criat que lo que no passa en cent anys passa en un dia; i bé dia ma auela (Déu l'haja abraçada, i a fe que era bona dona) que quant més va més sap u i que bo és viure per a veure; i si no, oixguen vostès, i voran en què paren les coses del món i diran que calcigue io raó.

Com dic, pues, lo pitjor de l'enfrascada no fonc que s'enviscaren tots a un temps, sinó que els tres caigueren en una mateixa ratera com si s'hagueren aconsellat, sent així que cadascú volia ser a soles, com lo junc.

Fonc açò que en certa part del món, que no em ve més a la memòria que la neu d'ara cent anys, havia una xica, filla de bons pares i la que s'emportava la palma de la terra, perquè en l'una galta tenia el sol i en l'atra la lluna. Cabells com a fils d'or, ulls inquietadors, boqueta de cigró, cos d'agulla, manetes de plata i peus de perdiueta. Era com unes lleteroles, tenia un gra de cara molt garrit i en lo parlar pareixia una mel cuita. Es componia com un monyo de novençana i quan anava pel carrer, *titipitip,* no igualava un pardalet. En dos paraules: xica de gall i per a un tot, que alçava palleta a la llei i no més; com qui diu, ahí m'aplegue.

Era esta doneta, com tinc dit, una pintura, poro a tan rampina i caracera que per tres i no res girava la casaca; i s'alegrava tant d'haure-les en qualsevol, que en fer-li algú memeus o anar-li ballant l'aigua davant, s'estovava com un filadís, se desfea com la sal en l'aigua i es derretia com un greix. Per abreviar raons: veleta de campanar i tot lo demés que vostès vullguen. I això que encara portava bavosall i tenia la llet als morros. Així, me n'estic de veure lo que passa, perquè abans les dones no eren tan voltàries i la que parava cara a tots bé podien dir que era tan honrada com les veces, i de les que van a tres en lliura. Ara veu un home, per estos ulls pecadors, que no hi ha ninguna que li sàpia mal que la pavegen, ans bé, aturadament, totes ho busquen, posant esvaradors, tin-te no caigues. Qui no les conega, que les compre, que a mi no m'han de dar a entendre cistelles per llanternes. Tot està volat! De mon record, els fadrins no festejaven hasta que no foren ben serrats de barba i funs a que el queixal del seny no els apuntara; no tinguen que pensar que ningú d'ells moguera bromes. Ara, uns taperots que encara puden a bolquers i tenen les corfes de l'ou al cul (en perdó de vostès) ia volen fer pinets i posar-ho tot en un costal. Sí senyors, la pipeta va que vola, montera a lo virulé, io só i no atre i tot lo dia xiu-xiu a l'orelleta. Açò només és dir a vostès com està el món.

Tornant pues a pendre el fil, dic que, com la bona de l'Eufràsia (que així es deia el dianyo de la xica) era tan gitana i falaguera, portava a molts torbats com un allioli i entre ells a nòstron Pep de Quelo (que a Déu no siga retret) i als altres dos germans que es dien Pere el Guapo i Gimo el Portal. Tots tiraven al rei, que val dos; poro ningú dels tres sabé enfilar-la, perquè cadascú volia pelar la pava a son sabor i ningú pogué eixir en la seua. A poc a poc, cavallers, no tinguen que espantar-se, que el negoci era de pèls i no tots tenen caletre per a jugar-la de taür, i diguen que io ho dic.

Lo nostre Pep, com tenia bon catxiporro i força de doblons, anava a la descoberta, i entrava en casa d'Eufrasieta al ple del dia, com Pere per la seua; i a qui li parega mal, que s'unte i passarà Mallorca, que a ell molt bé que li sabia, i *arre burro i deixa dir*. Entrava de rondon a ferli de l'ullet i a parlar-li de l'anguila; i sent així que jamai se li féu tard estant en ella, en tot això no se li tancà nunca la porta ni li feren morros, ans bé, sempre que anava, tots ballaven en un peu, rebent-lo en palmes, menjant-se-lo a festes i més festes i tirant la casa per la finestra, com si no tingueren blat en la cambra de més amunt. Tot era, com hi ha Déu, perquè li relluïen les espatles i no més; que açò de l'or és més golós que no sé què em diga, i per això diuen molt bé que *qui té diners té tot adreç, i la filla del rei si la volgués*. Que no? Només en los dits.

Pos com dic, qui s'havia de pensar que el pare fera d'alcavot? Vostès no ho voldran creure, poro creguen vostès que ell era la capa torera de tot; perquè partiria un diner per quatre parts i anava en un pam de llengua darrera d'encontrar un gendre que li fera bullir l'olla.

La bona de la xica, que no li ficaria ningú el dit en la boca i era viva com lo pensament, bé coneixia per a on anava l'aigua al molí i del peu que coixejava el mesquinot de son pare; poro ni per eixes pogué mai inclinar-se a Pep de Quelo ni volgué casar-se en ell, perquè encara que aguantava la metxa, no li entrava de les dents en adins, i si algunes voltes li feia el rendivú, era per a dar color al drap i per a que no es moguera un infern en la caseta i eixa cosa.

En açò, pensa lo que pensa i, què fa?: s'enamora hasta les gages de Gimo del Portal, l'atre germà, que també estava fet grulla per ella i anava com un llamp, fent l'aguileta, per a veure d'emportar-se-la.

Era este, com ia han oït vostès, dels que solen fer dimonis sense mole, i en bona hora ho diga, més belitre que atre tant, perquè sempre la portava baix l'ungla i vendria en terra plana al més pintat. I no m'allargue, que encara hi ha qui diu que era el més gran esgarrabanderes que havia baix la capa del cel i el major bergant que mantenia la farina. D'açò li caïa la bava a la xicuela i se n'anava pel descosit sense sentir-s'ho; perquè tant és Ali com Camali, i Déu los cria i ells s'ajunten.

Mes, així com començà son pare a tindre olors que no anava l'orgue bo, vent que li eixiria el porc mesell si no es casava en qui ell volia, es posà fet un fideu, molt barifundo; i llançant foc i flames per la boca, li féu un sermó com per a ella.

— Vine ací, taimada —li digué—; si no mirara Déu, te les havia de fer engolir tan grosses com lo puny. Qui et mane a tu eixir-te'n del regat i ficar-te en camisa de dotze vares? ¿Què dimonis t'ha passat pel cap de voler a eixe galduf i estrafalari que no té a on caure's mort, ni un diner sisvola per a fer cantar a un cego? ¿Un homenet que no poden veure'l pintat de màscara i que no val una pipada de tabaco ni que és bo per a portar llum a una presó? ¿No és quant lo diable puga fer que vomite io la fel treballant com un negre, espentolant-me i acabant-me la salut, per a que vaja feta un vint-i-cinc i no li falte res del món, i ha de pegar ella de cap a través per eixos endurrials, només a lo que el cul li dóne gana, sense ferse càrrec que son pare té ia un peu en la sepultura i que sa mare està feta una carraca, en més matadures i alifacs que una mula de lloguer? Perdentgeret que et tinc de fer passar la garrofa i ham de veure qui pot més, Toni o Manena. No, sinó, fer-se u de mel i se'l menjaran les mosques! Una porra per a elles, que no ha de ser u tan calvo que se li veja el cervell. Hola que estem bons! De huí en avant, io et faré passar pel cercolet, o podré poc. Una de dos: o casar-se en Pep de Quelo, o fer claus de a quaranta, que la vida que et tinc de fer passar no serà res menys. Io ia estic de tu funs ací dalt i, si em vas fent la mosqueta, no les tindré totes algun dia i et compondré el coleto de manera que ia no has d'estar per a solfes en ta vida, perquè, si et mamprenc, te trauré els nyítols i el més gran tros que et deixaré serà l'orella.

I dient i fent, se la posà entre les cames i començà a donar-li cis-ças per a peres, de tal conformitat que la pobre de l'Eufràsia, no podent desllapissar-se i vent-se ia entre l'arc i la paret, hagué de llançar-se als avalots, que són les més terribles armes de les dones, i a pur esgarrifar ho posà tot en un peu.

Sa mare, —que la volia més que a les ninetes dels seus ulls i que hasta entonces havia mirat los bous del carafal, callant com una morta— ella que ou tant de xillit, que es pogué detindre? Devers la mà del tòs, ixqué com un coet, rabicalenta i plena de fiçons, i, aferrant-se de son marit com una llapassa, qui damunt, qui davall, sarpa a la grenya i a tombo de llentillo, se les feen tindre teses, i vaja la bulla!

La xica, que pensava batre els peus i es vegé solta, cames i a fugir. I bé li poden fer un nuc al rabo, que tan a pressa se n'eixia com els diables —Déu nos lliure— s'emporten els notaris.

En açò, vostès m'entenen, passava pel carrer un oncle seu i, oint tanta algaçara i que pareixien moros en taverna, va, torna i, què fa? Es fica en un punt prest i sense dir oste ni moste, de primeres a primeres agafa unes samugues i *tip* per aquí, *top* per allà, féu una entrada de pavana que deixen-ho estar, perquè si no s'haguera posat ell de per mig, a l'hora d'ara bé estaria el matrimoni podrint terra, i no ho sé io. Poro els féu caure de son ase i Déu volgué que no s'acabara tot en un dia, com en la Venta de Tello, perquè al peu que portaven, milacre no en suçuí una de Sent Quintín, i tal.

Ara pues, així com s'apaciguà la cosa i es cosiren tots la boca, l'oncle, que no vea hores ni punts per a saber el motiu d'aquella broma, preguntà que què era allò.

— Què ha de ser —digué el germà—, que ta neboda no té més cap que una oroneta, perquè, buscant-li io un comodo que ens sabria a tots de perles, està *erre que erre* i efeta en què no s'ha de casar en qui io vullc. Ella no té més que la sombra de sos pares i tal qual una robeta de ma sogra que li deixà en lo testament; pos, si en un bell en sec nos toca a la porta la pelada, esta xica, què ha de fer? Diu una en l'esquena i atra en la pedra, diu, ¿és bastant per a que vixca com Déu mana? Les mans posaré en lo foc, i que si la deixaren anar sense cabestre, aplegaria a ser d'aquelles que no s'ho tapen si no per a les mosques. Per açò só mal, perquè dic les veritats. Vegen vostès, io que no m'ataque per ningú, si em cauria bona cara de no dir a ma filla quants fan quinze i de no donar-li la carda que mereix! En mos tretze tinc d'estar i, avejam qui em farà tornar un peu arrere! I no tinga que pensar que fent la gata moixa m'ha de dar a entendre blanc per negre, perquè io sé a on se joca el diable i, per a mi, no hi ha embolics, candongues ni mantàfules, que no menge bovina com alguns. Lo que mane, s'ha de fer, i no res més, queací no ham de viure de bòbilis en bòbilis i com si fórem d'enguany, senser ser de Déu ni del diable. Ara digues, ¿no és açò molta raó? Pos eixe dimoni de dona (tot siga en remissió de mes culpes i pecats), eixe dimoni de dona, torne a dir, que Déu m'ha dat per a fer-me veure les estrelles, i no més...

— *Dimoni* has dit? —Ella que ou *dimoni,* salta pel rei de França i— què és dimoni a mos bigots? Ell és lo dimoni i d'ahí en avant, que ha pegat en malcorar a l'ull dret i esquerre de sa mare, que tot açò és ma filla. I sàpia el molt guilopo que per a anomenar-nos tant a ella com a mi, s'ha de banyar ans la llengua en aigua-ros i encara serà indigne, el tal i el qual que em fa passar una vida com una esclava, sent així que per mi té què menjar. Si io en molta noramala li haguera mostrat les dents des del principi, no em tindria ara el peu sobre la gola, poro, com me deixí passar les rodes per damunt, fa de mi tot lo que vol. El dot que li portí tot l'ha acabat, sense deixar pisca ni mitja, ni un remei de Déu; hasta unes arracades molt maquetes que eren de ma mare (en glòria siga) i m'han dolgut lo que io sé. No vullc fer alçaprems, ni guste de ramalloles i marors, perquè encara que no ho havia de dir io, só més mirada en mes coses que no ell; poro entenga el molt brivó que si no popa a una dona honrada que té en casa, li ha d'eixir el compte car, perquè li diré dos per tres i al peu de la lletra, sense deixar-me res en lo tinter, lo que fa el cas, i avejam qui podrà més. Ell se pensava, sí senyor, posar-me les cabres en lo corral, sense que em dara per sentida; com si io no sabera tornar-li les pilotes al joc i donar-li sabateta de son peu. Pos ha pegat en pedra, perquè io, una volta en lo fang i que tire la robeta al mar, me les apostaré en qualsevol i sufocaré al més estirat, que per a mi no hi ha galls, ni rei, ni roc. Al sol de migdia li plantaré en los bigots qui és cada u; i tot siga que io m'hi pose, que bé sé io que dirien: *El diable és esta dona!* Sí, a mi que só simpleta! No ha de ser l'atra? Posen-li el dit en la boca, a veure si mossega; i bé em poden fer la pruna, bé em poden tirar gossos, que tot serà treballar en ferro vell. ¿Ell se figurava, el molt belitre (no més allà va, i sense to ni so, bastonada de cego), que m'havia de traure de casetes i que io callaria com en missa, sense llevar-me la palla de damunt? Cuc, cuc, que no em trobes! Bé pots dir que portes bona randa i a bona part vas a fer llenya.

Son marit que ou aquell desgavellament (sense cap ni centener, en menys substància que una broma de caragol i que no parlava sinó a bulto, una en lo martell i atra en l'encrusa, de mal i mala manera, a burra-barra i no pegant res en terrer) no es pogué contindre i en dos brincos, quan menys se n'adonaren, se li plantà damunt, cama ací cama allà, i vaja la trompada:

— Tato, tato —digué l'oncle—, ¿que no s'han de respectar les meues barbes?

— No conec a ningú —respongué l'atre— funs a que menge dels fetges d'esta butza. A lo menys, deixen-me-la assaonar a mon plaer, que *la figa i la dona, quan torç lo coll és bona,* i *a l'ase i mala muller, bastonades ho han de fer.*

— No, no —replicà l'oncle—, basta, que es pose de per mig un home blanc.

I a dos anades i vengudes el féu fugir com al pèl de la pasta, i bese a vostès les mans.

Tots quedaren fets de pedra al veure l'aire en què l'oncle el bandejà; i agarrant este llavors l'ocasió de la polsera, començà molt sí senyor a parlar-los d'esta forma:

— No acabarem de traure la cua del forat? Si han de ser o no han de ser tisoretes, si açò, si allò, si io, si tu, i tiquitic, i torna i vaja. Ací què hi ha que fer? Per a què són estes canteres? Lo que s'haja de menjar la justícia, m'entenen vostès, mengem's-ho nosatros i tingam la festa en pau. Lo passat siga passat i fora borinots, que la merda quant més se remeneja més put. Açò és lo diablet que s'ha soltat, i creguen-me, que io estic cuit d'estes bulletes. Tu què vols? —digué al germà— que es case en Pep de Quelo? Bé em pareix. Poro s'ha de guiar d'atra manera, perquè bocí per força costa d'engolir. Poc a poc fila la vella el cóp. Ia saps que el pare et dia tribulina i escopeta de cul calent, perquè vas sempre en curruixes i res no fas a dretes prenint mil caps de corda. Açò de voler matafullar-ho tot no porta cosa bona. Pacència i *non gurrinyatis,* que dies i olles curen les coses. Trata a ta filla en cotonets, i voràs com tocant-li la barbeta la tindràs dels nassos a demanar de boca.

I girant-se a la cunyada, tan repantigat que pareixia ell i atre no, unflat com un cuiro i en tantes reverendes com un pare de província, prosseguí d'esta manera:

— I vostè, per què ha de pendre el cel en les dents ara i adés, fabricant castells en l'aire, sense haver de què ni per a què? Parla més que fetge en brases, pensant-se menejar molta raó, i, si s'espulga bé la cosa, més puja el matràs que la ballesta.

Dir *matràs* i encendre's ella com un lluquet, posar-se de quadrat, fer anses de cànter i pujar-se'n-li la sang al cap, tot va ser u; i per a servir a vostès i a Déu que paga bé, anava ia a tornar-li la bolera el diable de la dona i ho haguera fet, tan cert com estem ací en salut, si l'onclàs li haguera deixat pendre la barcella. Poro, tement-se de la nugolada i que el poder de tot l'infern no bastaria per a fer-li parar la taravella, li féu quatre arromangos a tan forts, que la deixà fent cloc i piu, com un ou entresuat i, no parlant honradament, en més caguetes que vostès puguen pensar.

Per abreviar raons, l'obligà a callar com un cartuix i, tornant a sa seguida, passà avant en lo sermó, dient-li tantes coses i tratant-la de tal modo que no haguera fet més en una gossa. Per fi, pogué llograr deixar-la quieta com una bassa d'oli i alcançà dels dos que perdonaren a sa filla; i eixint-se'n a l'estudi a on ella estava, l'agafà del braç i la portà de l'orelleta a la presència de sos pares.

La xica, vostès m'han de supondre, que com estava entribajoc i en tant lloc com lo puny d'oir el rebombori i la comèdia que passava, entrà tan assustada i plena de cerones, com si li hagueren eixit ànimes i no li haguera quedat sang en la bolxaca, de manera que arribà a anarse'n de copes, de tan esglaiada com estava. Tot era menergia, llagrimetes i sospirs, que se li partia el cor a u; mes son pare, com era home tan bròfec, en lloc d'acaronar-la, lo que féu fonc tirar-li esta arruixada:

— Vols que et diga?, *pluja d'estiu i plor de bagassa presto passa*.

I d'ahí ahí la posà per a pelar i com un guant, que era una compassió mirar-la; encara que ella no ho prengué tan fort com tot això, perquè al cap i a la darreria ixqué en la camada que primer la farien pepitòria com al marquès de Villena, la cremarien com al pare Mandé, que deixaria de casar-se en qui portava entre celles; i que li entren mosques!

— Bona va la dansa —digué l'oncle—, no ha pegat en

menjar terra? Pos bé pudirà açò. Més m'estimaria io plantar una llança en Alger que sofrir tanta camorra.

— No ho dia io? —replicà el pare, fet de penques i en uns ulls envinagrats que donava por mirar-lo—. Si no hi ha com cluixir el cànem, lligar-la ben curteta, fer-li passar la quarantena i vaja la gassussa hasta que rabie. A estes açò vol, que no se'n prenguen, bastó i ¡cabe que pinte!

— Això és ganes de parlar adefèssits —digué la mare tota ia roja i encesa d'una flamarada que li pujà a la cara i en dos orelles com dos dotrinetes que pareixia haver-se-les fregades en ditets de pimentó—; això és ganes de fer giquirrijac, o tírria que li tens, per millor dir.

L'onclàs que veu lo joc ia malparat i que es tornava a alboratar el galliner:

— Ela —va dir a tot cridar i en aquella gran bòrnia que tenia—, anem callant, perquè, si me se'n puja el fum al nas, encara ens oiran los sords i se'n voran de blanques i de negres. Parlem a pams i deixem-nos de xufetes, que no està el forn per a rosques ni fa temps de jugar a sapoquedo. Punt i a part i xitó tot lo món, que ia m'ha vingut a mi una bona espècie per a arreglar tot lo dansado sense moure ni pols ni remolí. ¿No està ahí la tia Bajoana, que sap més que Merlín sobre açò de tirar mànegues i ha compost més casaments que patenetes hi ha en Roma i que cabells tinc io en lo cap? Pos que vinga eixa mateixa, que parle dos paraules a la xica, i dins o fora!

Els féu parar en sec, com Déu està en lo cel, i dient *ia vaig per ella,* aür, girà la grupa i se n'anà a carrera oberta a buscar-la, com aquell que diu, en candeleta, i bon viatge!

Pos, senyors meus de la meua ànima, anat que fonc nòstron bon oncle, buscà per ací i buscà per allà, encontrà a la tia Bajoana que eixia de l'església, tota geperuda i arruada com un cuc de perola, tremolant i refermant-se sobre una gaiateta, en un rosari tan gros com a pilotes de trinquet i en més moquita que una ovella encatarrada. Descobrí son pit en ella i, agafant-la de la mà, hagueren vist vostès que pareixien Marta i Gargori, *ringo-rango* cap a casa. Tots estaven esperant-los, com si esperaren lo perdó, perquè l'auela tenia més nom que Mateu Benet i estava reputada en tot lo poble per *l'arco ilis* de les bregues.

Aplegà doncs, i en tan bon punt posà els peus en lo portal, puto el darrer qui aniria a pegar-li una abraçada.

— Sega's: —dia l'u—, l'atre li prenia la gaiata, no faltà qui li llevà la mantellina i tots no sabien què fer-se en la bona de l'auela. Poro ella, no donant-se per entesa, la primera paraula en què desplegà la boca fonc que estava cansadeta i així que li faria bé un traguet, perquè, com dia, *alls crus i vinet pur passen lo port segur*.

Carot per l'auelona, si sabia! No dic io? Si pareixia la que anà a enganyar a Sant Antoni, i açò que tots estaven en que pixava aigua beneita. En tota la vida auela més taimada! Aquell nas de ganxo de cresol, que no me li deixava alçar la barba, no volia dir res menys; al qual encara viuen molts que no em deixaran mentir, que io no parle per boca de cànter ni conec les xanes per ma casa.

Veritat és, no es pot negar, que anava a tombollons i s'afofava en les paraules perquè la bancada de dalt li havia caigut tota i sols tenia baix dos dents i tres queixals que servien per a apuntalar-li el nas; poro tot açò era pa i mel respecte de que pareixia una centella i que al mateix dimoni li faria eixir els cabells blancs, només que la posara en eixos trots. Què més volen vostès! Sempre que parlava, anaven els refranys a puntapeus i tots estaven en la boca obrida, com uns enganyapastors, oint-li aquells repents i flautades en què eixia.

¿No era l'aueleta de mi alma i d'aquelles que no en fan los ferrers a martellades? Pos a esta auela que io dic, estan vostès, li tragueren un got de vi ple de gom a gom; i dient: *a gran seca, gran arremullada,* se'l pipà com un bé de Déu, a la salut de tots; i bon profit!

Domprés que descansà aosades, saltà el pare que, ara que me'n recorde, es dia Pere el Gros, i prenint la tava, com tenia de costum, començà a informar-la d'este modo:

— Açò és açò! Tot lo barbull i laberinto de ma casa és per eixe folleto de xiqueta que, contra la meua voluntat i son profit, se vol casar en un perdut i un homenet de mala mort, que no té més que el sol que li naix sobre la cara; i no hi ha qui la traga d'esta andròmina. Vostè ha de pensar i creure, senyora Bajoana...

— Ascolte —digué ella—, i perdone que li trenque el dir, io tinc el cap molt dèbil i no vullc que me l'ómpliga més d'aire ans de dinar. Pel sí o pel no, mengem primer en gràcia de Déu i aconhortem la bartola, i dempués tot lo que vullguen; perquè cal dir que io tinc d'estar per a cuentos i falòries, clarejant com un cuc de filar i tenint els budells buits i el ventre com una tapa de guitarra, és parlar a l'aire i sense peu ni fonament. No hi ha refrany que no siga verdader i sempre m'han criat en esta llet, que és un trosset d'evangeli cada u. Pos oixguen vostès este i voran com diu que *bé canta Marta después de farta*. Io ia tinc vist molt, i creguen-me que no m'enganyarà ningú tan fàcilment ni tan aïna, perquè *primer vaig ser bagassa que bona dona* i *a gos vell no hi ha sus sus.*

— Li salta la raó per dalt lo cap, a la tia Bajoana —digué entonces la mare d'Eufrasieta, que li dien Lleudòmia de la Trena. I, traent les sarpes com una condenada, anava per aquella casa com unes debanadores que pareixia un rabo d'aire i, lloc a la balladora! En un sopols, que diuen, ho tingué tot apanyat i, parant taula, els féu seure com pogué; perquè el lloc era apretat i tots estaven com a panses en cofí o sardinetes en estiba.

Sagrat, i que funció! Es podia entrar a real d'a huit a veure com dinaven. Primer de tot tragueren un grandíssim plat de polla, ple de trossos de llomello a coromull, que un gat no el saltaria, i en un sant-i-amén se l'embocaren tot en la garjola, com si foren uns alarbs. L'auela, com menjava de baldraga, apretava el suret que era un encant i tot eren tenallades sense temor de Déu que pareixia una gran escaramussa, dient a dos per tres: *a carn dura, dent aguda,* i vaja el mos.

Domprés ixqué un perol d'arròs al forn que els àngels li cantaven i el rei li fea so i, aplicant-se tots a ell, en menys d'un *Credo* el deixaren tremolant i en pinganelles, sense un gra tan solament per a un pardal.

— Com va, tia Bajoana —dia l'oncle—. Hi ha ganetes?

I ella responia: tot siga per amor de Déu; pa i trossets no en falten, que digam.

De quan en quan s'oïa Pere el Gros, que era un galdirot i un embuder que es menjaria els ferros de la presó, i dia:

— *Ego me colo,* fam no em deixes.

Eufrasieta no s'explicava d'atre modo sinó que estava bo el suquet. I sa mare, Lleudòmia de la Trena:

— Sopa, cau-me en la boca.

En estes i estatres, la carabassa anava que rabiava de mà en mà, sense deixar-la ressollar. Ningú li fea tantes festes com l'auela Bajoana, dient, sempre que acabava de besar-la:

— Bo, poquet i assovintet, és al cos profitoset.

L'atre la prenia i, a la salut de vostès, tocava la trompeta que era un gust i dempués dia:

— El vi fa sang i l'aigua fang.

I per a no cansar-los més, tots tiraven al negret com a penques i la jugaven de *quodore, hasta verte, buen Quesús!*, i no vol més Índia que esta, perquè tot lo demés és borratxera, com saben vostès que dia aquell.

També tragueren una ollassa de condúmio que tenia una càfila de coses i un olor tan bo que podia retornar un malalt pernoliat i, agarrant-se de bell nou, no en deixaren péntol ni quedà rastre ningú ni tal que ho féu. Uns als naps, que se'ls engolien sense tocar en aros, tan a pressa com qui amortalla sogres; atres als cigrons i a la verdura, com a llops, i tots arreu als trossos, i el darrer que escure el plat. Últimament, treren per postres meló i figues; i, havent begut a la darreria alguns traguets de palladeta, allò de bo, quedaren casi pirris, fent-los els ulls llanternetes i parlant tots en llatí sense haver-ne estudiat. No obstant, donaren gràcies com pogueren, i hasta l'atra volta, que entonces serà més.

En açò, com tots havien menejat tan bé el bigot i estaven bons de ventre, presto s'anaren adormint per les cadires; i ia que estos fadrins se giten en la càrrega i dormen en la cama en alt com uns xarnegos, també serà raó que io descanse un poc; i així, tragam la tabaquera i forniquem els nassos, que esta és mà de polvo.

Què els pareix de la Rondalla? No va bona? Un poc llargueta és, poro per fi, si algú es cansa, que se'n vaja en molta la que corre, que per un nap no es deixa de cuinar l'olla i, en aplegant al forat, mitja quarta. Més val que em diguen *xo* que *arre.* Io sempre m'he fet càrrec que boca que no parla, Déu no l'ou. No és açò? Bo seria que dompués m'anaren eixeringant la pacència en preguntetes.

Tot els ho vullc contar punt per agulla, a ús i costum de bon llaurador; i a qui li parega mal, que em rode i que em deixe en mig, que a mi tant me s'hi dóna de lo que poden dir com de lo que m'he trobat io huí. I sobretot, que mos cansem? Vullc despatxar la sardineta i qui no vullga pols que no vaja a l'era. Açò només de passo. Deixen-me ara escopir i tornem a la Rondalla, que ja és hora.

Nugant, doncs, el fil atra vegada, es despertaren en uns ulls tan botinflats i, domprés de fer algunes proves per a estar en amo, començaren a parlar sobre l'assumpte en grandíssima heretgia, perquè era cosa que els coïa i anava ia el negoci molt calent. Per no cansar a vostès en repetir lo mateix que ia han oït, facen-se compte que informaren a la tia Bajoana de tota la traquèria, i busca qui les despare, que no ham de ser tan porres que tot ho hagem de donar en cullereta.

Com dic pues, l'auela, que no es mamava el dit ni s'aforrava per ningú, com tampoc tenia pèls en la llengua ni aguantava cabronades, fure de Déu!, es posà als núgols, i llançant per aquella boca sapos i culebres:

— Vostès sempre han de tindre un forat que els faça aire —digué al pare, que era el que s'havia destemplat més que ningú—. Pos encara que só vella, só dona sense arrua i passaré a la part de dir-li lo que sent, perquè més m'estime estar un ratet roja que tot l'any groga, i sap vostè també que més val vergonya en la cara que dolor en lo cor. I ha de saber que io no faç compares ni comares i lo mateix que vaig a dir-li li diria al Pare Sant en tot mon cor sencer i sense mudar-me de color, que io el pamet que Déu m'ha dat el tinc per a traure'l davant de qualsevol. Dic-li, pues, que, si vostè barrina molt i fica la banyeta massa adins, pedrà l'enteniment i sa filla en farà una i els afrontarà el llinyatge; perquè tant expremixen la taronja, que ixen los pinyols; tant unflen al cuiro, que es rebenta; i tant li punxen al bou, que pega una envestida. Com vostè prosseguixca en eixa rufla i no es deixe de fer la contumàcia, bé sé io que no farà més que tirar-se terra als ulls i, al cap i a la fi, res traurà a carregador i es quedarà a la lluna de València, com si ho vera. Deixen-me primer a mi apretar de comptes a la xica i cantar-li el cant de la serrana i, una volta que la tingam a mitja requesta, li farem dir *cacaracac* i fàcilment la tornarem al solc, que en bones mans està el pandero. Tot lo demés serà batre per la palla i bufar en caldo fred; i no té quite, que io quan parle alguna cosa dic.

Conque, senyor, cridaren a Eufrasieta, que se n'havia entrat en lo corral a fer sos fets, i, agarrant-me-la l'auela, li digué que com estava.

— A dos i ratlla —respongué—, i no tinguen que cansar-se, que só caixa tancada. Primer me deixaré fer trossos que casar-me a desgust meu.

Canviau-me eixe quinzet! Llamp per la xica! Bé podem dir que pareixia *la senyora de Benasau, que tanca en clau*; poro io li alabe el gust, que açò dels matrimonis més volen manya que força.

El pare, que ou allò, es tornà a fumar i estigué en un tris de fer-ne una, perquè, com era home que no tenia els pèls seguits, cada volta que li gastaven les olives s'encenia com una trompa i es posava a pique d'embocar els huits i els nous.

Poro com l'auela tenia aquella catxassa (anem-nos per a dir), el sossegà a més no poder i, encarant-se atra vegada en Eufrasieta, li va persuadir en gran febror que volguera a Pep de Quelo, que era un xic de molt bon geni, triat a pols, devot i quiet, i que tirara de revés a Gimo del Portal que era un xapusser, un llepacrestes, un fatxendís, tot cosetes, vivea de rata, i al brosquill. Que el primer, ademés dels groguets que li cantaven (millorant lo present), era un jove com un jònec, refet, gros i de bons magres; i que, sent ella també una xica com un pi i de bones tragaderes (conforme el pardal, la gàbia), traurien unes cries que es podrien deixar veure; més, que l'atre era un pobrús, esgarrat com un cep de trepadell, un xirlis-mirlis, banyeta de visc i glop d'arrop, fluix com una estopa, revellit i alitrencat, que a la primera ia no estaria per a festes; perquè *home xiquet, home de pet* i lo atre que io em calle. I era llàstima que una fadrina com ella, tan de crisma, que era per a ser muller d'un rei, es malograra de colp i volta, sense que es poguera remediar.

Últimament, li féu un cap com un tabal dient-li que li diràs que sos pares eren uns tarrossos i que sols ella podia aconhortar-los; que mirara pel profit dels pobres vells, que estaven ia a la saltadora, no fóra que Déu li assentara bé la mà, que entonces serien els grapats.

Al *hiquinunc,* que diu l'astudiant (¿que es pensaven vostès que io em moque en la mànega?, també sé mos llatinets ben concertats!), al *hiquinunc,* els torne a dir, que acabà l'auela de fer-li el romiatge, saltà ella, estan vostès, ni més ni menys com una blanca, tan docta i remirada com Déu l'havia feta, i diu:

— Oi, Ave Maria! Que puga dir-me això! Vostè em voldrà argüir que a la Mare de Déu li dien Joana; poro, vol que li diga? Que lo mateix me les ordiran a mi que als nanos. Encara que só una bava, sé molt bé a on, com i de quina manera es mata el peix. I si no, anem a la prova. Eixe madur de Pep de Quelo, tan gran com huí i demà, ¿és més que un mama i un animal ben acabat de cap a peus? Pos mire ara a Gimo del Portal i vorà que xic al post de l'atre, tan garrit, tan ben plantat, tan saladet i rexuplós. Auela, vostè crega que beu en bóta i que té els papers banyats, perquè el meu Gimo és la mampla del món i no ens cansem. Què tinc de traure io que siga un poc baixet, si per xic pilar no cau la casa? Els hòmens no s'han de medir a vares, sinó a pams. Io no vullc badulaques ni afarams al meu costat, que més m'estime poc i bo, que molt i roín. Si l'atre té moneda, este té xolla; i a lo que diuen que no té un fil de roba que posar-se, responc que en pèl lo vullc, i io m'entenc i balle a soles. I sobretot, Déu provirà, que ell dóna la plaga i la medicina.

— Sí, Déu provirà i la panxa patirà! —digué entonces son pare en una veu molt fosca i melancòlica. I prosseguí, en les llàgrimes als ulls: Criau a corbs, Déu que t'ho pague.

I no podent passar avant, esclatà un plor que tots se varen enternir menys l'onclàs, que se n'havia anat a la francesa acabat el *gaudeamus.*

Vostès vagen mirant. Hasta aquell punt estigué Eufrasieta enterca i forta com un bronze, sense que ningú li poguera fer soltar el mos. Poro així com son pare es deixà de tacos i revessos i prengué el mig verb d'afluixarli el ramalet (fes lo que vullgues!) es posà a plorar com una criatura i digué, en suma, que ella no deixava de conèixer que devia llevar-se els bocins de la boca per a darlos a sos pares i que faria quant fóra de raó per a portarlos al coll, mentres tinguera els ulls oberts; poro que una passió costava molt d'anar-se'n, i més si era a sang freda;

que tingueren una poca de pacència, que primer havia de passar molta aigua pel riu, i dempués ella es faria de darrere i enviaria al seu Gimo a Tetuan, encara que fóra menester pegar-se dos sangries o pendre una porgueta per a que l'inyor se li n'anara per les venes o pel cul, salvant lo puesto, ia que és poc i mal parlat.

— Açò és atre cantar! —digué l'auela al veure que la xica s'anava ia ablanint—. No ho dia io? Si entre Déu i bones gents, tot se compon.

Pobra tia Bajoana! No t'han de valdre coples. Que et pensaves tindre ia la xica a ton manar? Agafa-la del rabo, si és que en té. I cuidado, que ara ve lo bo.

Pos vostès han de pensar, com dic, que l'Eufrasieta passà tota la nit de clar en clar, sense poder plegar los ulls, plorant fil a fil com una Madalena, menjant-se les mans a mossos i tremolant com la fulla en l'albre de pensar que havia d'avorrir, com qui no diu res, a Gimo del Portal. Que no hi ha més? Pose's cadascú la mà en son pit i vorà si és bona codonyeta. Per a agarrar-li un batistot n'hi havia, i encara em quede curt. Pos senyors, lo que féu fonc que, així com se llevà, prengué la ploma i, *tris tras,* en dos plomades li desparà una carta que el posà més blanet que una bacora. Oixguen-la vostès, que ia és de fantasia.

Carta d'Eufrasieta a Gimo del Portal

Sol meu de la meua ànima: l'amor que et tinc s'ha fet tan gran que se'n passa ia de ratlla, de tal modo que no em deixa viure ni aturar i a l'últim vindré a pedre la xapeta, si no em traus ensagristada o te se m'amportes a la grupa; perquè mon pare, com és home que s'aufega en poqueta aigua i que partirà un cabell pel mig, vol que em case en ton germà el major, per tocar coure i tindre bon pessebre a la vellea. Poro io això no ho faré, encara que em maten, perquè sols tu m'has ballat en l'ull i m'has donat cervell d'ase; i si em tocara atre un fil de roba, tota ma vida viuria en este escrúpol. Conque, així, si em tens amor i no em vols deixar mocada, no et descuides i vine sense falta esta nit, allà eli-eli de les dotze, que ia m'encontraràs a peu ferm en la finestra. I t'avise que no siga a hora horada, que ia saps que els instants que no et tinc en ma presència em se fan sigles. Poro tem que atres Marietes t'entretenen, i això em fa portar a mi la corda arrastrant i pegar de cap per les parets. Ara tinc de veure si eres home de farfolles i si les promeses que m'has fet eren de veres. Menejar saps los bàrtulos; i bé, no tens excusa. A ta honra va. La traça mata la caça, i prou te dic. No vullc matraquejar-te més, perquè ia estàs en lo rostit, encara que, sobre ma paraula, no saps de la missa la mitat, a causa de que hi ha molt que traure de rama i que encara queda el rabo per desollar. Perdona'm de la lletra i de tots los garabatos, que va la ploma grossa i no és per culpa meua. La carta també anirà sense orde ni concert perquè no he pogut haure més que una talleruca de paper i tot ha anat de volta volum i amagatontes. La mala ventura ho vol, quin remei té? Pacència i barallar. Este temps atre en portarà. Déu que ho faça i que ens dóne fortuna, pessetes i salut per a complir nostros desigs.

Els pareix a vostès si la carteta pot passar? Catsimeta, que està molt de repínfilis. A fe de Déu que pot anar pel món a soles, sense por que ningú li diga res. Pos, i la firma? Fit de lladre! Si vostès volen saber com dia, no es màtiguen, que io els contentaré. Saben com dia? *La teua indigna esclava,* i busca qui t'ha pegat si no tens atre quefer. Pos, que es pensen que ia no havia més? Això pendrien per a riure's. No és dir que m'ho han contat, que io ho he vist. Havia pues també un cor atravessat en l'espasa de Roldan, més llastimós que què sé io, i tot ple de cadenes i grillons que pareixia l'arsenal de Cartagena. Han vist que coses? Déu nos lliure, com de febre, d'estar enamorats, per a no caure en semejants mamaratxades, amén!

Tornem ara als tres germans, que ia pareix que dormen massa, i prengam l'aigua de més arrere... oix, que no me'n recorde a on estava! Vostès m'hauran de perdonar, perquè ia saben que és més fàcil que beure's un ou, pedre el concepte. Cap de Sent! Voto al gijo! Tot me roda ara mateix. Poro ia estic. Com dic pues, com els tres se miraven de gaidó, encara que el menor... Quin cuento este! Ia estic de quatre atra vegada. Des de l'atre any que no m'havia suçuït semejant cosa. ¿Vostès saben què ho fa? No estar un home a plom, anar tot lo dia fet un burro de forner, sense tindre tot l'aliament que el cos demana i no valdre ia una pinya. Pos ell s'ha d'acabar, o han de dir per què. I ací no hi ha dolors. Déu que em torne en bona memòria i que no siga menester aporrejar-me el front a força de palmades. A la punta de la llengua ho tinc i no puc dir-ho, i això que sé pels caps dels dits tota l'astòria! Que siga io tan ase i tan gran tros de cullera que no acerte a recordar-me'n! Vaia que està bo! No me'n puc avindre. Poro esperen-se vostès, que ia estic en lo formatge atra vegada. Ara sí, gracis a Déu que n'ham eixit! Pos toquem avant, passet que dure.

Conque, com dic, els tres calents de cascos, com han oït vostès, corrien d'etiqueta per la polla, bé que Gimo del Portal era el tuacte, el que quedava tostemps rosa i el que anava sempre per damunt, com l'oli sobre l'aigua. Açò no obstant, los tres procuraven tirar gra i dir al cau, sense parar, i tan a pressa com qui furta herba, que no veu si fa rastoll; perquè ell s'ha de dir tot: també tenien son drapet en la roscada i estaven enamorats de la xiqueta hasta ací dalt, de tal manera que, si perdut estava l'u, més perdut estava l'atre, de modo que no havia una punta de cuerno de diferència; per més senyes, que era tanta la desinquietud dels dos, que pareixien culs de mal sossiego i que estigueren ferits de la taràntula; i així, nunca paraven en torreta ni feen cosa en cosa, sinó que sempre anaven com a orats, amunt i avall, fets uns soliguers, calents d'orella i plens de tràfecs.

Poro, com Gimo de Portal era l'amo del carxofar i tenia la paella del mànec perquè havia sabut assentar millor les bases, mai pogueren ells alçar lo cap, encara que no pararen de fer la palometa, ia rodant de nit les portes de la casa, ia fent cantalets, enramades i músiques.

Vostès vagen mirant, que coses tan estranyes! Pos ara ve el llanç més apretat. Com Eufrasieta avisà a Gimo del Portal que, viu o mort, no fera falta a l'hora senyalada i els atres estaven sempre alerta, com a gossos perdiguers, passà un cas tan llastimós que li tremolen a u les cames i li pega el cor safanoriades de pensar en ell tan solament. Poro, perquè no em tinguen per gallina i no diguen que no só per a traure una lloca d'un regat, el contaré tot com suçuí, de rabo a rabo.

Pos amigo, aquella nit tardà un poc l'home de marres. Io no sé perquè ni perquè no, poro males llengües hi ha que diuen que com era guilopo hasta els molls dels ossos, lligava a dos caps la botifarra, tenint-ne una atra al caure, que li deien Roseta de Pacalo, tan bona canya i pua com la que més, madeixeta de filadís també com l'atra, i d'aquelles que no en vénen a dinades. Io en açò no em fique, allà s'ho vagen, poro lo cert és que, com féu tard, va Pep de Quelo, que pareix que no sabia res, i guanya-li la mà, només així burlant, deixant-se-lo d'ací i cagant-li el bastó ben cagat; perquè com estava de plantó davant la casa, fent lo burro de l'Almodí i aguardant la seua per a lograr el gust d'Eustaqui Micó... I ara que parlam d'escopetes, no és raó que vostès vixquen a la babalà, que es queden dejuns com a bitzocs; i així els hauré de dir, entre *parentis i clavatis,* encara que no ve al cas, qui era este pardal.

Pos senyors, este pardal era un home de certes condicions, perquè havent-se enquillotrat en una xica (poro que xica!) es vingué a posar tan lelo en ella que cada nit anava xano-xano tres o quatre llegües sols per besar l'anella de sa casa i se'n tornava molt content de que havia pegat la morradeta sense que ningú ho sabera. I encara els diré més, que el dia de la nóvia no es volgué gitar en ella per no xafar-li les randes ni espatlar-li la camisa.

Com dic pues, com aguardava, ara no, sinó ara, eixirà, així com s'assomà Eufrasieta i escombrà, es pensà el tros d'animal menjar-se-les folgades i s'acostà a la reixa. La xica, com fea la nit fosca com una gola de llop i ell anava arrebossat, no el conegué i, pensant-se que era Gimo, començà a fer tataratats i a dir-li en gran blandura: *llum de les meues llanternes i alegria del meu cor...*

No bé havia acabat de dir açò, quan hagueren vist vostès que pel carrer venia un bulto, ert com un boix, armat de punta en blanc i fent de l'home. Era este el nostre Gimo, que arribava com les palmes d'Elx, i, vent moros en la costa i que la barca fea aigua, a son entendre, i que havia en la terreta qui li cagava el gust, pensant-se-lo traure a caixes destemplades només en dir-li: *qui va allà?* (per ser ell lo caporal i el que portava la bandera) agafa i diu: *Ehem!*

En açò, per atre cap n'entraven dos, també d'emboço,

que qualsevol que els vera diria que eren sense ducte hòmens de xarpa i gent d'esgrima, guapos com l'espasa de Bernardo, que per a servir a vostès venien de buscar picos pardos i eren Pere el Guapo i Cento del Guarà, com si diguérem carn i ungla, la corda i el poal, dos cossos en una ànima, els sants de la pedra i els més amics del món. Cento que ou *ehem* (cap sagranat!) com era home de pèl en pit, que per això corria tant en Pere el Guapo, retrucà, mofant-se i fent-ne befa:

— No hi ha que fer *ehem,* que ia té amo este betlem.

Ara pues, així com Pep de Quelo oixgué açò i se'n recordà d'allò que solen dir que *a l'home a soles, per bastos,* què féu?: malicià com un dimoni que li volien tocar la retaguàrdia i, encara que se n'anava com a merda de lladre, pren i en dos brincos ia s'ha posat a veure vindre, arrimat a la paret, més tes que un all, a tot lo que ixca.

Vent Gimo del Portal que es disponia la cosa de mal aire i que pararia en joc de matatxins, es deixà de bones noves i diu-los esta arenga:

— No anem fent la gatacumba, que io no sofrixc puces. Qui no vullga pedre, no jugue, perquè io en un carrer d'hòmens no en tinc prou per a un rentadents, i encara. Ia l'avise, domprés no em vinguen en si foren o no foren. No em vagen tocant la guitarreta, perquè en sé encaixar de bones. Hasta ara ningú m'ha dit: *Perot, vols córrer?* Conque, si volen acertar-ho, cadascú passe a son camí; i lo que no t'hages de menjar, deixa-ho cremar.

Pep de Quelo, només d'oir açò i pensar que s'acabaria el cuento com el ball de Moixent, (com era curt de gambals) es posà groc com un pa de cera; i, cosit en la paret, com se deixa entendre, sense xistar paraula, dia entre ell mateix:

— A mitja nit mosques? Qui bé s'està, no es moga.

Poro com los atres dos diables tenien pèls en lo cor i eren hòmens de capa i espasa, i que feen rogle, com diu l'atre, se'n van dret devers lo bulto parlador (que enjamai pogueren distingir, perquè de nit tots los gats són pardos) i, posant-se casi a boca de canó, li diuen clarament que era lo mateix que londronc i que les gallines de Margarita, que caquegen i no ponen, bufar molt i aventar poc, que, si estava ia cansat de viure en lo món, que anara tirant ronques; i per últim, que tratara de buidar prompte el carrer, si no volia fer boca de títaro, perquè ells ho farien millor que ho dien, i guarde's qui guardat siga.

Es pensaven ia els matons haver posat les peres a tres a nòstron Gimo perquè, com tot ho portaven a rabo de borrego, feren compte que abaixaria el cap, que els deixaria el camp per seu i que d'este modo s'alçarien ells en lo sant i la limosna o, a lo menys, que farien el joc taules, i qui la té que la tinga. Poro els ixqué el compte al revés, perquè Gimo es deixà de dimes i diretes i, com era home que no la pensava que no la fera, encarà una pistola al que parlava, li afluixà el gatillo i *top*! el bolcà com un pollet, i la callada per resposta.

L'atre que veu al companyero que anava fent taleca, catso per Déu! el temptà també el diable i, com no gastava la pólvora en salves, tragué un trabuc, li alçà les barres i, al brosquill! féu una gran ensarrellada perquè passà de part a part a Gimo del Portal, sense deixar-li dir *Jesús* tan solament. Ia en tenim dos! toca, Peret. Déu que els haja perdonat, i avant.

Com la pendència s'estenia a rem i a vela i els trons i escopetades anaven per allí en tots los diables, s'alborotà el carrer de modo que no quedà gat ni gos que no ixquera a la busbèrria. Totes les finestres estaven quallades de gentola que era una confusió de confusions. Tin per ací! tin per allà! ahí en va un! favor al rei! a eixe que se'n fuig! i uns plors i llàstimes que no igualava un dia de juí. Al mateix temps, una serrada de xicots, que portava el fusil a nòstron Gimo i s'havia descarriat per atre puesto fent l'enzeta per a deixar-lo encavar a son espai, així com ou els trons, agafa i se'n va a tot córrer a veure quin atzar havia suçuït. Mare de Déu! ells que veuen a Gimo del Portal, ell per ell, fent lo quatre de bastos, quin dolor! Deixen-me estar, que no és per a contar-ho.

Pos senyors meus, vent que aplicar-li melicines per a poder-lo retornar era lo mateix que un pegat al banc, perquè ia li havia entrat el sincopar i estava en les últimes barrades, en despic de l'atemptat, armen atra brega, a tan terrible que si no hagueren fet figa alguns trabucs, s'hagueren mort com a mosques i no havera hagut remei.

Poro com dic, en tot això amorraren una boca negra als bultos drets que no féu mala prova, perquè en l'arruixada que tirà en bolcà hasta uns tres o quatre, i al bordell! En açò picà la mosca, i hagueren vist vostès galavardeus a capollet, que no igualava un trip real, tirant plantes i arromangos, que pareixia que s'havia d'abrasar el món aquella nit. Ara sí que n'hi ha de grocs, la ronda de l'espígol!

— Tinguen-se al rei —digué l'alcalde, que venia allà darrere, ert com un ciriclosi i, unflat que rebentava, com si fóra el bale d'Otos.

— Al rei has dit? No s'han de tindre! Ara ens vorem les cares —digué u de la quadrilla; i li féu la salva en una escopetada que de poc no li féu saltar la tapa del cervell.

El pobre alcalde, que es pensava ser més guapo que Quirineldos i que a tots tindria a ratlla només en dir *quisque,* ell que s'ou passar els xotxos toc no en toc de la mollera, pren i me la juga de *qui tollis* i diu: *fills meus, ací no em criden.* I picant de sola tan a pressa que li cruixien los genolls, caent ací i alçant-se allà, ia va de callada que l'home posà terra de per mig i se'n tornà en la cua feta. I, sinó, que s'haguera estat allí, que ia lo hi hagueren dit de misses! Perquè, la veritat que es diga, no era més el ruïdo que les anous.

Poro els bergants dels alguacils, conten vostès, com tenen poc que pedre, així que oixgueren aquell tro, no tinguen que pensar sinó que pareixien dimonis encarnats, buscant als brivonots de la pendència; i, tanmateix, me n'engarbaren tres sobre la marxa que, lligant-los ben lligats, los varen fer anar com a borregos a la casa de les creus.

Als atres senyorets de la cassola els valgueren bones cames i tingueren per bé de fugir-se'n a recules, a la mau mau o com pogueren, que en açò no estic formal i, d'este modo, no sols se posaren en salvo els pobres hòmens, sinó que quedà el carrer netet com una plata de tota aquella xusma, sense haver una ànima terna a qui dir-li *guarde Dios.*

Vostès ia han vist l'arrebatacapes que es mogué pel diable del festeig, que nunca ni mai que haguera aparegut. Pos, i ara, què direm de la xica que fon cap i causa de tot este embolic? Què ham de dir, sinó que així com véu que es mataven com a xinxes li agarrà una pataleta que la posà a les tres pedretes.

El pare, ia s'entén, com se despertà al ruïdo i volgué

assomar-se a la finestra a veure quin món corria per allí, pegà de nassos en la filla que estava espatarrada enmig lo quarto i caigué un bac (ahí les banyes) que bé sé io que tindrà que contar tota sa vida.

La muller, que no es volia quedar per a llavor (com a dona que era, i ia dic prou) volgué també ficar-se a on no la demanaven i així encengué el cresol i, en porreta com estava, va eixir a la finestra a pendre veu.

Els demés del veïnat feren lo mateix, com ia tinc dit, sols que domprés que els alguacils portaren a la jaula als maquetons, ia no tingueren por d'eixir tots al carrer i, en menys d'un *Credo,* fon tanta la gent que s'ajuntà, que no cauria en terra una agulleta.

Entre açò i allò, l'alcalde, que a la traça s'havia mamparat d'algun racó per ser d'aquells que s'aufeguen en lo test de les gallines, així com li donaren lo sant de que havien ia posat als matons *in domo Petri,* tornà per Déu tan ert com si s'haguera begut l'ast i féu apartar a tot lo món; perquè, encara que al principi va córrer un *rum rum* i un *tole tole,* com manà a la gent del bronze que ho portaren tot a sang i a foc, hagueren de posar lo cap entre les cames i *xiton, que la baioneta tot ho aquieta.*

Ara caminen vostès sobre el segur, que com lo dit alcalde volia usar justícia seca i compondre el bulto als belitrassos que havien fet les morts, donà disposició per a que es veren els calàvits i que baix mà es feren els informes que en semejants casos s'acostumen. Féu-se així *de incontinenti* i lo que pogueren traure en net fonc que eren tres o quatre els que havien pagat el pato ben pagat i cinc o sis nafrats, poc més o menys; i que aquells eren Bai Talens, Pere el Guapo i Gimo del Portal (que de Déu gogen!) i estos, Cento del Guarà i Cosme Antella, sense els atres que no tinc ara en memòria.

Com tots ells tenien parents en cort i la sang no es pot tornar aigua (conforme solen dir) hagueren vist, que plors! i quin aquell que es mogué entonces mateix, perquè l'una dia:

— Io havia de ser la desditxada.

L'atra:

— Qui m'ho havia de dir a mi, Mare de Déu!

I totes un quefer com si s'acabara el món, allò per allò

pintiparat. En este *intrim,* com los esbirros anaren escarbant tots los racons, pegaren de pits en lo pobre Pep de Quelo, que estava baix d'un porxe en merda a la corretja, demanant confessió sense parar, perquè li havien passat les pantorrilles i el dolor era tan gran que no el deixava viure. Així com lo portaren a l'alcalde (Catarroja descoberta), tots caigueren en lo compte i tingueren per molt cert que no s'hauria mogut debades la bronquina, perquè era notori en tot lo poble els tracalets que havia hagut per causa d'ell i lo demés que tinc contat. Poro como la justícia no es fica mai en bucs, sinó sempre a l'ànima del negoci, es deixà de cuentos i entrà a fer son ofici, dic, a pendre ses mesures i averiguar la quartata, per a fer un exemplar.

Mes ans s'han de fer càrrec, si volen que els acabe la Rondalla, que el notari era un castellà xarraire, que embolicaria el *Credo* perquè tenia una parola que encantava i, per fi, era d'aquells que la juguen a dos mans i que pareixen mirar al plat i miren les tallades.

Pos senyors, este notari, estan vostès, que només que s'hi posava traïa suc de les pedres (i no és llarga, perquè sabia per les puntes dels dits la carta de navegar i un poquet més) este notari pues, com dic, començà: tres per amunt, tres per avall, començà, com diu allò, xita callando i en més malícia que un bou, a fer preguntes i a pendre juraments, per esta, a uns i atres. Poro com si predicara en lo desert, motiu de que, com no eren boquimolls ni tenien lloses en lo ventre, ans bé més s'estimaven ser màrtirs que confessors, feen el *non sabo* i no havia qui els traguera una paraula.

Bé que a l'últim, tant un dia i tant atre, o fóra, si a mà ve, perquè pegà en ventre de cocos o perquè ell no parà de pendre caps, lo que no té ducte és que ia pegà en lo viu i dien llisament pel poble que els presos no anirien a Roma per la penitència; i ningú es volia trobar de la pell d'ells, perquè tots creïen que farien coll de figa o algo més.

Poro en açò bé podem dir que posà la gent lo carro davant dels bous com acostuma, perquè estigué tan llunt de que feren penjolls d'ells com de ser io Pare Sant. El motiu tinc por que fonc perquè untaren bé les mans al carceler i, havent-los este dat escapatòria, feren salt de mata i *volaverunt*; encara que alguns diuen que ells arrancaren la reixa i, *tinatana tinatana,* picaren de taló com uns pobrets. Poro vostès no es deixen embotir l'embut per l'ample, perquè io ho sé de bona tinta i primer faltarà el sol.

Mes siga així o com los astres vullguen, que per açò no és raó que perda io el dormir, lo cert és que als presos els ixqué la Mare de Déu i que feren l'anada del fum i el notariet, que estava a l'últim vale i pobre com la criada de Senta Anna, es quedà *in albis* i *asperques*; i fonc tal lo pesadumbre que prengué perquè els pardals se li'n volaren de la gàbia, que li faltà un és no és per a pedre l'esme i els menuts. Tot eren ronques i bufits que havia de fer sentència d'ells i que la hi havien de pagar per les setenes. Que trucs i retrucs no encaixava el pobret home! Poro, o fóra perquè els dropos tenien os de judio i cordeta de penjat, o perquè així estava de Déu, ell no els pogué tocar la llémena ni fundar missa d'onze de la mosca que es posà en la faltriquera.

Pos, què féu llavores lo bergant? Com no li estava bé eixir a un camí real a demanar limosna en un trabuc, es llançà sobre nòstron Pep de Quelo per a que es verificara que tots tiraven al de les calces esgarrades; i com a l'ocasió la pinten calba, amigo, es posà a buscar els tres peus al moltó i a fer-ne de les seues, i hagueren vist que alçà un capell i apretà el manoll de modo que solament lo gasto dels seus drets pujava mil ducats en clau.

Io no sé com s'ho traçava aquell gandaio, poro tinc per a mi que no ho podia fer sense canut; perquè, que vinguera, que no, a pèl, en sos enredros i maranyes, ell prenia la brúixola i posava les senderes de manera que tot ho fea vindre a l'ull de la mola i traïa molt bons reals. No ho comprenc, ni ganes; poro en dos o tres plomades i uns quants térmens (que són: *auto, traslado, en testimonio, etcètera* i *triquibarrac*) toquen ferro a manta, a bondo, i sense temor de Déu, i mosatros ham d'escalfar tarrossos tot lo dia per a tindre un trist menjar. Poro a fe meua que no els resarà l'asglésia ni els arrende la ganància, que bona palla arrastren i son compte tindran de dar a Déu, que allà es fila prim i domprés tot són grapats en les calderes de Pere Botella, torrant castanyes per *secula sin fin.*

Mes, allà s'ho vagen, que a mi no em va ni em ve, ni
 tinc art ni part en esta cosa; perquè a on no hi ha sang no

es fan botifarres, i a lo teu, tu, i cada cabró s'avente; i gira-li el rec. I supuesto que ia és hora que vejam el cul a la taleca i que anem donant carena a la Rondalla, fort i a ella, no siga cosa que em diguen (i en raó) que parle per les illades i que no done tanda als atres, sent així que no sé la beabà ni lo que em peixque; i açò sense adular, perquè só més clar que l'aigua. Bé tinc a la punta de la llengua més de quatre coses que vindrien com anell en dit i em va rodant l'albarda d'encaixar-les només així, dolcet dolcet; poro xiton, que la rabosa ve pel mont i qui tinga cucs que pele fulla, que a mi tant me s'hi dóna blanc com negre i passa, galana. Ells contents, io pagat i en la serra apedrega, com solia dir mon sogre, que ia està en la veritat i io en la mentira.

Ara *sus,* tornant al nostre assumpte, que ia conec que el trenque massa, dic i torne a dir que, tanimentres que el notari anava embolicant la cosa en raons i mitges lliures per a fer la barba a uns quants, suçuí que el pobre Pep (Déu que li aide!) o siga per la tragantona que li daren o perquè en realitat estava fet un albeurador de coloms per tant forat com tenia de les bales, sense ser ponderació, dic que no pareixia sinó un Sent Llàtzer, tot esbalaït com si tinguera el món damunt, de tal manera que bé podien dir que havia caigut de la paella en les brases i que el feen anar de Rodes a Pilars.

Per esta causa, estan vostès, se mogueren molts (i els més de capa llarga i peixos grossos d'aquells que no es poden seure de valents) a veure com lliurar al pobre que estava en lo garlito i tapar la boca als maliciosos; perquè encara que era veritat que el cas era molt fort i que havia pegat gran campanada, era cosa que enternia hasta les penyes veure que sols nòstron pobre Pep de Quelo estava a les banyes del bou i com un got entre dos pedres, i més quan tots sabien que, si no era home sense *pero,* a lo menys no tenia la cua de palla i havia vixcut sempre redó, perquè el major mal que podia acumular-se-li venia a reduir-se a que era algo mulenc, i *voló golondrina.*

No obstant, ¿creuran vostès que el sacre del notari es fea dur d'orella i que va tindre descaro per a dir-los que *hoc* és neutro? Pos ell no cal dir que açò és cuento de vella ni que m'ho trac de mon caputxo, que io conec subjecte que s'encontrà en l'embarrerada i conta lo mateix;

per a que vostès pensen d'ahí quant gran penyora era i com anava darrere dels peluques. Poro, voto al dos de basto que la hi entengueren ben entesa!, perquè l'amenaçaren quatre o cinc ànimes de cànter, d'aquells més ventolers i braus (que tant se'ls dóna menjar el pa ací com en les Índies), que com se fera de regalar i no tratara de xafar del tris al tras aquell negoci, de son compte anava el donar-li de calent i assaonar-lo de *potenti.* I encara hagué qui apretà més la clavilla dient-li, clar i ras, o que fera els ampossibles per a fer-lo eixir per baix la corda, o que anara aparellant l'atet, perquè, per lleu, li daria per a salsa, així com qui no ho fa.

L'home que oixgué allò, li va caure la gota mortal de ple a ple i s'hagué de deixar munyir, i moltes gràcies!, perquè la cosa anava ia de mala data i el portaven sobre l'ull. Munyit que fonc, vostès m'entenen, es seguix com una bala que posaren draps calents i es tirà terra per damunt com si fóra adobar còssins i llibrells, i no se'n parle més.

Girem ara la fulla i tornem a la delicada de Gandia a veure com li va en son batistot. Vostès ia se'n recordaran (i, si no, facen-me mercè de recordar-se'n) com se quedà en lo quarto estamordida i sense polsos; pos ara han de saber vostès mateixos que, així com entengué, per recos mecos, que Gimo del Portal (bon pos que tinga!) féu boca de bolsillo i que estava ia guardant la llàntia, li tornà a pendre el desmai doble més fort que l'atra volta, de tal modo, que si es descuida un poc també haguera petat i d'esta forma (parlant de teulades en avall) hauríem acabat en los torrons, perquè mort lo gos, morta la ràbia. Poro volgué la malaventura, per no dir ara atra cosa, que poquet a poquet reviscolà i per fi es posà bona atra vegada i torna-li la trompa al xic, perquè, la mateixa dona, els mateixos pecats, i açò no hi ha ningú que ho puga remediar.

És dir, en bon romanç, que encara que se li féu la pasta agra morint-se-li el seu Gimo, no per això volia obrir els ulls ni juntar los berenars en Pep de Quelo, perquè, com han oït vostès, sempre se li antoixà un bobo de Coria i un ase dret i fet, i lo menys que ella pensava era en coses bafaneres.

 No obstant, com tenia a la tia Bajoana penjada de l'orella i esta li predicava tot lo dia que, ia que li venia el pic a l'escampilla, que li botara foc, que lo que està en lo cove és peix, que no tinguera que ser simple de panxa, que mirara que els pardals se li'n volaven ia del niu i que prompte seria menester fer-li fumet de cansalada; que domprés hauria d'anar a besar l'estola a algun pollós, i plàcia Déu que l'encontrara i, per a rematxar el clau, que no es ficara en si era guapo o no el que havia de pendre per marit, que en apagar la llum tots són iguals; i encara anyadia un granet de sal i era: que a ella i a totes les demés lo que els importa és tindre un home al sa i al pla i que no se n'adone de si li roda o no el sombrero. Com dic pues, com li embocà tota esta càrrega serrada i encara moltes atres que no resa l'astòria, la xica féu de les tripes cor i tingué de bé a bé el deixar-se cabdellar i no respirar per la ferida hasta veure en què paraven coses.

Enmig de tot açò, vostès no es pensen que el retor dormia, perquè també estava en la dansa i féu molt bon paper *respective,* tocant a lo mateix. Vullc dir que, com no era capellà de campaneta ni algun dotor de secà, sinó un home de gran quedo, que parlava en molt acord i que sabia sa mà dreta, me li donà una felpa a la xicuela que la posà de volta i mitja.

Poro qui més apretà el *quid* de la dificultat i féu eixir lo suc de la taronja fonc l'alcalde, que Déu guarde molts anys; perquè vostès han de saber que, encara que era un químic que no faria un gust de la merda que cagava (en perdó de qui m'ascolta) per ser molt estrambòtic i ridícul, com el ditxós casòrio tenia a tot lo poble fet un bordell ben acabat, què no hi ha més?, l'home es volgué espolsar les puces i llevar-se la càrrega de damunt; i així, què féu? Aguarden-se i voran.

Prengué, com dic, i, obrant de sa absoluta, cridà a so de trompeta als parents de Pep de Quelo i de la xica i, congregats que foren, com era farfallós, en aquella llengua de draps que Déu li havia dat, els pegà una estufarrada que no té remei sinó que els la tinc de referir, i fonc d'esta manera:

— Ah cavallers, vostès ia saben que entre amics no cal tovalles, i així, vullc cantar-los la cartilla per a que dompués no em prenguen el rave per les fulles i em se queixen de que no els he parlat en plata. Baix d'este pressupost, de mi tot lo que vullguen, poro de la vara no n'allargaré dos dits, encara que siga a mon germà: perquè primer io, domprés io i sempre io, que a mi ningú m'ha de traure la puça de l'orella. El poble està per a pegar un esclafit i a punt de que mos perdam tots en un dia, només per eixe diablet de les beceroles que tant de temps que em porta a la jovenalla revolta i desinquieta. Pos io estic embarretat en que, o s'ha de casar dins de quinze dies, *velis nolis,* o li han d'eixir a la cara les morts que s'han fet per culpa d'ella, i avejam si una vegada trauré els peus de l'alforja! que açò, si u de quan en quan no llançara alguns regius i no es donara aire, em pareix a mi que li pujarien a cavall i que el tindrien per un escurapous o com si fóra de l'Alcora. Vostès vegen d'arreglar-ho, perquè ho faré millor que ho dic, i ací no haurà *tío páseme el río,* que prou cabronades tinc sofrides. La terreta està plena de marors, com vostès saben molt bé, i no serà raó que dempués ens vinga el mal de les rates, que ho fan uns i ho paguen atres. I a fe que no pixe fora rogle, no! que bé conec orines, i ia saben vostès que só profeta de mal any. Conque ací lo que ham de fer és llançar-nos el gos mort i emparellar a Pep de Quelo en Eufrasieta, i al bordell quimeres i ruïdos. Si no, des d'ara dic que mal rascany tindran, tant uns com atres, perquè els carregaré la llei a males penes i alteraré als jutges de València; i voran com se descobri l'empanada i el bou empiulat que ix, i entonces serà ella. Esta és l'aldea que io porte i no faç compte de retratar-me, per quant val lo món. Si alguns tenen que dir en contra d'esta cosa, que parlen, per Saturno, que io els escoltaré de bona gana.

Vostès parlen? Anem, òbriguen la boca! Pos lo mateix parlaren aquells proms, perquè, fent-se càrrec que l'alcalde dia l'evangeli i que els estava molt a compte l'obeir-lo sense rèplica, ni xistaren ni mistaren, sinó lo que feren fonc abaixar lo cap, dar-li les gràcies, i tratar de compondre el casament en l'hora, que és lo que tots volien.

Anaren pues, com dic, a casa d'Eufrasieta i li apretaren los dogals ben apretats; de modo que vent ella que la candela s'apagava i fent-li força lo que la tia Bajoana li havia predicat, hagué de dar el *sí* i quedaren tots contents com uns rossinyolets. Poro qui es posà de gorja més que tots fonc Pep de Quelo, el pobre! que ia s'havia fet el compte del perdut i veure's ara damunt de la roda de la fortuna, que burlam?, només que no es parlava en tots; i dins poc temps es posà tan bell i gros com si l'hagueren unflat per la garreta.

La xica també es féu a la pressa roja com un perdigot i lluenta com una espasa, perquè com els pesadumbres no crien bona sang, s'havia posat com una canya i, tan perduda, que donava compassió; mes, així que es resolgué a dir *amén* a tot, com si hagueren posat oli en lo cresol.

Poro, lo que són les coses del món! No obstant que s'havia remat tant pel casament i que estava la cosa ia quallada, en tot i això hagué dares i tomares i estigué molt prim de desvanir-se com el fum i de parar en aigua de cerraques, perquè, sobre el dot i els interessos i sobre els traques i vestits de l'avalot hagué molts alts i baixos d'una i atra part i es tragueren les bragues fortament.

Els parents de Pep de Quelo es deixaren dir que l'havien enganyat de barra a barra i que Eufrasieta no li arribava a la sola de la sabata, perquè ells pixaven més alt que ella. I els atres, com també es pensaven tocar lo dit en lo cel, la costruïen per la part contrària, i tot era llançar sang i dir-los, cara a cara, que no es pensaven ser gent de faldó gros, ans bé entenien ser tan bons com ells; i que si la xica estava pobra, el nóvio era un home sense suc ni muc i un tros de carn batejada que no servia per a res.

La cosa, estan vostès, passà encara més avant i es feren vàries quixotades, tirant-se els uns als atres moltes flastomies; i si no haguera sigut per un frare caputxí, campana grossa de la seua religió, que per acàs estava allí i els llevà la bena dels ulls, tal volta i sense tal volta hagueren aplegat a les immediates i el casament s'haguera quedat tan verd com ans. Poro, gràcies a Déu, arribà a *venit* i en lo dia de la nóvia tots menjaren palla en un pessebre i estigueren ben de taina; perquè tiraren el barret al foc, com aquell que diu, i hagué un *adolivit* i una Troia que tot anava al vol, *y muerase la muerte,* que solia dir mon pare.

Convidaren a tota la terreta en junt i en crent, i hagueren vist vostès que es mogué una baraünda que no tenia fi. Més que molt, s'hi empraren tots els astruperis, xarracs i gatifells del poble i feren una boda que no l'han vista els nats. De tot n'hi hagué *a tente bonete* i a porrillo, i per a dar i vendre. La broma, per lo consiguient, fonc tan borratxa, que si dic que se n'ixqueren fora to, no trauré llarg i arrimat. El fandango i serengue anaven calentets com a dimonis, i, aire, que es socarra l'arròs!

A Pep de Quelo li feren ballar lo paperet i dompués li suplicaren que diguera la *Relació del nas* i els deixà en la mel en la boca i venent bamba. La nóvia també féu diablures en lo ball i els cantà unes siguidilles que d'allí al cel. Hasta els consogres tragueren forces de flaquea i digueren algunes matraques i col·loquis d'allò més florejat. Que mos cansem? En dir a vostès que tots soltaren les rodetes, que hagué canet en ple i que la funció durà hasta allà al cul de la nit, quan volia ia ratllar el dia, està dit tot.

Poro, per últim, s'acabà i, havent-se'n anat tots per baix i a casa, els nóvios se gitaren, *mano mano,* en la pau de l'àngel i, bona nit, cresol! Lo que es seguí d'ahí fonc que, com s'abraçaren tan complidament en la creu del matrimoni, tots los anys ous i colomins, i busca-li la manta!

GLOSSARI*

açà, ací.
balaci, lletra, missiva.
brosquillós (vés al), denota disgust o reprovació.
carafal, cadafal.
Catarroja descoberta, usat quan, per un atzar, s'ha fet pública una cosa que es mantenia reservada.
congregatiu, congregador, reunidor.
dessequir-se, dessecar-se, deshidratar-se.
efeta, obstinació.
en junt i en crent, conjuntament.
incompostament, sense ordre ni serietat.
maljudicar, jutjar malament.
mamprendre, emprendre.
memoració, remembrança, rememoració.
nuc, nus.
periculós, perillós.
peu ferrat (anar a), anar amb compte.
propi (tenir en), tenir en propietat.
rampina, astuta.
sisvola, tan sols.
tediar-se, sentir tedi, avorrir-se.
ventolà, inconsistent, mudable.
vull, ull.

* No figuren en aquest glossari els mots o les accepcions recollits al *Diccionari general de la llengua catalana* de Pompeu Fabra.

SUMARI

LES MILLORS OBRES DE LA LITERATURA CATALANA

Les obres i els autors més importants de la literatura catalana, clàssica i moderna, posats a l'abast de tots els lectors d'avui.

1 JOAN MARAGALL, **Elogi de la paraula i altres assaigs.** A cura de Francesc Vallverdú.

2 SALVADOR ESPRIU, **Antologia poètica.** A cura de J.M. Castellet.

3 JAUME ROIG, **Espill o Llibre de les dones.** A cura de Marina Gustà. Pròleg de Joaquim Bergés.

4 PRUDENCI BERTRANA, **Jo! Memòries d'un metge filòsof.**

5 ENRIC PRAT DE LA RIBA, **La Nacionalitat Catalana.**

6 JACINT VERDAGUER, **L'Atlàntida.**

7 NARCÍS OLLER, **Contes.** A cura d'Alan Yates.

8 ANÓNIM, **Curial e Güelfa,** A cura de Marina Gustà. Pròleg de Giuseppe E. Sansone.

9 PERE CALDERS, **Cròniques de la veritat oculta.**

10 CARLES RIBA, **Clàssics i moderns.** A cura de Joaquim Molas.

11 JOSEP CARNER, **Poesies escollides.** A cura de Joan Ferraté.

12 JOSEP POUS I PAGES, **La vida i la mort d'en Jordi Fraginals.** Pròleg de Jordi Castellanos.

13 **Sainets del segle XIX.** A cura de Xavier Fàbregas.

14 AUSIÀS MARCH, **Poesia.** A cura de Joan Ferraté.

15 MIQUEL LLOR, **Laura a la ciutat dels sants.**

16 JOSEP M. DE SAGARRA, **Teatre.**

17 CARLES BOSCH DE LA TRINXERIA, **L'hereu Noradell.** Pròleg de Jordi Castellanos.

18 MERCE RODOREDA, **Tots els contes.**

19 RAMON MUNTANER, **Crònica,** vol I. A cura de Marina Gustà. Pròleg de Joan Fuster.

20 RAMON MUNTANER. **Crònica,** vol II.

21 GABRIEL FERRATER, **Les dones i els dies.**

22 VALENTÍ ALMIRALL, **Lo Catalanisme.**

23 **Antologia general de la poesia catalana,** per J.M. Castellet i Joaquim Molas.

24 JOAQUIM RUYRA, **Jacobé i altres narracions.**

25 SANTIAGO RUSIÑOL, **L'auca del senyor Esteve.**

26 ÀNGEL GUIMERÀ, **Teatre.**

27 VÍCTOR CATALÀ, **Solitud.**

28 POMPEU FABRA, **La llengua catalana i la seva normalització.** A cura de Francesc Vallverdú.

29 FRANCESC TRABAL, **Vals.**

30 JOSEP PIN I SOLER, **La família dels Garrigas.**

31 J. V. FOIX, **Antologia poètica.** A cura de Pere Gimferrer.

32 RAMON TURRÓ, **Orígens del coneixement: la fam.**

33 JOSEP PLA, **Contraban i altres narracions.** A cura de J.M. Castellet.

34 EUGENI D'ORS, **La ben plantada / Gualba, la de mil veus.**

35 JOSEP FERRATER MORA, **Les formes de la vida catalana.**

36 RAMON LLULL, **Llibre de meravelles.** A cura de Marina Gustà. Pròleg de Joaquim Molas.

37 JOAN PUIG I FERRETER, **Teatre.**

38 MANUEL DE PEDROLO, **Totes les bèsties de càrrega.**

39 EMILI VILANOVA, **Lo primer amor i altres narracions.** A cura de Manuel Jorba.

40 MARIÀ VAYREDA, **La punyalada.**

41 BERNAT METGE, **Lo somni.** A cura de Marta Jordà. Pròleg de Giuseppe Tavani.

42 JOSEP YXART, **Entorn de la literatura catalana de la Restauració.** A cura de Jordi Castellanos.

43 LLORENÇ VILLALONGA, **Bearn o la Sala de les Nines.**

44 JOAQUIM TORRES-GARCIA, **Escrits sobre art.** A cura de Francesc Fontbona.

45 SEBASTIÀ JUAN ARBÓ, **Terres de l'Ebre.**

46 CARLES SOLDEVILA / MILLÀS-RAURELL, **Teatre.**

47 **Romancer català.** Text establert per M. Milà i Fontanals. A cura de J. A. Paloma.

48 NARCÍS OLLER, **La febre d'or.** I. La pujada.

49 NARCÍS OLLER, **La febre d'or.** II. L'estimbada.

50 JOAN ROÍS DE CORELLA, **Tragèdia de Caldesa i altres proses.** A cura de Marina Gustà. Pròleg de F. Rico.

51 SALVADOR ESPRIU, **Ariadna al laberint grotesc.**

52 JACINT VERDAGUER, **Canigó.**

53 JOAN FUSTER, **Indagacions i propostes.**

54 MARTÍ GENÍS I AGUILAR, **Julita.**

55 JOAN ALCOVER, **Cap al tard / Poemes bíblics.**

56 FREDERIC SOLER, **Teatre.**

57 MIQUEL S. OLIVER, **L'hostal de la Bolla / Flors del silenci.**

58 JOSEP M. DE SAGARRA, **Memòries,** I. Cendra i ànimes. La matinada.

59 JOSEP M. DE SAGARRA, **Memòries,** II. Entre Ariel i Caliban. Les fèrtils aventures. Dos anys a Madrid.

60 PRUDENCI BERTRANA, **Contes.**

61 GUERAU DE LIOST, **Antologia poètica.** A cura d'Enric Bou.

62 JOSEP CARNER, **Les bonhomies i altres proses.**

63 LLORENÇ VILLALONGA, **Mort de dama.**

64 SANTIAGO RUSIÑOL, **Teatre.**

65 JOSEP M. FOLCH I TORRES, **Joan Endal.**

66 JOSEP TORRAS I BAGES, **La tradició catalana.**

67 J. V. FOIX, **Diari 1918.**

68 GAZIEL, **Tots els camins duen a Roma.** Memòries, I.

69 GAZIEL, **Tots els camins duen a Roma.** Memòries, II.

70 J. CARNER, S. ESPRIU, J. BROSSA, **Teatre.**

71 JOAN MARAGALL, **Antologia poètica.** A cura d'Arthur Terry.

72 JOSEP PLA, **El geni del país i altres assaigs.** A cura de Josep M. Castellet.

73 **Novel·les amoroses i morals.** A cura d'Arseni Pacheco i A. Bover i Font.

Seguiran:

EUGENI D'ORS, **Glosari** (selecció). A cura de Josep Murgades.

J. SALVAT-PAPASSEIT/B. ROSSELLÓ-PÒRCEL/M. TORRES, **Poesia.**

BERNAT DESCLOT, **Crònica.** A cura de Miquel Coll i Alentorn.

MESTRES/IGLÉSIAS/GUAL/VALLMITJANA, **Teatre modernista.** Pròleg de Xavier Fàbregas.